U0459183

1. 弗朗茨·康拉德·冯·赫岑多夫伯爵（1852—1925），奥地利陆军元帅，被认为是杰出的军事战略家。赫岑多夫于第一次世界大战爆发时任奥匈帝国军队总参谋长，在面对其主要敌人俄军时屡屡败北。

2. 奥斯卡·波蒂奥雷克（1853—1933），奥匈帝国军队军官，曾在1911—1914年担任波黑总督。在第一次世界大战中，波蒂奥雷克在1914年和1915年的塞尔维亚战役中指挥奥匈帝国军队。

3. 维克托·丹克尔（1854—1941），奥匈帝国军官，在第一次世界大战期间晋升陆军上校军衔，1916年因在意大利前线表现不佳和健康问题，他的职业生涯走向低谷。

4. 柏姆－厄尔默利（1856—1941），奥匈帝国陆军元帅。在第一次世界大战中，指挥奥地利第2集团军负责对塞尔维亚的进攻，1916年配合德军将俄军赶出波兰，收复伦贝格，升为大将，后被升为元帅。

5. 斯韦托扎尔·博罗埃维奇（1856—1920），奥匈帝国唯一的南斯拉夫陆军元帅，在第一次世界大战的意大利战役中指挥奥匈帝国军队。

6. 保罗·冯·兴登堡（左，1847—1934），威廉二世（中，1859—1941），埃里希·鲁登道夫（右，1865—1937），1914 年兴登堡和鲁登道夫两位一起合作控制德国的整个战争。

7. 埃里希·冯·法金汉（1861—1922）在战争开始时担任战争部长，在马恩河战役后成为德国总参谋长，并被迫处理长期的双线作战的苦果。

8. 马克西米利安·冯·普里特维茨（1848—1917），普鲁士皇家陆军中将，战争初期第8集团军司令官，也是第一个被撤职的军队指挥官。

9. 奥古斯特·冯·马肯森（左，1849—1945）深受部下爱戴，是整个战争中最能干的德国指挥官之一，此照片拍摄于 1915 年。

10. 阿列克谢·阿列克谢耶维奇·布鲁西洛夫（1853—1926），此照片摄于1917年，布鲁西洛夫是战争中最成功的俄国指挥官。尽管他有创新的方法，但是他的战斗也被证明是俄国最血腥和付出代价最大的。

11. 弗拉基米尔·亚历山德罗维奇·苏霍姆利诺夫（左，1848—1926），曾担任俄军总参谋长。

12. 鲁登道夫（左）和兴登堡（中）与第8集团军人员的合影。

13. 尼古拉·尼古拉耶维奇·罗曼诺夫大公（右，1856—1929）和沙皇尼古拉二世（左，1868—1918）。尼古拉耶维奇·罗曼诺夫大公在战争初期被任命为指挥官，他竭力维护作为前线总指挥官的权威。

14. 帕维尔·卡尔洛维奇·连年坎普夫（1854—1918），战争初期，连年坎普夫领导俄国第1军进攻东普鲁士，但是他和萨姆索洛夫的合作失利，在绝大程度上导致了坦嫩贝格战役的失败。

15. 亚历山大·瓦西里耶维奇·萨姆索洛夫（1859—1914），萨姆索洛夫的俄国第2集团军在坦宁堡被摧毁，而他本人在战斗的最后日子里饮弹自尽。

16. 尼古拉·弗拉基米罗维奇·鲁茨基（1854—1918），以谨慎著称，他拥有卓越的军事才能，担任俄军西北前线指挥。

17. 雅科夫·日林斯基（1853—1918），战争初期俄军西北前线的指挥官，日林斯基没能成功指挥他的两个下属部队侵袭东普鲁士。

18. 拉多米尔·普特尼克（1849—1917），在战争初期他并不愿意指挥塞尔维亚军队，但是1914年末他又与奥匈帝国合作取得了非凡的胜利。

19. 加夫里洛·普林西普（左，1894—1918），他就是那个发射了致命一枪导致战争爆发的人，此照片是其与塞尔维亚社会活动家的合影。

20. 塞尔维亚枪手在冬季与筋疲力尽的枪手搏斗。

21. 在沙皇尼古拉二世的鼓动下，塞尔维亚军队被迫招募一些老人或者幼童参加战斗。

22. 摄于 1914 年，照片展现了战争早期阶段完全没有佩戴头盔的士兵。

23. 1914 年秋天，当德军撤退到马祖里湖时，他们迅速构筑了一道防线，与整个西线的战壕相抗衡。

24.坦嫩贝格战役中，士兵在农舍寻求庇护。

25.俄国士兵在加利西亚匆忙挖的战壕里。

26. 战死在坦嫩贝格的俄国士兵。

27. 在加利西亚战斗中受伤的奥匈军团士兵。由于伤员太多，导致医疗资源匮乏，当军队撤退时，受伤的人经常被遗弃。

28. 德军在坦嫩贝格战役中前进。

29. 战争初期，通信不发达，导致联络不畅。像这样的电话机需要铺设大量的电缆，而这些电缆经常被炮火或敌人的巡逻队切断。

30.1914 年冬，在约翰内斯堡前线持机关枪的德国士兵。

31. 马克斯·冯·加尔维茨（1852—1937），德意志第二帝国将军，先后在兴登堡和马克森元帅麾下作战，是东线作战的德国指挥官。

32. 赫尔穆特·约翰内斯·毛奇（小毛奇，1848—1916）在战争爆发时担任总参谋长，主张在俄国重整军备计划完成之前发起一场战斗，因马恩河战役的失败而丢了职位。

东线有战事

COLLISION OF EMPIRES

1914，一战爆发与帝国崩溃

the war on the eastern front in 1914

[英] **普里特·巴塔** 著

刘 彬 刘昱阳 译

湖南人民出版社·长沙

目录

前　　言 / 001

第 一 章　德意志战争机器 / 015

第 二 章　俄罗斯压路机 / 039

第 三 章　奥匈帝国：欧洲的另一个病人 / 071

第 四 章　物极必反 / 099

第 五 章　初战：施塔卢珀嫩与贡宾嫩 / 131

第 六 章　指挥危机 / 163

第 七 章　坦嫩贝格 / 181

第 八 章　胜利的错觉：加利西亚，1914 年 8 月 / 251

第 九 章　马祖里湖区之战 / 279

第 十 章　战败的现实：加利西亚，1914 年 9 月 / 305

第十一章　血腥的插曲：塞尔维亚战线 / 349

第十二章　泥与血：波兰的秋天 / 391

第十三章　罗兹 / 447

第十四章　首个圣诞节 / 487

第十五章　失望与幻想 / 511

前　言

大多数关于第一次世界大战的英语书籍都在公众心中留下了深刻的印象。欧洲被视为富有、贵族云集的大陆，享受着帝国和成功实现工业化所带来的成果，"平民"虽然日子过得一般，但生活的舒适度远远高于上一个世纪。第一次世界大战后，欧洲"久盛不衰"的幻觉顷刻化为乌有，欧洲变成了泥泞战壕纵横交错的画面，成千上万人苟且生活、奋力挣扎、相互杀戮。士兵们时刻面临火炮的狂轰滥炸和毒气的突然袭击，偶尔尝试越过弹坑和铁丝网构成的怪异地形向前推进，而当他们的进攻举步维艰、偃旗息鼓时，一批批士兵便会葬身沙场，没有或者几乎没有任何收获。

像所有这类场景一样，这些书籍的内容大多是真实可信的，但是它们未能捕捉到完整的画面。即便在萨拉热窝那致命的几枪触发一连串事件并最终导致战争爆发之前，紧张局势也在威胁着整个大陆。俄罗斯帝国的工人们躁动不安，经常与警察和军队发生冲突；意大利和奥匈帝国在边境线上警惕地注视着对方；甚至在英国，爱尔兰危机显然有可能爆发成为严重暴力事件。

同样，堑壕战作为第一次世界大战的画像也具有误导性。正当英国、法国、德国、比利时和美国士兵在法国北部和比利时西部浴血奋战之时，另一场战争席卷东欧，阵亡士兵的数字不亚于西线战场上的血腥战斗。然而，虽然这场战争同样有着长期僵持的堑壕战，其鲜明特点却是大规模调动，大部队一进退就是数百英里。大城市不断易手，主动权在参战国之间来回摇摆，到战争结束时，这场冲突不仅消耗掉了德意志、俄罗斯和奥匈帝国等国家的国力，也给塞尔维亚和罗马尼亚带来了灭顶之灾。这些帝国分裂后形成了形形色色的国家，从北面的芬兰和爱沙尼亚到南面新成立的南斯拉夫，为一直持续到世纪末的各种冲突播下了种子。但是东部战争在西方书籍中的记录却只是一鳞半爪。

尽管东、西两个战场之间存在着许多差异，它们也有相似之处。想要在东西战场强行取得决定性的战果都异常困难，驻扎在精心修筑的防御工事中的士兵几乎能抵御任何进攻。但是东部军队的密度远低于西部，这就意味着总有可能发现某个脆弱的侧翼，或者利用某个局部弱点。人们无法赢得一场干脆利落的胜利，主要是因为战场规模太大，也因为德国通过其铁路系统获得了巨大军事优势，德国军队能够快速来回调动，击退俄罗斯帝国最初的进攻。因此，俄军虽然发动了大规模进攻，却再也无法威胁到德国。相反，德军非常清楚一个世纪前拿破仑军队的命运，不愿意贸然进入俄罗斯帝国广袤的西部；而且短期内也没有必要彻底打败俄罗斯帝国。1914年西线战场的军官们会觉得东线战争的许多交战方式似曾相识；此后，堑壕战的经验极大地改变了西线军官们的心态。

东线的地形与西线截然不同，英国人对佛兰德斯战场的描述是地势过于平坦，就连舒缓的小山丘也变得异常重要。前线附近的任何林地都在战斗中迅速变得遍地树桩，战壕附近的几个村庄则化为一堆堆废墟。虽然再往南地形有所变化，山丘与河流增多，但这些特点对于改变作战方式毫无作用。相比之下，东线的地形却差异巨大。有些地区（比如波兰中部）比较平坦开阔，而另一些地区却是茂密的森林和沼泽（比如东普鲁士边境）。一望无际的普利佩特沼泽迫使俄军几乎以两个独立的司令部指挥行动，而漫长前线的南端却是喀尔巴阡山脉这道保护匈牙利平原的天然屏障。所有这些地形都对作战产生了重大影响，并在一定程度上决定着多个战役的走向。

西线三大强国——英国、法国和德国——军队的作战方式大致相同，东线军队的作战方式却大相径庭。德军或许是交战三国军队中最"职业化"的，拥有大量战术娴熟的高级将领，战友之情不仅使他们十分团结，还让他们多了一分韧劲。而奥匈帝国的军队在很大程度上完全依赖某个人的战争视野，胜败取决于该视野优秀到什么地步。沙皇的军队则是一个政治战场，不同派系争权夺利，将自己人之间的冲突视为头等大事。第一次世界大战所有军队都必须迅速适应战争现实，他们的适应能力对战争结果有着重要影响。

与西线一样，东线交战国也尝试吸取以往的战斗教训并且将其运用到战斗中，它们分析那些早期战争，为未来战争做好准备。西线军队和交战国在吸取以往教训的过程中一直有一个特点，那就是它们根本没有吸取教训，即便有，也只是一些皮毛。由于未能吸取以往战争的教训，甚至未能吸取战争开始后最初的交战经验，后果是灾难性的。数百万人在欧洲东线和西线战场上惨遭屠杀，其规模之大，前所未有。

19 世纪后期已经出现了大量征兆，显示未来将会非常艰难。尽管如此，第一次世界大战的所有参战国都有着强烈愿望，试图将新学到的东西应用到现有学说中，而不是去面对创造全新学说这一重任。这也是古往今来常见的一大特点，很少有国家或军队愿意冒险放弃所熟悉的、普遍认可的战术，来支持新的作战方式。在同盟国与俄罗斯帝国之间的交战中，双方伤亡人数与西线一样巨大，但是战线却在相当大的区域内来回移动。这些移动给战士们带来了取得决定性胜利的诱人前景。东线三个主要参战国——德国、奥匈帝国、俄罗斯帝国——都曾料到很难将自己的意愿强加到战场上，但是这一事实似乎根本无法阻止它们盲目地向前推进。

在第一次世界大战酝酿过程中，影响军事思想最重要的战争或许是 1870—1871 年的普法战争。这场战争所造成的严峻事实是，在战争结束之前成为德国一部分的北德意志联邦与法军作战时赢得了决定性的胜利。这场战斗于 1870 年 9 月 2 日尘埃落定，拿破仑三世和 10 万多法国士兵在色当缴械投降。双方当时正式交战才 45 天，不过巴黎被围困以及法国境内其他地方的战斗持续了数月。法国人口更多，本该组织一支数量上更占优势的军队，而且许多士兵都是意大利独立战争和 1862—1867 年出兵干涉墨西哥的老兵，但德军依然取得了这次了不起的迅速胜利。各国军事理论家——包括获胜的德国理论家——立刻开始分析这一惊人结果背后的因素。

交战双方最大的区别之一在于征兵问题。法国有一支庞大的现役部队，因而能够在短时间内组织一支战斗力强大的队伍。但是，像欧洲所有军队一样，它也要极度依赖预备军才能形成全面力量。普鲁士于19世纪中叶开始对其军队进行现代化改造，1859年阿尔布雷希特·冯·罗恩被任命为战争部长。经过3年的政治辩论，他成功说服普鲁士议会批准征兵法，每人服兵役3年，然后再充当预备军士兵数年。结果，尽管在普法战争之初，更为庞大的法国现役部队让普鲁士处于不利地位，普鲁士却能够在战时组织起一支训练有素的军队。不过，虽然人口总数不如法国，普鲁士和北德意志联邦最终却召集到了一支更为庞大的军队，因为北德意志联邦也快速采纳了罗恩的征兵制与预备军政策。

无论预备军规模有多大，军队调动的效率至关重要。德法两国都有完善的铁路系统，但是德国铁路网更为密集，德军成功的关键就在于军队调动的高效计划。因此，德国预备军能如期被运送到前线，而法国铁路系统却快速陷入了混乱，10多万士兵被留在了错误的地点。法国最初在人数上的任何优势还没有来得及利用就化为乌有。

战斗一旦打响，战争的实施又带来了几个新的问题。普鲁士总参谋部的结构有其独到之处，其本身就是为应对上一场战争而形成的一项创新。1806年惨败给拿破仑之后，普鲁士国王弗里德里希·威廉三世建立了一个军事重组委员会，从各方面分析战败原因，并且为改革提出建议。普鲁士其实早已开始分配军事专家去协助将军们——这些职业士兵去那里是为了协助缺乏经验的贵族军官——但是许多高级军官对专家们的建议置之不理，这在很大程度上导致了普鲁士败在拿破仑的法国军队手下。重组委员会逐渐演变成了参谋部，这个由智商最高的军官组成的机构负责制订并执行军事计划，同时时刻分析军情。在每一个更高级别的指挥层面上，部队指挥官——他们继续以传统方式挑选，既考虑资历也考虑背景——都会有一位训练有素的参谋协助。参谋有权质疑指挥官的任何决定，出现分歧时可以向上一级指挥申诉。在实际情况中，大多数指挥官都与自己的参谋保持着亲密、和谐的关系，允许他们将部队日常管理中的许多任务分配给参谋部的军官，同时他们自己可以将精力集中在更为紧迫的事情上。在1870—1871年的普法战争期间，普鲁士人在适应不断变化的战局方面，能力远远超过法国人，相当一部分是因为参谋部的正常运转。

在前线，两支军队之间的区别则凸显了最新武器的重要性。法国步枪的性能远好于德国步枪，法国步兵因而能够在更远的距离内保持更高的射击频率与准确度。但是，法国人普遍使用从炮口装弹的大炮，与德军使用的速射后膛炮相比明显处于劣势。

每个欧洲强国都对这些因素进行了分析，至少在一定程度上吸取了以往的教训，并将其应用在之后的战争中。对后者的分析显示，研究普法战争的机构存在着大量先入为主的偏见和相互矛盾的结果。第一个教训是适当储备受过训练的预备军的重要性，随着各方都力图创建规模更大的军队，大多数欧洲国家在普法战争之后的岁月里都有了一系列变化。在一定程度上，所有国家的人口在此期间都有所增长，这自然带来了更大的人力储备。普法战争结束后不久，1871年3月至5月便爆发了短暂的巴黎公社暴动，但遭到了法国军队的血腥镇压。法国政治中的社会党人与军队之间随之出现了强烈的不信任感，他们理所当然地将这种不信任视为反革命思想的堡垒。许多社会党政治家试图借用征兵问题强行对军队进行大刀阔斧的改革；他们建议应征士兵只服役一年，但随后有更长时间的预备役义务。结果，现役部队的规模（以及声誉）会有所削减，但是在战争时期，法国会有史为庞大的预备军——在某种程度上，这是法国大革命中"公民军队"概念的回归。军方对这些建议进行了长期的反驳，所借用的观点从符合实际到合乎逻辑都完全站不住脚。他们坚持认为，预备军显然不如正规军，而一支主要依赖预备军的军队只能打防御战，缺乏进攻战所需的凝聚力和高水平的训练。因此，军方激烈宣传进攻战的重要性，以此来反对对预备军的过于依赖。其他国家研究了法国事态的发展，反而受到了这些事态发展的影响，尽管法国的争论因国内围绕征兵法的政治问题被人曲解。

对普法战争的分析带来的另一个结果是为部队调动制订详细时间表，以确保部队能够快速被部署到各自偏爱的地点，并且比敌人更快速地达到战斗要求。部队调动的速度将在战争初期潜在地给一个国家带来决定性的优势，因此大笔资金被用来改善一些关键地点的铁路系统。为部队调动而制订的铁路计划变得非常复杂，给欧洲列强带来了新的制约：人们需要数周才能制订出运输计划，一旦制订后，短时间内无法更改。虽然到1914年德国人已经开始着手改变这一状况，让这类计划更具灵活性，但这些改变仍然处在初期阶段。其他国家甚至都还没有来得及解决这个问题，而这将给德国的主要盟国——奥匈帝国——带来灾难性的后果。

大多数国家都采用了与普鲁士总参谋部相似的体系，但很少有国家能够像普鲁士一样给予参谋诸多独立性。但即便如此，这些国家对于所涉及的问题也常常缺乏全面理解。普鲁士的总参谋部后来成为德军总参谋部。它不只是一个由训练有素、智力超群的军官组成的机构，最终发展为一个革命性的指挥体系的一部分。尽管我们在后面将会看到，这一发展过程非常曲折，面临着来自思想更为传统的军事思想家的诸多障碍。普法战争期间的普鲁士总参谋长赫尔穆特·卡尔·毛奇（老毛奇）对于训练总参谋部和培养其民族精神起到了关键作用。他坚决反对传统观念，因为那种自上而下的发号施令体系不够灵活，无法应对现代战场上瞬息万变的军情，而这种军情变化只会比以往更加迅速。因而，老毛奇认为非常有必要让下级指挥官明白上级指挥官的意图，明白自己所属部队在上级指挥官意图中所扮演的角色，才能够让下级指挥官有机会随机应变，在最初命令范围之外行动，只要他这样做仍然能协助上级实现其目标。他坚持认为，"战略是一个临时权宜之计体系"，各级指挥都应该能够而且愿意根据当时环境所需随机应变。即便是在普鲁士国内，这种灵活性也遭到了军中许多（或许是）高级军官的抵触，他们认为这种方法会引发混乱。但是，老毛奇认为，总会发生难以预料的情况，因此无法用僵化的上下级指挥结构来应对：

> 任何作战计划都无法肯定地延续到与敌人主力的第一次遭遇之后……军官会根据自己对战况的判断采取行动，而战况总是千变万化的。如果他在无法得到命令的情况下仍然等待命令，那就大错特错了。但是，只要他在上级指挥官作战

意图的框架内采取行动，那么他的行动就是最富成效的。

为了让这个体系切实可行，就需要对下级指挥官进行培训，让他们能够理解上级的意图，同时能够以可靠的方式展现自己的主动性。老毛奇及其支持者认为，对所有军官的培训应该体现这一点。随着这些概念传播到整个普鲁士军界，以及后来传播到德国的军界，对各级指挥官的培训都纳入了这一理念，并且进一步扩展到允许下级指挥官必要时扮演上级指挥官的角色。结果，德军部队在面对指挥官伤亡时，远比他们的许多敌人更容易提振精神。

法军从拿破仑战争起就一直使用类似总参谋部的机构，但它的结构和作用与普鲁士和德国的总参谋部截然不同。法军参谋只是指挥官的仆人，负责传达指挥官的各种命令和指示。拿破仑三世军队中的一名指挥官帕特里斯·德·麦克－马洪将军，对参谋的看法代表了当时许多高级军官的态度：

> 我只要在某本书的封面上看到任何军官的姓名，就会将他从晋升名单中剔除。

普法战争爆发后，法国创建了一所参谋学院，完全模仿普鲁士体系，先是培养法军参谋，最终组建了陆军总司令部。这些步骤最初在法军上下带来了态度上的巨变，人们详细研究过往战争，同时分析新武器和战术，但随着时间的流逝，人们的态度发生了变化。谋求改变的激情非常短暂，与其他战争之后发生的情况相同。日俄战争（1904—1905）期间，驻"满洲"的英国观察员记录道：

> 在实际交战的那一天，明摆着的事还会有人询问；但是到次日上午，他们早已穿好了军装。

法国显然不是孤军奋战。同样的发展趋势也出现在奥地利和俄罗斯帝国，人们曾经尝试将现代"科学"思维引入到军事教育中，但这种尝试由于回归传统思维而逐渐淡化、黯然失色。就俄罗斯帝国而言，它与法国之间越来越密切的联盟造成了法国所犯的许多错误在俄罗斯一一再现。甚至在德国这个更为科学的战争观诞生地，威廉二世皇帝1888年的登基，给总参谋部的独立性和创新措施带来了巨大变化，淡化了上一代取得的许多成果。而且，正如下文所说，有些追随老毛奇的人并不如他智慧且灵活。

由于未能理解普鲁士总参谋部的影响力具体有多么重要，人们忽略了许多教训。普法战争中出现了大量兵力调动情况，造成大批法国军队孤军奋战，直至被围，这自然也就被视为了未来战斗的理想模式。实际情况是，普法战争期间德军的许多胜利都来自法国人自己的灾难性错误；如果说德军指挥官能够将自己为此类包围战而制订的计划应用在拼死抵抗的敌人身上，那么这种说法缺乏强有力的证据。这个问题变得更为复杂，因为必须考虑现代火器对战斗的影响。战争的第一场重大战斗发生在8月4日，地点是维桑堡，寡不敌众的法国军队顽强抵抗德军的多次进攻，主要依赖从掩体后射出的精确步枪火力。德军虽然获胜，但他们的伤亡人数为 3500 人，远大于法军的 2100 多人，而且其中还有900 名俘虏。两天后，德军在斯皮克伦与法军发生枪战，再次损失惨重。当月下旬，德军在格拉沃洛特进攻占据有利地形防守的法军，同样损失惨重；守卫杜约尔角的法国将军夏尔·弗罗萨德的第 2 军阵亡 621 人，而卡尔·弗里德里希·冯·施泰因梅茨将军指挥的德军伤亡 4300 人。其他德军部队，尤其是普鲁士禁卫军，损失更为惨重。这反映了两军在装备方面各自相对的优势，德军损失大多是步枪造成的，而法军损失大多是德军火炮造成的。

老毛奇在评论普法战争的战事时，专门就进攻有准备的阵地的难度指出：

> 我开始相信武器改善对于战术性防御的重要性。在 1870年的战役中，我们不断发起进攻，夺取敌人最坚固的阵地，但是我们付出了多大的牺牲啊！依我看，在最初顶住敌人的进攻后，采用防御战术似乎更有利。

有意思的是，普法战争刚结束，大多数强国便制订出了防御性的作战计划，但随着时间的推移，其他影响悄悄到来——事实的真相被掩盖。为了给保留一支庞大的现役军队找一个冠冕堂皇的理由，法国理论家们辩称拿破仑三世之所以战败，主要是因为过于被动的态度，并且强调德军是通过更具攻击性的战术才取得胜利。普鲁士未能在斯皮克伦和格拉沃洛特攻破防线，被归咎于不愿意持续进攻。随着时间的推移，其他战争——英布战争和日俄战争——虽然再次证明战壕中的步兵具有优势，但这些战例也由于相同原因被摒弃。

所有欧洲强国的军事领袖们偏爱进攻战还有其他原因。进攻战更有可能快速带来战果，能缩短战争时间。与采用防守所能取得的战果相比，这可以增加将解决方案强加给对方的可能性。欧洲各种条约所带来的地理变化也起到了作用。随着东西两面都出现了潜在敌对邻居，德国自然希望彻底打败一面的敌人，而不愿意在东西两面同时打一场持久战；同样，法国和俄罗斯帝国也很清楚，他们相互协助的计划要求他们确保德国无法腾出手来先对付一个敌人，然后再对付另一个敌人——唯一能实现这一目标的方法就是制订进攻行动计划。因此，尽管有大量证据证明进攻会使之处于劣势，但几乎每个国家都还是有发动进攻的强烈欲望。

欧洲各地许多人依然相信未来任何战争都不会持久。这直接影响到了弹药储备的规模——既然战争不会持续太久，就没有必要储备大量军火，也没有迫切需要发展能够短期内大规模生产的军火工业。当然，还有些人，比如伟大的老毛奇，曾在1890年警告德国议会，未来战争有可能会像七年战争甚至三十年战争那么长。他的侄儿会监视第一次世界大战之初的战事发展，他担心未来战争会持续很久而且会非常残酷，但是在政治上这种结论是不可接受的，因而每个人都希望战争能速战速决，并为此制订计划，而任何其他方案都被视为不可接受。

在整个19世纪，人们对骑兵未来的作用所进行的辩论越来越激烈，而在这方面，普法战争未能提供任何重要经验。8月16日，法国骑兵在马斯拉图尔给普鲁士军队造成了大量伤亡，而在两周后的色当战役中他们却未能取得任何重大胜利。普法双方都依赖骑兵充当军队的耳目，但是德军似乎很好地运用了骑兵侦察兵获得的情报，法国人却错过了几个机会。神出鬼没的布尔骑兵远胜过驻扎在南非的英国骑兵，因此，英国改变了骑兵训练方式。骑兵更多被用作骑马步兵，相当于龙骑兵在历史上所起的作用，而不是骑马参战，但是骑兵的招募和使用并没有什么重大改变。这其中的部分原因至少在于所有欧洲骑兵团中都有贵族家庭的儿子；军事思想中的传统派继续将骑兵视为天生比步兵优越，坚决反对减小骑兵规模，更糟的是，仍然将骑兵当作移动版的步兵。

结果，在1914年，所有未来的参战人员都准备只打一场类似于普法战争那样的战争——冲突短暂，军队的调动速度、进攻行动以及骑兵部队都会在其中扮演重要角色。这些预期在各个方面大错特错，注定让一代人遭遇难以想象的屠杀，最终让主宰了欧洲数世纪的几个帝国突然分崩离析。

第一章

德意志

战争机器

COLLISION OF
EMPIRES
the war on the eastern
front in 1914

德国 1871 年统一前几年经历了三场短暂的战争，普鲁士军队加上德国其他几个州与丹麦、奥地利和法国进行了短暂的战争，且获取胜利。1864 年，德意志联邦打败了丹麦人，完全颠覆了 1848—1851 年间的战争结果；丹麦被迫放弃了石勒苏益格、荷尔斯泰因和劳恩堡三个省。奥地利人与普鲁士人并肩作战，共同对付丹麦人，但是在 1866 年，两国之间关于新获得的省份的行政管理争端被奥托·冯·俾斯麦首相利用并发动一场新的战争，其结果是普鲁士在克尼格雷茨的胜利终结了奥地利在一个特定地区的影响——这个地区就是后来的德国——并在奥地利引发了一场危机，导致了奥匈帝国的创建和二元君主制的建立。接着，1870—1871 年间与法国的战争直接造成了德国的诞生，牢牢地确定了这个新国家的强国地位。

　　这些成功带来了一个馈赠：新崛起的德国，军队享有特别高的声誉和地位。德国总参谋部的素质在国内外广受推崇，同样赢得人们钦佩的还有德军的纪律和作战能力。柏林经常被视为"军国主义的麦加"，这一说法并非总带有批判。然而，常有的情况是，德军的真实情况并不一定就能反映国内外人对德军的害怕和钦佩。

尽管取得了三场战争的胜利，德国统一期间的总参谋长老毛奇却对未来战争是否还以相同方式进行、是否还强调进攻行动表示了深深的怀疑。不过，他依然相信战争本身无法避免，甚至是可取的：

> 人的一生，乃至整个自然，只是一场新旧之间的斗争，国运也一样……只有剑才能让剑留在剑鞘中。

在社会达尔文主义盛行的时代，许多欧洲强国都相信白人至上主义，这是非常普遍的观点。在德国，它发展演变成了一种信仰，即德国胜利，尤其是战胜法国，是理所当然的，且难以避免：

> 从未有过为如此伟大的理想而战的争斗；复仇女神或许从未如此极端地杀死过有罪之人；或许从未有任何一支军队如此温暖、如此充满灵感、如此充满诗意地感受到战场的残酷会为更高的道德目的服务；或许万能的神在分配奖惩时从人类的角度而言从未如这一次般公正且合理。成千上万的人将这视为历史进程中的诗歌。

在老毛奇以及大多数德国高级军官的眼里，防卫战是确保德国继续繁荣与成功的最佳途径，但是必须克服开展快速且成功的进攻战日益增加的困难。很多德国人相信这个年轻的国家四周都是潜在的敌人，它面临着不得不同时在多条战线上作战的危险。

许多人认为，考虑到这些敌人合在一起时力量巨大，德国在面对邻国同时发难时唯一的成功希望就是在转向其他敌人之前，通过快速攻击至少击败一个敌人；换言之，要想避免在多条战线作战，就必须发动一系列短暂的单线战争。为了确保德军能够从一个成功战役及时转向下一个战役，就必须将每场战争作为进攻行动来进行。

在这种情况下，普鲁士和奥匈帝国在1866年战争之后迅速恢复关系就变得异常重要。

虽然维也纳许多人希望报复俾斯麦，但奥匈帝国内部不够团结，无法进一步交战，而普鲁士首相则谨慎地说服国王尽早结束了与奥地利的战争；普鲁士没有从奥地利得到任何领土，在1870年普法战争期间，维也纳并不愿意干涉普鲁士，除非巴伐利亚也开始偏袒法国人。法国战败、德国建国之后，颠覆1866年战争的结果已经再也没有意义，因为恢复奥地利对德国各州事务的影响没有任何希望。此外，来自意大利和巴尔干半岛的对二元君主制的威胁越来越大，迫使维也纳寻求与其北面强大的邻国保持可靠、友好的关系。

在1890年辞职前，奥托·冯·俾斯麦首相谨慎、睿智的外交手腕确保了德国与其邻国保持着微妙的平衡，避免了战争。法国人始终是德国人的眼中无法调和的敌人，尤其是因为普法战争之后，法国必须支付赔款，并且将阿尔萨斯和洛林省割让给德国。不过，只要能劝阻英国、俄罗斯帝国和意大利与法国建立任何正式联盟，法国人对德国人不可调和的敌意就会得到遏制，法国就不会对德国构成重大威胁。可是在俾斯麦辞职后，威廉二世皇帝所追随的政策比俾斯麦时代的任何政策都更加独断，而且在许多方面也更具挑衅性，几乎可以肯定德国早晚会再次被卷入战争。

就火力和铁路带来的机动性而言，军事科学的发展力主防御战，现在的难题就是如何在这种情况下发动成功的进攻战。步兵火力只要与最基本的防御工事相结合，就能让任何进攻停滞不前，而铁路，尤其是经精心配置后能促进横向运动，从而使得防御方能快速将部队调往受到威胁的区域，远超进攻方的步行行军。当然，也可以预料到敌人在撤退时会破坏铁路，让逼近的军队无法有效利用铁路。鉴于欧洲的政治性质，潜在的敌人不言自明，各方都会修建防御工事，足以抵挡任何进攻军队的炮火袭击。

就战术而言，防御方的火力优势似乎所向披靡。与他们的对手法国和俄罗斯帝国不同，德意志军官们对自己的士兵在代价高昂的正面进攻中取胜缺乏应有信心。老毛奇和其他军官却建议，应始终采用迂回战术，包抄防御方的侧面，然后抵达或者包围某个坚固的防御阵地。1899 年 12 月，布尔战争期间，英军在对科伦索的布尔守军久攻不下之后，最终开创性地运用了这一战术。同样，在更高层面上，如果在未来战争中向敌军发起正面进攻，获胜的前景都会非常渺茫，尤其是在敌军处于精心构筑的防御阵地的情况下，就应该时刻通过军和集团军的调动从侧翼对其发动进攻。

德国所面临的最危险敌军是法俄联盟。普法战争之后，老毛奇为这种可能性制订了计划，他建议通过压倒性的战役快速击败法国，因为快速击败俄罗斯帝国很难；俄罗斯军队很可能会撤退到广袤的东部，那里在德军的打击范围内几乎没有重要的军事或政治目标。从

1879 年起，老毛奇的观念发生了改变。法国在两国边境修筑的防御工事大大降低了快速战胜法国的可能性。同样，俄罗斯在波兰的驻军力量大增，当德军进攻法国时俄罗斯有可能会大规模进攻德国。但与此同时，俄罗斯在波兰集结兵力，现在也越来越成为德军进攻的诱人目标。老毛奇因此主张在西线采取防守态势，让德军得以在华沙地区快速包围并歼灭俄罗斯军队。

然而，随着俄罗斯在华沙周围的军事部署一直延续到次年，快速战胜俄罗斯也开始变得不像以前那样易如反掌。老毛奇继续主张进攻俄罗斯，只留下数量不多的德军抵挡法军的进攻，但是他又认为要想彻底包围华沙以东的俄罗斯军队，就需要进入到俄罗斯腹地。这必然会延长战争进程，法军则会趁德军仍然试图与俄罗斯军队决一死战时在西线获胜。

老毛奇 1888 年退休，他话语不多、富有思想，声誉未受任何玷污；他被誉为语言天才，曾有人说他会七种语言，但他却少言寡语。接替他的是他原来的副手阿尔弗雷德·冯·瓦德西，先发制人战争概念的坚定支持者。瓦德西在柏林人缘极差，即便按照当时的标准，他都被视为心胸狭隘，具有反犹太人倾向。他主张在德国驻外使馆中设置武官一职，但这种插手干预外交政策的想法遭到了俾斯麦首相的严厉斥责。不过，他热衷尽早发动战争，尤其是对俄战争，因而博得了年轻的德皇威廉二世的欢心。在另外一次颇为压抑的会议上，威廉二世热情洋溢地说起了这样的战争。会议结束之后，俾斯麦在致德国外交部政策室的负责人弗里德里希·冯·霍尔施泰因的信中写道：

这位年轻人想对俄罗斯帝国宣战，想立刻拔剑出鞘。这对我的孙子们是个悲剧。

威廉二世与瓦德西之间的关系没过多久便出现了问题，威廉二世运用自己的权势解除了一些军长和师长的职务，用自己的人取而代之。威廉二世继续干涉军事事务，而他在这个领域既缺乏经验又缺乏专业知识，结果经常让总参谋长万分恼火。1891年，瓦德西犯下了严重的政治错误，在一场野外演习中重挫威廉二世指挥的军队。他立刻为此付出了代价，没过多久便被降职，接替他的是阿尔弗雷德·冯·施里芬中将。

施里芬早年并没有对军事表现出特别的兴趣。他的军旅生涯始于学习法律期间，他按照义务兵役制应征入伍；年末，他成了一名候补军官，结果在军中一干就是50多年。施里芬像许多同时代的人一样，相信德国四周都是敌对国家，都在等待机会摧毁他的祖国：

有人正企图将［英国、法国、意大利和俄罗斯］集结在一起，合力攻打同盟国。在某个特定时刻，吊桥将被放下，门将被打开，数以百万计的士兵将被放出来，烧杀抢掠，越过孚日山脉、默兹河、聂曼河、布格河，甚至越过伊松佐河和蒂罗尔阿尔卑斯山。这是一种极大的威胁。

虽然在训练有素的德军总参谋部，施里芬可以称得上是最重要的军事思想家，却在许多方面不如老毛奇。他缺乏这位声名显赫的前辈解决问题的务实方法；施里芬对于战术只是一个权宜体系的说法深恶痛绝。在他的任期内，老毛奇开创的学说（即通过延长战线来避免无效的正面进攻）几乎成了一种教条，变成了在几乎任何环境中采用进攻策略的金科玉律。的确，施里芬这方面的著作——其理论依据为汉尼拔在坎尼取得的那场著名的胜利——在欧洲和美洲各国广为流传。他的同辈人都知道他目光短浅。有一次途经东普鲁士，他的副官对美丽的普雷格尔河谷进行了评论，施里芬简短地研究了一下地形后说，这条河只是一个微不足道的军事障碍。他将全面胜利视为唯一可以接受的战争结果，这种看法与他的世界观完全一致。在他看来，有限的成功只会导致未来更多战争。防御战无法取得全面胜利，因此德军应该制订计划，发动大规模进攻，快速取得决定性的战果。他也不愿意将外交手段视为解决潜在冲突的方法，总是依据最坏的结果来制订计划，比如他认定如果未来德国与法国交战，英国军队必然会向德军宣战。

老毛奇与施里芬之间存在着惊人的差别。虽然两个人都认为下级指挥官可以单独采取行动，但两个人解决该问题的方式却截然不同。老毛奇认为战场上的所有具体情况并不能全面预测，因而建议下级指挥官在明确上级指挥官的意图和目标的情况下，应按照需要灵活制订作战计划。施里芬也承认战场的情况千变万化，但是他却试图强行推出标准化的方案来解决所有的问题，让上级指挥官能够时刻预测自己的下属会如何解决特定问题。为了确保这种可预测性，他比老毛奇更倾向于一丝不苟地下达详细的命令，更加彻底地筹划好某场战役的预期轨迹。

考虑到这些个人观点——主张发动决定性的进攻战，认为只有通过迂回进攻和包围敌人的防线才能赢得这种战争，以及认为外交官无法减少德国所面临的威胁——我们可以预见施里芬会为德国所面临的军事问题提供何种解决方案。法国在阿尔萨斯和洛林两地面向德军的防御工事固若金汤，需要从侧面迂回包抄。要想实现这一目标，唯一的办法就是借道比利时，甚至有可能借道荷兰的领土。这必然会使英国与德国之间发生冲突，但既然无法避免英国卷入战争，那么通过尊重比利时的中立来试图避免英国参战也就没有任何价值。

施里芬为进攻法国而制订的计划中的细节不是本书研究的课题，本书只探讨德俄交战后该计划如何影响德军的军事行动。施里芬起初认定，由于法国防御工事过于牢固，德军需要让法国先发起进攻，以此引诱法军离开它的防御工事；德军同时可以如老毛奇所设想的那样在华沙地区快速战胜俄军。随着俄军在华沙周围的防御工事越来越坚固，施里芬放弃了这个计划。他认为法军会采用他本人所偏好的迂回包抄战术，于是认定在未来战争中，法军会借用比利时领土来迂回包抄德军防御工事。由于他本人热衷于以迂回包围为特点的战术，施里芬随即制订了通过比利时大举挺进的计划。东线有限的德军将抵御俄罗斯帝国的进攻，直到在西线战胜法军之后的德军能够腾出更多兵力来增援。换言之，优先考虑的对象从俄罗斯帝国回到了法国身上。

人们一直在争论，施里芬计划不是为打败法国而制订的一个详细战略，而是对一种战略思想的测试。施里芬认为，现有军队规模太小，无法实现该计划，而且比利时的路况太糟，无法让足够的士兵以该计划所设想的速度挺进。不过，考虑到未来一旦发生战争，俄法两国肯定会联手，施里芬只能思考自己的军队如何以最佳方式在一条战线上速战速决，而这的确就是德军后来采用的战略。

1906年，施里芬退休，接替他的是赫尔穆特·约翰内斯·毛奇（小毛奇），是那位创建德国总参谋部的空想家的侄儿。他像老毛奇一样，也相信战争不可避免，并且将战争视为让德国实现其命运的手段。德国一直担心受到敌对国家的包围，这种担心在施里芬时期与日俱增，在20世纪初几乎变成了一种妄想症，在某些方面类似于冷战最严重时期铁幕两边的态度。到20世纪20年代初，俄罗斯帝国和法国采取了一系列措施来加强它们的长期战争准备，这让德国更感焦虑。小毛奇反复催促发动一场战争来缓解日益加剧的紧张形势，借口是这场战争来得越晚，德国与其敌人之间的平衡就对德国越为不利。俄罗斯帝国开始提高其军队的实力和作战力量，这促使当时的德国军界越发担心德国终有一天无法战胜俄罗斯。和施里芬不谋而合的是，小毛奇也认为根本无法取得对俄的快速胜利，所以应该将主要精力放在确保快速战胜法国上：

> 我们最重要的作战意图必须是取得一场快速的决定性胜利，但我们几乎无法在俄罗斯帝国身上获得这种胜利。［如果我们对俄罗斯发动战争］，那么针对法国的防御会占用大量兵力，剩下的军队在进攻俄罗斯时不足以取得一场决定性的胜利。

不过，德国在1913年4月之前继续保持着针对俄罗斯进行强大部署的策略。此后，德国完全根据部署大部分德军来针对法国而制订动员计划。德国只将拥有9个师的第8集团军——后来增至13个步兵师和1个骑兵师——部署在东普鲁士，以抵御俄罗斯发起的进攻。唯一的变化是如果俄罗斯帝国保持中立，那么第8集团军可以协助攻打法国。基于这种可能性，德军还制订了应急计划。值得注意的是，任何针对俄罗斯帝国的战争计划都必然涉及在西线部署兵力来对付法国。小毛奇和大多数同时代的德国人都理所当然地认为如果德俄开战，一直想复仇的法国肯定会趁机进攻德国。

德国偏向于针对法国进行大规模动员，在一定程度上，这种动员改善了德国铁路的结构，但这些铁路线的布局后来又制约了德军的调遣。西部更为密集的铁路线确保了针对法国的军队调动，但是只有四条复线铁路通往维斯图拉河地区，其中又只有两条向东延伸。虽然东部有更多铁路在规划中，但1914年肯定是用不上的。供士兵们下车的站台数量也存在着明显的差距。法国情报部门估计德国西部边境沿线有170个适用的站台，而距离更长的东部边境沿线却只有125个站台。

与其欧洲对手的军队一样，德军在普法战争之后数年中的发展也遇到了许多相同的矛盾。三个兵种——步兵、骑兵和炮兵——都有选择地利用战争中的一些战例为自己先入为主的观点辩护，而这些观点则反映了根植于历史和社会中的偏见。考虑到德国和其他欧洲强国此类辩论的相似性，我们有必要详细分析一下德军的发展，因为它体现了整个欧洲大陆各国的情况。

对于步兵而言，普法战争中象征着更先进作战方式的是普鲁士禁卫军1870年8月18日对圣普利瓦的进攻。法军居高临下，阵地层层相叠，一条条战壕将这里变得固若金汤，山坡最高处则是圣普利瓦村。普鲁士禁卫军的几个师不愿意等待炮兵支援，列队向山坡出发。走在最前面的是稀疏的散兵线，他们身后是第一拨步兵，以连为单位，再后面则是第二拨步兵，以营为单位，呈密集队形。法军的防御火力由火炮、来复枪和老式机枪构成，短短数分钟内就给普鲁士军队造成了巨大的伤亡。幸存的普鲁士军官和军士凭着超常的毅力，临时做出战术调整，将士兵分散成更宽的散兵线。在剩余的以营为单位的纵队的支持下，这条散兵线顺着山坡攻打到了圣普利瓦。黄昏时，在步兵激烈交火3个小时后，普鲁士禁卫军的炮火终于开始发威，将山村用作堡垒的民居变成了一片废墟。法军的损失包括2000多名俘虏，普鲁士方面阵亡8000多人，其中大多数都死于交战开始后的半小时内。

数天后，普鲁士国王下达了一道命令，高度称赞禁卫军的勇气，但也补充道：

> 我希望能够从军官们的情报中获知，他们将来能够更理性地利用地形，为进攻做好更彻底的准备，运用更恰当的队形，以更少的人员伤亡取得相同的战果。

虽然战后立刻进行了多次将更多士兵部署在散兵线上的试验，步兵中的保守派却对此予以了坚决的抵制。他们坚持认为，这种队形会导致高级军官失去对作战单位的控制，而下级军官在面对敌方的防御时会随机应变。虽然这与老毛奇将决策权下放到下级军官手中的最初构想不谋而合，反对派的力量却足以证明这种构想即便在德国也是多么具有革命性。柏林的一位团长西吉斯蒙德·冯·施利希廷晋升为普鲁士禁卫军的参谋长，他强烈支持将指挥权移交给下级军官，但他又对应该给予下级军官多少自由提出了警告。他在军事杂志上发表了几篇文章，为自己的观点摇旗呐喊，并且将训练较差的土耳其士兵在 1877 年的普列夫纳战役中给进攻的俄国步兵造成重大伤亡的事件用作证据：

> 即便是面对缺乏训练的土耳其人，进攻点过多反而让进攻方无所适从——面对如此强大的火力，进攻者巨大的勇气会顿时化为乌有。

保守派不久便做出了反应。伯恩哈德·冯·凯塞尔曾在圣普利瓦战役中担任普鲁士禁卫军军官，他强调密集队形在保存士气和作战单位凝聚力方面的价值：

> 优良的军纪能让更多士兵凝聚在一起，时刻准备在战斗中听从指挥，这远胜于任何旨在保护的队形——因此需要寻找能够促进军纪的队形。

不久之后，军方认为这场辩论已经结束，并且做出了有利于保守派的决定。尽管在圣普利瓦战役中伤亡惨重，绝大多数高级军官仍然选择牢记禁卫军以密集队形成功推进，却没有正确地牢记一点：正是在面对巨大伤亡时的随机应变，以及迟到的炮火支援，才使得他们那一天得以获胜。

施利希廷从一个指挥岗位调到另一个指挥岗位，不管自己当时是否失宠，仍然继续努力改革步兵战术。他利用军长所享有的独立性，以自己麾下的人员进行试验，但保守派也同样利用自己所享有的独立性，严禁自己的手下在前进过程中开枪，理由是这样会放慢前进的速度。施利希廷的对手们最终密谋策划，迫使他于1896年退休；但是，凭借退休后不受军方约束这一优势，施利希廷继续四处宣传改革，一再撰文鼓吹与近距离战术相比，火力所具有的优越性。他提出，进攻行动仍然可行，但是会要求进攻者从密集队形攻击改为逐渐推进，利用地形和田地来接近防守方，然后在突袭对方防线之前先用猛烈火力压制守军。

布尔战争之后，似乎出现了采用施利希廷理念的一些迹象，但是旧习难改，在1902年5月的一次军演中，汉斯·克鲁格·冯·尼达少校作为萨克森州的军事全权代表，惊讶地看到普鲁士禁卫军以传统的密集队形发起总攻：

> 普鲁士禁卫军20年后或许仍然会发起这种造成大量伤亡的进攻，根本无视这期间人们对现代战术的种种论述。

年度军演会挑选两三个军，允许它们展示各自对现行条例的理解，却无法解决问题，尤其是因为威廉二世皇帝坚持要参加军演，而军演指挥部不愿意判定威廉二世一方失败。1904年，鲁莽的威廉二世率领普鲁士禁卫军以密集队形攻打第9军，结果被判获胜，尽管他根本没有等待炮兵支援，甚至都没有允许他的手下开枪。正如威廉二世的宫廷大臣后来所回忆的那样，军演中落败方的一位军官评论道：

既然都不需要枪，你们这些禁卫军为何还要带枪？

日俄战争期间，日军在旅顺港周围交战过程中的表现则传递了自相矛盾的信息。一方面，日军的最终胜利似乎证明了当时盛行的对进攻战占优势的信念；另一方面，防守方火力所造成的伤亡却又证明施利希廷的观点值得人们进一步研究。人们的观点开始慢慢背离密集队形。不过，德国各军相对独立这一特性确保了一点——人们需要很多年才会背离在毫无准备的情况下以密集队形前进这种战术。甚至到了1907年，一些军长在参加年度军演时仍然在使用老的战术。

在军队的三个兵种中，骑兵对技术发展带来的威胁感受尤深。骑兵在普法战争期间的表现仅限于——公认的效果明显的——侦察，以及一次参战经历。1879年8月，在马斯拉图尔，德军第2集团军遭到了莱茵河地区规模更大的法军的猛烈进攻，最后一刻反败为胜是因为弗里德里希·冯·布雷多将军用一个骑兵旅进行了反攻，而这个骑兵旅其实只有两个团，不足800人。尽管近一半的骑兵在进攻中牺牲，但德军却稳住了阵脚。骑兵的进一步进攻最终演变成了双方各有数千骑兵在当天结束时参战。战斗的结果是一场血腥的僵持，但是人们却记住了布雷多的这次进攻。力挺骑兵的人辩解说，如果这场战斗有整整一个师参战，以"传统的"三拨队形进攻，由第一拨重装备团主攻，保护其侧翼的第二拨支援，第三拨则准备给予致命一击或者取得一个突破，能取得比这更好的战果吗？

欧洲各国的骑兵向来是贵族军官云集之地，德军也不例外。在普法战争之后的数年里，许多战争期间只是中级军官的人晋升为了高级军官；普法战争结束十年后，德军军一级指挥官中有三分之二以前都是骑兵。结果，尽管高层有许多人对密集骑兵队形是否还有必要存在持怀疑态度（其中包括瓦德西），骑兵的名气和影响仍然与日俱增。他们有选择地牢记了自己在马斯拉图尔战役中的功绩，并且以和平时期的演习来加深这种记忆。在此类演习中，骑兵师在一马平川的地形上演习、冲锋。由于没有给他们带来不便的山坡、河流或凹陷的道路，他们可以轻而易举地策马向前，无须考虑在正式交战过程中防守方的火力可能造成的人员马匹伤亡。因此，骑兵坚决反对任何创新。普法战争中的一个退伍骑兵写道：

> 以密集队形全速奔驰的马匹所具有的无法抵制的震撼力是骑兵最根本的主要力量。

其至早在拿破仑战争期间，比较原始的火力也已经证明这个观点多么荒谬；唯有通过有选择地使用证据才使得人们能够在19世纪最后25年中发表上述论点。更引人注目的是普鲁士的弗里德里希·卡尔亲王对马拉炮兵的评论：

不应将其视为一种增强进攻部队作战力的举措。

　　尽管如此，一些年轻的骑兵军官对这种将时光倒转一个多世纪的趋势感到不满。当时一个普鲁士骑兵中队长弗里德里希·冯·伯恩哈迪后来言简意赅地指出了骑兵条例中的明显弱点：

　　　　这些条例与所有现代观点相悖，居然认为骑兵必须在马背上作战，而且大多数时候对付的是同样骑在马背上的对手，完全忽视了这样一个事实：武器在这期间已经发展出了独特的能力，而且敌人可以自由地使用这些武器。

　　虽然像弗里德里希·卡尔亲王这样的传统派经常对上级指令置若罔闻，至少总参谋部可以看到，现代火力会将任何部署大批骑兵的企图变成一场大屠杀，潮流正朝有利于创新者的方向发展。格奥尔格·弗里德里希·冯·克莱斯特是另一个反对密集队形冲锋的年轻军官，他撰文说骑兵在侦察和巡逻中的效果要大得多。在俄罗斯人于1877年在普列夫纳有效地运用骑兵对土耳其人进行纵深突袭后，德国骑兵在11年后终于装备了破拆设备。

　　进入20世纪后，伯恩哈迪晋升为了第16军的参谋长，像他这样的改革家要求骑兵发挥重装备的"马背上的步兵"的作用，无论是在马背上还是在地面上都能作战。他们对战斗的贡献应该是战前的侦察和突袭，或者是战后的追杀，而不是处于密集的交火之中。小毛奇出任总参谋长后，下令每年秋季军演结束时，终止大规模骑兵冲锋表演这一传统。尽管这样，1906年仍然存在着老式的三波式进攻模式，顽固的骑兵对外国观察家的评论意见不屑一顾，理由是这些评论只是反映了外国人多么害怕德国枪骑兵。但是，克莱斯特和伯恩哈迪这样的年轻改革派正在崛起，到1909年，官方规定终于让三波式的密集冲锋退出了历史舞台。德国骑兵或许偶尔参与对付敌方骑兵的战斗，但是这将仅限于在侦察过程中与敌方骑兵交战。

同样，炮兵在普法战争中也有引以为荣的时刻。密集炮火消灭了困在色当的法军士兵，普鲁士禁卫军的炮兵指挥官甚至警告一个步兵高级军官，如果步兵像在圣普利瓦那样不等炮兵做好准备就向前推进，他会向自己的步兵开火。法军想冲出包围圈的每一次尝试都被密集炮火粉碎，普鲁士和德国联军之所以能取得最终的胜利，在很大程度上要归功于他们压倒性的炮火。

由俯视默兹河谷的高地发动的密集炮火攻击所留下的记忆在人们心中萦绕了很多年。虽然火炮的设计有所改进，射程越来越远，但炮兵们仍然强调在距离敌人3000英尺[1]内射击。老毛奇在其任职期行将结束时建议，可以让少量火炮随同步兵推进到近距离战斗中，但是大部分火炮应该留在后面。尽管如此，在大多数野外演习中，炮兵都尽快推着炮往前冲。这种战术的确在色当奏效，但步兵所用武器的射程和精度都有了很大的改进，因而快速向前推进到近距离处完全是个冒险的举动。

防御工事的改进给炮兵带来了更多的难题。俄国炮兵1877年在普列夫纳未能对土耳其防御工事造成重大影响，德国人越来

1　1英尺=0.3048米。——编者注

越担心地望着法国人在法国东部构筑的防御工事，以及俄罗斯人在华沙周围和维斯图拉河两岸的防御工事。虽然大家可以轻而易举地将俄罗斯人在普列夫纳的失败归咎于所谓的俄国步兵的胆怯，但炮兵未能摧毁防御工事却是不争的事实。

在20世纪即将到来之际，人们终于开始尝试解决这种弱点，并开始试验榴弹炮。传统派炮兵对此类武器充满了敌意，甚至操控了第一次野外试射，以确保这些新式武器表现糟糕。尽管第二次试验的结果好于第一次试射，1888年底进行的第三次试射似乎在证实防御工事在榴弹炮面前固若金汤。虽然有这些争议，有一点却越来越明确：德军迫切需要更换其日趋老化的火炮。有份报告认为，近一半的德军炮兵连都没有足够能用的火炮，大约只有20%的炮兵连配有状态良好、足以承受长时间烈性炸药炮弹炽热炙烤的武器。对火炮创新设计进行的试验遭到了传统派的否决，结果法国人采用了该设计，将它发展成了非常成功的75mm口径速射炮，并且在即将到来的战争中为法军炮兵提供了主力武器。1900年，榴弹炮终于开始出现在德军炮兵连中，尤其是因为施里芬对保守派已经到了忍无可忍的地步。保守派仍然心存怨言，他们认为仅凭一种专门为对付战壕里的步兵而设计的武器就能证明防守战术非常可信，因而这种武器有悖于不惜一切代价发起进攻的精神。

在20世纪最初几年，榴弹炮的数量与日俱增。法国人生产出了带炮盾的火炮来保护炮手，使他们免遭弹片和子弹的袭击，但德军对此的反应却非常迟钝。虽然许多人都能看出这种防护的好处，德军中力挺进攻的保守派却对此怨言不止，认为这会增加火炮的重量，降低火炮的机动性。同样的理由也被用来阻止研发重型火炮，尽管这类火炮专门为摧毁坚固堡垒而设计。不过，日俄战争之后，军费预算有所增加，炮盾和重型火炮营终于开始出现。

对于如何最佳运用火炮的争论从未停止过。慢慢地，而且是无奈地，重点从直接开火转到了从隐蔽阵地开火之上。火炮原先的任务——先压制局部炮火，然后再支援步兵——必须修改，因为敌方炮手也会从隐蔽（因而无法看到）的阵地开炮。榴弹炮数量的增加虽然使德军在火力上有了强大的优势，尤其是在对付法军时，但是依赖大量预备役军官——这些人缺乏从隐蔽阵地开炮的经验，也缺乏兴趣——意味着许多改革的影响非常有限。

德军1914年的总兵力为1191个营，其中绝大多数自然都被部署来对付法国。一旦开战，东普鲁士的第8集团军大约只占总兵力的10%。与俄军相比，德军各师的装备更优良，尤其是在火炮配备方面。每个师都配备了18门野战臼炮、54门野战炮。在一定程度上可以这么说，这种装备水平上的优势并不是主动选择，而是其他一些决定带来的意外收获。德国议会出于财政考虑所提出的反对意见，德军中以普鲁士人为主的军官阶层出于社会和阶级原因所提出的反对意见，合在一起导致了对征兵人数的限制。与法国有85%适龄男性应征入伍的数字相比，德国只有50%适龄男性应征入伍。首先，德国当时正在斥巨资打造足以挑战英国皇家海军的公海舰队，因此德国的政治家们认为扩大征兵成本过高。其次，军官阶层认为任何扩军行为——以及随之而来的军官团扩大的情况——是他们不愿意看到的。主宰普鲁士的一直是贵族地主，这些拥有土地的贵族在德国统一之后继续控制着易北河以东的大部分农业用地。他们的财产传统上只传给家中的长子，家中的其他儿子只能去别处寻找工作，绝大多数要么成了公务员，要么参军。如果扩军后出现大量来自都市的中产阶级军官，就会威胁到这些思想传统的人的地位。

考虑到军费预算中的一个主要部分是用于支付食宿，限制征兵意味着资金可以用于其他地方，比如用来配备更多、更好的火炮。不过，没有证据显示德国曾经考虑过降低每支部队的开支水平，以便征召更多士兵；在陆军和海军问题上，德国政府主张质高于量。德国国会不是限制现有军队改善其装备水平，而是很可能意识到如果扩大征兵，就会出现新的师团，以现有单位相同标准装备这些师团费用会过高。另一个因素是德军采用了五年预算制，部分原因是为了避免年复一年的争吵。一旦资金计划到位，只有在非常特殊的情况下才能在下一次讨论之前做出改动。

德军第8集团军有6个一线步兵师，4个二线师。此外，它还有3个预备师，预备军人的年龄都在30岁以上，外加2个旅的驻防部队，其中一些士兵只接受过最基本的训练。标准德意志步兵师包括2个步兵旅，每个旅又包括2个步兵团。每个团有2个或3个步兵营。不仅如此，每个师还有1个炮兵旅，由2个炮兵团构成。在和平时期，它还有1个骑兵旅，每个骑兵旅包括2个骑兵团，每个骑兵团又由2至3个骑兵中队构成，但是在全国总动员之后，这些骑兵旅单独组建了不同的骑兵师。

除了正规军、二线预备师与地方防卫军，德国还有最后一道防线。在极端紧急情况下，所有能够拿枪的男人都可以集合成战时后备军。这些人或许没有接受过军训，或许已经有 20 多年没有加入过战时后备军，可一旦他们的家园面临遭侵略的威胁，他们或许能够防守阵地，从而使其他部队得以被部署在别的地方。

东普鲁士的 13 个步兵师以及 1 个骑兵师共有 774 门火炮。所有士兵构成了 158 个步兵营和 78 个骑兵中队。第 8 集团军的指挥是马克西米利安·冯·普里特维茨上将，战争开始时 65 岁，其父也是一位普鲁士将军。普里特维茨的集团军分为 3 个军，其中之一驻守在东普鲁士首都柯尼斯堡，另外两个军驻扎在阿伦施泰因和但泽；动员结束时，还将增加 2 个军。最初 3 个军的军长代表了当时德军军官群体的结构。指挥柯尼斯堡第 1 军的是步兵将军赫尔曼·冯·弗朗索瓦，法国胡格诺教派难民后裔，父亲曾是一名普鲁士军将军，1870 年于法国阵亡。他的兄长在德意志殖民军中服役，在德属西南非洲（今纳米比亚）参加过对赫雷罗人和纳马族的战争。弗朗索瓦虽然出生在卢森堡，却与家人生活在东普鲁士。他为祖国感到骄傲，而这种强烈的情感会在即将到来的战争中发挥作用。驻扎在但泽的第 17 军军长奥古斯特·冯·马肯森将军是萨克森一名农业行政官之子，曾在普法战争中指挥过几个骑兵分队。他被公认为出色的军官，一度被认为会取代施里芬出任总参谋长。驻扎在阿伦施泰因的第 2 军军长弗里德里希·冯·朔尔茨也来自萨克森，是一名经验丰富、训练有素的炮兵军官，年轻时曾参加过普法战争。

普里特维茨第 8 集团军防守的地区具有绝对的地理优势。边境地区大致正中央面对俄国的是马祖里湖区，几个明智选择的防御工事将这些湖泊变成了强大的屏障。德国人正确地预料到俄国军队会直接从东面入侵东普鲁士，企图沿着普雷格尔河流域向前推进到柯尼斯堡。俄罗斯人还准备在南面从它占领的波兰发动进攻，这支部队既可以长驱北上，进攻普鲁士首都，也可以向西进入维斯图拉河下游地区。无论是何种情况，介于俄军两条挺进轴线之间的马祖里湖区会让两支入侵部队几乎无法进行密切配合。相比之下，德国四通八达的铁路网却给德军带来巨大的优势。这可以有效地充当力量倍增器，允许德军快速、便捷地从湖的一边移动到湖的另一边。这种利用横向移动来击败俄国任何入侵的战术是战前数次军演的主题，也是战场上所有德军军官谙熟的概念。

除了马祖里湖区的防御工事，德军还于19世纪在柯尼斯堡周围修筑了多个大型堡垒，并在此后对它们进行了现代化改造。它们将确保这座城市不会轻易落入敌手。如果沿普雷格尔河谷挺进的俄国军队企图从南面绕过这座城市继续向维斯图拉河流域推进，俄军就必须将大量部队部署在柯尼斯堡对面，以防止德国的驻军袭击俄军的侧翼。同样，维斯图拉河流域也修筑了许多大型要塞，尤其是在托恩。对于从南面的波兰入侵东普鲁士的任何军队而言，这些要塞也给德军提供了发动侧面进攻的安全基地。德国铁路所带来的灵活性可以让普里特维茨集中兵力来对付俄国入侵部队的内侧，德军可以比较现实地带着一份自信看待即将到来的战争。万一俄罗斯人没有集中兵力攻打东普鲁士，反而派遣大量部队攻打奥匈帝国，那么第8集团军应该能够在没有付出太多代价的情况下坚持到德国战胜法国之时。普里特维茨唯一需要的是避免失败，并且保持冷静。

第二章

俄罗斯
压路机

COLLISION OF
EMPIRES
the war on the eastern
front in 1914

第一次世界大战爆发前10年，一直有几个主题主导着俄国的军事思想。其中一些相互支撑，而其他一些则几乎完全对立。由于未能在它们之间做出明确的选择，俄罗斯帝国一参战就处于劣势。此外，许多高级军官普遍认为俄军内部的明争暗斗是最重要的矛盾，对这种内斗的热衷不可避免地削弱了沙皇战争机器的功能。

俄罗斯人面临的这些相互矛盾的主题之一便是一种被包围的感觉。俄罗斯帝国有点像德国，也觉得自己完全处在敌对强国的包围之中。俄罗斯帝国的西南方是奥斯曼帝国，阿卜杜尔·哈米德二世苏丹在这里一直统治到1909年被废黜。这片辽阔的土地分为不同地区，已经衰落了一个世纪，其中高加索地区的领土正慢慢落入俄罗斯人之手。1878年，巴尔干半岛大部分地区也摆脱了奥斯曼帝国的统治。俄罗斯帝国的扩张主义者对这个地区觊觎已久，并且很自然地将其视为自己未来要征服的一个方向；奥斯曼帝国因此被视为一个敌对国家，一旦有机会，必然想从俄罗斯帝国手中收复一些失去的领土。俄罗斯帝国长期存在着控制黑海门户的欲望，而19世纪泛斯拉夫主义运动的兴起也驱使俄罗斯人认为巴尔干半岛庞大的斯拉夫人口大概也欢迎他们进入半岛。东正教已经在那里根深蒂固，它似乎也在暗示巴尔干国家的人民会欢迎俄罗斯帝国的霸权。

但是，这个地区也存在着各种野心，威胁着要造成俄罗斯与其他欧洲强国发生冲突。尤其是英国和法国坚决反对俄罗斯帝国控制博斯普鲁斯海峡和达达尼尔海峡，而奥匈帝国则将俄罗斯帝国在巴尔干地区的任何扩张行为视作直接与自己的利益和意图背道而驰。1877—1878 年间的俄土战争结束之后，罗马尼亚、塞尔维亚和黑山的国家地位得到了国际社会的承认，保加利亚也赢得了实际上的独立。但即便是在俄军向君士坦丁堡挺进之时，英国也将海军部署在该地区，给俄罗斯帝国施加压力，迫使其接受停火协议。

让俄罗斯人感到既愤怒又失望的是，战后召开的柏林会议导致了波斯尼亚和黑塞哥维那被奥匈帝国占领。虽然俄罗斯帝国得到了领土，它却未能如愿重新改写巴尔干半岛的版图。俄罗斯想在该地区挑战奥地利的主导地位，但这些企图一年后全都化为了泡影，因为德国与奥匈帝国于 1879 年宣布两国结盟。按照这一突如其来的协定的条款，两国承诺任何一国受到沙皇亚历山大二世军队的袭击，双方都会联手对付俄罗斯帝国。

俄罗斯人对俾斯麦首相极度失望，是他一手策划了 1878 年的柏林会议——大多数会议都在他的官邸（即昔日的拉齐维乌宫）内举行。俾斯麦一方面声称不会为德国寻求任何利益，另一方面又严格控制会议议程。次年宣布的《两国同盟》证实了俄罗斯人的看法，即应该将德国视为一个潜在的敌对强国，很可能会与奥地利人联手对付俄罗斯帝国。不过，俾斯麦还是在 1887 年与俄罗斯帝国秘密签订了一份再保险条约，规定两国在对方参与的任何战争中保持中立，除非德国进攻法国，或者俄罗斯帝国攻打奥匈帝国。为了进一步诱使俄罗斯人同意该条约，俾斯麦加入了一项条款，具体规定如果俄罗斯帝国出兵干预，占领博斯普鲁斯海峡和达达尼尔海峡，德国会保持中立。这项为期三年的条约在俾斯麦卸任后继续有效，尽管俄罗斯人试图续签该条约，但德国皇帝威廉二世却让它自动作废了。由于无法通过直接签署条约确保与德国之间的和平，俄罗斯帝国转向了法国，这两个强国起草了法俄联盟，并最终于 1894 年生效。一旦德国进攻俄罗斯帝国或者法国，另一国将立刻向德国宣战。两国同盟与法俄协约，以及其中所包含的义务，将成为 1914 年战争爆发的主要机制。

在 19 世纪最后数年中，俄罗斯帝国一再东扩，因而迫切需要有一个太平洋沿岸的不冻港，因为西伯利亚大铁路尽头的符拉迪沃斯托克（海参崴）在冬季大部分时间里都被冰封冻着。在中国被迫出租旅顺港之后，俄罗斯的影响开始延伸到朝鲜半岛，而这里却被日本视为对其利益至关重要的地区。随着多国联军在 1900 年镇压了义和团运动，俄军占领了中国东北大部。

1903 年，日本人企图谈成一个条约，他们将据此尊重俄罗斯对中国东北的统治，条件是俄罗斯帝国接受日本对朝鲜的统治。双方虽然在一定程度上达成了一致意见，但仍然存在着许多障碍。例如，俄罗斯帝国坚持日军只有在出现反日起义的情况下才能进入朝鲜，事先必须告知俄罗斯，进入朝鲜的士兵人数必须与任务相符，事后必须立刻撤兵，但是对于在中国东北的俄军却没有此类规定。虽然日本人在谈判过程中似乎诚意十足，俄罗斯人却一再拖延，日本政府气急败坏，于1904年2月断绝了与俄罗斯帝国的外交关系，两天后向俄罗斯帝国宣战。俄罗斯人一直以居高临下的态度与自己的东方小邻国谈判，他们像大多数欧洲强国一样，坚信"白种人"天生比黄种人优越。在双方交恶之前一直驻扎在中国东北的俄军指挥官叶夫根尼·阿列克谢耶夫元帅公开轻视日本人，俄罗斯官员甚至称他们的敌人为"幼稚的猴子"。

2月8日，日军战舰袭击了旅顺港中的俄罗斯太平洋舰队，用鱼雷击沉了几艘俄罗斯战舰后才正式宣战。日军慢慢包围俄军基地，通过战壕密布的俄军阵地时伤亡惨重。俄军太平洋舰队在1904年8月试图向日本海军发起挑战，以控制公海，却在黄海战役中一败涂地，就连刚刚接替阵亡的斯捷潘·马卡洛夫元帅的指挥官威廉·卡洛维奇·维特杰弗特也在这场战斗中身亡。围攻旅顺港是个艰巨且代价高昂的尝试，但是在日军炮火摧毁了被封锁在港口内的俄罗斯帝国战舰之后，俄军指挥官阿纳托利·米哈伊洛维奇·斯特塞尔少将于1905年初投降，让自己的上司和包围的日军颇感意外。

此后数月，旅顺港以北爆发了激烈的战斗。首先，格里彭贝格将军的第2集团军企图在1月击退日军。接着，在2月下旬，日军自己发动了进攻，打算在俄军援兵通过西伯利亚大铁路抵达之前击败俄军。后一场战斗在奉天打响，让我们得以看到未来作战方式的雏形。日军经过激烈交战，成功突破了俄军阵地的侧翼，但是俄军没有陷入包围圈中，而是选择了撤退。当日军运用相同的侧翼攻击策略再次进攻时，格里彭贝格继续撤退，但是兵力损失以及节节败退的做法逐渐瓦解了他的指挥权。日军之所以未能将这场重要的胜利转变为一场决定性的胜利，是因为其伤亡巨大——在三个星期的交战中，27万日军和33万俄军分别阵亡了7.6万人和8.9万人。俄罗斯帝国的波罗的海舰队航行18000英里[1]来到太平洋，在对马海峡遭到日军拦截，几乎全军覆没，这场战争也就此结束。

俄罗斯帝国被一个亚洲强国击败，这种耻辱震惊了全世界。俄罗斯帝国内部的动荡早已造成了罢工和冲突，即人们所称的1905年革命，而在一个谁也说不清的世界角落进行的一场血腥、损失惨重、不得人心的战争对于人们的反政府情绪更是火上浇油。随之而来的另一个忧虑时刻主宰着俄罗斯帝国战略家的思想：必须确保控制住俄罗斯帝国内部的动荡。沙俄帝国的西部出现了大麻烦，爱沙尼亚、拉脱维亚、立陶宛以及波兰均爆发了反俄起义，俄罗斯帝国只好派遣25万士兵去镇压那里的骚乱。

由于日俄战争以及1905年的革命，俄罗斯帝国岌岌可危。整个国家的财政状况一片混乱，俄罗斯海军几乎全被摧毁，军中的士气异常低落。与法国被普鲁士打败后的情况相同，俄罗斯帝国执政者企图从这些失败中吸取教训。有些人选择用与他们现有信仰相一致的方式来解读这些事件，结果得出了荒谬的结论。俄军机构中的许多高级将领依然坚信马刀和刺刀天生具有高于步枪的优势。1800年去世的亚历山大·苏沃洛夫将军在他所著的军事手册中宣称：

1　1英里 =1.6093 千米。——编者注

子弹是疯狂的玩意儿，只有刺刀懂得自己的目的。

在苏沃洛夫去世一个世纪后，他的许多信念在俄罗斯人的思想中仍然根深蒂固。阿列克谢·尼古拉耶维奇·库罗帕特金在与日本交战之前和期间担任俄罗斯帝国的战争部长，对于人们调查的结果——哥萨克骑兵无法与日军步兵交锋到底，他的反应是哥萨克不是输给更为强大的火力，而是输在缺乏勇气。为了确保哥萨克未来能够展现出必要的决心，他下令收回他们的卡宾枪，让他们接近敌人后使用马刀。

由于创建等同于德国总参谋部的机构始终遭到反对，俄军的主参谋部（总参谋部）一直未能发展，始终只是战争部的一个行政机构。改变的动力，以及改变遇到的阻力，均来自多少有些令人意外的方面。军中一大批高级军官来自非俄罗斯民族的族群。例如，波罗的海地区的日耳曼人一直有着向沙皇提供高级指挥官的传统；许多人更加忠诚于沙皇本人，而不是俄罗斯帝国。每当遇到困难，沙皇总是向这些思想保守的人求援，尽管他们的年纪越来越大，而且与失败的政策脱不了干系。相比之下，俄罗斯禁卫军和骑兵中有大量俄罗斯贵族家庭的男儿。改革现有指挥系统的压力大多来自这些人，他们或许本该代表反动和抵触的力量。相反，真正反对创建一个强大总参谋部的却是高级军官中的"老禁卫军"，他们将其视为对自己优势的一个威胁，因此只要一有机会就会竭力反对。

1905 年革命之后，俄罗斯帝国诞生了杜马（即议会），战争部长不再直接向沙皇负责，而是向杜马负责。沙皇为了继续直接控制军队，同意设立总参谋部指挥部。该机构将由一个总参谋长负责，通过新成立的国防委员会，而不是通过战争部长，亲自向沙皇汇报。这样一来，战争部内部原来的主参谋部变成了一个只负责次要行政事务的机构，唯一重要的职责就是安排军官们的晋升。这种累赘且复杂的安排非常适合俄罗斯行政体制内的工作人员，却根本无法改善军队的军事功能。

第一任总参谋长是费奥多尔·费奥多罗维奇·帕里津，出身于贵族家庭，参加过1877—1878年的俄土战争。他试图引入让德军和法军大为改观的各种创新，并且反复强调俄罗斯帝国不仅应该关注来自西方的潜在威胁，还要关注来自东南方向的威胁，因为那里有"年轻、好战、精力充沛的强敌，时刻渴望采取军事行动，征服他人"。这恰好与外交部的立场直接相悖，因为外交部将俄罗斯未来在东方的任何冒险活动都视为一种危险的分心事。那些在帕里津领导下的新总参谋部中晋升到高级军官位置上的贵族和资产阶级军官——只有总参谋部学院的毕业生才有资格，而有钱供儿子在该学院完成学业的一般家庭屈指可数——不断与来自旧体制、和沙皇保持着紧密私人关系的军官发生冲突。结果，俄军总参谋部的影响力远低于法国或英国的总参谋部，根本无法与已经产生深远影响的德国总参谋部相提并论。

尽管如此，新一代的参谋们努力接受在中国东北战败的教训。当时表现极差的骑兵力图明确自己在未来战争中的角色，采取了顽固反对改革的策略。步兵军官们抱怨说炮兵未能给予他们恰当的支援，而炮兵则批评步兵对现代火炮缺乏了解。俄军炮兵以八门炮为一个炮兵连，"射击任务"显然是下达给炮兵连而不是下达给某一门炮，因此现有炮兵连的数量直接影响到火炮的灵活性。在以六门炮为单元的炮兵连中，现代速射炮能在略长的时间内射出相当于一个八门炮炮兵连那么多的炮弹，因此将俄军火炮重新组织成六门炮炮兵连是谨慎之举，从而可以增加炮兵连的数量以及可以下达的射击任务，但是炮兵高级军官们反对这种安排。他们所列举的主要原因是缺乏资金来支持炮兵连数量增加后所需的军官数，不过在炮兵内部，大家主张维持八门炮炮兵连编制，因为传统上八门炮炮兵连连长的军衔要高于六门炮炮兵连的连长。因此，全部改为六门炮炮兵连会减少炮兵内部高级军官的岗位数量。对俄军炮兵进行现代化改造的其他尝试也遭到了抵制。大量采用高弹道榴弹炮的建议也遭到了反对，原因与德军中出现的奇特原因相同——这种炮多少有一点是"懦夫的表现"。炮兵的看法是，不管怎么说，向要塞发动冲锋是步兵的事。人们试图改善和明确炮兵与步兵之间的分工协作，但这些尝试在技术性很强的会议上陷入困境，最后几乎不了了之。终于，在1908年，海军与陆军之间就经费问题发生的争吵，以及陆军不同部门之间就如何使用海军腾出来的经费发生的争吵，带来了一场新的危机，其后果是费奥多尔·费奥多罗维奇·帕里津被解职。

接替他出任俄军总参谋长的是弗拉基米尔·亚历山德罗维奇·苏霍姆利诺夫，这位骑兵军官的背景与俄军传统高级军官相同。在第一次世界大战前的俄军高级将领中，他或许是最受争议的一个。他树敌太多，战后在一定程度上遭到了对手的诋毁。即便是在他卸任一个世纪后，我们仍然很难确定他对俄军的改革是否足以避免1914年的大灾难，他是否应该为俄军最初的挫折负责。

考虑到俄军内部的复杂关系，很可能只有一个性格复杂的人才能尝试改革，而改革不可避免地会与一些大人物的目的相反。苏霍姆利诺夫很早就意识到，他想将自己的亲信提拔到一些要害部门，但他的意图遇到阻碍，因为原来隶属于战争部长亚历山大·罗迪格的主参谋部控制着所有晋升。于是，他最早的阴谋之一便是鼓动罗迪格的副手阿列克谢·波利瓦诺夫密谋反对自己的上司。罗迪格1909年无能表现的证据被递交给了杜马，他因而遭到解职。沙皇尼古拉二世意识到波利瓦诺夫与改革派关系密切，随即任命苏霍姆利诺夫为新的战争部长。他的第一个举措就是让总参谋部隶属于战争部，颠覆了仅仅几年前的改革。

苏霍姆利诺夫现在控制着总参谋部和主参谋部，可以将自己的亲信委派到军中的重要岗位上。尤为明显的是在中国东北最近交战中富有经验的高级军官均不列。为了防止未来的总参谋长成为一个对手，他精心任命了一系列才能有限的人接任自己以前的职位。在此后的5年中，有4个人担任过总参谋长（米什拉耶夫斯基、格恩格罗斯、日林斯基和亚努谢耶维奇）。相比之下，德国及其前身普鲁士的总参谋部在1857年至第一次世界大战开始的1914年期间的57年中，总共只有4位总参谋长（老毛奇、小毛奇、瓦德西和施里芬）。许多人将这种短暂的任期视为限制俄军改革的关键障碍之一：

> 根本无法将这个国家武装部队数不清的、多种多样的训练方法协调好。某个问题的解决方法取决于这个人或那个人的能力、业务水平，甚至喜好；虽然总有办法解决问题，却

没有法国和德国那样的依据科学基础的统一办法。

苏霍姆利诺夫也密切关注他的政敌。许多高级军官积极为他收集情报。其中一位告密者是谢尔盖·米亚索耶多夫上校，这个情报官也是德国人的间谍，即便在他的卖国行为被发现后，依然受到苏霍姆利诺夫的保护。其他人，比如米哈伊尔·安德罗尼柯夫亲王，则从苏霍姆利诺夫的眷顾中获利颇丰。苏霍姆利诺夫会将军方计划购买的土地告诉这位亲王，允许其先低价买入，再高价出售给军方。

苏霍姆利诺夫与许多同时代的人一样，坚信进攻战的重要性。他的一个崇拜者曾引用过他的话：

> 大家应该明白，只进行防御的指挥官必然会战败，而组织进攻的指挥官会赢得胜利，因为他主宰着自己的意图，执行自己的想法，不会被动地应对另一个人的想法。

他也坚定地追随着苏沃洛夫的步兵战术学派：

> 那些认为刺刀在当今已经毫无作用、微不足道的作者在不知不觉中犯了一个基本的逻辑错误：他们似乎只从一个方面（即敌人的火力）来看待问题，忘记了我方同样有火力……很少使用刺刀进攻并不能证明刺刀像一些人想象的那样毫无用处，只能证明很少有敌人愿意并且具备用刺刀发动进攻的能力。

我们可以假想有支军队完全依靠其火力来赢得战场上的胜利，并且感到只要不让敌人逼近到可以使用刺刀的距离就很安全；然后我们再假想这样一支军队遇到敌人，对方虽然不会鄙视开枪，却也没有忘记刺刀，那么当前者与敌人真正展开肉搏战时，会完全在这种出乎意料的可怕屠杀面前不知所措。

毋庸置疑，就目前的武器状态而言，子弹在近距离具有与刺刀相同的效果，但这只有一支无所畏惧的军队才能做到，例如一支在射击之后与敌人展开肉搏战的军队才能运用刺刀。

尤其值得注意的是，上述引文是 1915 年以赞许的口吻记录下来的。俄军在中国东北与日军的交战记录已经显示，面对步枪和机枪的射击，士兵们根本无法发动刺刀冲锋。1914 年在战场上惨遭杀戮之后居然仍然有人相信这种学说，这简直匪夷所思。

当时其他一些人却远没有如此乐观。有人后来写道：

在参谋学院教授们举行的一次会议上，［我］听到战争部长苏霍姆利诺夫责备他们偏好"创新"，并且说他只要一听到"现代战争"一词就会生气。"古往今来，战争一直就是这样，"他补充说，"所有这些都是邪恶的创新；比如，大家看看我；在过去 25 年中，我没有看过一本军事手册。"……苏霍姆利诺夫给俄军造成了无可估量的破坏。他的影响所到之处，日俄战争之后出现的大量精妙的军事思想萌芽便会枯萎。

考虑到他的权势与重要地位，苏霍姆利诺夫不可避免地树敌太多。法国驻沙俄的最后　任大使莫里斯·巴列奥略特别生动地描述过苏霍姆利诺夫：

> 苏霍姆利诺夫将军身上有些东西让人感到很不安。他 62
> 岁，美丽的妻子比他小 32 岁，因此他对她言听计从。他才
> 智过人，聪明狡猾，对沙皇阿谀奉承，是拉斯普京的朋友，
> 周围聚集着一群乌合之众，在他的阴谋诡计中充当中间人。
> 他已经失去了工作习惯，将所有精力都花在夫妻间的欢愉上。
> 他相貌狡诈，厚厚的眼睑下的那双眼睛炯炯有神，时刻观察
> 着一切。我知道很少有人会像他这样初次见面就让人对他极
> 其不信任。

与德国的体制不同，为未来战争制订详细计划不是总参谋长的直接职责；相反，这项任务被分配给了下属，其中的部分原因在于任何战争计划都取决于动员安排，而这些安排又非常复杂、官僚，很难临时更改。庞大的俄军需要 2 年的时间才能制订出一份动员计划表，因此俄军的习惯做法是由总军需官的部门依照 5 年军事预算和规划周期来重新制订这些计划。1914 年使用的计划表也被称作《18 号动员令》，当年应该进行重新修订。

战前对俄军制订计划有着巨大影响力的人之一是尤里·尼克弗洛维奇·丹尼洛夫，1866 年出生于乌克兰。他年轻时曾想当一

名采矿工程师，却在其父的劝说下参军。他1898年毕业于总参谋部学院，在备受尊敬的米哈伊尔·伊万诺维奇·德拉戈米罗夫将军（又一个刺刀冲锋战的狂热支持者）手下效力后，进入了总参谋部，并出任总军需官。他的职责之一便是制订计划，他一丝不苟、小心谨慎的性格显然给他应对这一重任的方法打上了烙印。

出于种种原因，俄罗斯人并不像德国人那样认为法国人会利用任何出现的机会进攻德国。丹尼洛夫质疑人们的普遍看法，即未来如果发生任何战争，德国都会将其大部分兵力用来对付法国。他像1910—1920年俄罗斯帝国的许多人一样，相信法国已经在很大程度上失去了向德国报复的欲望，并且相信德国要么会在没有法国介入的情况下与俄罗斯帝国开战，要么会选择在进攻俄罗斯帝国的同时防御法国。即便法国人参战，许多人相信他们也会被快速击败，从而允许德国集中兵力对付东方。此外，丹尼洛夫和其他人也认为俄军在中国东北战败之后一直很弱。最迟在1910年，阿列克谢·阿列克谢耶维奇·布鲁西洛夫将军等军官觉得俄罗斯帝国根本无法打一场大战。影响丹尼洛夫思路的另一个主要因素是可能出现更糟糕的情况，他需要为此制订好计划。例如，他探讨过俄罗斯帝国在与德国和奥匈帝国交战的同时必须与瑞典、罗马尼亚、土耳其、日本和中国交战。他的这一看法遭到了批评他的人的嘲笑，有人甚至评论道："他就差把火星人包括在内了。"

影响丹尼洛夫思想的另一个因素是担心德军突袭。与冷战期间的情况极为相似，各方的军事思想家们一再提出自己可能会遭到一个或多个敌人突然先发制人打击的情况。就俄罗斯帝国而言，丹尼洛夫担心德军的这种突袭会在俄军远没有动员好之前进行，因而会摧毁前沿部署，迫使俄罗斯帝国早早结束战争。因此，他为俄军挑选的军队集结地区更加偏东，远离此类突袭的范围。

俄罗斯帝国的西部边境包括　大块向西凸出的领土，主要为俄罗斯帝国占领的波兰，于是丹尼洛夫建议放弃该地区。俄军在维斯图拉河沿岸修建的要塞将被拆毁，俄军大部——53 个师——将被调往普利佩特沼泽以北地区，面对德军。只有 19 个师会面对南面的奥匈帝国。这个计划与米哈伊尔·瓦西里耶维奇·阿列克谢耶夫的建议形成鲜明对比。阿列克谢耶夫是前任总军需官，如今是基辅军区的参谋长。他对丹尼洛夫的"最糟糕局面"思路嗤之以鼻，认为同时与多个敌人交战不仅是无法完成的任务，而且可能性也很小：

　　确保我们所有边境安全的愿望会分散我们的兵力，而且完全忽略了外交手段的作用。

于是，阿列克谢耶夫否决了许多临时军费支出计划，比如保留大量兵力来保卫圣彼得堡，以免其受到来自海上的德军突袭，再比如防御罗马尼亚可能发起的入侵。相反，他建议动用这些兵力来保卫华沙和维斯图拉河沿岸的要塞，储备足够的兵力来抵御德军的突袭。他还否决了丹尼洛夫提出的将大多数兵力集中在普利佩特沼泽以北的建议，因为这样部署之后，俄军任何进攻行动的对象只能是东普鲁士，而东普鲁士给德军提供了多个防御选择。他认为，只要将一支大部队部署在波兰，就有可能集中兵力攻打奥匈帝国占领的加利西亚。或者，俄军也可以绕过东普鲁士，从华沙向西进攻，进入德国的腹地。这正是苏联红军 1945 年的战术安排。

这些不同的军事行动设想——丹尼洛夫的防御计划和阿列克谢耶夫将更多兵力部署在波兰的建议——最初于 1908 年帕里津任期的最后数月中出现。帕里津不但没有果断地解决这场辩论，反而选择了在这两种建议之间折中。他总体上同意最初将俄军集中在更偏东的地区，但也选择将相对较弱的兵力部署在华沙周围。这样的折中处理自然被批评为最糟糕的方案，而且这种批评非常正确。

在和平时期，大批俄军被部署在华沙周围，原因不尽相同。首先，尽管丹尼洛夫很悲观，俄军却一直对自己有能力提早进攻德国或者奥匈帝国存有兴趣。其次，由于担心波兰人的反俄骚乱，也需要保持一定的兵力。再次，俄军深知自己的铁路系统存在缺陷，军队调动远比德国或奥匈帝国慢。俄罗斯帝国在西部边缘修建的铁路线屈指可数，这样一来，一旦受到德国的攻击，德军在向俄罗斯帝国挺进的过程中会很难将足够的供给运送到前线。但是同样，铁路线少也意味着俄罗斯帝国很难快速将部队运送到西部，因此人们认为最好将和平时期的大量军队部署在西面，只需运送少量预备役士兵就能形成强大的兵力。

但是，俄军的改革削弱了华沙的驻军。具有讽刺意味的是，这些改革计划的制订很多都是阿列克谢耶夫努力的结果，而他当时却竭力主张要在波兰有强大的军事存在。1910 年，俄军改用了新的体系，作战单位与俄罗斯帝国某个特定地区更加密切相关，和平时期通常就驻扎在这些地区。这种安排比以前简单得多，真切地反映了欧洲列强处理各种事务的方式。这也确保了更多俄军被部署在俄罗斯帝国内主要居民点附近，而这些地区在1905年动荡时期也需要军队的存在。新方案的缺点是俄军在动员完成之后需要更长的时间才能移动到西部，因而极大地阻碍了阿列克谢耶夫希望尽早发动进攻的计划。

丹尼洛夫1910年的计划遭到了多方的普遍批评。该计划引起最大争议的一点在于放弃保护波兰凸角及其后方的7个大型要塞。其中4个（分别位于泽格尔兹、诺沃格奥尔基耶夫斯克、华沙和伊凡格勒）原为保卫俄军前置兵力集中地区而修建，而另外3个［分别位于布列斯特－立陶夫斯克、格罗德诺和科夫诺（考纳斯）］则保护着来自东方的交通线。这些要塞最初建于19世纪80年代，人们普遍认为应该将它们淘汰，如果要对它们进行现代化改造则需要大笔费用。对于苏霍姆利诺夫和丹尼洛夫而言，这只是证实了他们的观点，即这些要塞应该被遗弃或者摧毁，但是炮兵希望将大量重炮部署在要塞中，因此强烈反对将其摧毁。他们找到了阿列克谢耶夫这个盟友，因为他认为放弃这些要塞是对自己前置兵力集中计划的致命打击。华沙军区参谋长尼古拉·克柳耶夫将军不希望自己的军区失去被视为最有价值资产的地位。尽管对上述要塞的现代化改造所需的费用极其高昂（在1908年估计为惊人的8亿卢布——大约相当于整个军费开支的两倍），而且炮兵还提出了在上述要塞配备5000门重型火炮的要求（只给其他部队留下不到500门），苏霍姆利诺夫的意见遭到了驳回。这些要塞会继续存在，就连克柳耶夫在华沙的指挥官格奥尔基·斯卡隆将军也承认，尽管几乎无法守住华沙，但他认为放弃凸角在政治上无法想象。不过，资金有限，无法对这些要塞进行全面现代化改造，苏霍姆利诺夫只能坚持对最后方的要塞进行维修。

苏霍姆利诺夫无疑只能自我安慰，如果其他要塞狂热支持者都能梦想成真，情况可能会更糟：

> 在这个问题上，我想起了一个荒唐的项目……1909年在工程师城堡［圣彼得堡的米哈伊洛夫斯基城堡］内详细介绍过，当时支持该项目的是一个颇受尊敬的工兵，非常有才华；除了其他建议外，他还建议修建环环相扣的要塞群，构成一个网络来保卫俄罗斯领土。仅仅将这样一个迷宫般的要塞阵维持在差不多现代化的水平之上，就需要用去帝国全部的预算，而即便将全部俄军都用上，也不足以给这么多要塞配备兵力。但他根本不考虑这些方面。

对上述要塞进行现代化改造的过程毫无系统性，丹尼洛夫感到在这个领域投入巨资，得到的最终产品却无法对这些防御工事的有效性带来重大改善。他最后写道：

> 从技术的角度来看，我们的要塞缺乏实力，因而只能是一项负资产。它们需要大量驻军，而且由于［要塞本身］技术上的缺陷，需要更多驻军；这样一来，这些要塞会大大降低野战军的效力。

1912 年 2 月，丹尼洛夫和苏霍姆利诺夫在时任总参谋长雅科夫·日林斯基将军的陪同下，在莫斯科会见了各军区的参谋长，与他们讨论丹尼洛夫 1910 年计划的替代方案。他们主要讨论了两个议题。第一，俄军被普遍视为改善了其备战状况。弹药储备终于开始有所改善，人们越来越觉得日俄战争之后俄军不堪一击的年代已经过去。第二，人们普遍认为战略形势已经发生了变化：俄罗斯帝国必须对付全部德军的可能性很小。情况越来越清楚，大部分德军将被派往西部去对付法国。德军即便快速战胜法军，它的损失也会极大地削弱其作战能力：

> 无论胜败如何，［法国］都会给德军造成巨大损失，使其无法在遥远的前线发动另一场大战。因此，大部分俄军将不会遇到任何障碍。法军即便战败，也将让欧洲从德国霸权中解脱出来。

既然所面对的德军规模很小，俄军便不再需要担心德军对其兵力集中地区发动袭击，因而可以将兵力部署到更靠前的地方。而且，俄军出于两个原因必须尽早为进攻制订计划：相对较弱的德军使俄军有机会取得初步胜利，而俄军的进攻会迫使德军将其军队从西线转移到东线，从而减轻法国的压力。

但是，进攻德国仍然存在一些问题。德国最东面的部分是东普鲁士，这里被理所当然地视为德军容易防御的地区——马祖里湖区会将潜在的俄军进攻一分为二，使防守的德军能够集中兵力轮流对付俄军的一半。即便东普鲁士落入俄军之手，德军也可以撤退到维斯图拉河下游沿岸的防御工事中。如果俄军从波兰向西发动进攻，并将最终目标定为柏林，那会造成俄军侧翼受敌；俄军只有同时攻入东普鲁士和加利西亚，才能保护自己的侧翼。考虑到这些困难之后，阿列克谢耶夫认为应该优先考虑进攻奥匈帝国。对于俄军的进攻而言，加利西亚相对平坦的地形比东普鲁士有利。而且，鉴于奥匈帝国语言众多，民族矛盾根深蒂固，那里有可能会爆发亲俄起义，尤其是在斯拉夫人当中。俄罗斯帝国在巴尔干地区的野心受挫之后，对奥匈帝国的愤恨和厌恶与日俱增，俄罗斯帝国只要以奥匈帝国为代价取得任何利益，它长期以来与君士坦丁堡和黑海门户相关的野心就会死灰复燃。此外，正如我们在下文将要看到的，俄罗斯人已经获得了奥匈帝国全部的兵力调动计划。

阿列克谢耶夫的观点中或许有一定程度的利己主义，因为任何攻打加利西亚的行动都会从他的军区发动。尽管如此，莫斯科的这次讨论之后，俄军有了新的战争计划，而且是两套计划。

计划A接近阿列克谢耶夫所偏重的方案，即向奥匈帝国发动一场大规模战争。万一遇到针对俄罗斯帝国部署的德军的威胁，那么随着德军将大部队调离法国来东线作战，俄军就可以启动计划G——丹尼洛夫1910年制订的防御计划的修订版。

计划A确定将俄军29个师部署来对付东普鲁士，而不是如阿列克谢耶夫所希望的那样只有12个师。其中的部分原因在于华沙军区参谋长克柳耶夫的一再坚持，他担心如果没有强大的防御部队，俄军无法抵挡德军对波兰的进攻。以这种方式分散兵力来对付德军却又减少了针对加利西亚的进攻力量，阿列克谢耶夫曾打算通过两翼包抄全面包围奥匈帝国的军队。尤其是，如果俄军大举绕过西北侧翼，就会诱使德军发动反攻，这种企图被视为过于冒险。最后，俄罗斯帝国与法国之间的盟约也要求俄军尽早进攻德国，以迫使德军将兵力重新部署在西线之外的地区。丹尼洛夫对法国的这些要求持谨慎态度，特别是因为法国会要求俄军进攻东普鲁士；他收到过一份德军的演习报告，德军不仅模拟了这样的进攻，而且德国的守军利用马祖里湖区屏障，成功打败了俄军的入侵。对于他来说有一点比较遗憾，他没有参加与法国参谋人员的定期会议；参与这些会议的是日林斯基，而日林斯基并没有直接参与战争计划的制订过程。俄军总参谋长一再告诉他的法国同僚，俄罗斯帝国会恪守其义务，最迟在动员后15天内进攻德国（动员 +15 天）。他显然根本不在乎俄军战略规划人员是否注意到这一点，而这可能反映了他向法国人做出承诺时的诚意。但是日林斯基向法国人做出的保证并非完全不合理。即将部署来对付东普鲁士的军队代表着俄军中能够随时在早期发动进攻的部队，如果德军主力针对法国来部署，那么快速穿过东普鲁士进入维斯图拉河下游便比较乐观。只要实现这一目标，俄军企图长驱直下进入加利西亚时就不会再遇到任何德军威胁。

这些情况造成了相互矛盾的两大主题之间的进一步冲突：进攻奥匈帝国，还是进攻德国。前者从战略角度看比较合理，后者则是与法国结盟后必须承担的义务。如果无法确定优先考虑哪一个主题，就会导致任何一方均无法获得足够兵力来确保胜利。1914年4月，俄军参谋们聚集在基辅，进行基于计划A的战术推演。这次战术推演规定驻扎在东普鲁士的德军企图在兵力调动9天后组织一次破坏性的进攻，俄军则在三天后发动反攻；这次推演的意义在于俄军的反攻是在兵力调动完成之前发起的。对东普鲁士的进攻随着俄军在马祖里湖区任何一边的挺进而发展。由于西线有英军部署在那里对付德军，德军远离东普鲁士，俄军随即便能够依照自己的作战时间表进入西南战线，进攻加利西亚，而且又是在动员完成之前。

这次的战术推演有一个致命弱点，即它完全忽略了后勤保障。从官方的角度来说，这是为了简化演习，而实际上部分原因至少是为了避免让高级军官们感到难堪，因为他们对这些问题缺乏了解是众所周知的事。结果，俄罗斯帝国铁路网络的局限性并没有被当成限制军事行动的一个因素。而且，俄军的部队调动安排优先考虑作战部队，后勤单位的人员调动被安排在最后。这种部队调动中的拖延同样是受到了铁路的制约，而早早暴露出来的任何后勤问题又会因为缺乏解决问题的合适人员而变得更为复杂。

俄罗斯铁路系统严重不足的问题在战前十年中频繁成为一个讨论的话题。虽然俄罗斯铁路总里程很长，却在密度上无法与其他国家的铁路系统相提并论，尤其是俄罗斯帝国西面的潜在敌人。即便不考虑俄罗斯帝国幅员辽阔，其铁路仍然远远处于落后状态。俄罗斯每百万人只有约 250 英里铁路，而与之相比，德国每百万人有 600 英里，奥匈帝国每百万人有 555 英里。车辆总数也远远处于下风，德军计划用 25 万个列车车厢进行军队调动，而俄罗斯帝国尽管面积更大、距离更长，却只能征集到 21.4 万个车厢。铁路的基础设施也非常落。信号塔相距更远，车站普遍较小。德国花了大量资金来确保用于部队调动时下车点的车站拥有足够站台来停靠长长的军列——即便法国人从这些站台的修建中清晰地知道德国计划将哪些车站用作军队集结点。相比之下，一些标为俄军集结点的车站应该每天接送20列火车，而它们的站台却最多只能处理10列火车。上水站相距很远，道床本身修建质量较差，许多列车通过的桥梁也修建得很糟糕。结果，运量激增之后必然会导致铁路的迅速恶化，而熟练铁路员工数量较少，无法解决保证铁路运营这一难题。

另一个问题是俄罗斯帝国的铁路规划。德国和奥匈帝国的铁路线在修建时就考虑到了针对俄罗斯帝国的军队调动（德国针对的是法国）。相比之下，俄罗斯人刻意选择限制帝国西部的铁路建设，目的是阻碍德军入侵时的推进速度。到1914年，俄罗斯帝国只有六条复线和两条单线通往西部边境地区，每天最多处理200列火车。德国和奥匈帝国的铁路网每天却能处理400列火车。正如丹尼洛夫战后所述，问题的一部分在于和平时期与战争时期的不同要求：

> 除了遥远的距离，还有一个巨大的困难需要克服：出于战略目的而确定的重要铁路走向并不与国家经济生活的要求相一致。人们几乎可以说俄罗斯需要两个铁路网：一个用于和平时期，为国家的物质发展服务，另一个为战争服务。

这个说法并不完全准确，考虑到丹尼洛夫写上述文字的时间，我们可以将这理解为他试图为1914年遭遇的种种失败寻找借口。法国人急于确保俄军能快速动员，焦急地注视着俄罗斯帝国在20

世纪第一个十年由于经济和政治困境而忽视其铁路建设。1901年，法国融资修建了一条新铁路线，从圣彼得堡与莫斯科之间的中间点一直通往华沙以东地区，但是俄罗斯官员直到1910年以后才开始对改善铁路基础设施表现出兴趣。1912年，沙皇与法国人签署了一份协议，将接近西部边境的铁路线延长近550英里，却没有改善再往东的铁路状况。俄法两国又签署了一项新的协议，由法国融资修建几条新铁路线，通往俄罗斯帝国的内陆地区，但是这些铁路要到多年后才会修建成功。与丹尼洛夫战后的评论相反，1913年任俄罗斯帝国总理的弗拉基米尔·科科夫佐夫竭尽全力，让这些内陆地区铁路线的修建在满足和平时期经济需要的地方进展最快，而不是在军事动员所需的地区。

俄军的动员规模巨大。俄军人数从和平时期的130万增加到了470万，征用的马匹超过100万匹。俄罗斯帝国需要4000多列军车，因而军队调动过程远比德国或奥匈帝国长得多。一旦俄罗斯帝国通往前线和内陆的铁路得到改善，俄军调动只会比德军长2到3天。德国人对这些计划心知肚明，因而将这些计划视为新的迹象，万一战争不可避免，那么开战时间宁早勿晚。

尽管人们对苏霍姆利诺夫的争议很大，而且对于他究竟是改革的倡导者还是阻碍者众说纷纭，俄军在战前数年中确实还是有大量举措。为了增加军队的师团数量，有人建议将当时每个师有4个团、每个团有4个营的编制改为每个团2个营。苏霍姆利诺夫还亲自负责设立了教官制度，给每一个有望成为预备军核心的师配备一个教导队；这样一来，70个一线师将提供人员来指挥35个二线师。这种改革虽然与德国和法国的做法相一致，却遭到了苏霍姆利诺夫对手们的普遍反对，他们竭尽所能来破坏这一计划，确保预备师只得到水平低下的教官，而且火炮配置严重不足。尽管如此，到 1913 年，"伟大的改革项目"已经启动，并最终将部队中的八门炮炮兵连改为六门炮炮兵连，每个师榴弹炮的数量也增加了一倍，从 6 门增至 12 门（却仍然赶不上德军每个师 18 门榴弹炮的配置）。自 1906 年以来一直存在的炮弹短缺问题也开始得到解决，但俄军也为此付出了巨大代价。当法军的弹药储备达到每门炮 2000 发炮弹时，德军专家认为自己军队储备的每门炮 3000 发炮弹可能不够，而俄军却还在努力实现每门炮 1000 发炮弹的目标。俄军的许多炮弹都在有限的野炮营手中，而由于俄军后勤工作相对较差，一旦俄军被调遣到远离弹药库的地方，就连将如此少量的炮弹运送到火炮所处位置也是相当大的问题。每一支俄军部队都严重缺少弹药。部署在东普鲁士对面的第 1 集团军在战争爆发时每门炮只有 420 发炮弹，其余的炮弹都储备在有一定距离的后方。

俄罗斯帝国的发展较慢，这制约了改革的进程。俄罗斯帝国 1910 年的铁产量刚刚超过 300 万吨，而德国的铁产量为 1300 万吨。有人清晰地注意到了这种发展缓慢的情况：

> 我们的工业虽然有所进步，但一些主要部门的发展依然不足。例如，我们冶炼厂的产量即便是在和平时期也远远无法满足国家的日常需求……结果，国家越来越需要各种机械和工具，却只能大量进口……而且，尽管我们各种矿物蕴藏丰富，铅、锡、铝、锌和其他几种战备物资所需

的金属的产量却几乎为零。

化工业的情况基本相同，而弹药的生产却又严重依赖化工业。不仅如此，尽管俄罗斯帝国幅员辽阔、边境线很长，它在与外面世界接触方面却处于不利状况。它的许多边境线——尤其是北方以及亚洲山区的边境线——阻碍了其商业活动，造成它的大部分贸易要么依靠黑海和波罗的海，要么依靠与德国和奥匈帝国的边境。将北部港口阿尔汉格尔斯克和摩尔曼斯克与俄罗斯帝国欧洲其余部分连在一起的铁路线运量非常有限，而西伯利亚大铁路速度太慢，无法让俄罗斯帝国未来的盟军通过符拉迪沃斯托克（海参崴）提供长久的援助。

改革项目遭遇的其他阻碍集中在俄罗斯帝国整个体制的无能上。有人一针见血地批评苏霍姆利诺夫没有在战前数年中将预算用完。即便是在使用了经费的方面，俄军购买的基本物资价格高于其他国家。军装的价格是英国的两倍，军靴也更贵，而俄军士兵习惯于将自己的军靴卖给平民，然后从补给站再领一双，使得这个问题更加严重。俄罗斯帝国的工业无法满足与军方签订的合同要求，造成军方始终无法用完预算。

与德国的情况相同，俄罗斯帝国的征兵政策如果得到更好的运用，本可以招募到更多士兵。虽然人人都有服兵役的义务，但例外情况高达数十种。俄罗斯几乎所有穆斯林都可以以交税的形式免除服兵役，而遥远北方的非斯拉夫民族、芬兰人、生活在西伯利亚和高加索地区的许多人、新移民以及神职人员也都可以免兵役。剩下的人当中有近一半因为是家中不可缺少的劳动力而免除兵役，这也反映了俄罗斯帝国的主要人口在农村。许多有望晋升为军官的人可以缩短服役期限，比如，如果他们在学医的话。滥用职权进行有条件地或者随意地免除兵役的情况更是司空见惯，结果俄军的兵力远小于应有的规模：

> 1914年，俄罗斯帝国每150万人才能征到一个步兵师，而德国和法国每50万人就能征到一个步兵师。
>
> 因此，尽管俄罗斯帝国的总人口为1.7亿，就其军事实力而言，它只相当于其盟国或敌国的6000万人。

考虑到军队预算所面临的财政压力，尤其是近一半的预算都用在了有争议的要塞项目上，俄罗斯帝国没有财力来维持通过征兵制度改革征召到的与德国和法国相同水平的庞大军队。尽管如此，俄军的征兵情况还是有了一些变化，1914年新征士兵数上升到了58.5万人。与早几年的新兵不同，这些新兵将服役三年，然后承诺成为一线预备军七年，再承诺成为二线预备军八年。

近卫军团和骑兵吸引了军中许多最出色的军官。但是，除了这些作战单位，沙皇军队中的军官无法与其潜在敌军中的军官相提并论。他们的军饷较低，在19世纪最后几年中，近三分之一的俄军军官甚至都未能完成小学学业。与英国、德国和奥匈帝国的军队不同，上校以下的大部分俄军军官都来自农民或者普通家庭。俄罗斯帝国的高文盲率也造成了俄军士官远逊于其他国家士官的局面。在德国，老毛奇启动了鼓励各级军官接受训练的政策，以便他们在出现伤亡的情况下可以接替指挥官的职责，因而德军士官如果有必要，能够胜任指挥一个营的重任。俄军对此只能望洋兴叹。

1914 年，俄军大多数师仍然有 4 个团，每个团有 4 个营。此外，每个师还有 1 个炮兵大队，由 4 个炮兵连组成，每个炮兵连仍然有 8 门炮。每个师还有 2 个骑兵旅，每个旅有 2 个团（每个团又有 2 个或 3 个骑兵中队）；一旦开战，这些骑兵团会被分成全新的纯骑兵作战单位，配有自己的炮兵连。这些师的装备已经慢慢得到改善，但是从俄罗斯帝国潜在敌人的水平来看，弹药储备依然有限。不过，每个人都认为未来战争会速战速决，因此不必购买大量弹药进行储备，也不必为打一场持久战而提高其工业和化工业生产能力。

德国和奥匈帝国对面的俄国兵力组建成了几个集团军，分为两组进行部署，一个部署在北方面对东普鲁士，另一个面对加利西亚。《18 号动员令》的初稿明确了这些集团军的组成。最北面的是第 1 集团军，指挥官为帕维尔·卡尔洛维奇·连年坎普夫将军。他在日俄战争中先后指挥过师和军规模的作战单位，而且在防止俄军侧翼在奉天全面溃败过程中发挥过重要作用。在这场战斗中，邻近作战单位的指挥官亚历山大·瓦西里耶维奇·萨姆索洛夫将军指责他见死不救，两个人因此长期不和。连年坎普夫虽然战功卓著，却由于俄军战败而失宠，不过他在 1905 年革命之后的平息动乱中起到过积极作用，他的职业生涯因而得以起死回生。他的集团军由维尔诺（今维尔纽斯）军区的动员部队组成，共有 4 个步兵军，8 个一线师。此外，该集团军还配备有 7 个二线营，5 个骑兵营，以及 1 个独立骑兵旅。

南面紧挨着连年坎普夫的是第2集团军，指挥官正是在中国东北与连年坎普夫争吵过的亚历山大·瓦西里耶维奇·萨姆索洛夫。虽然这两个人为这件事拳脚相交的传说几乎可以肯定是夸大其词，但两个人之间的关系甚至到1914年依然很冷淡。以往的争吵固然是一部分原因，但还有其他原因。萨姆索洛夫支持苏霍姆利诺夫，而连年坎普夫——他的日耳曼名字反映了他的血统——出生于传统上一直向俄军输送高级军官的一些家庭，因此也属于反对战争部长苏霍姆利诺夫的派系。还有一点让情况变得更为复杂，连年坎普夫的参谋长是苏霍姆利诺夫圈子里的人，而萨姆索洛夫的参谋长则是传统派，反对苏霍姆利诺夫。萨姆索洛夫的第2集团军以华沙军区为主组建，有5个步兵军，10个一线师，4个二线步兵师，4个骑兵大队。萨姆索洛夫和连年坎普夫的任务是进攻东普鲁士，消灭留下来保卫这个省的有限德军。考虑到地形造成的困难，以及明显有利于德意志守军的铁路网，2个集团军之间的密切合作就变得至关重要。

部署在西北战线以南的是西南战线上的军队。第4集团军包括8个一线步兵师，分为4个军，外加3个二线师和4个骑兵师。指挥官也是来自波罗的海地区的一个日耳曼人，安东·冯·萨尔扎将军。他的东南方是第5集团军，指挥官帕维尔·冯·普勒韦又是一个来自日耳曼家庭的将军。第5集团军有8个师，分为4个军，外加5个二线师，5个骑兵师。接下来是第3集团军，指挥官尼古拉·弗拉基米罗维奇·鲁茨基将军参加过1878年的俄土战争和1905年的日俄战争。他是米哈伊尔·德拉戈米洛夫的狂热追随者，因而满脑子都是进攻战的重要性，尽管他谨慎有余，接近于优柔寡断。他的集团军包括 16 个一线师，分为 8 个军，外加 5 个二线步兵师，9 个骑兵师。

到 1913 年，上述最初的动员令已经有所改动。第 3 集团军的主要兵力一分为二，分别由两个人指挥：原来的第 3 集团军由鲁茨基指挥，新的第 8 集团军由阿列克谢·阿列克谢耶维奇·布鲁西洛夫指挥。阿列克谢·阿列克谢耶维奇·布鲁西洛夫 61 岁，来自格鲁吉亚，祖父曾于 1812 年与拿破仑交过战。他在俄土战争中战功卓著，成功将自己的骑兵军官生涯与他在训练项目中首先提出的大量改进措施结合在一起。

虽然俄军仍然部署了大量兵力来攻打加利西亚，但这些师存在着结构上的缺点。俄军当时有大量兵力驻扎在其占领的波兰，但这些驻军大多被分配给了第 1 集团军和第 2 集团军。西南战线的集团军，尤其是最北面的两个集团军，只有在得到俄罗斯帝国的增援之后才能完全达到兵力要求，而增援部队主要来自遥远的莫斯科和喀山军区。因此，尽早向加利西亚地区的奥匈帝国军队发起进攻都是危险之举。

俄罗斯帝国在部署其军队的过程中深受各种经常冲突的因素的强烈影响。一方面担心受到潜在敌对列强的包围，另一方面又有着强烈的扩张欲望；泛斯拉夫主义的诱惑不仅遭到了奥匈帝国的反对，也导致了它与奥匈帝国的关系日趋紧张。对德军的尊重，近乎无条件的敬畏，使得德军快速调动军队并且在俄军尚未做好准备之前就发动进攻的危险大增，但是法俄联盟的条款又要求俄罗斯帝国尽早进攻德国。考虑到俄军动员比较缓慢，尽早进攻奥匈帝国或德国都存在风险，然而沙皇的军队却被部署来同时进攻这两个帝国。我们将会看到，其他的紧张情况——俄军指挥体系内的相互竞争，再加上人们普遍认为任何战争都会速战速决——交汇在一起，俄军取得早期胜利的任何极小可能性都随之而消失。

第三章

奥匈帝国：
欧洲的
另一个
病人

COLLISION OF
EMPIRES
the war on the eastern
front in 1914

1853 年 1 月，在克里米亚战争开始之前，英国驻圣彼得堡的大使乔治·汉密尔顿·西摩爵士有一次拜见了沙皇尼古拉一世。在之后的私下交谈中，他请沙皇更加清晰地表明俄罗斯帝国对土耳其的态度。沙皇用法语说道：

> 我们手中有一个病人，已经病入膏肓，如果最近某一天让他从我们手中溜走了，那将是巨大的灾祸，尤其是在必要的安排就绪之前。

这常常被视为将衰落的奥斯曼帝国形容为"欧洲的病人"的来源，但是这个说法也可以被用来同样精确地描述另一个帝国。仅仅 7 年后，《纽约时报》的一篇文章写道：

> 奥地利目前的形势虽然还不足以令人为世界和平担忧，但其本身的威胁性并不亚于土耳其昔日的形势——当时沙皇尼古拉邀请英国与他一起为（土耳其）这个"欧洲的病人"起草临终遗嘱。很可能用不了 12 个月，哈布斯堡王朝就会给

奥地利帝国带来一场灾难，其规模之大为波兰沦陷后的现代史上所罕见。

自从哈布斯堡的鲁道夫于 1278 年战胜波希米亚国王奥托卡二世以来，哈布斯堡家族就一直统治着奥地利。它于 1804 年正式宣称为奥地利帝国，在击败拿破仑·波拿巴的过程中扮演过主要角色，此后逐渐卷入德意志民族主义运动中。除了来自德意志民族主义的压力外，奥地利帝国也竭力应对许多非德意志民族省份中类似的民族主义情绪。在 1848 年欧洲许多地方爆发的动荡浪潮中，匈牙利人开始叛乱。维也纳起初被迫做出让步，进行了几项重大改革，哈布斯堡家族当时正手忙脚乱地竭力控制其首都的局势。但是，奥地利人刚刚平息完维也纳的动乱，便试图重新控制匈牙利。战斗一直持续到 1849 年，奥地利人还是在俄罗斯帝国的协助下才勉强获胜。

奥地利与普鲁士之间就德意志民族主义运动的领导权问题引发的紧张局势最终演变成了 1866 年的奥普战争。奥地利在克尼格雷茨战役中战败，这似乎诱发了《纽约时报》6 年前所预言的灾难。这场灾难性的战争过后，匈牙利一再要求脱离帝国。由于战败后军队的作战能力削弱，哈布斯堡王朝的皇帝弗朗茨·约瑟夫一世不愿意再冒险打一场大战，决定选择谈判。谈判的结果便是一项协议，在维也纳和布达佩斯分设两个议会，各自负责自己的内部事务，各自有一个首相。哈布斯堡王朝的皇帝——如今更名为奥地利皇帝与匈牙利国王——负责外交、军事与重大财政事务。双方每十年重新商定该协议的条款。对军队形式的辩论旷日持久。为了满足匈牙利人对自己设立军队的愿望，双方同意野战部队——如今更名为奥匈帝国皇家陆军——将继续由皇帝本人直接掌控，但奥地利和匈牙利将拥有各自的预备军，分别被称作皇家地方防卫军和匈牙利地方防卫军。这些预备军可以穿直接显示其民族身份的军装，佩戴显示其民族身份的军徽。与此相反，皇家军队中的作战单位，无论是奥地利人、匈牙利人或其他民族的军人，都不会有此类显示身份的特征。

就这样，奥地利帝国勉强避免了 1860 年所预测的那种灾难，但主要问题依然存在。新的奥匈帝国（也被称作二元帝国）不只是奥地利人和匈牙利人的家园，也是许多其他民族的家园，而这些人的权利至少在理论上受到新宪法的保护。奥匈帝国由不同民族的人组成，包括德意志人、匈牙利人、捷克人、斯洛伐克人、波兰人、乌克兰人、塞尔维亚人、罗马尼亚人、克罗地亚人、斯洛文尼亚人和意大利人。这些民族之间不停地争吵，焦点是哪个民族能够得到特殊地位，使其语言成为帝国的官方语言。但民族之间的这些紧张关系，以及对发生新暴动的担心，经常在一些领域充当了抑制因素。部分是为了防止点燃新火苗，帝国中的奥地利地区倾向于对犹太人采取比邻国更宽容的态度。虽然犹太人口只占帝国总人口的 5%，但奥匈帝国预备军中的犹太族军官占到了 18%，其中许多人身居要职。

工业化和经济发展增加了欧洲的财富，大多数强国都增加了军费开支，至少其预算在不断增加。但奥匈帝国是个例外。从 1871 年至 1914 年，俄罗斯帝国的军费开支翻了两倍，而奥匈帝国在这期间连增加一倍都未能做到。这带来的后果便是，在开始之初，奥匈帝国能够派出 32 个步兵师对抗俄罗斯的 29 个步兵师，可是到了第一次世界大战前夕，尽管皇家的兵力增加到了 40 个师，俄军却能够部署至少 50 个师。奥匈帝国这些困难的核心在于两个议会之间的各种安排。军费开支必须得到两个议会的批准，维也纳议会虽然极不情愿但还是同意增加军费，布达佩斯议会却通常对此予以否决。匈牙利政治家们对军队充满敌意，因为他们是在有限制的选举权的大选中选举出来的，而这些选举本身充满了舞弊行为。他们的敌意源自几个不同的原因。操德语的军官控制着军队，这是人们反感的一个原因。一直有呼声，要求将匈牙利语与德语一起确定为军中的官方语言。大家只好做出妥协，军事指挥用语仍然为德语，包含演习和火力控制最基本的大约 80 个单词和词语，但是每个团可以采用与团内占多数的民族相一致的语言，用作其他目的。此类妥协只是在为要求更多改变的呼声推波助澜。还有人提出军中的匈牙利人部队应该获准展示匈牙利军装和旗帜，尽管之前的妥协已经解决了皇家地方防卫军和匈牙利地方防卫军的问题。另一点也同样引人注目，匈牙利人厌恶自己被奥地利人"征服"，在对待少数民族问题上不如维也纳议会宽容。尽管存在这种不愿意为帝国军队提供军费的情况，布达佩斯议会却批准给匈牙利地方防卫军增加军费开支。

1903 年，奥匈帝国企图通过一项新法律，扩大征兵规模，增加军费，这是 1889 年以来首次出现这种变化。为了安抚布达佩斯议会，弗朗茨·约瑟夫一世同意了一些改革，但是这又驱使匈牙利人坚持要求弗朗茨·约瑟夫做出更大让步。又经过两年的争论，弗朗茨·约瑟夫终于失去了耐心，任命了一个少数派政府，由盖扎·费耶瓦利将军领导。在弗朗茨·约瑟夫一世的授意下，费耶瓦利威胁说他将引入普选，那样就会摧毁匈牙利贵族及其少数核心支持者对权力的垄断。尽管布达佩斯议会同意增加军费开支，但该法案仍然一再遭到搁置，直到1912年才最终得到通过。

尽管姗姗来迟，该法案得到通过还要归功于巴尔干地区不断升级的紧张局势。布达佩斯议会中的反对党是清一色的民粹主义者，他们将奥匈帝国面临的威胁视为要求改变现状的一个机会，要求国家采用类似瑞士或美国那样的体制。但是执政党认为帝国的统一性正面临太大威胁，因而通过了法案。此后的两年时间太短，无法让该法案中的温和改革带来重大效果。

这些拖延造成了一个结果：1914年参战时，整个军队主要依据之前1889年《共同防御法》中的条款。该法律对军费开支设定了限制，意味着军队每年的征兵只能略多于103000人，外加31000人为奥地利或者匈牙利预备军。服役期名义上为军中三年，后备役两年，但由于经济制约，大多数应征士兵在专职服役仅仅两年后就可以请长假。随着人口增长，常见的做法是为某些人免服兵役寻找各种理由；结果，法国要求每年总人口的0.7%接受军训，德国的要求为0.47%，甚至俄罗斯帝国的要求也达到了0.35%，奥匈帝国的数字却只有0.29%。只有一个领域出现了鼓舞人心的迹象，那就是匈牙利地方防卫军持续壮大。卢德维卡军事学院创建于1872年（之前为军事学校），匈牙利地方防卫军的士官在那里以匈牙利语接受全面培训。虽然预备军没有炮兵部队，机枪连却在19世纪70年代就已经设立，并且稳步发展，采用的是原始的加特林式机枪。在即将到来的战争中，就参战人员而言，奥匈帝国最为独特，它的国民缺乏国家凝聚力。

俄罗斯和土耳其帝国也有许多民族，但它们至少有一个优势：有一个绝对多数民族。皇家军队名义上更效忠于皇帝，而不是国家。在意大利作战失利，与普鲁士交战落败，这些经历造成军队士气低落；再加上缺兵少将、军费不足，弗朗茨·约瑟夫皇帝及其高级将领只能沉湎在对1848—1849年经历的记忆中，当时动荡席卷欧洲大部分地区，是军队拯救了哈布斯堡王朝的统治。将领们不可避免地渴望解决军中的众多问题，从而解决帝国本身权威下降的问题。

奥地利的总参谋部比较独立，其创建人为弗里德里希·冯·贝克-日兹科夫斯基，1830年出生在巴登公国的弗莱堡。第二次意大利独立战争期间，他担任师长，后来在普鲁士度过了较长时间。他在那里成了老毛奇的好友和信徒，即便是在奥普战争期间也保持着这份友谊。他与几任战争部长都有矛盾，因为他一心想创建一个独立的总参谋部。他1881年出任总参谋长时，人们普遍认为只有他才能让奥地利军队恢复正常水平。除了以德军做法改革总参谋部外——甚至到了他被一些人指控为德国间谍和特工的地步——他鼓动对训练和演习的方式进行重大改变。他还与德军总参谋长密切配合，制订针对俄罗斯帝国的进攻战计划；在德军从东普鲁士向东南方向挺进时，奥匈帝国的部队也从加利西亚向东北方向移动，目的是包围华沙及其周围的俄军。在担任总参谋长的后期，贝克-日兹科夫斯基显然在竭力赶上技术进步的步伐。虽然皇帝一直对他宠信有加，他还是于1906年退休。

接替他的是弗朗茨·康拉德·冯·赫岑多夫（即人们通常熟

知的康拉德），康拉德的父亲是一个退伍骑兵军官。鉴于康拉德在制订奥匈帝国的计划和政策过程中所扮演的主导角色，我们有必要回顾他的生涯，因为这将反映影响他观点的一些因素。父亲的亲身经历在康拉德形成世界观的过程中起到了重要作用。老康拉德曾以骑兵身份参加过拿破仑战争，1848年维也纳叛乱期间，他在率团镇压平民过程中重重地摔下马，身受重伤。不久之后，以匈牙利人为主的该骑兵团站在布达佩斯起义军一边，与哈布斯堡王朝作战。康拉德出生时，他父亲已经59岁。尽管一个骑兵老军官的儿子很可能也会参军，他母亲却坚决反对他当骑兵，并且每次在他外出骑马时都提心吊胆。由于父亲的骑兵团反叛，康拉德坚信必须将军队团结在一起，因而毕生都坚决反对匈牙利政治家们希望更多地控制皇家军队中匈牙利部队的要求。

康拉德于1872年进入新创建的军事学院，是每年从1000多名申请者中录取的50人之一。他在这里深受竭力提倡进攻战的卡尔·冯·热尔德的影响。他还非常尊重另一个老师约翰·沃尔施泰滕上校，这位上校不仅对运用地形有着富有想象力的理解，而且对刺刀的重要性高于精准步枪射击坚信不疑。康拉德入校前已经能说多种语言，在军事学院学习期间，他又学了俄语，并且很早就确立了与其他军官友好相处并深受他们喜爱的名声。当他于1876年以班上第一名的成绩毕业并进入总参谋部时，几乎没有人感到意外。

康拉德小时候就对大自然中的一切深感兴趣，而且像同时代的大多数人一样，试图将达尔文的理论应用到大社会中，尽管他用阿图尔·叔本华等哲学家的观点对社会达尔文观点进行了略微的改动。他在奥匈帝国占领波斯尼亚期间任下级参谋，并且在那里又学会了一门语言。他去世时不仅精通德语、匈牙利语和俄语，而且会说法语、意大利语、塞尔维亚语、克罗地亚语、捷克语、英语和波兰语。他在素描方面也颇有成就，隶属于维也纳绘图局期间，他曾被秘密派往俄军占领的波兰，到过许多第一次世界大战中将要发生冲突的地区。

康拉德的许多改革多次给军队打上了烙印。例如，还是一名下级军官时，他就写过一篇颇有影响的论文，主张采用英军式的军官食堂，既可以减少下级军官的食宿成本，又可以增加部队单位的凝聚力和士气。他在伦贝格（今乌克兰的利沃夫）任参谋期间，说服上司租赁一块可以改为永久训练场的崎岖地面。在这段时间内，他得到了同事和上司的喜爱和尊重。他一直对给军官们设立以部队为单位的食堂很感兴趣，始终坚信士气的重要性，坚信理解每一名士兵及其动机的价值。康拉德曾在军事学院担任过用兵学导师，他的一名学生回忆他讲授那门课的开头几句话是：

战争由人进行。无论谁想理解战争，都必须首先了解个体对身心两方面影响的反应。

他与同时代的许多导师截然不同，他会让学生参与新颖、互动的讨论，结果许多学生都成了他的朋友，他们始终对他忠诚不渝。这一点在第一次世界大战中尤为重要，因为他从1888年到1892年在维也纳教的许多学生到1914年战争爆发时都已晋升为高级将领。他所教过的100名军官中，51人在第一次世界大战结束前至少已经晋升为少将，还有9人晋升为上校。他所教过的学生中有9人被任命为军长，30人被任命为师长，14人被任命为旅长。

康拉德像他那一代大多数人一样，坚决主张进攻战。他将这与社会达尔文主义观点结合在一起，将战争的目的定义为从道德上摧毁敌人。虽然他强调精准步枪火力是对付防御工事的重要工具，却常常引用苏沃洛夫刺刀优于子弹的格言。他承认步枪火力造成的伤亡远多于刺刀，却坚持认为拼刺刀训练能够确保步兵时刻意识到进攻以及靠近敌人的重要性。同样，他虽然承认挖掩体的价值，却又谴责许多士兵一有机会就挖掩体的本能，因为这将降低他们再次发动进攻的欲望。他与同时代的普鲁士军事理论泰斗阿尔布雷希特·冯·博古斯拉夫斯基将军一样教导人们，让士兵从战壕中出来发动进攻比让进攻的士兵发起冲锋难度更大。

康拉德意识到自己的作战方式会造成伤亡，他对此直言不讳。他拒绝回答那些关于多大百分比的损失会造成进攻无果的问题，更愿意关注伤亡对进攻者士气的影响。如果某个作战单位士气高涨，它会比士气低落的单位更能承受较大的损失；应该认识到正在消耗的资源不是士兵的数量，而是士兵的"道德能力"。他因此回归到了一个他所热衷的主题上：在军队中提高士气的重要性，以及只要士气高涨就继续发动进攻的重要性。

由于著作颇丰，而且在军事学院开设的课程非常成功，人们普遍钦佩他是一位军事理论家和战术家，但更为引人注目的是他还从未在战场上指挥过任何大部队行动。为了弥补这一缺陷，他请求调往某个作战部队，并于1892年开始指挥一个步兵营。

这个岗位让他有充足的机会将自己的所有信念付诸实践，即便在1895年晋升为团长后，他依然坚持这一原则。他坚信士气的重要性，而他在这方面的尝试，包括在军中首次每天给所有士兵提供一顿热饭，在很大程度上提高了他的手下对他的忠诚度。他重新撰写了自己早期的战术论述，却没有改变这些著作的本质。进攻战是赢得战争的唯一途径，尽管未来的战争会造成极大的人员伤亡，但进攻是不可避免的，也是比防御更可取的战术。

1899年被任命为驻的里雅斯特的旅长后，康拉德故技重施，得到土地修建了一个专用训练区，他在这里让自己的士兵进行各种野战演习。在这期间，他进一步发展了自己对进攻战的思考，鼓励手下军官们不要将地形用作隐蔽和防护的工具，一再教导大家：允许士兵们卧倒的主要目的是让他们更准确地使用步枪，而不是寻找掩体。面对防御火力越来越强大的情况，他只做出了一个让步：建议分散兵力，采用无规律的小部队来针对机枪的进攻。他在的里雅斯特任职期间有了在敌对情况下指挥军队的第一次体验，他必须命令手下平息1902年初的骚乱。由于这次经历，他一辈子不信任意大利。当地人口的很大一部分是意大利人，尽管参与骚乱的人包括斯洛文尼亚人、克罗地亚人和意大利人，康拉德和其他奥匈帝国的军官们选择将这场骚乱主要归咎于意大利民族想从帝国分裂出去的欲望。

奥匈军队在这期间重新制定了新的步兵条例，康拉德不可避免地在其中发挥了作用。承担这一重任的委员会由弗朗茨·约瑟夫皇帝的侄儿弗朗茨·斐迪南大公负责。弗朗茨·斐迪南采取了两个阶段的方案，先传阅一份手册初稿，供大家讨论，然后再确定最终版。康拉德不顾自己之前的观点，对这份几乎完全忽略刺刀的文件提出了建议，鼓励一定程度的灵活性和主动性，这种理念远远领先于他的时代。

与此同时，康拉德分析了英军在英布战争中的经验，看看能从中总结出什么教训。他得出一个结论，英军的人员伤亡以及挫败加剧，是因为坚持死板的阅兵场纪律，不惜牺牲步兵战的实际训练。针对以防御战为主的布尔人最终仍然战败，他指出：只有发动进攻才能取得胜利。虽然他承认布尔人的步枪火力造成了人员伤亡，而且许多人将这列举为应该重新考虑防御战的一个原因，他却辩称：既然进攻战最重要，那就必须接受这样的人员伤亡。不仅如此，如果兵力更多，更多地使用大炮，或许能减少人员伤亡。但是，康拉德性格的另一面却是他显然有能力同时坚持互相矛盾的观点。他虽然认同作战部队需要更强大的炮兵来压制敌军的防御，但同时又反对扩充炮兵，更倾向于将公认的有限资源用作步兵和骑兵的军费开支。

结束了的里雅斯特的经历后，康拉德在因斯布鲁克出任师长。在巡视了蒂罗尔南部之后，他对当地意大利裔居民的怀疑似乎更深了，但是他将亲意大利的知识阶层与农民阶层跟士兵区分了开来，认为后者完全忠诚于帝国。不久之后，他妻子被诊断出患有胃癌，离开了人世。这似乎给他造成了极大的影响，他因而对生活产生了更加悲观的看法。他在军中的杰出声誉也有所降低。日俄战争中的奥匈帝国主要观察员马克西米利安·切塞尔利克斯·冯·巴切亚尼中校认为相比普法战争，最近这场战争带来的教训与未来的战争有更密切的关系，而影响康拉德战术著作的却主要是普法战争。康拉德的典型做法是他丝毫不反对自己的部下将切塞尔利克斯的理论付诸实践，只是他会用这些理论来基本证明他本人观点的正确性。在未来的战争中，整个正面锋线上的战线会延伸，几乎无法采用包抄策略，因此进攻战会转变为代价高昂的前沿战事。防御性火力越来越高效，反而会更加突出士气与士兵数量的重要性。康拉德和切塞尔利克斯均同意，俄军战败是因为他们采用了消极的防御态度，必须不惜一切代价避免这种情况。

到1906年底，弗朗茨·约瑟夫皇帝已经将越来越多的权力移交给了自己的侄儿兼继承人弗朗茨·斐迪南。这位大公多年来一直崇拜康拉德，现在召见他，请他出任总参谋长。在这个职位上，康拉德更为开阔的视野开始产生影响。他将军队视为国家内在力量的一个体现，因此认为军队在进攻战中的胜利会增强国家的力量——正如战术上的防御性策略逊于进攻性策略，消极的外交政策也逊于积极主动的政策。因此，他一再敦促外交部部长阿洛伊斯·莱克萨·冯·阿伦塔尔制订出可以让军队获胜的进攻战计划。他认为，认识到自己面临各种威胁，并且为应对这些威胁做好准备是一个国家生存的唯一办法：

> 将生存竞争视为这个世界上一切活动的基本原则是制定政策真正合理的基础……任何人如果对与日俱增的危险熟视无睹，或者认识到危险却懒得武装自己，或者优柔寡断，没有在恰当的时刻出手，那么无论什么结果都是他罪有应得。

康拉德鼓励发动侵略战争还有一个与他个人更相关的动机。他在认识了一个工业家的妻子吉娜·冯·莱宁豪斯之后，便与她开始了一段漫长的婚外恋。他的情妇因为已经生育了几个孩子，不愿意与丈夫离婚，而当时的道德标准也使得康拉德无法冒蒙受公开耻辱的风险与她结为夫妇。他写了大量情书，大多从未寄给她。他在这些信件中一再表达，希望能有一场胜利的战争将他的个人声望提升到他可以超越社会耻辱的地步。

至此，由于职业关系，康拉德所接触的主要是军人，因而他发现总参谋长一职难度大了很多。最早反对他的是战争部长弗朗兹·冯·肖奈德。从根本上说，这两个人均同意需要增加军费开支，但是康拉德缺少政治经验和理解力，因而将维也纳和布达佩斯议会未能通过增加军费的责任怪罪到肖奈德身上。尽管如此，他还是非常熟练地安排新的工作，确保自己不仅与负责皇家地方防卫军和匈牙利地方防卫军的各位部长直接保持联系，而且与驻世界各地的武官保持联系。然而，由于渴望发动进攻战，他与促成他任命的弗朗茨·斐迪南直接发生了冲突。大公认为军队的主要作用是协助维持国家稳定，因而反对让军队去外国冒险。因此他并不支持康拉德1907年的建议，即奥匈帝国应该利用俄罗斯帝国在日俄战争之后一蹶不振的良机来进攻意大利，从而解决两国之间一些悬而未决的问题——正是由于担心俄罗斯帝国会出面干预，之前所有类似建议都遭到了阻止。两个人还在奥匈帝国海军的发展问题上出现了分歧。康拉德反对用大量资金建造一个规模较小的舰队，而弗朗茨·斐迪南却将打造一个现代化舰队视为事关国家声望的事。

作为总参谋长，康拉德有机会落实自己在数不胜数的著作中提出的许多改革。野外演习一直是他攻击的对象，他认为这些演习完全脱离现实。像其他国家的军队一样，皇家军队也采用了"军官骑马演练"政策，军官们长时间待在马上，仿佛由不同部队陪同一样策马越过不同地形，由裁判决定结果。这些演习通常按照事先写好的脚本持续三天；每天开始时每支部队的出发线都已提前确定好，根本不管前一天所发生的事。康拉德用连续演习取代了这种做法，即必须考虑前一天的胜败结果，但由于未能正确地对这些演习进行裁判，它们的价值打了个折扣。伤亡人数通常出于自觉意识被低报，因为伤亡人数太大的话会很难维持进攻行动。为了给康拉德和其他高级军官留下好的印象，部队指挥官经常会让手下强行军，这在仅仅持续数日的野外演习期间或许可以忍受，但是在一场旷日持久的战役中却完全脱离现实。这会让人盲目地对军队移动的速度期待过高。

康拉德所承担的一个最重要的任务就是为未来动员和战争制订计划。这是总参谋部军事行动处的职责，它的负责人是康拉德的门徒和支持者约瑟夫·梅茨格。帝国面临着三种潜在威胁：巴尔干国家内部的一场战争，与俄罗斯帝国之间的一场战争，以及与意大利之间的一场战争。三个分别被冠以字母 B、R 和 I 的计划已经存在了多年。康拉德现在围绕这些计划制定了一个复杂的动员体系。全军将由 3 个动员组组成，并且可以灵活机动地构成不同组合。第一组（也被称作 A 集团军群）包括 9 个军，共有 28 个步兵师和 10 个骑兵师；第二组（也被称作 B 集团军群）有 4 个军，共 12 个步兵师和 1 个骑兵师；第三组（也被称作"巴尔干小规模集团军群"）有 3 个军，共 8 个步兵师。第三组的任务是防御，防止塞尔维亚和黑山利用某个大规模冲突乘机进攻奥匈帝国，而 A 集团军群则被设想为向俄罗斯帝国或意大利发动进攻战的主力部队。B 集团军群可以随时增援任何一组。康拉德极为罕见地承认外交手段具有一定价值，他承认同时与俄罗斯帝国、意大利和塞尔维亚交战是个无法完成的命题，帝国的外交家们必须防止出现这样的灾难。

动员计划涉及召集任何一个或者所有 3 个集团军群。奥匈帝国有限的铁路网络造成了 A 集团军群优先的局面，因为它的规模最大。这必然会导致 B 集团军群在部署过程中延误。不仅如此，为了简化制订计划的过程，负责组织运输的军官们认定所有列车会以相同速度慢速运行。这给动员增添了新的延误，而制订这些计划过于复杂，最后只好放弃，因为计划必须反映所需的灵活性——要为部署兵力来对付塞尔维亚、俄罗斯帝国或者意大利制订不同方案。一旦动员开始，从一个前线将军队重新部署到另一个前线将是一个困难且费时的过程。

万一与俄罗斯帝国交战，康拉德的想法是让部队在加利西亚集结，就在伦贝格周围。他们可以从这里被派去进攻维斯图拉河与布格河之间的区域，并且威胁在南面包围华沙及其周边的俄军阵地，或者向东北移动到杜布诺，将沿乌克兰边境布置的俄军与部署在中间的俄军分开来。然而，所预测的俄军部署会造成这两种挺进的侧翼易受攻击。如果向北发动进攻，那么东面的侧翼就会受到威胁；如果向东北发动进攻，那么西侧就会受到威胁。唯一的办法就是在两个方向同时发起进攻。这显然超出了奥匈帝国皇家部队的能力范围，于是康拉德选择了进攻华沙。对其东面侧翼的保护只能寄希望于俄罗斯帝国迟缓的动员。另一个问题是任何一个方向的挺进本身均无法取得决定性的胜利。只有在德军从北方发动类似进攻的情况下，出兵包围华沙才有意义，而将俄军孤立在乌克兰只会造成挺进的奥匈帝国皇家部队陷入更加易受攻击的凸角中。如果没有任何可以实现的清晰目标，就必须重新思考发动进攻的整个策略，但是在康拉德眼里，发动进攻本身就是一个重要的目标，任何放弃这种计划的念头都是一个诅咒。

意大利名义上是奥匈帝国的盟国，但是无论是维也纳还是罗马都无人对这种联盟的可靠性抱有任何幻想。康拉德和奥匈帝国的大多数其他要员正确地估计到，他们唯一能够完全依靠的国家只有德国，康拉德因而常常与小毛奇见面。尽管德国答应从东普鲁士出兵，以此来支持奥匈帝国进攻俄罗斯帝国，但双方并没有统一的作战计划。德国人承诺在东部发动进攻，但是柏林却认为这种承诺远不像维也纳所认为的那样确定。正如德国和奥匈帝国之间没有全面交换情报，奥匈帝国内部也没有情报交流。1911年，意大利进攻了土耳其在地中海地区的占领地，夺取了利比亚。康拉德认为意大利正忙于这场投机活动，因而这是落实进攻意大利的计划的天赐良机，却没有料到所到之处均遇到了顽强抵抗。他并不知道，维也纳早已在1902年的秘密谈判中将利比亚让给了意大利，而外长阿伦塔尔向他隐瞒了这一情况。当他得知这一情况后，维也纳爆发了激烈的争吵，他因此于1911年12月2日被免去了总参谋长一职。

接替他的施穆阿在位时间很短。意大利击败土耳其之后，塞尔维亚、黑山、保加利亚和希腊组建了巴尔干同盟，这四个国家与土耳其之间于1912年秋爆发了第一次巴尔干战争。在这场危机达到顶峰时，一场大战迫在眉睫，康拉德官复原职。他像之前一样，主张防御性的侵略战争，当第一次巴尔干战争（1912—1913）在奥匈帝国还没有来得及参与的情况下就已经结束时，他感到非常失望。他觉得军队失去了一个树立威望的机会，而这本来可以让整个帝国因得到邻国的认可而有一种集体自豪感，从而有助于解决帝国内部的分裂问题。但是，康拉德所面临的更大挫折却是军中出现了一个身居要职的间谍。

阿尔弗雷德·雷德尔上校出生于一个比较贫穷的家庭，比康拉德小12岁，在康拉德结束自己的导师生涯之后一年进入军事学院。他逐渐成了一个著名的俄罗斯事务专家，1900年被分入总参谋部情报局的俄罗斯处。他在担任情报官期间引入了许多创新做法，比如隐蔽相机，记录并保留那些可能有用之人的指纹，甚至运用蜡筒录制谈话内容。

1901年前后，俄罗斯帝国在华沙情报部门的负责人尼古拉·巴特尤辛得知当时正好在华沙的雷德尔是同性恋。巴特尤辛胁迫雷德尔向俄方提供情报。被胁迫可能是雷德尔叛国的主要原因，但此后他得到了巨额报酬，让他过上了薪水根本无法给他提供的生活。1902年，雷德尔将奥匈帝国针对俄罗斯帝国制订的战争计划的全部详情交给了俄方。当奥匈帝国的情报局发现俄罗斯人已经拿到了这些计划的副本后，情报局局长冯·基斯林根将军任命雷德尔调查泄密的源头。雷德尔害怕自己的叛国行为会被发现，便与控制他的俄罗斯人讨论了此事，俄罗斯人将自己在奥地利的几个小特工的名字告诉了他。由于抓获了这些特工，雷德尔得以继续充当间谍，甚至提高了自己的声誉，得到了晋升机会。

1907 年，雷德尔已经晋升为情报局反间谍部部长。除了作战计划，他还将奥匈帝国兵力调动和防御工事的详情交给了俄罗斯人。他还出卖了奥匈帝国在俄罗斯帝国内的许多间谍，导致这些人被捕后遭枪决。到 1912 年，他的财产包括维也纳的几处住宅、城外的一处别墅、布拉格的一栋大房子以及几辆世界上最昂贵的汽车。

钱是邮寄给雷德尔的，所有信件先寄往靠近俄罗斯帝国边境的一个德国小城艾德库宁，再从那里寄往维也纳中央邮局，由一个自称尼孔·尼泽塔斯的人领取。这是雷德尔的一个别名。1913 年，马克西米利安·荣格接替雷德尔出任反间谍部部长后，有人打开了雷德尔没有领取的一封信。这封信内有一大笔钱，最终落入荣格之手，荣格随即展开了调查。他将这封信退回到邮局，并且在邮局安装了一个电动按钮，只要有人领取这种信，就会按动按钮。

1913 年 5 月，有一封信抵达了维也纳邮局。反间谍部的军官一接到警报就想抓捕取信的人，却因为取信人上了一辆出租车而错失良机。正当他们准备放弃追捕、回办公室时，那辆出租车转了回来，让他们如释重负。司机告诉他们，他将那个人送到了附近的克隆赛尔饭店。他们在出租车内发现了一把袖珍小刀的刀鞘，便将它交给饭店经理，请他去询问客人中是否有人掉了刀鞘。当出现在他们面前的是他们之前的顶头上司阿尔弗雷德·雷德尔时，他们目瞪口呆。

反间谍部的军官们大为震惊，匆匆回到总部，向荣格汇报了这一惊人的发现。荣格与自己的上司简单交谈了一会儿，便与手下回到了克隆赛尔饭店。雷德尔意识到自己已经暴露，真诚地和荣格打了个招呼。他解释说，他在写几封告别信，并请求给他一点时间把信写完。荣格想问他出卖了多少情报，他让荣格去他在布拉格的住处，他将在那里得到所有问题的答案。他请荣格给他一把左轮手枪和一颗子弹，然后开枪自杀身亡。

由于种种原因，雷德尔之死来得很不是时候。弗朗茨·约瑟夫皇帝是虔诚的天主教徒，他为雷德尔因犯下不可饶恕的大罪而死感到非常遗憾，军中的许多高官则因未能有机会审讯这个叛国者而感到泄气。当局自然要竭尽全力掩盖这件事，但他们未能成功。饭店的一名员工将自己的所见所闻告诉了报界，但进一步的大曝光发生在布拉格。反间谍部的官员们在这里发现了一个保险箱，便叫来一名焊工帮他们打开保险箱。这名焊工碰巧是布拉格一家足球俱乐部的队员，因协助打开保险箱而错过了一场比赛。当一名体育记者后来采访这个人，并且询问他为何没有上场时，他将自己缺席的原因告诉了记者。这名记者将雷德尔在维也纳自杀的简短新闻与这件事联系了起来。荣格的手下在雷德尔的住处发现了数千份秘密文件，他们推测俄罗斯人早已看过。他们还发现了昂贵的香水、女人的衣服，以及雷德尔与其他奥匈帝国军官举止亲昵的照片，其中许多人身穿女人内裤。

有一点非常引人注目，几乎从来没有人怀疑过雷德尔如何变得如此富有，大家显然接受了他本人的解释，即他的一个亲戚给他留下了一大笔钱。考虑到他的父亲只是一名地位很低的铁路官员，这种解释本可以引起人们的怀疑。据估计，光是俄罗斯人支付给雷德尔的钱就相当于今天的 240 万英镑，此外还有来自法国人和意大利人的报酬。雷德尔与一名中尉长期保持恋人关系，还对外解释说此人是他的侄儿；似乎同样没有人质疑这种说法的真假。唯一受到惩罚的这名中尉，被判强制劳役 3 个月，并被降职为普通士兵。

在逮捕雷德尔的时候，有人告诉康拉德，雷德尔是间谍。他想方设法让这件事平息下来。当弗朗茨·斐迪南要求开除一些高级军官时，他断然拒绝，甚至以他本人辞职相威胁。他不想展开深入调查可能有个人原因。替雷德尔将文件传递给俄罗斯人的人之一是康拉德之子库尔特的朋友切多米尔·扬德里奇，有人因此认为康拉德希望这个丑闻远离自己的家庭。整个事件让弗朗茨·约瑟夫皇帝深感震惊，也非常郁闷。他曾严禁自己的特务机关运用性问题胁迫他人，结果却发现自己的一名军官居然因为这种事为他国服务，进一步证明世风日下。

雷德尔的叛国行为所造成的后果一直是人们辩论的一个话题。他将奥匈帝国兵力调动计划和战时部署的全部细节传递了俄罗斯人，而俄罗斯人又将这些情报传递给了塞尔维亚。但是其中的许多细节并没有出乎人们的意料，而最极端的说法——雷德尔应该为战争之初几场战斗中奥匈帝国士兵惨遭涂炭的情况负责——需要人们将知道计划与采取具体措施来应对计划联系在一起。尽管他传递的情报可以让塞尔维亚人确定自己所面临的进攻的强度，但他们不会为此感到惊讶；很可能他们的防御计划在很大程度上没有因为这些从天而降的情报而改变。军事方面最大的影响或许在于康拉德下令改变为 A 集团军群制订的兵力调动计划，如果需要将它部署来对付俄罗斯帝国，那么 A 集团军群的大多数士兵将在西加利西亚下火车，而不是东加利西亚。将士兵运送至加利西亚的火车通常自西向东运行，因此这是比较容易执行的措施，只需让士兵提前几站下车即可。事后证明这在 1914 年 8 月将造成严重后果。

随着第一次世界大战步步逼近，康拉德与弗朗茨·斐迪南的关系严重恶化。斐迪南大公 1913 年成为武装部队的监察长，一旦战争爆发，他还将担任总指挥。他很保守，要求年度野外军演结束时必须有场面宏大的骑兵冲锋，而康拉德却将这视为"给外行和儿童表演的壮观场面"。弗朗茨·斐迪南还要求所有高级军官在礼拜日参加弥撒，哪怕中断野外军演也不能例外；康拉德拒绝参加弥撒。到 1913 年底，这两个人的朋友只好出面调解，试图避免康拉德递交辞职信。尽管如此，总参谋长还是在 9 月致信弗朗茨·斐迪南，表示自己无法继续担任这一职务。弗朗茨·斐迪南立刻回信，请求他重新考虑自己的决定。弗朗茨·斐迪南列举了康拉德与德国人建立的密切关系，尤其是与德皇威廉二世之间的友谊，但最终还是弗朗茨·约瑟夫皇帝出面干预，才说服康拉德极不情愿地收回辞职信。仅仅一个月后，当弗朗茨·斐迪南和康拉德在莱比锡和威廉皇帝以及小毛奇一起纪念 1813 年战胜拿破仑的伟大胜利时，斐迪南对康拉德和威廉皇帝之间的毫不隐讳的友谊感到不满，公开批评自己的总参谋长，让他们的德国主人感到非常惊愕和尴尬。

到这一年年底，康拉德对个人和帝国的前途越来越悲观。罗马尼亚正在疏远奥匈帝国，一旦俄罗斯帝国与奥匈帝国开战，罗马尼亚显然连部分保持中立都难以保证。尽管他一再努力，却未能成功策划任何他视为对于解决帝国内部分裂至关重要的预防性战争，也未能将自己与情妇吉娜的幸福向前推进一步，他开始怀疑帝国继续生存的能力：

> 我越来越相信我们的目的最终只会体面地沉没……就像一艘正在下沉的船。

维也纳各个上流阶层普遍对未来感到悲观，甚至有人暗示弗朗茨·约瑟夫被人诅咒。在二元帝国创建之前的冲突中，他下令处死了卡洛伊伯爵夫人的儿子，这位伯爵夫人随后确实以一种戏剧性的方式诅咒了弗朗茨·约瑟夫：

> 愿上天和地狱摧毁你的幸福；愿你遭到你最爱的人的打击；愿你的孩子被毁灭，你的生活支离破碎，苟延残喘、孤独痛苦地度过余生，每次想起卡洛伊的名字都会浑身发抖！

皇后伊丽莎白1898年遭一个意大利无政府主义者刺杀，此后皇室悲剧不断。伊丽莎白和弗朗茨·约瑟夫的长女索菲1857年夭折时年近2岁，他们唯一的儿子鲁道夫1889年与其情妇自杀殉情。哈布斯堡家族的其他成员也都是英年早逝。弗朗茨·约瑟夫的兄弟马克西米利安1867年在墨西哥被处决，弗朗茨·约瑟夫最宠爱的侄女在美泉宫因晨衣着火而丧生。

由于帝国内部不间断的政治紧张局势，许多人认为弗朗茨·约瑟夫皇帝将会是统治帝国的最后一位君主，而且是避免帝国分裂的几种力量之一。这无疑引发了康拉德想通过一场成功的外战将帝国重新团结在一起的欲望。

尽管存在这种悲观情绪，整个帝国还有一种近乎志得意满的奇怪感觉。捷克地区要求额外权利的呼声最高，而且维也纳也的确给予了那里许多额外权利。那里虽然会时不时地出现抗议，却几乎没有发生过暴力事件，更不用说发生可能危及弗朗茨·约瑟夫帝国统一的事件。1891年，奥地利的一位高级外交家卡尔·施瓦岑贝格亲王与杰出的捷克民族主义者爱德华·格里高利讨论过帝国捷克民族的未来，后者只得赞同施瓦岑贝格的结论：

> 你的国家太小，无法独立生存，你准备拿它怎么办？将它交给德国或者俄罗斯帝国？因为一旦脱离奥地利联盟，你将别无选择。

上述分析凸显了奥匈帝国最根本的真相：尽管存在各种问题，它依然是一个管理有方的帝国，有着良好的基础设施，经济在增长，言论和结社相对比较自由。即便是在动荡的波黑省，帝国的行政管理也有着良好记录，大笔资金都用在了基础设施和工业化上。不过，像康拉德这样的个人依然对未来持悲观态度。

康拉德1914年5月与小毛奇见了一面，结果感到更加沮丧。这位德国的总参谋长告诉康拉德，德国相信其战争计划的第一部分，即主要攻击法国，将在6个星期后完成，这样就能让德军主力赶在俄罗斯帝国军队动员完成之前调往东部。康拉德曾希望德军一开始就能将额外兵力部署在东部，因为他估计罗马尼亚政局的改变意味着俄罗斯人不必动用太多的兵力来保护摩尔多瓦。他在6月份颇为沮丧地写道："我们只是德国的卫星国。"尽管如此，他依然致力于在军中传播进攻战的学说。由于无法发动他希望能巩固帝国地位的那种小战争，他现在面临着在早期只能得到德国有限支援的情况下与俄罗斯帝国打一场大战的前景，而俄罗斯帝国也是奥匈帝国面临的最大的潜在敌人。

因此，康拉德在祖国备战中所发挥的作用大于帝国的任何其他人。从训练和理论到军队福利，再到为兵力调动制订计划和为战争部署兵力，他的影响无所不在，并且影响了许多政治家，他们即将做出导致战争的众多决定。正是由于他的个人魅力和人气，许多普通奥地利人才没有认为他应该为此后的灾难负责。不过，也有一些政治家观点不同。战后社会民主党领袖奥托·鲍尔在1925年说：

> 如果我们一定要在欧洲范围内列出五六个对战争爆发负有罪责的人，陆军元帅康拉德将是这五六个人之一。

毫无疑问，他一再寻找可以获胜的外战，以此来解决奥匈帝国内部的分裂问题，而奥匈帝国的政治家们未能发动这样的战争，这极大地造成了他对帝国的未来感到悲观。不过，他鼓动咄咄逼人的外交政策，这又对巴尔干国家紧张局势的加剧起到了推波助澜的作用，因而对最终导致全欧洲的战争做了铺垫。战争刚一结束，人们有种感觉，即康拉德战前的一些预测近乎预言。这一观点最近受到了强烈挑战，有人认为正是他本人的行为增加了他所提出的警告的可能性。尽管他对罗马尼亚和意大利等国家可能转友为敌的假想正确无误，但这种敌意导致战争的情况并非不可避免。

康拉德曾尝试进行现代化改革，但奥匈帝国皇家军队依然状况不佳，无法打一场大战。每个师通常只有2个旅，每个旅只有2个团、4个营。每个师的火炮数量大约为各种口径的火炮42门，每个师的总兵力约为1.5万人。骑兵分成数个师，每个师约7000人，配有24门轻型野战炮和少量机枪。奥匈帝国军队唯一的优势在于其山炮，他们率先使用小型移动火炮，便于拆卸和安装。不过，没有多少重要山区可以让康拉德的手下在与俄罗斯人交战中占有优势。

康拉德像德国的许多参谋长一样，没有时间去考虑传统派所喜爱的骑兵密集编队。他与传统思想发生冲突的另一个领域是他很早就认识到空中侦察的潜力，只是他在这个领域几经努力却只购买到了少量飞机。尽管对普法战争进行过详细的分析，他却并不十分提倡使用火炮，结果这种在即将到来的战争中至关重要的武器相对而言遭到了冷落。他坚持认为，火炮对普鲁士取得胜利所作的贡献极为有限。例如，他强调普鲁士禁卫军在没有火炮支援的情况下进攻圣普利瓦并取得了胜利。他的分析随意否定了迟到的普鲁士炮兵在这场战斗中发挥的作用。他感到，普鲁士禁卫军的成功凸显了进攻精神的价值。这种分析根本没有考虑进攻的步兵所遭受的可怕伤亡，也无意考虑正确运用火炮支援本可以减少这些损失。

从最高战略层面上看，康拉德依然有许多局限，一个标志是他未能意识到奥匈帝国铁路系统的状态不足以支持其进行快速兵力调动。奥地利全境和匈牙利西部大部分地区的铁路网水平很高，但离这些中心地区越远，铁路状况就越糟。20世纪初，奥匈帝国修建了一些高等级铁路，穿过喀尔巴阡山脉山区，一直通到加利西亚，并且对车站进行了扩建，可以停靠更长的火车。但此后由于越来越担心可能与意大利之间爆发战争，大多数铁路投资转向了在阿尔卑斯山区修建的新铁路。俄罗斯帝国铁路系统的扩建意味着到战争爆发之时，俄罗斯帝国能够每天发送250列火车去俄奥边境，而奥匈帝国每天只能发送153列火车。至于与塞尔维亚交战，情况更糟。只有一条铁路穿过波黑，尽管原则上批准再修建两条铁路，围绕资金问题发生的争论意味着到战争爆发时这些铁路甚至尚未开工。尽管如此，康拉德继续为攻打塞尔维亚制订着计划，希望能够在俄军动员完成前就给对方致命一击。

奥匈帝国的正规军分为6个集团军，外加一个独立的库默尔集团军群。许多部队的指挥都是康拉德的密友和亲信。这个核心集团精通康拉德的进攻战学说，他们将在俄罗斯帝国动员尚未完成之前速战速决。胜利取决于动员的速度以及战场上的快速胜利。铁路系统的局限和最高层的误判延缓了动员的速度，而战场上速战速决将与第一次世界大战中其他地方类似的战斗一样是难以实现的。

第四章

物极必反

COLLISION OF
EMPIRES
the war on the eastern
front in 1914

将欧洲带入第一次世界大战的各种事件已经被详尽研究过。正是由于塞尔维亚与奥匈帝国之间日甚一日的紧张关系，在弗朗茨·斐迪南大公于 1914 年 6 月 28 日星期天遇刺身亡后，奥匈帝国当局觉得必须采取行动，就连塞尔维亚人也明白自己可能会遭到报复。塞尔维亚政府似乎早就知道刺杀大公的计划，当时一位政府部长柳巴·约万诺维奇后来回忆道：

　　　　一天，塞尔维亚总理尼古拉·帕西奇对我们说……有人正准备去萨拉热窝刺杀弗朗茨·斐迪南。

　　虽然许多人，尤其是塞尔维亚军中的许多人，强烈支持波黑境内的叛乱活动，但这些人并不包括尼古拉·帕西奇。的确，他好像还尝试向大公发出警告。塞尔维亚驻维也纳的大使约凡·约万诺维奇奉命劝说弗朗茨·斐迪南不要造访萨拉热窝，甚至在刺杀发生前一星期拜见了奥匈帝国财政部部长列昂·比林斯基。约万诺维奇建议取消即将开始的访问，理由是时间过于接近科索沃战役纪念日。对于塞尔维亚人而言，这是一个非常重要的日子，有可能会煽动人们的情绪。这个信息过于含糊，由于没有人明确发出威胁，仅仅因为这种警告便取消访问，甚至有可能被视为软弱。结果，比林斯基没有报告这个信息。

如此高级别的刺杀事件所造成的影响可以与2001年九一一事件之后美国的震惊感相提并论。弗朗茨·斐迪南向来少言寡语，缺乏民众支持，但是他的死被视为给帝国心脏的一次直接打击。奥地利国内，人们一致认为需要对此有所反应，在20世纪第二个十年，这不可避免地会涉及军事行动。原定的总司令弗朗茨·斐迪南已经遇刺身亡，弗朗茨·约瑟夫皇帝如果任命新的总司令，这个人不可避免地需要听命于德高望重的总参谋长。如果要采取军事行动，康拉德将会成为实际上的奥匈帝国军队总司令。康拉德不停地施加压力，要求立刻下达动员令，却遭到了文职政治家的普遍反对，尤其是因为他们觉得民意首先需要为战争做好准备。尽管如此，德国驻维也纳的大使海因里希·冯·奇尔施基还是给贝特曼－霍尔韦格发了一封电报：

> 在这里，就连那些非常严肃的人都告诉我，必须与塞尔维亚彻底解决所有问题。必须给塞尔维亚人一份清单，列出各项要求，如果他们不接受，那就采取果断行动。我利用一切机会悄悄地但强硬地敦促他们不要匆忙采取措施。

弗朗茨·约瑟夫皇帝在电报纸的空白处写了一些看法："勿失良机"以及"必须彻底解决塞尔维亚问题，而且要快"。他在奇尔施基要求奥地利人谨慎对待此事的那段文字旁写道："谁授权他这么说的？愚蠢！"现在一切似乎只是时间问题。

欧洲其他地方的反应不尽相同。塞尔维亚政府不喜欢惹事，多年来，尼古拉·帕西奇总理一直试图远离一些比较激进的塞尔维亚组织的活动。这些组织主要在军队中，常常越境制造麻烦。贝尔格莱德和其他城市都在为刺杀斐迪南大公而欢庆，这种行为激怒维也纳是预料之中的事。俄罗斯人不接受任何塞尔维亚政府参与此事的说法，它驻贝尔格莱德的大使甚至致信圣彼得堡，报告说当地人对这起暗杀事件的受害者深表同情。在法国，斐迪南大公遇刺身亡的消息完全被当地新闻抢了风头。法国人最关心的是前总理约瑟夫·卡约的夫人受审并被判无罪释放的新闻。这位前总理夫人开枪打死了一家报社的编辑，因为他刊登了她写给卡约的情书，而且是她在卡约尚未与前妻离婚之时写给他的。法国媒体仅有的评论在暗示奥匈帝国因为自己对待塞尔维亚人的态度而引火烧身。伦敦报界则有着不同观点，认同维也纳有权要求对此事进行彻底调查，并且要求塞尔维亚更加严格地管控好自己的激进组织。

随着危机的进一步发展，俄罗斯帝国和法国的态度尤其受到自己最初反应的影响。这两个国家都毫不犹豫地接受了贝尔格莱德坚决否认自己参与其中的说法，并且似乎将弗朗茨·斐迪南视为奥匈帝国内好战运动的主要人物。实际情况却是这位大公一直强烈呼吁在最近的危机中保持克制，而且对康拉德越来越充满敌意——如果他没有遇刺身亡，他很可能会解除康拉德总参谋长的职务，另外任命一个不那么好战的人。他还毫不掩饰自己成为皇帝后采用更加联邦化的政府模式的意图，让罗马尼亚人、乌克兰人、捷克人，尤其是塞尔维亚人和克罗地亚人等拥有自己的地方议会。如果这一切成真的话，就会削弱塞尔维亚声称自己是塞族人以及所有南斯拉夫人（巴尔干各国斯拉夫民族的通常称谓）唯一的代言人的说法。一个外交家对这种局势具有讽刺意味的结果发表了如下评论：

> 他以自己的生命帮助我们找到了［开战的］能量，而他只要活着可能永远也找不到！

这些细微差别的重要性在于，只要认为塞尔维亚无罪过并且将弗朗茨·斐迪南视为侵略者，法国和俄罗斯帝国自然就会将这场危机视为奥匈帝国向塞尔维亚宣战的一个借口。鉴于法国和俄罗斯帝国认为维也纳只是柏林的一个傀儡，他们自然同样会怀疑这一切背后的主谋是德国。

这个问题的关键必然在于德国的态度，我们在1914年7月1日看到了最早的迹象。德国的一个新闻记者维克多·瑙曼是德国外长戈特利布·冯·雅戈的密友，他在维也纳见到了利奥波德·冯·贝希托尔德领导的奥匈帝国外交部的一个高级官员亚历山大·冯·霍约什。他告诉霍约什，在德国看来，现在到了与塞尔维亚算总账的时刻，奥匈帝国可以依靠德国的支持。这对霍约什而言无疑是好消息，因为他在外交部中与其他一些人主张坚决采取强硬的外交政策，必要时不惜动用武力，才是防止帝国灭亡的唯一办法。德国驻维也纳的大使奇尔施基次日在与弗朗茨·约瑟夫皇帝交谈时证实了这一点。弗朗茨·约瑟夫皇帝意识到摆在他面前的决定多么重大，认为自己需要得到德国的确认，便派霍约什去了柏林。抵达柏林后，霍约什将信件转交给了奥匈帝国驻柏林的大使拉兹罗·佐格耶尼－马利希·德·马扎尔－佐格耶和佐尔盖基亚扎伯爵，伯爵带上信件去了波茨坦，并在 7 月 5 日见到了威廉皇帝。

佐格耶尼递交给威廉皇帝的文件涉及的问题远远不止这起刺杀事件。弗朗茨·约瑟夫在刺杀事件发生之前致威廉皇帝的信表达了他的担心，除非奥匈帝国处理好塞尔维亚的事，否则奥匈帝国很可能会因为塞尔维亚对波黑地区的不断干预而无法存在下去。奥地利人认为，如果他们在塞尔维亚遭受失败，会鼓励帝国的其他民族要求自由，造成整个帝国的灭亡。威廉皇帝表示他个人支持对塞尔维亚采取行动，同时提醒佐格耶尼应该与德国总理贝特曼－霍尔韦格商谈。佐格耶尼当天晚些时候拜见了德国总理以及战争部长法金汉，两个人均同意维也纳显然应该为解决它与塞尔维亚之间的问题做好准备。他们还认为，只要这场战争速战速决，俄罗斯帝国参与进来的可能性会很小。霍约什在柏林与德国外交部副部长阿瑟·齐默尔曼举行了会谈，齐默尔曼在看过弗朗茨·约瑟夫的信件后，显然告诉霍约什德国肯定会支持奥匈帝国，但是与威廉皇帝、贝特曼－霍尔韦格和法金汉的看法相反，他认为很可能会爆发一场欧洲大战——霍约什引用他的说法：可能性高达 90%。

次日，双方再次商谈，参加人员包括威廉皇帝、霍约什、贝特曼－霍尔韦格和佐格耶尼。德方确认了对奥匈帝国的支持，行之有效地给自己的盟国开了一张"空白支票"，让它对塞尔维亚采取行动，并且应对随后发生的一切。

　　大多数德军高级将领当时似乎都在休假，其中包括小毛奇。威廉皇帝传唤了帝国测绘办公室（德军中相当于英国军事测量部的机构）的军需官赫尔曼·冯·贝特拉勃中将，告诉他依照威廉皇帝的看法，任何冲突都应该限制在塞尔维亚和奥匈帝国之间，但是皇帝同时又保证德国将支持其盟国，尽到其盟国义务。这个政府部门只跟军事事务稍微沾点边，总参谋部的其他高级将领似乎没有讨论这件事。确实，有人告诉小毛奇不需要终止休假，而他的副手格奥尔格·冯·瓦德西伯爵少将也被告知几天后可以自由地去乡间度假。

　　在维也纳，康拉德于 7 月 5 日见到了弗朗茨·约瑟夫，也就是佐格耶尼去拜见威廉皇帝的同一天。虽然奥匈帝国的决策程序掌握在文职政治家和皇帝手中，康拉德在战前竭力游说同仁们说战争是合适的，而且是不可避免的，他的努力确保了许多参与讨论的人急于支持他的观点。由奥地利和匈牙利官员组成的全体部长大会于 7 月 7 日召开。只有匈牙利政府总理伊斯特万·蒂萨反对战争，他坚称俄罗斯帝国一定会出面干预，而这必然会迅速演变成整个欧洲的一场大战。康拉德应邀简单介绍了他的战争计划，并且明确说他完全能够预料到俄罗斯帝国会出面干预。这根本无法平息总的好战情绪，尽管蒂萨劝说枢密院不要立刻宣战，而是应该先向塞尔维亚提出一系列要求。他认为，在塞尔维亚无法满足这些要求之后再宣战要比匆忙开战更容易在外交层面上获得正当性。除了蒂萨，所有人都同意提出极其苛刻的要求，让塞尔维亚无法同意——光凭外交上的胜利是不够的。

虽然威廉皇帝告诉德军总参谋长，德军参战的可能性不大，但柏林方面还是采取了一些预防措施。各种谍报机构搜集了德国和奥匈帝国潜在敌人的作战能力和意图等方面的情报。像欧洲所有强国一样，德国依靠其外交官、武官和记者这样的个人搜集情报。此外，总参谋部专门设立了一个部门——IIIb 部——来汇总间谍们搜集到的情报。特别任命的情报人员被派往驻扎在德国边境的军队中，负责管理越境搜集情报的特工。7 月 16 日，IIIb 部被要求增加其在东部的情报搜集活动。但是，这种命令没有紧迫感。IIIb 部发给东部情报人员的信号只是告诉他们，考虑到俄罗斯帝国与奥匈帝国之间紧张加剧，监视级别应高于和平时期，但是目前没有必要"采取任何特别措施"。一星期后，随着紧张局势升级，奥匈帝国政府请求柏林提供有用的情报，刚刚返回柏林的瓦德西下令进一步提高监视级别。

弗朗茨·约瑟夫皇帝于 7 月 5 日批准了针对塞尔维亚的行动，却拖延了两个多星期才向贝尔格莱德发出最后通牒。虽然这有可能是因为需要这段时间来说服蒂萨和匈牙利政府发动战争，更有说服力的解释却与奥匈帝国允许士兵夏季放假帮助收割庄稼的政策有关。康拉德手下 16 个军有 7 个军给士兵放了假，如果立刻交战，要么会给粮食产量造成影响，要么就必须在大量士兵仍然没有回到军中的情况下开始作战。造成拖延的另一个原因是法国总统和总理当时都在圣彼得堡。最后通牒只能在他们离开之后再发出。就在军乐队演奏《马赛曲》迎接法国总统之时，哥萨克正在圣彼得堡郊区镇压高唱《马赛曲》的罢工工人，这反映了俄罗斯帝国内部持续的紧张局势。

危机出现之初，维也纳和柏林在一定程度上达成了一致意见，如果要采取军事行动，那么最好是尽快进行。现在，由于蒂萨坚持要先发出最后通牒，由于法国总统在圣彼得堡所造成的拖延，由于士兵们放假收割庄稼，速战速决已经不可能。尽管前两个因素无法避免，但在斐迪南大公遇刺身亡之后居然还给士兵放假收割庄稼，这似乎比较奇怪。康拉德肯定明白尽早采取军事行动的有利之处，他作为总参谋长完全可以直接下达警戒令，要求指挥官们不允许士兵请假收割庄稼，但是他没有采取这种措施。结果，赶在俄罗斯帝国和法国干预之前就快速采取行动的仅存的一点可能性也随风而去。

尽管奥匈帝国的领导层已经确信必须发动战争，不让欧洲其他强国意识到这一点也很重要。外交部部长利奥波德·冯·贝希托尔德建议康拉德和战争部长亚历山大·冯·克罗巴廷将军去避暑，假装没有立刻宣战的计划。在这个拖延过程中，给塞尔维亚的最后通牒也有所改动，要刻意确保让塞尔维亚几乎无法接受。奥匈帝国的官员们竭力淡化报界对这场危机的报道，他们虽然竭尽所能，但消息还是泄露了出去。几天之内，俄罗斯人——因此还要算上法国人——意识到了向塞尔维亚发出不可接受的最后通牒的计划。有些消息的泄露源自维也纳，但或许最具破坏性的泄露源自柏林。德国外交部给其驻罗马的大使发了一份电报，将该计划告诉了他，他却将这消息告诉了意大利人，因为意大利名义上还是同盟国成员。意大利人立刻用密码电报将这消息告知了自己驻俄罗斯帝国、罗马尼亚和奥地利的使团，却不知道奥匈帝国的情报官员已经破译了他们的密码。奥匈帝国的官员非常恼火，因为不仅他们最亲密的盟友德国如此随意，而且意大利人再次证明自己只是名义上的同盟国成员。但真正严重的后果还在于整个世界，包括塞尔维亚，在这份最后通牒尚未公布之前就都知道了其无法让人接受的性质。

此后数日或许是被人们研究得最多的一段历史时期。人们提出无数理论来解释将欧洲和整个世界推入战争的越来越大的雪崩事件，既有俄罗斯帝国强行制造冲突的欲望，也有动员计划的僵硬效果，因为这些计划一旦启动便很难改动。还有人认为将领们强烈要求宣战，有效地造成文职官员无法再施加影响。当时很可能有许多因素在起作用，欧洲每个国家都无法理解自己的行为给邻国造成的影响。

为了理解此后发生的一些事件，有必要思考欧洲列强的备战模式。尽管"动员"一词被用来描述整个过程，但它其实分为三个明显的阶段。第一阶段是提高警戒，守卫边境的作战部队会补足兵力，军官中断休假，返回兵营，铁路桥梁和港口等重要设施会派兵防守。第二阶段是动员，用后备役补充兵力。第三个阶段是动员后的军队集中在边境，为战争开始做好准备。如果欧洲有哪个国家启动上述任何一个阶段，它的潜在敌人必须思考自己是否能够承受备战滞后的代价。

给塞尔维亚发出的最后通牒包含十项内容，最终版本于7月19日在贝希托尔德位于维也纳的官邸举行的会议上完成。会上还详细讨论了兵力调动计划，康拉德大致介绍了B计划（进攻塞尔维亚）。R计划（针对俄罗斯帝国的动员）暂时被视为出现意外情况时才需要。康拉德已经告诉过同僚，他完全料到俄罗斯帝国会干预。鉴于此，这种安排乍一看似乎很不错，但是康拉德很可能是在赌一场，希望自己的军队能够在俄军动员完成之前用一场快速、决定性的战役击败塞尔维亚。人们当时普遍相信，德军的声望再加上德国给奥匈帝国的"空白支票"可能足以打消俄罗斯人冒险交战的念头。贝希托尔德越来越担心意大利人的可靠性，尤其是在截获意大利人的密码电报之后。康拉德向所有人明确表示，如果意大利的军事干预构成严重威胁，那么这场战争就无法进行下去——即便是不必分散兵力去阿尔卑斯山地区对付意大利，同时与塞尔维亚和俄罗斯帝国交战也会让他处境困难。参加这次会议的人已经意识到意大利肯定会违背其盟国义务。意大利总参谋长阿尔贝托·波利奥将军是意大利军队中少数几个亲奥地利派，然而他在萨拉热窝暗杀事件发生前三天死于心脏病。奥匈帝国最高指挥部只希望意大利能够保持中立。

如果说维也纳还存在最后一刻的疑虑，那么柏林似乎没有任何犹疑。出于对俄罗斯帝国军事扩张项目的战略关注，再加上法国出资在波兰修建的新铁路，许多人相信时间的流逝只会让力量趋于平衡，对德国更加不利。如果奥匈帝国进攻塞尔维亚会导致与俄罗斯帝国交战，那么最好是现在就开战，而不是等到几年后。如果俄罗斯帝国没有支援塞尔维亚，那么协约国内部就会关系紧张，甚至可能会崩溃。

在圣彼得堡，俄法之间商谈的主要内容是两国间维持联盟的重要性。维维亚尼总理越来越为周围好战的言论感到焦虑和不安，参与会谈的其他大多数人却没有这些疑虑。在一场招待会上，法国总统普恩加莱会见了奥匈帝国驻圣彼得堡的大使弗里茨·绍帕里，总统对大使的失礼举动让在场的许多人感到惊讶。大家自然会聊到不久前发生的暗杀事件，绍帕里说正在调查此事。普恩加莱却提醒在场的每个人不要忘记最近几年发生的两个臭名昭著的事件，当时维也纳用假材料来对付塞尔维亚。意思不言自明：无论奥匈帝国调查的结果是什么，法国不会承认塞尔维亚政府卷入此事的任何说法。

奥匈帝国的最后通牒于 7 月 23 日递交给了塞尔维亚，此时法国总统和总理刚刚乘船离开圣彼得堡数小时。塞尔维亚人只有 48 小时来考虑这份文件。尽管几位政府官员说他们觉得塞尔维亚会迫不得已应战，但大部分人意气消沉。早在 1913 年 10 月，俄罗斯帝国就曾敦促塞尔维亚接受奥匈帝国的要求，从阿尔巴尼亚撤军，因此人们对于俄罗斯人是否会在目前这场危机中支持塞尔维亚人缺乏信心。塞尔维亚驻圣彼得堡的大使米罗斯拉夫·斯帕拉伊科维奇接到了一份电报，要求他确定俄罗斯人的立场。随着最后期限即将到来，斯帕拉伊科维奇接二连三地给贝尔格莱德发去了电报，一再保证会得到俄罗斯帝国的支持，以此来增强塞尔维亚政府的决心。塞尔维亚政府就答复奥匈帝国最后通牒的措辞进行了一番忙碌的讨论，在最后期限到来之前就正式答复达成了一致意见，并将正式答复交给了奥匈帝国驻贝尔格莱德的大使。答复中掺杂着各种限定条件和借口，但塞尔维亚接受了维也纳提出的其他全部要求，除了一项：奥匈帝国派遣警察进入塞尔维亚，调查暗杀阴谋和其他反奥匈帝国的计划。这种要求由于违反了塞尔维亚宪法中的一些条款而不被接受。

参与撰写最后通牒的奥匈帝国外交官亚历山大·穆苏林认为，

塞尔维亚的答复是他所见过的"最聪明的外交技巧实例"。即便是在塞尔维亚人同意协助维也纳的几个问题上，提供足够初步证据的责任也落到了奥匈帝国身上，而提供此类证据很可能只会带来进一步毫无成效的谈判。但是从表面上来看，塞尔维亚能够向外交界——尤其是俄罗斯帝国、法国和英国——表明它在竭尽全力满足奥匈帝国方面的苛刻要求。

塞尔维亚认定战争不可避免，便于 7 月 24 日开始发起全国总动员，在此后数日中，斯帕拉伊科维奇发来了更多电报，热情洋溢地承诺俄罗斯帝国将大举进攻奥匈帝国。在贝尔格莱德的许多人看来，局势在朝着有利于他们的方向发展，即将到来的战争必将导致奥匈帝国的瓦解，从而实现建立大塞尔维亚国的梦想，将所有南斯拉夫人融合到一起。收到塞尔维亚对最后通牒的答复的当晚，奥匈帝国的弗朗茨·约瑟夫皇帝下令执行康拉德的 B 计划。为了留出时间让所有收割庄稼的士兵归队，动员的第一天定在 7 月 28 日。

康拉德意识到自己必须在俄罗斯人干预之前给塞尔维亚人一个致命的打击，开始增强对付塞尔维亚的兵力。B 计划要求 B 集团军群和"巴尔干小集团军"部署 7 个军，但康拉德现在增加了 A 集团军群中的第 3 军。为了避免给俄罗斯人留下过早宣战的任何借口，他明确下令加利西亚不得有任何备战行动。

在塞尔维亚对奥匈帝国的最后通牒作出答复的同一天，德军总参谋部的 IIIb 部给各地的情报官下达了进一步的指示。被称作"紧张局势下的旅行者"的特工被派往国外。这些人由预备军人、旅行推销员和其他人组成，他们穿越俄罗斯帝国和法国，企图观察那里是否有备战活动。柯尼斯堡的情报官几乎立刻向上司报告，他的手下发现俄罗斯帝国位于博布鲁伊斯克的情报站——可能性很大——与巴黎的埃菲尔铁塔之间有反常的长时间密码信号交流。德国驻圣彼得堡的武官随即报告，俄军的士官集体接受委任，附近训练区的士兵突然接到命令返回了军营。

俄罗斯人显然在进行自己的备战准备。第一阶段——"备战期"宣布提高警戒——于7月25日启动，即便在德国 IIIb 部下令派遣特工之时。次日下达命令，似乎有些地区的军官进行这些备战活动时超出了最初的范围。塞尔维亚驻柏林的临时代办7月28日途经俄军占领的波兰时，注意到到处都是军队调动和备战的迹象，包括布列斯特－立陶夫斯克宣布进入戒严状态。尽管沙皇尼古拉在贝尔格莱德政府还没有拒绝最后通牒之前就下令让100多万预备军人归队，但这不应该被视作有准备打仗的意图。7月25日，在圣彼得堡的一次会议上，俄军总参谋长弗拉基米尔·苏霍姆利诺夫告诉沙皇，尽管俄罗斯帝国还没有为战争做好准备，但是备战有可能制止奥匈帝国对塞尔维亚采取行动。似乎俄罗斯人从一开始就一直将备战和兵力调动用作给维也纳施压的办法。

但是其他人不这么看。英国1914年驻圣彼得堡的大使乔治·布坎南之前就试图弄明白外长萨佐诺夫在第一次巴尔干战争期间的声明。萨佐诺夫的前任亚历山大·伊兹沃尔斯基同意支持奥匈帝国1910年兼并波黑（因为奥匈帝国已经占领了那里30多年），以换取奥匈帝国对俄罗斯海军进入博斯普鲁斯海峡和达达尼尔海峡的外交支持。他虽然得到了沙皇的支持，但俄罗斯帝国政府既未同意也不知晓此事。该事件的结果对俄罗斯人而言是场灾难，维也纳成功兼并了波黑，而伊兹沃尔斯基只能否认自己与奥地利人进行过秘密商谈。伊兹沃尔斯基因此被解职，斯托雷平总理任命萨佐诺夫接替了他的职位。这项任命与其说是因为萨佐诺夫才华出众（俄罗斯帝国政府普遍认为他是个庸才），还不如说是因为斯托雷平想确保自己能掌控俄罗斯政府——萨佐诺夫是他的妹夫。斯托雷平1911年遇刺身亡后，萨佐诺夫便缺乏一个强有力的导师来引导他，不久便发现自己困难重重。他鼓励塞尔维亚人和保加利亚人在第一次巴尔干战争中拿起武器来对付土耳其，但是他随后又建议这两个巴尔干国家遇到困难时不应该指望俄罗斯的支持，结果让这两个国家的政府颇感困惑和愤怒。他的立场几乎每天都在变，时而支持塞尔维亚人实现在亚得里亚海沿岸拥有一个港口的梦想，时而劝阻塞尔维亚人这样做，因为此举必然会激怒维也纳，或许将导致奥匈帝国干预巴尔干战争。布坎南虽然视萨佐诺夫为私人朋友，却在1912年晚些时候给伦敦发去了一份怒气冲冲的报告：

> 萨佐诺夫的立场时刻在变，很难跟上他时而悲观时而乐观的周期循环。

现在是7月25日，随着紧张局势的加剧，布坎南因为这场危机数日内第二次拜见萨佐诺夫。

> 我只能重复对皇帝［沙皇尼古拉］说过的话……如果我们以朋友的身份来扮演和平使者的角色，如果我们的建议没

有得到尊重，我们可以在这之后结为联盟。这样做要比立刻宣布我们完全站在俄罗斯帝国一边能达到更好的目的。我同时最真诚地希望俄罗斯帝国能够给英国政府一点时间，让她发挥和平使者的影响力，俄罗斯帝国停止全国动员活动，免得事情就此尘埃落定。我警告他，如果俄罗斯帝国继续总动员，那么德国不会满足于仅仅同样发起总动员，而会立刻向俄罗斯帝国宣战。萨佐诺夫回答说，俄罗斯帝国决不允许奥地利蹂躏塞尔维亚，但是我可以放心，不到万不得已，俄罗斯帝国不会采取军事行动。

萨佐诺夫补充说，俄罗斯帝国准备面对战争风险，坚信自己会得到法国的支持。次日，德国驻圣彼得堡的大使弗里德里希·冯·普塔雷斯奉德国总理贝特曼－霍尔韦格之命，驱散了萨佐诺夫心中的所有怀疑——他一直担心德国对俄罗斯帝国总动员的迹象可能会有什么反应：

> 俄罗斯帝国采取的任何针对我们的备战举措都会迫使我们采取措施来保护自己，而这必将变成军队总动员。不过，动员并不意味着战争。

萨佐诺夫似乎想得到证实，询问德国人是否真的会将总动员视为战争的开始。普塔雷斯回答说，虽然可能存在理论上的差异，可一旦"总动员这台机器"开动起来，就无法停下来。很难说萨佐诺夫是否真的相信总动员与战争之间没有明确的联系。巴尔干危机期间，俄罗斯帝国和奥匈帝国均进行了部分动员却没有引发战争，但是俄法盟约的条款此后有所修订，无论战争爆发的原因是什么，俄罗斯帝国保证能得到法国更大的支持。还有一点大概相关，俄罗斯的战前准备理念是在不引起另一方反应的情况下尽可能多地进行动员，尤其是考虑到俄罗斯动员较慢。因此，让德国相信俄罗斯人并不自动将动员视为导致战争，这一点对俄罗斯帝国有利。

但是德国的大使让俄罗斯人确信无疑：如果他们进行动员，德国人不会允许他们在时间上占优势，也会进行相应的动员。作为对这种警告的回应，萨佐诺夫给俄罗斯帝国驻巴黎的大使馆发去了一份电报，将德国人的警告告诉了他们，并明确表示战争现在已经无法避免。

德国人可以看到俄罗斯人在备战，但苏霍姆利诺夫试图要他们放心。7月26日，他告诉德国驻圣彼得堡的武官伯恩哈德·冯·埃格林少校，俄罗斯尚未开始总动员，目前的兵力调遣更多地与俄罗斯国内的动荡相关，圣彼得堡最近的几次罢工可以作证。埃格林向柏林汇报道：

> 我认为他们的和平愿望是真实的，军事声明到目前为止也是正确的，总动员的命令或许尚未下达，但是备战措施已经非常深入。他们显然在努力为新的谈判和继续备战赢得时间。国内的局势也明显引起了严重焦虑。

俄军总动员的准确细节如今已经成为人们争议的话题。在奥匈帝国向塞尔维亚发出最后通牒当日，萨佐诺夫外长和沙皇接见了几位高级将领，包括俄军总参谋长尼古拉·亚努谢耶维奇将军和战争部长苏霍姆利诺夫。这次会议上首次提出了部分动员的理念，即只调动派往奥匈帝国边境的军队。这或许是苏霍姆利诺夫和萨佐诺夫提出的。亚努谢耶维奇几天前已经与总参谋部动员处负责人谢尔盖·多布洛洛尔斯基将军讨论过这种可能性。在这次会议上，多布洛洛尔斯基强烈反对整个概念，理由是战略计划要求动员16个军，而所建议的部分动员只增加13个军。特别是，尽管华沙军区不会参加部分动员，它仍然必须保护其北翼，以防奥匈帝国对其采取任何军事行动。苏霍姆利诺夫肯定知道，如果不将华沙的军队调动过来，任何针对加利西亚的军事行动都会困难重重。这进一步支持他和其他人的这种看法：动员过程只是施加外交压力的手段，而不是战争的必然前奏。

对于奥匈帝国究竟在多大程度上受到德国的影响，目前争议较大。法国、俄罗斯帝国乃至英国普遍认为德国人控制着维也纳的各种事件，德国人因此对整个危机负有责任，但这些看法几乎没有任何确凿证据。有一点很清楚，俄罗斯帝国深受其盟国法国的影响。虽然法国总统雷蒙·普恩加莱和总理勒内·维维亚尼因为在乘船从圣彼得堡回国的途中而在关键的几天中无法联系上——这种与外界隔绝的情况因为德国人一再干扰无线电传输而变得更糟——他们还是在途经瑞典时上岸发了几封电报。7月27日，维维亚尼敦促法国驻俄罗斯帝国大使莫里斯·巴列奥略请求俄罗斯人利用一切机会寻求和平解决危机。巴列奥略却一再阳奉阴违，有些说法指出他次日与萨佐诺夫进行了沟通，向后者保证法国完全准备承担起盟国义务。他在回忆录中却对自己当初对俄罗斯帝国外长所说的话给出了不同的说法：

> 无论危险多大，无论化解危机的可能性多么渺小，你我都应该竭尽全力来拯救和平事业。我希望您能意识到，我处在任何一位大使从未体验过的处境。总统和总理均在海上。我只能每隔一段时间与他们联系一次，而且信号还很不稳定。他们对局势缺乏全面了解，因而无法给我下达任何指令。巴黎的外交部也群龙无首，他与共和国总统以及枢密院总理的联络方式也与我和他们联系的方式一样毫无规律、起不到作用。我因此责任重大，所以我请你保证今后接受法英两国为了拯救和平有可能向你提出的所有建议。

巴列奥略还写道，萨佐诺夫似乎犹豫不决，因而需要坚定地向他保证法国的支持才能让他下定决心，但是其他记载显示萨佐诺夫根本不需要鼓励。法国外交人员路易·德·罗比安目睹过一顿气氛异常热烈的午餐，巴列奥略、萨佐诺夫和英国大使布坎南全都表示要对奥匈帝国和德国采取强硬措施，三个人相互挑唆另外两人的方式震惊了 26 岁的罗比安。俄罗斯帝国的政府官员随后举行了多次会议，一致同意有必要保持坚定。许多人认为，既然战争无法避免，拖延下去也没有任何益处。

奥匈帝国最终在 7 月 28 日向塞尔维亚宣战。在整个危机过程中，维也纳一直未能快速采取行动，这让柏林一再感到恼火。柏林军民两方面的官员都认为避免爆发一场大战、将危机局部化的最佳机会就是快速行动。康拉德曾反对过早宣战，但是在他告诉同僚要到 8 月的第二周才准备发动战争之后，贝希托尔德无视了他的建议，他想将任何最后一刻的外交行动扼杀在摇篮里。

圣彼得堡认为自己必须有所反应，既为了展示对塞尔维亚的支持，也为了给维也纳施加压力，哪怕在这么晚的阶段。果然不出康拉德所料，俄罗斯人如果等到奥匈帝国的军队全面卷入与塞尔维亚的战争之后再开始动员或许对俄罗斯更有利。由于雷德尔泄露了奥匈帝国的动员计划，俄罗斯人对奥匈帝国的备用动员计划也了如指掌，如果俄军一直等到康拉德的军队完全投入到塞尔维亚前线之后再动员对付加利西亚的奥匈帝国，那样会对俄罗斯有利。俄罗斯人从普塔雷斯与萨佐诺夫之间的交流中完全知道，总动员必将导致战争，因而急于避免成为这种战争的罪魁祸首。俄罗斯帝国几位大权在握的人物开会讨论应该采取什么措施。沙皇的叔叔尼古拉大公主张总动员，其他人则希望仅仅针对奥匈帝国动员。他们最后决定起草两份命令，一起呈交给沙皇，由他做最终决定。萨佐诺夫给柏林发了一份电报，警告对方俄罗斯帝国将于 8 月 29 日宣布部分动员。为了阻止德方做出反应，沙皇尼古拉给德皇发了份电报：

> 目前正在进行的军事措施于五日前为准备抵御奥地利的备战活动而制定。我真心希望这些措施不会影响到我极为看重的您作为调解者的角色。

但是，亚努谢耶维奇全然不顾沙皇的观点，给俄罗斯帝国各军区的指挥官下达了进一步的指示，通知他们7月30日将下达总动员令，他们应为此做好准备。

7月29日，沙皇看到两份动员令后分别在上面签了字。军事当局立刻开始行动，起草启动动员所需的详细电文。普塔雷斯再次特意在7月29日与萨佐诺夫进行了进一步交流，以确保俄罗斯人完全清楚德方的观点：

> 所有军事措施都是危险之举，因为另一方会采取对抗措施。可以预料到的是，俄罗斯最终敌人的总参谋长们不会希望牺牲他们在动员方面优越于俄罗斯的这张王牌，一定会迫切要求采取对抗措施。

在塞尔维亚，战争已经开始。尽管奥匈帝国的军队远没有做好入侵塞尔维亚的准备，多瑙河奥匈帝国河岸上的炮兵连向塞尔维亚首都贝尔格莱德开火，同时还有河面上的奥匈帝国炮舰支援。轰炸的消息迅速传播，进一步加剧了紧张局势。贝特曼－霍尔韦格在这最后一刻似乎不再怀疑塞尔维亚和奥匈帝国之间的冲突会把欧洲其他部分拖进战争。他给维也纳发去了一份电报，试图寻找一个办法避免卷入战争，同时敦促奥匈帝国政府与俄罗斯帝国展开认真对话：

> 拒绝与圣彼得堡交换观点会是一个严重的错误，因为这必然会引起俄罗斯干预，而这恰恰是奥匈帝国为了自己的利益必须避免的。我们当然时刻准备兑现盟国的义务，但是决

不能放纵到让维也纳不听我们的忠告就将我们拖入一场世界战争中。

人们提出了许多因素来解释他为什么会改变看法。弗朗茨·约瑟夫皇帝似乎对战争心存忧虑，认为既然塞尔维亚已经接受了维也纳最后通牒中的几乎所有要求，奥匈帝国完全可以通过谈判取得重大优势——威廉皇帝向来喜欢发表好战言论，然后在冲突的概率增加时退缩。英国外交大臣爱德华·格雷已经在7月29日告诉了德国大使，德法之间一旦开战，英国不会保持中立。在柏林，战争部长法金汉主张采取动员前措施，以回应俄罗斯帝国的动作；只有小毛奇对下令进行总动员非常积极，他甚至给维也纳的康拉德发去电报，敦促奥匈帝国进行总动员，与贝特曼－霍尔韦格发出的信息正好相反。除非奥匈帝国全民动员，从而拖住俄军主力，否则小毛奇本人大举进攻法国的计划几乎无法落实。德国政府不愿意被贴上侵略者的标签，因而希望推迟本国的总动员，直到俄罗斯帝国先进行总动员。毕竟德军快速的动员会让俄军先一步行动后取得的略微优势化为乌有。

7月29日，圣彼得堡召开了一次会议，出席人员包括总参谋长亚努谢耶维奇、外长萨佐诺夫和战争部长苏霍姆利诺夫：

> 从各个方面仔细分析过局势之后，两位部长认为，考虑到成功避免与德国交战的概率很小，必须抓紧时间从各个方面为此做好准备，因此不能承担目前只进行部分动员、推迟总动员的这种风险。这次会议得出的结论立刻通过电话向沙

皇进行了汇报，沙皇授权采取相应措施。知道内幕的几个人得到消息后欣喜若狂。

沙皇批准了总动员，但是他本人一直通过电报与威廉皇帝进行沟通，两个人在电报中继续公开表达了和平愿望。这些电报常常被视为两位君主最后的干预，但这些电文的内容其实是官员们起草的，仍然试图将各自的国家描绘成和平捍卫者的形象。在收到威廉皇帝的一份此类电报之后，沙皇尼古拉取消了总动员的授权，坚持只进行部分动员。到这个阶段，与亚努谢耶维奇和苏霍姆利诺夫一起召开的那场会议似乎已经驱散了徘徊在萨佐诺夫心中的所有怀疑，他现在坚定支持主张总动员的阵营，尤其是因为多布洛洛尔斯基和其他参与动员计划的人坚持认为在这个阶段只进行部分动员会破坏并推迟之后的全面动员。再说，将领们指出，如果部分动员是与奥匈帝国交战的前奏，那么华沙不进行动员就毫无意义，尽管德国人会将这视为针对他们的动向。

战争爆发前几天，各国发出的信号一片混乱，以下是其中的部分原因。对一些人而言，尤其是沙皇，动员或者威胁动员是施加外交压力的手段，不一定就会自动导致战争。职业军人（以及越来越强硬的文职政治家）却看法不同，他们对部分动员感到很泄气，因为后期必然会下达总动员令，而早期的部分动员会严重破坏动员的时间表。苏霍姆利诺夫作为军政领袖的双重角色不是白当的，他发出含糊不清的信号，在不同时间支持两个观点。这种看法上的差异欧洲到处都有，但似乎在圣彼得堡最为强烈。在柏林，人们坚信德国的总动员就是迈向战争的清晰的一步，因此所有核心人物都以同样的方式来看待俄罗斯帝国的动员。

俄罗斯人还面临另一个困难，他们这个阶段的领导层素质相对较低。相当多的高级军官都不喜欢苏霍姆利诺夫，他的政敌包括沙皇的叔叔，即未来的俄军总指挥尼古拉·尼古拉耶维奇·罗曼诺夫大公。总参谋长亚努谢耶维奇只懂得溜须拍马，对军事知之甚少。他指挥过的最大的作战单位只是一个步兵连，因而多次表现出连一些简单的军事事务都无法理解。虽然他是俄罗斯帝国少数几个理解后勤重要性的高级领导人之一，他得到目前这个职位一方面是因为沙皇对他的眷顾，另一方面是因为苏霍姆利诺夫希望确保担任总参谋长的每个人能力有限，不足以对他本人的职位构成威胁。与萨佐诺夫针对在危机初期部分动员取得一致意见之后，亚努谢耶维奇对多布洛洛尔斯基的反对意见视而不见，后者认为几乎无法以军事上有效的方式落实这一步。从破坏未来总动员的角度来看，部分动员所带来的风险很难评估。苏霍姆利诺夫战后说，这种过渡虽然困难，但并非不可能，只是理论从未被检验过，甚至都没有以参谋部推演的形式检验过。人们可能会质疑为什么苏霍姆利诺夫从未进行过这种推演，因为这种有可能发生的事是可以轻松预料到的。在没有华沙军区参与的情况下向奥匈帝国发动战争，所带来的困难比较容易评估，但即便是这种困难也只有在动员被自动视为迈向战争的一步时才重要。如果动员仅仅是向维也纳施压的一个手段，那么这些困难只在理论上存在。

不过，7月30日，亚努谢耶维奇确信需要启动总动员。他与萨佐诺夫和苏霍姆利诺夫再次举行了会议，两个人试图在电话里游说沙皇恢复总动员的命令，却没有成功。萨佐诺夫当天下午觐见了沙皇。经过漫长的讨论，他最终说服沙皇，战争已经迫在眉睫而且无可避免，威廉皇帝本人发来的电报内容与实际情况自相矛盾。沙皇尼古拉极不情愿地同意总动员。萨佐诺夫立刻将这消息电话告知了亚努谢耶维奇。

贝特曼－霍尔韦格一直在劝说维也纳只对塞尔维亚发动有限的行动，一旦占领贝尔格莱德就停止进攻，可是当俄罗斯帝国总动员的消息在 7 月 31 日抵达柏林时，整个气氛再次改变。德皇同意总动员，小毛奇和法金汉如释重负。第二天似乎又出现了新的变化：就在德军开始被调往比利时和卢森堡时，威廉皇帝接到了来自英国的一份电报，他将其理解为保证法国的中立。他立刻要求德军兵力调动只应针对与俄罗斯的战争，但小毛奇告诉他已经无法做到。威廉皇帝接受了现实，但是下令按计划继续动员，却不允许军队被派往西部；动员工作完成后，士兵们应该被调往东部。小毛奇只好下令不让德军进入卢森堡。他向威廉皇帝恳求道，即便暂时无须执行针对法国的兵力部署计划，也必须确保卢森堡境内的铁路届时能够保障德军兵力部署。但是威廉皇帝直截了当地驳回了他的意见。

德方收到了其驻英国大使的更多电报。英国外交大臣格雷在最初暗示英国将保持中立之后，似乎在慢慢改变立场，他在之前表态时显然没有征求过法国人的意见，似乎也没有征求过伦敦其他人的意见。威廉皇帝给英国国王乔治五世发去了一份电报，接受法国保持中立的保证，乔治五世随即将格雷叫到了白金汉宫。当天晚上，英国的提议——更准确地说，格雷的单方面提议——消失了。最后一刻的复杂变化所带来的挫折曾经让小毛奇伤心流泪，但他现在得到了威廉皇帝的许可，可以毫无顾忌地按计划行事。

德国要求法国放弃与俄罗斯帝国之间的条约义务，法国人不仅拒绝了德方的这一要求，反而开始调遣本国的兵力，避免一场大战的最后一线希望随之消失。德军趁夜色越过边境进入卢森堡，德国向俄罗斯帝国宣战。奥匈帝国和俄罗斯帝国之间的关系是这场危机不断升级的核心，然而这两个国家直到维也纳于8月6日宣战才正式开始交战，这或许正好能说明这些事件背后的不可预测性。此时，英法两国参战已经过去了两天，德国向俄罗斯帝国宣战已经近一个星期。

相互关联的几个条约中所规定的义务如今强行变成了指挥官们的计划与意图。俄罗斯动员的目的是进攻奥匈帝国，给塞尔维亚提供支援；但是，由于德国的动员会造成其大举进攻法国，俄罗斯帝国只好将其正规部队的主力用来尽早攻打东普鲁士，以便让德军撤离西线。同样，奥匈帝国的军队一直在为大举进攻塞尔维亚做准备，但是小毛奇要求奥匈帝国尽早进攻俄罗斯，以防止俄罗斯集中优势兵力进攻东普鲁士。虽然俄罗斯的动员计划总体上一直以大举进攻德意志为导向，康拉德却仍然故意将自己为打一场巴尔干战争而制订的计划付诸行动。的确，他在将更多兵力派遣到巴尔干战场的同时，也削弱了保卫加利西亚的兵力。7月31日，弗朗茨·约瑟夫皇帝下令总动员，将A集团军群剩余的作战单位全部补满。

康拉德现在正竭力赶上事态的发展。由于军队已经调往塞尔维亚前线，他只好改变计划，不再集中兵力对付塞尔维亚，而是部署大部分兵力来对付俄罗斯。他决定留下巴尔干小集团军的 3 个军来进攻塞尔维亚，按最初大举进攻俄罗斯的 R 计划来部署其余部队。为了实现这一目标，他需要重新调动 B 集团军群中的 4 个军和已经部署到塞尔维亚边境的 A 集团军群的额外兵力，将它们全部送往加利西亚。7 月 31 日傍晚，他与奥匈帝国总参谋部铁路处处长约翰·斯特劳布上校进行了沟通。斯特劳布告诉他，如果那样调动兵力的话，那么被调动的兵力最终会被困在铁路网中，无法去塞尔维亚或加利西亚前线参战。比较容易调动的作战单位只有第 3 军——在康拉德将其调往塞尔维亚前线之前，它是 A 集团军群的一部分——以及 2 个匈牙利预备骑兵师。

尽管如此，转移兵力去加利西亚已经势在必行。那些可以被重新调遣的部队已经接到了命令。康拉德接受了斯特劳布下属铁路处俄罗斯组组长埃米尔·拉岑霍夫少校的建议，下令构成 B 集团军群的其他 4 个军应该按计划完成各自的集结任务。他们随后将重新登上火车，被送往加利西亚。拉岑霍夫向康拉德保证，他们将于 8 月 23 日抵达加利西亚，如果他们最初被调遣部署在那里，他们抵达加利西亚的时间会在同一天。即便第一眼就能看出这只是一个非常乐观的建议，康拉德却没有再提出任何问题就接受了。遗憾的是，他没有将消息告知针对塞尔维亚进行部署的军队总指挥奥斯卡·波蒂奥雷克将军。波蒂奥雷克已经决心一有机会就给塞尔维亚致命打击，因此我们将会看到，他极不情愿让他指望能调遣的军队离去。

3 个帝国的普通百姓对动员以及即将爆发战争的消息反应各不相同。在奥匈帝国，曾经威胁会造成弗朗茨·约瑟夫的帝国四分五裂的民族主义紧张情绪似乎有所缓解，各个民族的人都积极响应动员令。作家斯蒂芬·茨威格当年33岁，后来说随着战争的逼近，帝国所有人都觉得自己属于一个整体——他们本该在和平时期也有这种感觉。在俄罗斯帝国，同样是爱国主义情绪大爆发，尽管这种爆发经常会突然峰回路转，暗流涌动，令人极为担忧：

8月2日，冬宫内召开了一次会议，政府、元老院、杜马、军界以及公务员聚集在这里，聆听宣战。冬宫前巨大的广场都容纳不下聚集在那里自由表达情感的人群……但是，与这种勇敢的世界观并存的还有含糊不清的谴责声，令人担忧。在杜马正式会议召开期间，一名左翼代表的发言被主席打断，因为他的言辞充满了失败主义味道……

总动员开始之初，有几处预备军中发生了骚乱；正如在巴尔瑙尔［南西伯利亚阿尔泰边疆区的行政中心］，这些骚乱是需要严肃对待的，必须采用严厉手段来镇压，包括诉诸武力。人们把责任推到酗酒上，可这种解释远远不够。沙皇下令严禁在动员期间售酒……群众早已焦躁不安。一群群预备军中存在着一种恶意，刺激着他们去抢劫、制造骚乱。

甚至在圣彼得堡，百姓心中的激情也以凶暴的形式结束。8月4日晚上，德国大使离开了俄罗斯。我目睹了暴民们肆意妄为的凶残、危险的本能。有人在使馆内纵火，暴民们拉倒了德国建筑师们用来装饰使馆正门的巨大的日耳曼人雕像，并将破碎的雕像丢进了对面的运河中。警察没有出面干预，或许是担心被人指责缺乏爱国心。人们在谈论一位上了年纪的普通德裔遭到杀害，因为暴民们指控他是间谍。

百姓们焦虑、担心的其他迹象一点点地显露出来。爱国主义的表现和热情的流露似乎只是一个可怜的门面，背后隐藏着并不光鲜的现实……俄罗斯人心理上并没有做好交战的准备。广大农民根本说不清自己为什么要上战场，也说不清为什么会发生这场战争。农民应召入伍，因为他已经习惯当局要他做什么就做什么。

当时的总军需官丹尼洛夫将军在战后写下了他观察到的上述情况，或许是后见之明。他接着写道：

我们民族缺乏教育，政治上天真，任何一种心态都无法持久。它就像一个幼儿，在放声大哭之前会经常放声大笑，对任何突然的变化都非常敏感。帝国统一对于大众而言多少有些陌生；鉴于我们帝国民族多样，幅员辽阔，人口稀少，交通不便，很难让他们理解这些。说俄语的人根本没有任何民族统一感。"我们的家在维亚特卡或者图拉或者彼尔姆——德国人永远不会到那么远的地方来攻打我们"——我们的农民在国家面临生死存亡时经常会这样想。

知识分子也同样缺乏责任感，逃避服兵役的人数就能证明这一点。动员局里堆满了免除兵役或暂缓服兵役的要求。更糟糕的是，这种状况既没有遭到当局的镇压，也没有受到社会的反对。这方面几乎存在着一种放纵的犯罪感。逃避服兵役的人常常有人护着，人们只能看着他们在违法的道路上越走越远。

丹尼洛夫接着评论道，政府根本没有让俄罗斯人民做好打持久战的准备，即便在最初对一场短期战争的乐观看法被证明完全错误之后，也没有人出面要求人们为战争的严酷性做好准备。军队在1914年的情况大致相同：

> ［军队］平静且信心满满地接受了宣战。士官们个个充满激情，但是没有人，哪怕是最高层的，能够准确地说明将要克服哪些困难。人们乐观地展望着未来，抛家舍业，以为圣诞节就能胜利归来。没有人能够预计到等待他们的将是极为艰辛的四年，充满了失去身体部位甚至失去生命的危险，或者一连数月像洞穴人那样生活在战壕中；人们更没有预料到革命时期的可怕经历和祖国所蒙受的可怕耻辱。

1914年夏，这种看法在欧洲任何一支军队中都很常见。另一些人回忆起总动员之后人们毫不含糊的热情：

> 那些目睹过日俄战争期间全国动员的人会情不自禁地为俄罗斯帝国各阶层感受的巨大差别感到惊讶。许多来自无名省份的预备军来到征兵委员会前，要求不要对他们进行体检，宣称他们身体完全合适，以此协助征兵委员会的工作，帮助加快动员过程。

像欧洲许多地方一样，德国当年也经历了一个值得回忆的夏季。许多人后来回忆道：

> 那一年的夏天比往年都好，而且很可能会更好；我们无忧无虑地望着周围的世界。我记得夏末的一天，我和一个朋友穿过巴登的一个葡萄园，一个上了年纪的农夫对我们说："我们已经多年没有经历过这样的夏天了。如果持续下去，我们就能酿出特别醇的酒。人们将永远记住这个夏天！"

士兵们按照总动员计划集结，带着自信和乐观出发。埃尔弗里德·库尔当年12岁，她目睹了第149步兵团8月4日离开她的家乡施奈德米尔时的情景。虽然这座小镇距离俄罗斯要比距离法国更近，施里芬计划却要求该团开赴西线。她在日记中写道：

> 第149步兵团过来了，肩并着肩，像一道灰色的波浪涌入火车站的站台。所有士兵的脖子周围和胸前都挂着长长的夏日鲜花做成的花链。就连步枪的枪口上也插着一束束的紫菀、桂竹香和玫瑰，仿佛他们想用鲜花射击敌人。士兵们个个表情严肃。我原以为他们会大笑，会欢呼……欢呼声越来越响亮，士兵们的脸出现在敞开的门口，鲜花扔到了空中，突然之间，广场上的许多人开始哭泣。
>
> "再见！回到故乡时再见！"
>
> "别担心！我们很快就会回家的！"

"我们将与母亲欢庆圣诞节！"

带着各种疑虑，但是也带着一种必然感，甚至是乐观，整个欧洲大陆走向战争。

第五章

初战：
施塔卢珀嫩
与贡宾嫩

COLLISION OF
EMPIRES
the war on the eastern
front in 1914

俄罗斯西部边境爆发的冲突演变成了两个不同的战场：俄军为兑现其对法国的条约义务而对德军施加压力的北部战场，以及奥匈帝国军队为了减轻其德国盟军的压力而对俄军施加压力的南部战场。战争的第一个月在许多方面与此后的交战模式大相径庭。在一定程度上，它遵循了大多数军事理论家所预测的模式，特点是各方都采用大规模进攻战斗。正如康拉德和其他人所预料的那样，这些进攻战斗给进攻方造成了严重的损失。但是，有一点出乎他们的预料，1914 年动员的所有军队的指挥官都发现，自己的进攻战未能取得快速赢得战争胜利所需的惊人成功效果。

对于俄罗斯人而言，迫切需要解决的第一个问题就是任命一位总指挥。俄军总指挥这一角色传统上一直属于沙皇。尽管对于他是否会选择承担这一职位有一些猜测，现实却是他几乎没有任何军事经验。可如果沙皇不指挥俄军，那么谁合适呢？丹尼洛夫后来写道：

> 民意只认可一位候选人：尼古拉·尼古拉耶维奇·罗曼诺夫大公。这位大公务实、坦率、果断、仪表堂堂，通

过了军事学院的所有课程，参加过与土耳其的战争，他的军旅生涯从中尉开始，直到指挥禁卫军和圣彼得堡军区。那些最了解他的人，尤其是军官中最了解他的人，担心他的脾气以及他有时表现出来的无礼举止，但随着年龄增大，他的这些性格特点已经收敛了许多，而他在各种事迹中表现出的真诚和高贵的绅士风度反而提高了他的知名度。

战争爆发时，尼古拉大公 57 岁，而且毫不掩饰他对德国的厌恶。他强烈支持与法国结盟，认为俄罗斯出于两个主要原因必须尽早进攻德国。首先，这可以减轻俄罗斯帝国盟国的压力。其次，由于德军主力都投入施里芬计划的实施中，俄军就有机会取得一场决定性胜利。尽管丹尼洛夫有上述热情洋溢的描述，尼古拉大公却并不适合担任总指挥。他从未在战场上指挥过军队，他享有声望主要是因为他是一名高效的行政管理者和改革家，尤其是在训练方面，而不是一名至关重要的将领。而且，他并没有参与俄军动员或制订作战计划，现在却要在对这些计划详情缺乏清晰了解的情况下执行它们。最后还有一点，他只能通过并非由他亲手挑选的下属来采取行动。

但是也没有比他更合适的人选。有人建议应该由战争部长苏霍姆利诺夫担任总指挥，但许多人对苏霍姆利诺夫是否合适的看法与丹尼洛夫相同：

他确实很有能力，但说话做事有点欠考虑，我得说他不适合这个职位。这位将军曾经能力出众，但慢慢失去了对军事事务的兴趣，如今已经观念落后，认识不到一些新概念的价值……他在工作中给手下很大的自由，然而由于缺乏领导力，这些工作经常因缺乏连贯而出现失误。苏霍姆利诺夫将军嫉妒心很强且顽固地守卫着一些原则……组织和训练中的一些原则由于种种原因在他心中显得不可侵犯。人们必须费尽口舌才能让他改变主意，因而有时会让他的助手们完全无所适从。他非常自负，从来未能克服或者希望克服个人怨恨的影响。

有人认为苏霍姆利诺夫刻意拒绝抛头露面，理由是这场战争预期不会持续太长，因而这个位置不会有太大的权力，而且一旦吃了败仗，所承担的风险会很大。所有谣言和猜测都在8月2日终止，沙皇在这一天宣布提名尼古拉大公为总指挥。亚努谢耶维奇虽然是总参谋长，但是一如既往，苏霍姆利诺夫在物色人选的时候就已经像之前一样挑选了一个不会危及他本人位置的人。俄罗斯统帅部（最高指挥部）权力的真正中心是总军需官丹尼洛夫。统帅部搬到铁路枢纽中心巴拉诺维奇后，丹尼洛夫和他的部下住在了这座小城唯一合适的建筑内，留下亚努谢耶维奇和其他人住在豪华的列车车厢内。

正如战前数年中的情况一样，战争刚开始的数天里，俄罗斯担心德军可能会利用其巨大的海军优势，让士兵在波罗的海任何一个地方登陆，甚至威胁圣彼得堡。因此，本可以部署到东普鲁士、波兰和加利西亚前线的大量兵力被留在了后方，以应对任何此类危险。得知英国已经向德国宣战，俄罗斯人如释重负，他们希望英国皇家海军会让德军舰队忙于守护北海进入德国的航道。但无论对付英国舰队有多么困难，威廉皇帝的海军还是派数艘战舰去了波罗的海战场，在海军中将罗伯特·米施克的指挥下，轰炸了位于拉脱维亚海岸的港口利巴瓦（今利耶帕亚）。轻型巡洋舰"奥格斯堡"号还在港口外布下了水雷阵，但是这没有在德军地图上标明清楚，结果在未来数月里给德国战舰造成的问题远多于给任何俄国海上运输造成的问题。德国战舰——2艘轻型巡洋舰、3艘驱逐舰和1艘布雷舰——从利巴瓦沿波罗的海岸前进，攻击了几个目标，包括位于爱沙尼亚希乌马岛上具有历史意义的考普灯塔。几天后，米施克的舰队遇到了两艘俄国装甲巡洋舰——"马卡洛夫元帅"号和"格洛姆博伊"号。双方都认为对方更强大——俄罗斯人错误地认为德军舰队中有两艘装甲巡洋舰——因而都开始后撤。

海军少将埃勒·贝林接替米施克出任德军舰队司令，他继续执行前任的侵略性巡航战术，只是运气不佳。8月26日，轻型巡洋舰"马格德堡"号在奥登肖尔姆（今爱沙尼亚西北海岸外的奥斯穆萨尔岛）附近搁浅。德军企图将它拖入深水，但是没有成功，最后只好放弃，因为俄军两艘巡洋舰"鲍卡伊尔"号和"帕拉达"号出面攻击。他们对着搁浅的"马格德堡"号进行了短暂炮轰后登上了它。

俄罗斯人只是炸毁了"马格德堡"号的一部分，但是这艘战舰的损失非常严重，更为重要的是舰上的水手未能赶在俄罗斯人控制军舰之前销毁密码本。俄罗斯人缴获了三本密码本以及当时所用的密码索引，并将其中一本密码本转交给了英国人，而英国人成功地将它运用在了战争期间北海上的战斗中，包括多格海滩和日德兰半岛的战斗。

俄国西部边境的陆军分成两组：日林斯基面对德军的西北战线，以及在加利西亚对付奥匈帝国军队的尼古拉·伊万诺夫的西南战线。8月5日，法国大使莫里斯·巴列奥略觐见沙皇，迫切要求采取紧急行动：

> 我鼓足勇气说明了法国在战争第一阶段会面临的危险："法军将面对德军25个军的可怕进攻。我因此恳请陛下命令您的军队立刻进攻。如果他们不这么做，法军就会面临被击溃的风险。随后整个德军就会全部转过来对付俄罗斯。"
>
> 他回答说，而且强调每个字："动员一完成，我将提前下达命令。我的军队充满激情，将全身心地投入进攻。您肯定知道，[尼古拉]大公特别坚强。"

俄罗斯帝国的动员似乎进行得非常顺利。尽管丹尼洛夫对知识分子中逃避兵役的人发表过看法，俄罗斯将军兼军事历史学家尼古拉·戈洛维纳记录96%的适龄人员都去各自的动员中心报道了。日林斯基西北战线的军队面对东普鲁士，开始动员时已经有了三分之二的兵力，所以几乎立刻开始试探性的战斗。8月3日，第2集团军第4骑兵师越过边境进入吕克东部，向内穿插了一小段距离。俄国骑兵报告说，德国人已经撤离了前线地区，离开之前点火烧毁了数个村庄。一名俄国骑兵军官观察到了几场这样的大火：

黎明，我们惊讶地看到前方有大量火情，冒出的浓烟升到清晨宁静的空中，构成一道道黑色的烟柱。根据烟柱的方位，我可以看得出来，它们与我派出的 3 个骑兵纵队的方向相同。我的第一个看法自然是我的骑兵分队在烧毁所到之处的农场，烧毁饲料和尚未脱粒的谷子。由于这并不在我的计划之内，我立刻命令他们停止这种纵火行为。但是，我还没有收到那几个分队队长的报告，就已经意识到那不是他们干的。究竟是什么引发了那些大火，我们不得而知，但随着我们越来越深入东普鲁士，我们几乎总是看到相同的画面。只要一看到有相当数量的俄军逼近，堆满饲料和干草的地方便会冒出一股股浓烟，通常是离我们先头部队最近的农场。这样一来，人们从很远的地方就能得知我们纵队的前进方向和速度。唯一要做的自然就是采用某种压制措施，尽管这会给我们造成大量麻烦。我们只要露出一点前进的迹象，当地人就会向西逃窜，将最值钱的财产装在马车上运走。这种现象相当普遍，只可能是德国当局安排的结果。我们在这些遗弃的村庄中唯一见到的只有根本迈不动步子的老年男女。我们常常会遇到，但更常见的是观察到，有人骑自行车消失在远处，他们无一例外全是 12~14 岁的男孩。

由于靠近边境，也由于走私活动猖獗，这个地区即便是在和平时期，犯罪率也高于其他地区，因此有些火可能是劫匪或者俄罗斯人自己放的。

与此同时，德国人发动了突袭，进入波兰后向更西面的俄占波兰地区辽阔的凸角尖端进发，但几场小战斗过后，他们也遭受了挫折。双方此时都没有准备好动用骑兵大部队，不过正如我们即将看到的，奥匈帝国的人看法不同。德军骑兵的一名年轻军官冯·里希特霍芬后来在完全不同的兵种中赢得"红色男爵"的名声，他率领骑兵突袭了波兰，占领了吉尔泽村。

8月7日，亚努谢耶维奇告诉两位前线指挥官，他打算在华沙西面创建两个新集团军——第9集团军和第10集团军，目标是直接朝柏林方向发起进攻。该计划非常合乎逻辑，因为这两个新集团军将从俄罗斯帝国最西点发动进攻。但是，这一点位于一大片凸角的顶端，这意味着这两个新集团军的侧翼会容易受到攻击，除非日林斯基和伊万诺夫的战线已经消灭掉对面的敌人。连年坎普夫的第1集团军将损失禁卫军和第1军，但是将接受第4集团军的第20军作为兵力补充，可由于后者所包含的预备军比例远大于被编入新集团军中的两个军，第1集团军无法立刻投入战斗。再往南，第4集团军在失去了第20军之后，面对奥匈帝国的军队，兵力严重不足。

然而，8月10日，俄军统帅部却宣布第1集团军将于次日结束之前补充5个多骑兵师和96个步兵营。统帅部报告，第2集团军的情况更为乐观。随着它的一个军被调往集结在华沙以西的新集团军，它不必再等待所有预备军的到来，因此将有112个步兵营和4个骑兵师。这两个集团军的总兵力——208个步兵营和192个中队组成的9个骑兵师——估计将面对德军100个一线营，外加预备军和地方防卫军部队。统帅部的说法概括了出现最早机会时进攻东普鲁士的政治和战略要求，因此它下令第1集团军进攻马祖里湖以北地区，目标是牵制住德军主力。与此同时，第2集团军将向前推进，从南面打击德军。目的是在维斯图拉河下游和马祖里湖区之间强行发动一场决定性的战斗。

> 必须在马祖里湖区前线对面排出一支足够强大的掩护部队，从而在第1集团军和第2集团军之间建立密切联系。
>
> 总的思路因此包括从两翼包围敌人……按照最高总司令的意见，西北战线各军的进攻应该在动员后第14日开始。

对兵力的估计看似合理，但是有几个因素导致了双方之间实际兵力上的差异很不合理。俄军多年来一直将预备军部队视为劣等作战单位，和平时期的士官由于种种原因被视为不适合一线服役的人员。与一线师相比，他们装备简陋，军官素质低下，和平时期每次征召而来时都让高级将领们狐疑满腹，因此一直是个问题。结果，连年坎普夫最终进入东普鲁士时兵力只略多于6个步兵师，6个二线师留在俄罗斯境内备受煎熬。俄军也习惯于保证其要塞有足够驻军，这进一步减少了发起一场进攻能够调动的士兵数量。相比之下，德军预备军人的待遇与正规部队几乎相同，尤其是因为他们和平时期士官的素质较高。德军取消要塞中的驻军以及炮兵之后，兵力又得到了额外补充。

俄军统帅部下达的作战时间表野心勃勃，但情况因为将原定的进攻日期提前一天而几乎立刻变得更糟。这造成了几个作战部队兵力不足，但最大的问题还在于后勤部队。俄罗斯帝国的动员时间表没有给这些军队优先权，这意味着即便动员已经提前完成，补充给已经开拔的军队的作战部队刚一抵达就得开始工作。这样一来，承担进攻任务的军队几乎没有后勤支援。

仿佛还嫌这些问题不够，第1集团军和第2集团军还面临着与高级将领相关的严重问题。连年坎普夫出生在波罗的海地区的德裔将军世家，属于老将军核心集团，对苏霍姆利诺夫充满了敌意。西北战线指挥官日林斯基来自敌对阵营。连年坎普夫自己的参谋长格奥尔基·米利安特将军也属于苏霍姆利诺夫派。这两个人之间的关系差到了只通过书面文字交流的地步；连年坎普夫拒绝认可他的参谋长先收到的任何情报，并且瞧不起日林斯基，几乎从不将自己的意图和行动信息告诉日林斯基。第2集团军的情况也好不到哪里去，萨姆索洛夫属于苏霍姆利诺夫派，而他的参谋长彼得·伊万诺维奇·波斯托夫斯基将军却来自敌对阵营。

连年坎普夫的集团军于8月15日越过边境，打算沿着穿过施塔卢珀嫩（1938年更名为埃本罗德，今涅斯捷罗夫）和贡宾嫩的铁路线挺进。这理论上能保证后勤物资运送到前方，但是俄罗斯帝国的铁路轨距不同，这意味着需要很长时间才能改造所占领的铁路线，使俄罗斯车辆能够在上面运行。另一个办法则需要缴获德国人的机车和车辆，并且在边境历经千辛万苦才能将人员和物资从俄罗斯列车转移到德国列车上。由于担心自己的右翼，连年坎普夫命令他的骑兵指挥官侯赛因·汗·纳希切万斯基将军率领4个骑兵师隐蔽在北面，从侧翼包抄德军，目的是夺取因斯特堡镇。纳希切万斯基是一个51岁的老兵，在日俄战争中战功卓著，但是此后数年时运不济。他患有严重的痔疮，无法长时间骑在马背上，在即将开始的战役中，他许多时候都与自己的部队和上级指挥完全失去联系。

德方前线是罗敏特荒原，灌木丛生，到处是矮树林。德军知道俄军最有可能从荒原的背面或者南面过来，而不会兵分两路同时从两边挺进，因此急于确定俄军先头部队的位置。考虑到如果从荒原南面挺进会进入马祖里湖区周围的困难地形，德军预计俄军主力会从北面发起进攻，目标是抵达普雷格尔河流域，再从那里向西抵达柯尼斯堡。离那里最近的德军属于赫尔曼·冯·弗朗索瓦指挥的第1军。赫尔曼·冯·弗朗索瓦战前曾撰文介绍过东普鲁士在边境附近进行前沿防御的可能性。他认为只要摆出主动进攻的姿态，就能挫败俄军尽早挺进的计划，从而为落实施里芬计划赢得宝贵时间——该计划要求留出数周时间，让德军主力打败法国之后再转向东面。德军第8集团军司令马克西米利安·冯·普里特维茨对于任何此类建议都很紧张，因而命令弗朗索瓦将兵力集中在安格拉普河沿线，位于边境以西，离边境有一定距离。这很大程度上是因为他知道南面萨姆索洛夫的第2集团军给德军阵地构成了威胁。一旦第8集团军的大部也卷入东部战线附近持久的激烈交战中，无论这场战斗是否获胜，萨姆索洛夫都很可能行军进入普里特维茨军队的后方。占据安格拉普河就能抵御从罗敏特荒原南面或者北面过来的俄军。

在弗朗索瓦看来，守住安格拉普河战线——从而放弃河谷以东的所有东普鲁士——是不可接受的，尤其是考虑到他本人的观点，即采取侵略性的前沿防御不仅是有可能的，而且非常合适。他在做出决策的过程中坚信老毛奇的理念，因此非常高兴将命运掌握在自己手中。弗朗索瓦开始从自己在安格拉普河谷的阵地慢慢向前推进，逐步增加兵力——先是一个营，然后是带火炮支援的营。到 8 月 13 日，他所指挥的军队大部分已经部署到南至戈乌达普、北至施塔卢珀嫩的战线上，位于安格拉普河流域以东约 20 英里。次日，普里特维茨根据侦察报告得出结论，俄军打算全部从罗敏特荒原以北向前挺进，于是下令剩余兵力移动至安格拉普河战线上。与此同时，弗朗索瓦也下令自己的骑兵沿着整条战线进行试探，试图确定俄军的精确位置。

第 8 集团军司令部在信息不全的情况下运行，普里特维茨手头有一个在之前的战争中任何将军都未听说过的资源：第 16 飞行大队的飞机，经常飞往南方执行侦察任务。飞行员向他报告，萨姆索洛夫的第 2 集团军仍在集结，但集结的速度似乎快于预期。不过，情报有点支离破碎，一部分原因在于空中侦察还处于原始阶段，另一部分原因在于天气状况越来越糟。来自弗朗索瓦第 1 军的情报也不完整。弗朗索瓦知道参谋长沃尔特·施密特·冯·施密特塞克上校不赞同自己对普里特维茨命令的傲慢态度，便和自己的参谋长一起离开了安格拉普阵地北端因斯特堡的军部，并且成功禁止施密特塞克将第 1 军的位置清晰地报告给普里特维茨。

8 月 15 日傍晚，弗朗索瓦的手下在施塔卢珀嫩东北部与俄军展开了激烈的交战。弗朗索瓦与先头部队在一起，至少部分原因是避免向普里特维茨解释为什么自己越过了安格拉普河，他目睹了自己的手下向一座水塔开火的经过，俄军将这座水塔用作了炮兵观察点：

我在舒格恩［施塔卢珀嫩］东北部的一个干草堆上看到双方炮兵交火，我们的步兵分阶段挺进。俄军再次忙于纵火，艾德库宁［正好位于战线上的一个村庄］以北的天空被一座座烈焰中的村庄染红。重型榴弹炮兵连……快速向前推进，我随着它进入交火阵地，在阵地前方发现了一个极好的观察点。炮兵连连长保证快速完成任务。炮弹正好落到水塔旁。射完第一百发之后，我命令他们停止开炮。最后一发炮弹没有击中水塔，却击中了旁边的煤气厂，引发了剧烈的爆炸，屋顶飞到了空中。凌晨1点占领艾德库宁。敌军后撤至其前沿，企图从深挖的阵地进行顽强抵抗。我估计他们的兵力应该是一个师。

他的估计很可能有些夸张，俄军充其量只是第1集团军的侦察部队。

双方次日几乎没有交火。普里特维茨突然意识到第1军向东部署得太远，立刻下令弗朗索瓦后撤到贡宾嫩，只留下一个侦察小分队继续向前。但弗朗索瓦的军队仍然比安格拉普流域第8集团军其余部队更靠东，然而第16飞行大队的机组人员向普里特维茨报告，大量俄军似乎直接向西朝安格拉普河流域挺进。因此，普里特维茨想，谨慎的做法是让第1军留在贡宾嫩地区，可以从那里向进入安格拉普河流域的任何俄军先头部队的侧翼和后卫发动进攻。但是弗朗索瓦不仅没有将兵力集结在贡宾嫩周围，反而决定让自己的手下留在更东面的地区。第1步兵师留在了施塔卢珀嫩，第2步兵师一分为二，分别驻守戈乌达普和托尔敏克门，防守罗敏特荒原的北面。弗朗索瓦急于尽可能多地防守一些地区，结果只留下一个榴弹炮兵连驻守贡宾嫩。

8月17日，连年坎普夫再次朝着施塔卢珀嫩方向推进。弗朗索瓦当时正在视察一个前线营，便借机祝贺施密特少校。在8月15日的战斗中，当攻击加剧时，这位步兵军官英勇作战，战功卓著：

> 天边的烟与火比之前更多，这便是今天的迹象。阵地前方传来了密集的炮火声，而我还在和施密特少校交谈。有人骑自行车送来了消息，俄军正向前挺进，已经进入了彼尔德维特申以南的梅肯。我走到舒格恩附近的同一个草堆，两天前我曾在那里清楚地看到双方的交战情况。我们没有带望远镜，所以只能看到蜿蜒向舒格恩移动的漫长散兵线，但是我们也被发现了，只好离开那个地区。我在施塔卢珀嫩遇到了第1步兵师师长理查德·冯·孔塔将军，他已经接到报告，数个敌军纵队正向施塔卢珀嫩推进，他的部下已经与敌军交上了火。

最近的援兵是约11英里外、驻扎在托尔敏克门的阿达尔伯特·冯·法尔克将军的第2步兵师。弗朗索瓦召集他们，并下令自己唯一的后备队——留在贡宾嫩的榴弹炮兵连——前进至施塔卢珀嫩。上午晚些时候，第2步兵师的4个营外加支援的炮兵抵达了戈利滕。与此同时，弗朗索瓦占据了施塔卢珀嫩教堂的塔楼，从那里可以看到战斗非常激烈，整个战线长达9英里多。令他恼火的是，当地一名平民官员认为应该敲响教堂的大钟，提醒当地人逃走，结果越来越激烈的枪声中又增添了讨厌的震耳欲聋的钟声。

俄军先头部队由连年坎普夫的3个步兵军构成。他的第20军包括第28步兵师和第29步兵师，位于通往前沿的道路以北，而第3军（第25步兵师和第27步兵师）已经抵达了这条道路，甚至到了道路以南。再往南便是第4军，即第40步兵师和第30步兵师，正朝罗敏特荒原进发。最南面的侧翼部署了一个步枪独立旅，而连年坎普夫的骑兵主力仍然留在北面。这种兵力的挺进本该扫除弗朗索瓦分散的兵力，但是这3个军之间几乎没有任何协调。第3军清晨越过国境，而两翼的部队直到接近中午才踏上德国领土。部分原因在于俄军的政策：一遇到与敌人交火的威胁便将兵力部署成防御线，而这导致了挺进速度较慢。但是也有人认为，许多军官以及大多数士官对机械计时的概念非常陌生，很少有人能够看懂钟表，这进一步阻碍了俄军内部的协调。结果，俄军对于在某个特定时间向前推进缺乏有效的理解。不过，德军第1步兵师很快发现自己包围施塔卢珀嫩的战斗越来越艰巨，但第1军的榴弹炮中午赶到，极大地提高了士气。弗朗索瓦还在教堂塔楼上，观察着战斗情况：

> 此刻——约下午1点——普里特维茨将军的一位传令官驱车赶到，看到有许多军官在场后大声告诉我："司令部命令立刻退出战斗，撤退到贡宾嫩！"我回答说："告诉冯·普里特维茨将军，冯·弗朗索瓦将军将在打败俄罗斯人后停止战斗。"

这是一个非常自负的决定，完全与弗朗索瓦的性格相一致。普里特维茨似乎在上午联系过位于因斯特堡的第1军军部，最终从施密特塞克那里得知，弗朗索瓦的军队在东面所处的位置远远超出了普里特维茨的想象，比第8集团军任何其他部队更靠东至少24英里，因此他紧急命令他们立刻撤回到贡宾嫩。弗朗索瓦的答复措辞在抵达普里特维茨之前似乎被人缓和了语气。普里特维茨被告知，弗朗索瓦说他此刻无法终止战斗。总之，在与更强大的敌人交战正酣时撤出战斗会非常冒险，尤其是在施塔卢珀嫩阵地两翼均被包围的情况下。

弗朗索瓦意识到法尔克驻扎在戈利滕的第2步兵师的4个营似乎正面临越来越大的压力，于是他决定去调查一下，便将施塔卢珀嫩的防守重任交给了冯·孔塔将军。他发现第2步兵师正全力对付向前推进的俄军，整个战线南起罗敏特荒原，北至施塔卢珀嫩。但是俄军的推进严重脱节，第27步兵师与其北面的第40步兵师之间出现了几个数英里长的缺口。这两个师分别来自不同步兵军，相互之间几乎没有任何协调，因而给德军反攻提供了足够的机会。法尔克在罗敏特荒原的正北面集结了一个团的兵力。他像数世纪以来所有将军的做法一样，寻着激烈枪声而去，这次是向北。结果，当弗朗索瓦赶到那里时，法尔克正朝戈利滕发起进攻，袭击俄军第27步兵师暴露出来的侧翼。

攻击目标是开阔地对面的俄军后卫部队，俄军已经越过了中间横隔着的主要公路和铁路线，正朝着相同方向进攻戈利滕……到处都是俄军尸体和伤员。一个俄军上校——第105步兵团团长——身负重伤，坐在公路一侧的壕沟边上，军医已经给他包扎了胸前的多处伤口。我永远忘不了他满是痛苦和忧伤的表情。

俄军意识到自己的后卫受到攻击后，立刻整连整连地投降。仅仅这一个阵地就被俘虏了约3000人。我们可以看到俄军向东逃往戈利滕，俄军整个战线的火炮鸦雀无声。我们赢得了战斗。

弗朗索瓦看到坐在路边的那个伤员是科马洛夫上校，他未能活下来。

这完全是一场19世纪式的战斗，整个战场相对较小，敌对双方短兵相接，在几个低矮的山丘上进行规模更小的战斗。凭借俄军糟糕的协调、自身的出色判断以及下属（尤其是法尔克）出色的主动出击，弗朗索瓦赢得了一场非凡的胜利。连年坎普夫的手下在越过边境数英里的地方停下了脚步。对于德军而言，这场战斗并非没有遭受失败。在施塔卢珀嫩以北，俄军第29步兵师和第25步兵师合二为一，在彼尔德维特申击退了孔塔指挥的第1步兵师的一些作战单位，抓获了数名俘虏并缴获了8门火炮。不过，弗朗索瓦完全有理由为所取得的战果以及手下的表现感到高兴。德军的伤亡约为1300人，而俄军的伤亡人数约为5000人，另外还有法尔克在戈利滕反击战中俘虏的大批俄军。

孔塔和弗朗索瓦简短讨论了是否应该将俄军驱逐到边境，但决定不采取这样的行动。相反，他们下令撤回到贡宾嫩。弗朗索瓦回到军部后，看到又有电报在等待他，简短的内容在责问他为什么违抗上级命令部署兵力，为什么交战：

> 我在电话中向冯·普里特维茨将军汇报了我的理由。对于他堆积到我身上的责备，我回答说他到早晨就会对施塔卢珀嫩的战斗有不同看法。然后，我告诉他俄军兵力估计为两个军，已经被赶回到了俄国边境，而且俄军俘虏人数超过3000人。

就在执迷不悟的弗朗索瓦向他的上司汇报时，俄军最高指挥部也在失望中等待着战况发展的消息：

> 统帅部最初只收到发生在施塔卢珀嫩的这场战斗非常简短且不完整的报告，内容只是说德军在损失了几门火炮之后被迫撤退，而我们的一些作战单位在猛烈炮火中损失惨重……实际上，正如我们后来所知，在这场首战中，无论是我军的指挥还是我军的侦察都出现了严重失误，结果造成战术失败，在德军乘机攻击侧翼和后卫时，我军最勇敢的一个团几乎被全歼。我们因此在第一天的交战中看到，长期以来一直削弱着我军实力的旧伤疤被再次揭开，这便是掩盖真相的趋势。在战争过程中，这种弊病从未根除，一再阻挠我们在发现情况不对时清晰地看清局势，不让我们及时纠正错误。

这些批评看似完全有道理。连年坎普夫第1集团军内各作战单位之间的确缺乏很好的协调。第29步兵师师长阿纳托利·尼古拉耶维奇·罗森切尔德－波林将军在邻近的第25步兵师侧翼受到攻击时，主动调兵遣将去支援，这被视为值得注意且了不起的举动，而不是被视为任何步兵指挥官在阵地上应该具有的能力。由于大多数骑兵都在掩护北翼，连年坎普夫对于德军的布置几乎没有侦察到任何情报，因而错过了一次集中兵力全面击溃弗朗索瓦分散队形的机会。

弗朗索瓦选择在这一时刻与他的参谋长施密特塞克算账。他在得知后者不顾命令将第1军的兵力部署向第8集团军司令部报告之后，致信威廉皇帝，请求给他派一名新参谋长，因为他已经不再信任施密特塞克。这名倒霉的参谋长并没有做错事，按照德军的规定，他有权向上级报告自己担心的事，但这在一位获胜的上司的抱怨面前毫无意义。不久之后，弗朗索瓦有了一名新参谋长。

激战之后，第1军有条不紊地执行了撤退至贡宾嫩的命令，而且俄军也没有干预。不幸的是，德军第1步兵师有两个连没有接到撤退命令，他们在彼尔德维特申附近坚守了一整天。8月18日，俄军第3军趁着黎明前的夜色试探着向前推进，遭遇这两个连的德军后开始包围他们。在场的德军高级指挥官拒绝撤退，坚持说他没有收到命令，并且对俄军要求他们投降的喊声置若罔闻。随着弹药开始减少，德军最终决定必须撤退，并且成功利用黎明前剩余的时间退出战斗，井然有序地撤退，带上了他们前一天抓住的一小群俄军俘虏。

法尔克从罗敏特荒原方向朝北发起的侧翼攻击大获全胜，这驱使连年坎普夫谨慎考虑在前进过程中将自己的防线向北延伸。他下令转向德军第8集团军的北侧，防止其退到柯尼斯堡，并且命令侯赛因·纳希切万斯基将军率领骑兵从施塔卢珀嫩战场以北绕过去，进入因斯特堡。俄德骑兵之间在8月18日几乎没有冲突，但是侦察兵次日告诉纳希切万斯基，德军已经乘火车抵达，正奔赴克劳皮什肯。这是跨越因斯特河的一个至关重要的渡口，这条河一直朝西南方向流向因斯特堡。纳希切万斯基带着罕见的精力，一路冲到克劳皮什肯，向匆忙准备的防守德军发起进攻。德军过河撤退到了西北岸，从这里可以控制地势较低的西南岸。在取得最初有限的胜利之后，纳希切万斯基重新变得谨慎起来，无论是在战斗之中还是之后都没有利用骑兵的机动性去找一条出路。

连年坎普夫曾于世纪之交在中俄边境作为冲锋陷阵的骑兵指挥官闻名，早已对手下骑兵的表现颇有微词，因为他们没有在施塔卢珀嫩战役中出面干预。他给骑兵指挥官发去了一份怒气冲冲的电文，命令骑兵指挥官立刻去侦察因斯特堡和贡宾嫩的情况，并且管好自己的下属：

　　我像之前一样，坚信这些行动非常不成功。［禁卫军第1骑兵师］的中路纵队部署的地点非常正确，正面遭遇了敌人。贝尔加德［第3骑兵师］和劳克［警卫军第2骑兵师］掩护侧翼的两个师应该被全部派出去攻击敌人的侧翼。我从劳克将军的电文中得知，他派出了一部分下属，并且带上了火炮；但是贝尔加德将军让我大为惊讶。一位已经被任命为师长的将军居然不知道他在迂回行动中必须带上3个炮兵连，这可能吗？敌人如果受到两翼纵向炮火的攻击，完全会被消灭。你完全可以轻易缴获敌人全部的12门火炮，可事实上你只缴获了2门火炮，而且是在付出了巨大伤亡的代价之后。你们师部指挥官必须为这些损失承担巨大责任……如果那些担任指挥的人配不上自己的任命，你就必须对他们毫不客气，否则所有责任都将落到你的身上。我已经……多次批评过你那些绝对不令人满意的报告。我对你的行动一无所知，最多也是知之甚少，而对于你的损失更是一无所知。

鉴于连年坎普夫本人也不愿意向统帅部报告自己的失败和损失，最后一点似乎无意之中具有讽刺意味。纳希切万斯基出身于鞑靼骑兵世家，正在竭力应对一场似乎不会给他机会来展现其祖先曾引以为荣的马术和马刀的战场。他确实让他的手下发起过一次冲锋，在克劳皮什肯缴获了2门德军火炮，但这些战利品不但没有给他带来嘉奖，反而使他遭受了指挥官的训斥。他越来越困惑，命令自己的下属撤退，借口是补充的炮弹没有送到前线的军队中。战前的军演可能凸显出许多高级军官认为物资保障不是他们应该操心的事，但是在此类军演中，为了避免尴尬，后勤安排被忽视了。连年坎普夫的副官想了解第1集团军的骑兵在干什么，最终发现纳希切万斯基正眼泪汪汪地坐在帐篷内，由于痔疮带来的疼痛甚至都无法骑到马背上。

果然不出弗朗索瓦所料，普里特维茨在收到施塔卢珀嫩战役的详细报告之后稍稍改变了对一些事的看法。他的战略问题在于他非常清楚自己面对着2个俄国集团军，他唯一的获胜希望就是逐个击破它们。鉴于第1军的胜利，他现在决定冒险离开安格拉普河流域的阵地。第1军接到命令，待在贡宾嫩周围，但是为了防止其北翼受到攻击，上司命令弗朗索瓦将他的第2步兵师撤出后变成后备队。上司同时从柯尼斯堡驻军给弗朗索瓦调来了大约1个师的后备军，目的是接替法尔克的手下在贡宾嫩以南的阵地。

现在迫切需要普里特维茨向连年坎普夫的军队发动一场决定性的战役。第16飞行大队那些勇敢的飞行员仍然在监视俄军的动静，他们报告说连年坎普夫第1集团军的南翼与终于开始从波兰调过来的第2集团军之间仍然有一个大缺口。普里特维茨原本打算守住安格拉普河防线，让连年坎普夫在试图夺取阵地时遭受惨重伤亡，但是他现在又从截获的无线电电文中得到了新的情报，连年坎普夫命令手下8月20日停止推进，休息一天。彻底解决问题的责任如今落到了德军手中。

截获的俄军无线电情报在传送时没有加密。德军知道自己的对手担心其军官没有能力应付密码，俄军的通信常常因此作出妥协是众所周知的事。常常有人说这对于德军而言是个极大的优势，但必须指出德军也有类似问题。前文提到过，俄军在战争第一个月中缴获了德国海军一套完整的密码本，许多军用信号在没有加密的情况下就发送了。时间压力常常意味着双方只能冒险用明码发送电报。

正当普里特维茨与参谋长格奥尔格·冯·瓦德西（其父阿尔弗雷德是前总参谋长）争论是否攻击俄军以及何时攻击的优缺点时，他们在8月19日下午接到了弗朗索瓦发来的电报。他报告说，俄军正在逼近贡宾嫩，他估计次日将受到攻击。不过，侦察兵却报告俄军前头部队的北翼暴露在外,弗朗索瓦建议将第2步兵师调往他自己的北翼,从侧翼攻击俄军。他请求普里特维茨让第17军和第1预备军上前提供支援。

俄军第1集团军的侧翼之所以暴露在外是因为纳希切万斯基没有执行命令。在更多侦察报告证实萨姆索洛夫的第2集团军正慢慢向奥特尔斯堡推进之后,普里特维茨不太情愿地认定弗朗索瓦的评估和意图没有错。他去达克门找到第17军军长马肯森,告诉他"第1军给我们准备了一道汤,我们现在只能将它喝下去"。第17军将前去支援第1军,而第1预备军则保护集团军的南翼。如果俄军转而正面迎战弗朗索瓦,第17军将从侧翼攻击他们。但是,这个计划有一个弱点,德军的这3个军将梯次抵达战场,第1军首先交战,然后是第17军,而第1预备军甚至都没有指望要参加主要战斗。普里特维茨将面临一个危险——重蹈连年坎普夫的先头部队在8月17日杂乱无章的覆辙。

法尔克的第2步兵师奉命夜间行军进入贡宾嫩以北的阵地,以便在8月20日凌晨4点发动攻击。他的部队前一天晚上9点出发,但刚一动身就有一名传令兵赶过来报告,称俄军已经突破了第1步兵师的北翼。法尔克立刻部署自己的士兵进行反攻。等他得知这个消息只是假警报时,他们已经失去了宝贵的时间。这并不是唯一的假警报。当晚早些时候,德军士兵向一架意外到来的飞机开火,后来才意识到那是他们自己的飞机;枪声让一些负责运送军需品的士兵惊慌失措,乱糟糟地策马奔向队伍后方。另一场类似惊吓又让法尔克失去了2个小时。他打电话给弗朗索瓦,告诉军长他怀疑自己恐怕无法按时进入阵地,也无法在凌晨4点发动进攻。弗朗索瓦回答说他必须不惜一切代价做好准备。

第 2 步兵师在黑暗中穿过祖尔基纳森林，前往他们发动进攻的阵地，但浓雾进一步降低了能见度。第 1 步兵师的火炮在凌晨 3 点 30 分开火，随着俄军炮兵慢慢开始反击，法尔克的部下发动了进攻。他们的敌人是俄军第 20 军，面向南排成一线，作为连年坎普夫迂回攻击德军阵地北翼计划的一部分。俄军现在发现自己的侧翼遭到了包围。俄军第 28 步兵师相信纳希切万斯基的骑兵大部会保护其侧翼，因而对于德军的进攻几乎没有任何准备，而骑兵此刻的任务至少是确定德军是否在祖尔基纳森林中，即便他们无法占领该森林。但是纳希切万斯基已经撤退，只留下一个不堪一击的骑兵旅；德军第 1 骑兵师轻而易举地将其赶走了。

德军第一次冲锋就占领了马尔维什肯村，随后又击溃了俄军的反攻。俄军第 28 步兵师的大部或作鸟兽散，或者被歼灭，失去了约 60% 的战斗力。有一个作战单位举着该师第 111 团的战旗，一直后撤到了俄罗斯帝国深处的科夫诺。但随着德军步兵前进到了炮火支援的范围之外，也随着俄军抵抗越来越顽强，德军放慢了推进速度。一名俄军炮兵描述了战斗过程：

> 我们的步兵在长时间地顽强抵抗。我听到的不是零星枪声，那就像一个巨大的水壶沸腾时的响声。越来越近……接着，机枪子弹开始呼啸着射进炮兵连。面对如此可怕的火力，炮兵连两翼伤亡过半，所有军官几乎或死或伤，第 28 步兵师慢慢撤退到了炮火防线之后……主要公路在炮兵连前方不到 1 俄里（约 1 千米）处，不到一分钟，视线范围内，德军

密集纵队像一道灰色波浪越过了公路。炮兵连开了火，白色的公路立刻被倒下的德军士兵覆盖成了灰色。但第二拨德军又冲了过来，人人头戴带尖刺的头盔；一阵炮轰过后，他们又都躺在了公路上。然后，德军一个炮兵连勇敢地冲了出来，在开阔地带占据了一个阵地，同时一架绘有黑十字图案的飞机飞过了我们炮兵连上方。德军步兵再次向炮兵连冲了过来，迂回包围了［位于炮兵阵地北端的］第4炮兵连，第4炮兵连以近距离平射射程向他们开炮，但德军一挺机枪朝第4炮兵连射击，消灭了他们。德军步兵冲到炮兵连前500~600步处便匍匐下来射击。炮兵连只能断断续续地朝敌人开炮，因为炮弹几乎打光了。

战前连年坎普夫第1集团军的弹药配备为每门炮大约420发，动员之后增至737发。虽然事后证明这个数字远远不够，但那也是未来的事。日俄战争持续了整整一年，俄军的炮弹消耗每门炮不到1000发。至于这场人人认为很短暂的战争，每门炮737发炮弹应该够了。实际上，火炮很快就没有了炮弹，尤其是有限的弹药补充速度又特别慢。

德军第1步兵师加入了战斗。虽然夺取马尔维什肯后大批的俄军俘虏让大家士气高涨，德军还是为俄军炮火的精准度和猛烈程度感到沮丧。与西线的杀戮相比，甚至与东线后来的战斗相比，德军目前的损失还不算太大，但是对参战第一个月的士兵而言，这些人员伤亡情况仍然很严重，足以让德军的推进变成蜗行。弗朗索瓦惊恐地得知，格奥尔格·布劳德鲁克中将指挥的后备师本应从柯尼斯堡进入贡宾嫩以南的防御阵地，结果也遭到了袭击。不出所料，这支由预备军人和卫戍部队组成的队伍向前冒进了一点，结果迎面闯入了被北面枪声惊动的俄军阵地，损失惨重。虽然第 28 步兵师溃败后损失较大，俄军第 20 军的另一支队伍，即罗森切尔德－波林指挥的第 29 步兵师，却作战英勇，击退了针对其防线发动的所有进攻。步兵与炮兵之间的混乱更让德军雪上加霜。布劳德鲁克后备师的许多损失都来自其他德军炮火的弹片。第 2 步兵师的炮兵不分青红皂白地轰炸，给第 1 步兵师和第 2 步兵师造成了伤亡，甚至造成了临时撤退。

再往南，奥古斯特·冯·马肯森将军指挥的德军第 17 军本该在前一天晚上赶过去支援弗朗索瓦，行军约 15 英里抵达 8 月 20 日发起计划中的进攻的起始阵地。行军本来一帆风顺，但部队一再因试图逃向西部的德国难民而耽搁。天下着小雨，士兵们浑身湿透，疲惫不堪，意气消沉，挣扎着进入列队区。马肯森因为对他可能遭遇的俄军一无所知而感到忧虑。行军即将开始之前，晚上 8 点，他接到了弗朗索瓦传来的乐观的报告，告诉他只会遭遇几股不堪一击的俄军。随着夜色渐浓，他不断得到最新消息，每一份报告中贡宾嫩以南的俄军兵力人数都有所增加。

就在他的下属努力将掉队的士兵集合在一起、分清他们的队伍时，马肯森却在徒劳地确定局势。他从罗敏特河附近的高地透过晨雾向下望去：

> 黎明……罗敏特河流域和附近的地面逐渐出现在我眼前，我可以看到敌人已经离开了对我军至关重要的十字路口，

没有设防。一直到格吕维特申，近处只能看到巡逻兵和警戒哨兵。天刚一亮，北面就传来了枪声，显然是在第1军前面，随即快速演变成炮火声。

北面第1军防区传来的枪炮声表明战斗已经开始，但马肯森依然不清楚自己面对的是哪支俄军部队。没有接到普里特维茨的命令，而且——对于一个以前当过轻骑兵的人而言有些反常——马肯森没有把他的小股骑兵派出去侦察。天色渐明，他认定自己最有可能只会遭遇俄军第1集团军的侧翼警卫，而俄军第1集团军此刻似乎正在贡宾嫩附近酣战。他相信第1后备军在保护他的右翼，便命令自己的两个师——北面的第35步兵师和南面的第36步兵师——向东北方向推进。

第17军的士兵们信心满满，尽管一路行军过来吃尽了苦头。他们被告知即将进攻敌人的侧翼与后卫，因此急于投入战斗：

> 接受进攻的命令时，大家抑制不住喜悦之情，弹药车上传出了震耳欲聋的"乌拉"声！终于，终于开始了！午夜行军，疲惫不堪——现在，只需向前推进！

马肯森的部队于凌晨4点30分开始向前推进，进展顺利，越过了罗敏特河，上午10点左右就抵达了自贡宾嫩南去的公路。第17军南面的师遭遇了俄军越来越顽强的抵抗，于是不等火炮部署到位扫平障碍就发起了攻击。由于地形不同，这种攻击立刻四分五裂，造成军官的伤亡比例过高，因为他们依照和平时期的训练传统走在队伍最前面。俄军来自第3军的第25步兵师和第27步兵师，也在向前推进。他们对这场遭遇战的反应要好于他们的德军对手，快速地临时构成了一条坚固的防线。德军一名排长后来这样形容交战场面：

> 那就像地狱之门在我们面前打开。子弹来自瓦西莱根村，来自风车旁的右翼，来自索德嫩村，来自左边……却看不到敌人，只看到数以千计的步枪、机枪和火炮在射击……部队很快就稀疏了。一排排士兵已经倒在地上阵亡。到处都是呻吟声和喊叫声。我们的火炮开火晚了……一些炮兵连暴露在高地上的空旷处，准备开炮，但我们几乎立刻看到炮弹在火炮之间爆炸，弹药车四处逃窜，脱缰的马匹在战场上疾驰，马背上没有骑手。炮兵连中的弹药车炸飞到了空中。步兵被俄军火力压制，一个个匍匐在地，谁也不敢抬头，更不用说开枪。第128团的情况完全一样。他们夺取了里宾嫩村，却遭到了暴风雨般的火力打击，不久该团便报告说他们已经失去了战斗力。

北面的第35步兵师起初推进顺利。随着俄军的抵抗逐步加强，第1军的一名传令兵过来要求第17军转向北面：俄军已经被第1军拖住，第17军可以攻击俄军的侧翼与后卫。最北面的第87步兵旅旅长约翰内斯·冯·哈恩少将没有等待马肯森的批准，便决定改变推进的方向，转向北面。如果第1军的情报正确，这确实是正确之举。但实际情况正好相反，德军恰好攻击了俄军第25

步兵师和第 27 步兵师的会合点。这两个俄军步兵师分别后撤了一段距离，哈恩的步兵旅进入了口袋，受到了三面炮火的猛烈打击。

德军又尝试了两次进攻后，在下午开始后撤。马肯森的一名参谋看到了败仗最初的迹象：

> 下午 3 点左右，我们看到了从格吕维特中后撤的最初迹象。我们最初只看到几个人，然后是小部队，再后来便是大部队，完全溃不成军，其中一些经过了军长所在的位置。参谋部的军官拦住他们，将他们组织成一排，重新面对敌人，哪怕不再将他们派回到战线上去。军长本人也走到士兵当中，低声但真诚地说着他们的职责，鼓励着他们。一名炮兵骑马过来，报告说他的整个炮兵连被毁，只有他一个人活了下来。这个消息特别令人沮丧。随着战线各部分的报告纷纷到来，尤其是第 35 步兵师右翼战况不利、士兵后撤的报告，军部的气氛更为凝重。当敌人炮兵连开始炮轰军部所在地时，人们的情绪自然变得更加糟糕……参谋部人心惶惶，士兵们显然都在后退，但是军长个人出色的行为迅速阻止了这一现象。冯·马肯森将军让人把他的白马牵到一处高地，他骑到马背上，和他的参谋长策马来到一栋孤立的农舍，将这里设为指挥部，参谋部随即也跟了过来。

俄军试图追击后撤的德军，企图攻击其侧翼，却遭到了炮火打击，只好停止进攻。但是第 17 军的步兵现在全在后撤，乱了队形的步兵营和步兵连推着火炮一起撤退。根本无法保持秩序，幸存者们乱哄哄地退回到了罗敏特河防线。有些人一路后退到了安格拉普。马肯森的3万士兵损失了四分之一，光俄军第27步兵师就声称缴获了12门火炮、25辆弹药车，俘虏了约1000人。

普里特维茨集团军最南边的部分是奥托·冯·贝洛将军的第1后备军，他如今奉命向戈乌达普方向前进，保护第17军的南翼。当他的骑兵报告说前方似乎没有俄军时，贝洛决定转向北方，向顽强抵抗的俄军侧翼发动袭击，以此来支援马肯森。贝洛的运气不佳，骑兵的侦察报告不够完整，连年坎普夫主要战线最南面阵势中由科罗特科维奇将军指挥的第30步兵师正从戈乌达普推进至德军第1预备师的侧翼。双方在炮轰中均损失惨重，惨烈的战斗持续了将近一天。由于德军预备师的火炮配置低于正规师，他们很快便在俄军高效精准的炮火打击中损失了许多火炮。部分出于自卫本能——离俄军越近，受到俄军火炮打击的概率就越低——德军步兵继续向前冲。当天下午，德军第36后备师终于推进到了俄军防线中央。一时间，德军似乎能够击退科罗特科维奇，然后转向北方去支援马肯森，但是俄军指挥官将最后一批预备军投入了战斗，稳住了局势。

第1预备军南面不远处便是库尔特·冯·摩根指挥的德军第3预备师。战争开始后相对比较安静，他们一直在守护马祖里湖区防线。下午4点30分左右，冯·摩根接到普里特维茨的电话，命令他攻击第1预备军对面俄军的侧翼。黄昏时分，摩根的先头部队赶到了战场南面的高地，他们从这里可以看到炮弹爆炸后的浓烟。虽然为时已晚，但摩根相信自己的到来没有被发现，因而期待着次日给俄军以沉重打击。

　　这一天，各方的运气不尽相同。弗朗索瓦的两个师虽然也有损失，但是以胜利为主。相比之下，马肯森的第 17 军被成功淘汰，士兵混乱后退，马肯森及其参谋部也夹杂在其中。南面的第 1 预备军虽然无过，却在取得一场决定性胜利前的最后一刻结束了战斗。俄军方面，北翼受到攻击，但仍然完好无损。中路的第 27 步兵师展现出了步兵与炮兵之间高水平的合作，以及与邻军的良好协作，从而击溃了德军第 17 军。俄军第 4 军未能攻击德军阵地的南翼，但它也没有吃败仗。德军曾希望能快速赢得胜利，然后扬扬得意地对付南面萨姆索洛夫的第 2 集团军，但这种希望如今变得越来越渺茫。夜幕降临时，平时非常谨慎的普里特维茨开始思考自己听从弗朗索瓦的催促是否明智。随之而来的信任危机一触即发，将会带来深远的后果。

第六章

指挥危机

COLLISION OF
EMPIRES
the war on the eastern
front in 1914

马克西米利安·冯·普里特维茨原本打算守卫安格拉普河流域防线。他之所以被迫进攻连年坎普夫的第 1 集团军，部分原因在于他必须赶在俄军第 2 集团军开始攻击其后卫之前重创对方，部分原因在于其下属赫尔曼·冯·弗朗索瓦在施塔卢珀嫩取得的胜利。8 月 20 日，德军第 8 集团军司令部的气氛起初很乐观，但随着时间流逝，坏消息接二连三地到来，先是马肯森的第 17 军溃败，然后是两翼各军显然无法向前推进，这些报告似乎带来了重大变化。普里特维茨较早前曾给最高指挥部发去电报，声称战斗进展顺利，很可能以一场大捷告终，但这篇电文开始显得越来越不成熟。

南面传来的消息也令人担忧。为了尽可能集中兵力对付连年坎普夫，普里特维茨只留下了弗里德里希·冯·朔尔茨补充兵力之后的第 20 军来防守东普鲁士与俄罗斯帝国占领的波兰之间的边境。下午 2 点左右，位于波森（今波兹南）的德军无线电台截获了萨姆索洛夫第 2 集团军的电报，证明该集团军的兵力为 5 个军和 1 个骑兵师，远远大于其面对的德军。这个情报转到第 8 集团军之手后，普里特维茨给朔尔茨的参谋长埃米尔·赫尔打了个电话。赫尔似乎非常自信。他告诉普里特维茨，第20军的空中侦察证实俄军至少有6个师准备越过边境，但是他和朔尔茨认为自己能够守住阵地，让普里特维茨在贡宾嫩取得胜利。

到下午四五点钟时，普里特维茨对这场胜利的前景越来越担忧。他下午5点打电话给弗朗索瓦时，后者得意扬扬地告诉上司，他这一天大获全胜，俘虏了6000多名俄军士兵，缴获了俄军8门火炮。普里特维茨的回答让他颇感灰心：第17军无法向前推进（事实上，它此时已经溃不成军）。鉴于第20军将面临来自南面的威胁，普里特维茨补充说，他或许需要撤退至维斯图拉河背后。

弗朗索瓦惊呆了，随即请求给他更多时间。他坚持说，他的部队到8月21日就能继续攻击俄军阵地的侧翼，从而清除第17军所面对的俄军。普里特维茨半信半疑，但答应晚一点再打电话过来。弗朗索瓦开始为早晨恢复战斗制订计划，但是在第8集团军司令部，普里特维茨接到了更多令人担忧的消息。来自格鲁琼兹（今格鲁德柴兹）的空中侦察报告显示，一大群俄军步兵正朝姆瓦瓦行军，而且有迹象显示后面还有更多俄军。第20军后来派出的飞机证实了这一消息，但这一消息的重要性在于姆瓦瓦位于派驻在那里防守第20军西侧的小部队以西。如果西面这么远的地方出现俄军大部队，那么他们就能够转向北面，切断德军第8集团军与维斯图拉河流域的所有联系。

普里特维茨与身在科布伦茨忙于西线战事的小毛奇通了电话。他告诉小毛奇，进攻贡宾嫩的计划已经失败，第17军已经失去作战能力，他打算终止与连年坎普夫军队的交锋，撤退至维斯图拉河流域。小毛奇大发雷霆是意料之中的事。抵御俄军进攻东普鲁士的整个战略都依据一个原则：一支规模较小的德军，通过国内的交通线和兵力调遣，集中兵力各个击破敌人。如果第8集团军后撤到维斯图拉河防线，两个俄国集团军就能合二为一，完全破解德军的战略，小毛奇告诉普里特维茨，他所建议的后撤根本不可能。普里特维茨同样怒气冲冲地要求增援，并且说维斯图拉河在8月份水位很低，他的部队人员太少，无法防守这么长的防线。小毛奇的回答对第8集团军指挥的情绪和信心无疑是雪上加霜。小毛奇本人与法军之间的交战也未能取得如期进展，因此他回答说，普里特维茨只能自己想办法。他不耐烦地告诉普里特维茨，第8集团军别想指望他从科布伦茨为其制订作战计划。

第8集团军司令部的副参谋长马克斯·霍夫曼后来回忆了8月20日晚上发生的一切。得知俄军在逼近姆瓦瓦时，霍夫曼半开玩笑地建议，参谋部应该向普里特维茨隐瞒这条消息，迫使他重新开始在贡宾嫩的战斗。

就在这时，总司令普里特维茨和参谋长阿尔弗雷德·冯·瓦德西走出了我们隔壁的营房，我从他们脸上的表情看出，他们已经得知了这一消息。冯·普里特维茨将军要我们随他们一起进办公室。"先生们，"他说，"我看得出来，你们也得知了消息，知道如果我们继续战斗，从华沙过来的俄军就会进攻我们的后卫，切断我们进入维斯图拉河流域的退路。"保罗·格吕内特将军（第8集团军总军需官）试图解释我和他的不同观点：贡宾嫩附近的战斗形势有利；再过两三天，我们就能消灭维尔纳过来的俄军（连年坎普夫的第1集团军）；然后，我们还有足够的时间对付来自华沙的俄军。在那之前，冯·朔尔茨将军和他的第20军只能自己想办法。

冯·普里特维茨将军突然打断了格吕内特将军的解释，他说他已经决定后撤到维斯图拉河背后，只有他和参谋长有权作出战术决定，副参谋长（即霍夫曼）或总军需官均没有这个权力。瓦德西伯爵随后便向我下达命令，为部队后撤到维斯图拉河背后作出必要部署。我解释说，我认为无法让部队撤退到维斯图拉河背后，因此请求总司令告诉我他希望如何有效撤退。大家随即讨论如何撤退的问题。我和格吕内特将军表示……根本无法单纯后撤到维斯图拉河背后，因为我们一旦那样撤退，就必须与俄军华沙集团军的南翼交火，后者比我们更靠近维斯图拉河。因此，必须阻止华沙集团军向前推进，而最简单的办法就是攻击其左翼。冯·普里特维茨将军和瓦德西将军刚才因为胆怯而乱了方寸，此刻意识到必须采取我们所建议的措施。但是他依然固执己见，认为必须终止与连年坎普夫的战斗，不过他放弃了后撤至维斯图拉河背后的打算，同意我们的观点，即必须向华沙集团军的左翼发动进攻。

关于那天晚上发生的事，还有不同说法。人们有时将说服普里特维茨不后撤到维斯图拉河背后的功劳归到瓦德西和格吕内特头上，而霍夫曼的功劳则被简化为无能地冲着他所认为的总司令的失误发脾气。我们也不完全清楚第8集团军司令部的这场讨论是发生在普里特维茨给科布伦茨打过电话之前还是之后。然而，结果却基本如霍夫曼所述。普里特维茨在众人的劝说下，没有放弃东普鲁士，而是集中兵力对付萨姆索洛夫的第 2 集团军。

我们将在下文看到，普里特维茨流露出来的胆怯对他的军旅生涯和名声造成了致命的后果。考虑到他当时所掌握的情况，难道他应该采取不同措施吗？尽管弗朗索瓦和霍夫曼都主张次日继续在贡宾嫩战斗，这种战术绝对无法保证获胜。弗朗索瓦的第 1 军持续损兵折将，尽管弗朗索瓦本人充满自信，但是第 1 军无法保证能够从北面抵达俄军阵地。南面贝洛的第 1 预备军倒是作战英勇，但它的几个师所处的位置很糟糕，无法进行合作。中路是马肯森的第 17 军，虽然军官们正竭尽全力让遭受重创的它恢复元气，但根本无法指望它重新发动进攻。晚上 9 点，大概是在普里特维茨、霍夫曼、瓦德西和格吕内特交换意见之前，普里特维茨与马肯森通了电话，从中得知第 35 步兵师的状态已经不允许其继续留在罗敏特以东，但第 36 步兵师依然状态良好。然而，白天的伤亡，尤其是大量军官阵亡，意味着第 17 军将无法重新发动进攻。据马肯森回忆，普里特维茨回答说：

> 战局已经完全改变，北面出现了新的军队。我完全不知道 [第 1] 骑兵师的位置。同样，吕克也有新的敌军，虽然是后备部队，人员却多达大约一个军。纳雷夫 [第 2] 集团军正全力向奥特尔斯堡和贾乌多沃推进。因此，我将后撤至维斯图拉河背后。

但是连年坎普夫的部队情况也很糟。炮弹即将用尽，第1集团军的医护人员严重不足，根本无法处理白天战斗中的伤员。不过，德军虽然有可能获胜，却会为此付出惨重的代价，而且有可能缺乏兵力去对付萨姆索洛夫的部队。

尽管我们可以合理地认为普里特维茨结束贡宾嫩战斗的决定为正确之举，放弃东普鲁士——那么多德国高级军官的故乡——却是对德军士气的沉重打击。正如后来所证实的那样，普里特维茨的计划其实是对战局的过度反应。一直有人认为，65岁的普里特维茨只是一位经历过艰难一天后疲惫不堪、上了年纪的指挥官，一时任由事态失去控制而已。对于他而言，遗憾的是他的上司和下属均没有向他伸出援助之手。8月21日，第8集团军开始下达命令，重新将部队部署至西南面，以便集中兵力对付萨姆索洛夫部队的西侧。即便是在这个时刻，小毛奇还是给普里特维茨打来了电话。他们的对话如前一天晚上那样充满了火药味，对于第8集团军的新计划，小毛奇似乎像对于撤退至维斯图拉河流域的建议一样感到不快。他当然向司令部周围的人明确表达了自己的愤怒。巴伐利亚驻科布伦茨的军事全权代表卡尔·冯·温宁格少将给慕尼黑发了封电报：

> 除了官方报告外，我还可以极其秘密地补充一句：这两个人（普里特维茨和瓦德西）不幸的组合在这里引起了极大的担忧。

统帅部的其他人也评说了小毛奇对东部战事的明显不满。随着时间的推移，统帅部给第8集团军的下级作战单位打了无数个电话，询问他们对战局的看法。普里特维茨下属4个军军长的回答大致相同：他们谁都没有觉得第8集团军被打败了。

弗朗索瓦对于普里特维茨拒绝让他继续战斗的决定感到异常不满：

> ［8月21日一早］，我下达进攻命令时所用的野战桌还在小学校长的花园里。我在那里心如刀绞，极度失望和愤怒使我潸然泪下，这是为可怜的东普鲁士流淌的眼泪，因为我已经爱上了这里的人民，并且为保卫他们感到自豪。英勇的冯·马索夫少校（第一参谋，即第1军副参谋长）这些天来以及在坦嫩贝格期间一直是我最杰出的力量支柱，他试图安慰我，但是最佳的安慰是工作。我们还没有抵达维斯图拉河背后，也没有中断与俄军的交战。

弗朗索瓦并没有停留在仅仅下达命令上。他在回忆录中写道，8月22日傍晚，他收到统帅部的一封电报，征求他对战局的看法，但是其他资料已经明确显示，他在前一天已经发表了他的看法。与此同时，德军总军需官赫尔曼·冯·施泰因也询问了自己的下属。他与瓦德西进行了交谈，反对将第8集团军调往萨姆索洛夫第2集团军以西之后再攻击俄军左翼的建议。相反，他建议第8集团军应该在马祖里湖区以西集结，攻击俄军的右翼。瓦德西试图为自己总司令的计划辩解，却未能说服施泰因。这两个人向来关系紧张。战争之初，瓦德西为自己被分配到他眼中的次要战场而感到失望，而施泰因则毫不掩饰自己对瓦德西作用的不屑。第8集团军参谋长知道施泰因举足轻重，深得小毛奇的信任，因而他大概能够猜出总军需官的担忧必然会立刻扩散至整个指挥系统。

并非只有弗朗索瓦一个人对事态的变化感到沮丧。摩根已经在前一天晚上将自己的第3预备师部署到位，准备袭击连年坎普夫部队的南翼，正在与下属举行的最后会议上下达最后的命令：

> 我正在下达命令，准备在8月21日凌晨3点发动进攻，却接到了第8集团军令人心灰意冷的撤退命令。我告诉参谋长，我想不理睬这条命令，因为形势对我们非常有利〔俄军仍然没有发现他的师〕，因而希望与第1预备军军长冯·贝洛将军衔接，结果却接到了后者的报告，说他已经按照第8集团军的命令撤退。我只好忍气吞声，向不可避免的事低头认输。我在我的下属面前无地自容，他们正满腔热血地准备投入战斗，而逃离的平民则在向我们悲叹恸哭。

当天晚些时候，当了解到整个局势时，摩根依然坚信撤退的决定是荒谬的：

> 依我看，这些理由〔第17军的后撤与萨姆索洛夫第2集团军的威胁〕不足以排除利用第8集团军的有利位置发动一次进攻。北翼的第1军取得了胜利，第17军坚守住了中央，即便它不得不后撤到安格拉普河背后。但是在战场的南翼，我们完全有机会包围俄军聂曼〔第1〕集团军的左翼。纳雷

夫［第2］集团军还在远处，第20军完全可以牵制他们，直到我们取得一场决定性胜利。然后，我们整个第8集团军可以转而攻击纳雷夫的集团军。

与此同时，第8集团军的参谋部开始落实新计划。已经在南部边境的第20军奉命在霍恩施泰因周围集结，而弗朗索瓦的第1军将由火车运至第20军西面的一个地区。正撤回到安格堡的第3预备师将与第20军会合。布劳德鲁克的师由柯尼斯堡驻军组建而成，将依托戴姆河防线来掩护第1军撤退。第1预备军和第17军正快速从8月20日的挫败中恢复元气，将向西撤退。第8集团军的意图是用第1军来袭击俄军左翼。如果第1预备军和第17军能够顺利摆脱连年坎普夫部队的追击，他们也将能投入到对付萨姆索洛夫的行动中。瓦德西在传达上述命令时，向朔尔茨交代得非常清楚：第20军将死守到弗朗索瓦在西翼严阵以待为止。必须避免向俄军发起损失惨重的正面进攻。

第8集团军的重点发生了改变，从向东迎战连年坎普夫改为向南迎战萨姆索洛夫。德军曾在军演中多次演习以适应这种改变。它的成功取决于俄军这两个集团军是否会合作，而正如德军正经历其高层指挥的危机一样，俄军指挥也有自己的问题。自从越过边境，连年坎普夫就在敦促日林斯基，要他确保萨姆索洛夫从南面发动攻击，这将造成让普里特维茨胆战心惊的那种压力。不过，萨姆索洛夫有自己的麻烦。俄罗斯人刻意没有修建铁路和好的道路从华沙通往东普鲁士的南部边境，目的是阻碍德军发起的任何进攻。他们现在发现，缺乏畅通的交通线意味着他们自己的推进速度很慢。不仅如此，俄军迟缓的动员也拖了萨姆索洛夫的后腿。他越往后推迟挺进的日期，他得到的兵力就越多。

俄军两个集团军的内侧也有问题。俄军两个起点之间的距离，以及他们的前进路线会在他们之间留出马祖里湖区这一事实，必然会进一步加大协调方面的难度。萨姆索洛夫将自己的前进轴线向西延伸后，情况变得更加困难。一方面，这造成了普里特维茨司令部的严重危机；另一方面，这两个俄国集团军之间相距更远，萨姆索洛夫的两翼极易受到德军的反攻。

德军现在颠倒了自己的战略，只留下很少的兵力阻挡连年坎普夫，同时集中兵力对付萨姆索洛夫，俄军优先考虑的事也发生了颠倒。俄军第1集团军必须继续向前推进才能拖住德军。但是德军后撤时，连年坎普夫几乎没有追击。第1集团军伤亡较大，食物和弹药严重不足，看到德军后撤时如释重负。在自己的军队被打得作鸟兽散的一天之后开始撤退时，马肯森俯视着自己失去那么多士兵的战场：

> 天一亮，我就从普利克山上望着一列列纵队撤退，我和我的参谋大概最后才离开罗敏特以西的高地。极目远望，再借助望远镜，却看不到一个俄罗斯人，就连他们前一天在施温蒂希小溪对面的阵地也似乎空无一人。俄军右翼方向传来的报告也证实了这一点。只有受到重创的对手才会如此表现。我强烈地感觉到自己的军队并没有被打败，也没有遭受如此重大的损失。我军平静有序地成功撤退，没有受到敌人的骚扰。

尽管从战略角度来说必须加大给德军的压力，连年坎普夫觉得自己手下各师杂乱无章，无法对敌军穷追不舍，再加上德军完全有可能是在假撤退，俄军如果贸然挺进就有可能受到打击。他的一个师已经在弗朗索瓦的打击下暂时失去了作战能力，其他几个师也伤亡惨重。俄军骑兵的问题仍然存在。连年坎普夫虽然怒气冲冲地多次下达了命令，纳希切万斯基却仍然没有坚决支援俄军挺进的意思。

另一个问题便是俄军的特点。俄军指挥员们知道，自己最突出的长处便是能够挺住攻击、顽强防守到底，冒险式的快速挺进不是其所长。连年坎普夫认为，最好先让手下恢复元气，然后再向前推进。日林斯基一直没有催促萨姆索洛夫的第2集团军向前推进，此刻也没有给连年坎普夫施加压力。他虽然名义上是这两个集团军的总指挥，但由于他个人的性格，也由于俄军的指挥安排，他的实际指挥权极为有限。

许多人都认为俄军未能更好合作的原因之一是连年坎普夫和萨姆索洛夫之间的敌意。的确，这两个人向来不和，其历史可以追溯到萨姆索洛夫在日俄战争期间的奉天战役中没有支援连年坎普夫，但是这两个人在某个火车站台上拳脚相交的说法纯属子虚乌有。他们分别代表着俄军内部水火不相容的两个派系，但如果说任何一方竟然会以危及整个战役的方式来解决个人恩怨或者诋毁军中的敌对派系，这种可能性不大。

8月21日晚，小毛奇又给第8集团军指挥部打了个电话，这是他24小时内第三次与普里特维茨通话。小毛奇本人在回忆中似乎将这次通话与两个人前一天晚上的通话联系在了一起，虽然双方这次都没有发火，但是普里特维茨似乎未能让小毛奇对他的能力重树信心。他首先告诉小毛奇，一直位于其集团军北翼的德军第 1 骑兵师失去了联系，估计被消灭了，但他后来的话又与此相反。该骑兵师实际上完好无损；它在失去联系一天后，于 8 月 21 日一早就派一名军官去第 1 军报告，它已经成功击退了俄军骑兵，并且俘虏了数百人。

我们不清楚小毛奇究竟何时决定更换第 8 集团军的司令。他本来就没有挑选普里特维茨担任东普鲁士的总指挥，8 月 21 日某个时刻，他对这位上了年纪的将军完全失去了信心。瓦德西也必须离开，一位称职的参谋长应该避免像 8 月 20 日傍晚那样沉浸在第 8 集团军司令部中的惊恐情绪中。另一种可能性是施泰因对瓦德西的看法影响了小毛奇的判断。现在要解决的问题是谁来接替他们。

对于德军统帅部而言，幸运的是解决方案——至少在参谋长一职上——近在咫尺。埃里希·鲁登道夫 1865 年出生在波森附近，很早就显露出数学天赋，还有相伴他终身的令人敬畏的职业道德。他 29 岁进入总参谋部，1904 年至 1913 年一直是动员部的高级军官。第一次世界大战爆发时，他已经晋升为少将，被任命为第 2 集团军的副参谋长。他战前花了大量时间研究比利时列日市周围防御工事的布局，当德军第 14 旅旅长在 8 月 5 日进攻城堡过程中阵亡后，鲁登道夫接过了指挥权。此后的 11 天让他声名鹊起。他在包围该城堡时既直接进攻敌人也注意细节，将要塞周围的碉堡各个击破，最终于 8 月 16 日占领了该城堡。

8月22日，正当鲁登道夫指挥另一场围攻时（这次围攻的对象是那慕尔），他接到了小毛奇写给他的一封重要信件：

现委派你去接受一项艰巨的新任务，或许比袭击列日还要艰巨……我知道我目前最信任的人便是你。只有你或许还能挽救东线的战事。我知道眼下或许正是关键时刻，对你而言至关重要，因此请不要因为我此刻召你回来而生我的气。这也是你必须为祖国做出的牺牲。皇帝也相信你。已经发生的事当然不能由你承担责任，但是凭你的充沛精力，仍然能够避免最坏的结果。因此，接受这个新岗位吧，这也是能够给予一名士兵的最伟大的岗位。你不会辜负我对你的信任。

另一封信出自赫尔曼·冯·施泰因将军之手，表达了同样的情感：任务很艰巨，但是鲁登道夫最合适。正当鲁登道夫准备动身去科布伦茨时，给他送信的通信员告诉他，第8集团军的新指挥将是保罗·冯·兴登堡，但好像谁也不知道他在哪里。兴登堡的全名为保罗·路德维希·汉斯·安东·冯·贝内肯多夫·冯·兴登堡，他也曾被列为总参谋长和普鲁士战争部长的候选人，但他谢绝了这两个职位，并且说他不善于阿谀奉承。他于1911年退休，但德军战略制定者们仍然将他列为万一发生战争时合适的军事指挥官。他后来写道，作为一名普通百姓，仅仅听新闻，战事似乎进展顺利，先是占领列日，然后又是东普鲁士战线的胜利，但他这位老兵（他本人战功卓著，包括作为普鲁士禁卫军的年轻军官在圣普利瓦的山坡上浴血战斗）也想利用任何机会为祖国效力：

8月22日下午3点，我接到皇帝陛下指挥部的电报，询问我是否准备好立刻为国效力。

我答复道："我已做好准备。"

这封电报还没有抵达统帅部，我就又接到了一封电报，大意是他们已经想当然地认为我肯定愿意接受这一职位，而且已经将鲁登道夫将军委派给了我。统帅部发来的后几份电报解释说，我必须立刻动身去东线，指挥一个集团军。

我凌晨3点去火车站，由于时间仓促，准备得不够充分，满怀希望地在灯火通明的大厅里等待着。直到短途专列喷着热气进站，我才抛下私心杂念，抛下对突然离开的家园的思念。鲁登道夫将军轻快地下了车，以第8集团军参谋长的身份向我报到。

鲁登道夫过来时途经科布伦茨，并且在那里见到了小毛奇。他回忆道，总参谋长在向他介绍东线的局势时显得很疲倦。威廉皇帝也在统帅部，借此机会亲自接见了第8集团军的新任参谋长，向他颁发了大铁十字勋章，以表彰他在夺取列日过程中所起到的关键作用。鲁登道夫利用在统帅部的机会下达了第一道命令：第1军、第17军和布劳德鲁克师8月23日休整一天，恢复体力。维斯图拉河沿岸剩余驻军则奉命到东普鲁士西南角集结。虽然主要是预备军人和战时后备军，一旦集结后，他们依然是一支规模不小的队伍，有能力在即将到来的战斗中起到关键作用。此外，第1军将在原定地点以东下车，离未来作战区更近，因而能够更快地投入战斗。由于这一改变，撤退到维斯图拉河背后的任何想法都难以落实。

鲁登道夫从科布伦茨一路东行，在汉诺威接到了自己新的集团军司令。他们在火车站台上的相遇也是这两个人初次见面。列车在黑夜中滚滚向前，鲁登道夫向兴登堡简单介绍了局势，以及他已经下达的命令。两个人商谈了不到一个小时，66岁的兴登堡便睡觉了。这两个人就此开始了一段漫长的关系，而这段关系将决定德国在第一次世界大战中大部分时间的政策。

这（普里特维茨被解职）是第一次世界大战期间第一次解除一位集团军司令的职务，而且在多个层面上处理得不够巧妙。威廉皇帝对此很有怨言，他虽然名义上是德军总司令，军方并没有就新的任命事宜征求过他的意见，只是要求他不经审查就批准这些决定。正如霍夫曼后来写道，普里特维茨和瓦德西的待遇也很差：

> 他们被解职的方式很粗暴，这种情况极为罕见。下属比集团军司令更早得知消息。统帅部在没有告知普里特维茨的情况下就将命令传达给了前线各位将军［也就是说，鲁登道夫在统帅部短暂停留期间下达了命令］。例如，第1预备军和第17军接到命令，休整一天。人们不免怀疑是否有必要下达这道命令。［第8集团军］司令部已经在8月21日转移到了巴滕施泰因，并在8月22日转移到了东普鲁士的米尔豪森。我们收到的报告显示，部队在维尔纳集团军［连年坎普夫的第1集团军］面前撤离时井然有序。第20军参谋长赫尔上校报告说，他的部下成功在霍恩施泰因附近集结，

但他随后接到命令，将全军沿吉尔根堡－莱恩防线部署。他对自己的左翼不太放心，因为需要数天的时间才能通过铁路将仍在边境的士兵运过来，因此他请求不要如［第8集团军］司令部所命令的那样将第3预备师派往第20军的右翼，而是应该将其派往霍恩施泰因附近的左翼。司令部同意了这一请求，而且直到8月22日下午才得知司令已经换人。军列处负责人接到一份电报，通知他另有一列火车到站，乘车人为新任司令及其参谋长。数小时后，我们接到皇帝陛下的命令，将冯·普里特维茨将军和瓦德西将军列入解职名单。冯·普里特维茨将军非常大度地接受了这一霉运，毫无怨言地离开了我们。8月22日，来自鲁登道夫的一份电报宣布他将于次日和新任司令一起抵达马林堡，并且希望能见到所有主要指挥官。

普里特维茨的军旅生涯就此结束。他最初是第3禁卫军掷弹兵团的一名下级军官，参加过奥普战争和普法战争。他回到了柏林，竭力向每一个愿意倾听的人解释，他从未打算后撤到维斯图拉河背后，他只是希望朝维斯图拉方向撤退，并且提出了如何守卫它的问题。1917年3月，他死于心脏病突发。留在战场的人几乎没有时间思考他的离去。他们正忙着重新部署，以面对萨姆索洛夫第2集团军的威胁。无论他们之前多少次演练过这种行动，现实如今已经落到了他们身上，而且他们所面临的危险再清楚不过：他们一旦战败，便根本无法阻止俄军占领东普鲁士，甚至无法阻止俄军向柏林推进。

第七章

坦嫩贝格

COLLISION OF
EMPIRES
the war on the eastern
front in 1914

兴登堡战后生动地总结了第 8 集团军撤离贡宾嫩后，新指挥部所面临的任务：

我们不仅要战胜萨姆索洛夫，而且要消灭他。只有这样，我们才能腾出手来对付第二个敌人连年坎普夫，他当时正在东普鲁士烧杀抢掠。只有这样我们才能在真正意义上彻底解放我们古老的普鲁士祖国，才能有机会做我们应该做的事——加入那场大战，彻底解决俄罗斯帝国与我们奥匈帝国盟国在加利西亚和波兰的纷争。如果这第一仗无法终结敌人，祖国所面临的危险将会变成一个痼疾，东普鲁士所遭受的破坏和屠杀将无法血债血偿，我们在南面的盟国将会白等我们一场。

因此，必须动用一切手段。凡是在战术演习中证明有用的东西都必须加以利用，并且要用到极致。格鲁琼兹和托恩（今托伦）的要塞提供了更多适合作战的地方防卫军。不仅如此，我们的地方防卫军来自马祖里湖区的战壕，那些战壕将保护我们在东面的新行动，如今交给了人数不断减少的战时后备军小部队去防守。我们一旦在战场上获胜，就不再需要托恩和格鲁琼兹的要塞，也就不必再为湖区那些陬路担忧。

重创俄军第2集团军当然是一个令人满意的目标，但是与兴登堡的上述内容正好相反，由于西线战事正如预期发展，重创俄军并不是必须实现的目标。施里芬计划的宗旨是在面临更强的敌人时让出一些领土，以便对法国的战争能取得决定性胜利。然后，胜利归来的德军可以转向东线，对付来自俄罗斯帝国的威胁，必要时重新夺回失去的领土。当兴登堡接过指挥权时，6周内打败法国的伟大计划似乎进展顺利。在这种情况下，第8集团军的目的就是尽量拖延俄军的挺进步伐，最理想的办法是利用马祖里湖区的天然屏障防止俄军2个集团军合二为一。一系列类似施塔卢珀嫩和贡宾嫩这样的战斗足以为西线增援部队到来赢得足够时间。但万一施里芬计划未能快速取得对法胜利，德军也没有第二套战略。一切都取决于通过比利时和法国北部包围整个法国战略的成败。

同样，萨姆索洛夫也没有必要一定要取得一场决定性的胜利。俄军的两个集团军中的任何一支只要在东普鲁士与德军交战并且拖住德军就足够了；俄军的另一个集团军便可以自由地袭击德军阵地的后方。当然，俄军缺乏发动协调行动的技术和意志。不过，只要第1集团军和第2集团军尝试朝最终能够会合的方向挺进，它们几乎可以理所当然地做到这一点。

1914年所缺乏的正是这一点。俄军最初的计划是让第2集团军兵分两路进入东普鲁士：第2军和第4军向吕克和约翰内斯堡逼近，而第13军和第15军则向奥特尔斯堡和鲁德赞尼挺进，然后再从那里去拉斯滕堡。这可以确保其与北面的第1集团军保持密切联系，但行军穿过奥特尔斯堡和鲁德赞尼的2个军会转向马祖里湖区阵地的侧翼。8月10日，俄军统帅部建议第2集团军可以选择向西北方向而不是北方挺进，让其重心完全远离湖区防线。日林斯基采纳了该新计划，3天后将这一变化告诉了萨姆索洛夫。结果，第2集团军的第2军将直接奔赴湖区，并试图与第1集团军保持联系。第6军以及补充了第23军1个师的第15军奉命向西北方向的鲁德赞尼和帕森海姆挺进，然后将在那里把行进路线改为向北，目标是西伯格和拉斯滕堡。第2集团军左（西）翼的第1军接受第23军另一半为补充，将保护暴露在外的西侧。

改变计划仅仅3天后，萨姆索洛夫宣布再次进行调整。3个军构成的主力部队前进的出发点又往西移了一点，这样一来，俄军越过边境后就能朝正北的鲁德赞尼和帕森海姆挺进。第15军的左翼现在更接近西面的第1军。这样改变重心有一个优点：它增加了俄军绕过任何狙击他们的德军西翼的机会；缺点是在越过边境之前需要多行军两天，而且萨姆索洛夫离与第1集团军的会合轴线越来越远。只要连年坎普夫能够在东面成功阻挡大部分德军，这一切都无关紧要。萨姆索洛夫的部队在数量上可以轻易压倒他所面临的任何守军，他只需在必要时集中兵力就能轻易包围他们。但是，如果连年坎普夫并未能按计划向前推进，因而未能阻挡住德军第8集团军的至少一个或两个军，萨姆索洛夫的计划就会出现士兵过于分散在一条宽阔战线上的危险。

日林斯基对萨姆索洛夫的建议表达了自己的疑虑：

你在左翼拉得太长……结果第 2 集团军 3 个军在向边境行军过程中，正面将覆盖 60 俄里（约 64 千米），我认为这太多了。

第 2 集团军进入东普鲁士的新出发点与预备军的集结中心有一定的距离。为了迫使德国减轻其对法国的压力，俄军必须尽早进入东普鲁士，这意味着俄军许多师仍然没有满员。有一份报告显示，第 6 军的编制仍然缺 7 个营，第 15 军缺 4 个营，第 13 军缺 1 个营。这些部队需要强行军近 5 天才能越过边境——此时法国正呼吁尽早给德国施加压力，希望小毛奇会被迫将军队调往东线。这样的强行军即便对于正规部队而言也非常艰难，而萨姆索洛夫的一些编队（比如克柳耶夫的第 13 军）大多为预备军，后勤补给严重不足。掉队的士兵一有机会就会脱离大部队，寻找食物和水，或者护理疼痛的双脚。当步兵抵达出发点时，他们发现还须等到有足够的掉队士兵赶上来才能入侵德国。

日林斯基在 8 月 19 日要求萨姆索洛夫加快速度，并且告诉他这种拖延正给连年坎普夫造成问题。萨姆索洛夫的答复简洁明了：

部队接到您的命令后马不停蹄地一直在行军，每天穿过 20 多俄里（约 21 千米）沙地，因此无法再加快速度。

日林斯基和萨姆索洛夫确实感到沮丧，但这两个人均不愿意承担责任。日林斯基本应知道俄军运动速度缓慢，尤其是后勤单位。如果后勤跟不上，就无法打一场持久战。萨姆索洛夫刻意增加了迎敌行军的长度，尽管下属已经向他全面汇报过他所面临的运输困难以及糟糕的路况。

出发线太宽还带来了通信问题。俄军虽然有专门负责架设有线通信的部队，但这些人没有受过良好训练，装备也不足以完成该任务。结果，俄军只能采用无线电通信，这又造成了新的困境。俄军战前在军演中对无线电操作规程重视不够，使得编码和译码变得异常困难，有时根本无法完成。当军队沿东普鲁士边境聚集时，参谋们惊恐地发现，每个军都有各自不同的密码，相互之间几乎无法进行加密交流。结果，萨姆索洛夫认定自己只能冒险发送明码电文。尽管存在被德军截获的可能性，但所有其他方案似乎都不现实。

阿尔弗雷德·诺克斯少将在第一次世界大战爆发时为英国驻圣彼得堡的联络官，他随同尼古拉大公一路南下，来到新成立的统帅部，并且利用一切机会参观了边境附近的作战单位。8月20日，诺克斯回驻地时看到了向边境方向行军的一个俄军纵队。他的描述一语道破许多纵队缺乏紧迫感的状况：

> 我们回去时遇到了军团运输队，它们不仅已经被救护车超越，而且正以双前沿的形式行军，挡住了整个路面。不过，队伍中的每个人都心情愉快、保持安静。平静得出奇，没有人喊叫，也没有我们有时在管理运输过程中看到的那种辱骂现象。俄军不追求太高的效率，只要有效率，他们就心满意足，

并且想当然地认为每个人都在竭尽全力，大概确实也是这样。

第 2 集团军的参谋来自华沙战区。日林斯基在动员时将战区最出色的参谋强行派往了他的西北战线，给萨姆索洛夫留下的参谋良莠不齐。更糟糕的是，俄军军官通常直到战争开始时才得知自己被任命为参谋，因而没有时间熟悉自己的角色，也没有机会熟悉自己未来的同僚。鉴于所有的不利因素，按照一个亲历者的说法，第 2 集团军在向边境进发时，与其说这是井然有序的部队行军，还不如说是一次杂乱无章的朝觐之旅。这不足为奇。

正当俄军开始进入德国时，萨姆索洛夫却接到了不愿意听到的消息。他原以为第 1 军在补充了第 3 禁卫军步兵师之后，会归他指挥并保护他的左翼。现在他却得知这些部队不会直接听他调遣，它们只听从西北战线司令部的直接指挥。这意味着他无法向他们下达命令，反而需要向日林斯基的司令部请求后才能调遣该部队。

俄军第 2 集团军终于在 8 月 21 日大规模越过了边境。第 4 军奉命占领奥特尔斯堡，第 1 军和第 15 军移动到内登堡至贾乌多沃的防线。第 13 军最初停留在上述两支队伍之间，目的是在遭到德军顽强抵抗时支援其中的任何一支队伍。萨姆索洛夫的部队最先占领的东普鲁士小镇之一是内登堡，它于 8 月 22 日被第 15 军攻占。军长尼古拉·尼古拉耶维奇·马尔托斯将军接到报告，说奥伦堡哥萨克团有人遭到平民袭击。随后他下令炮轰该镇，镇中心约三分之一在炮火中被夷为平地。这次炮轰事件背后的真相与报告略有不同。这些隶属于俄军步兵师的哥萨克骑兵基本都是预备军，训练水平有限。一群哥萨克骑兵在镇外遭遇了大约30名德军步兵。这些德军当时正骑自行车路过，在布歇尔·冯·萨赫中尉的指挥下，他们迅速下车，隐蔽起来，当哥萨克骑兵企图向他们发起冲锋时，他们开火并打死了几名骑兵。剩下的哥萨克骑兵急忙撤退，萨赫带领手下进入了内登堡，在火车站附近遇到了正在准备午餐的一支哥萨克骑兵中队。经过短暂的密集交火，德军暂时占领了该镇。他们在撤退前收集了从火车站广场缴获的战利品，包括哥萨克骑兵正在准备的午餐。但更重要的战利品却是一张标注有俄军主要阵地的地图，而且迅速交到了德军第8集团军指挥部。与此同时，这些哥萨克骑兵策马回到了第15军中。考虑到德军当时是突然袭击，我们或许可以理解许多哥萨克骑兵根本没有看清是谁朝他们开火，只能认定射手是平民。

马尔托斯紧随士兵之后抵达了内登堡：

> 我在参谋的陪同下和先头部队一起进了小镇，镇外的房屋烈焰滚滚，我在当地法官的家中安顿下来。
>
> 我任命了一位指挥官负责该镇事务，并且采取措施恢复秩序。德国人，尤其是附近村庄的居民，已经开始趁乱打劫。我们的伤员被送往了条件不错的镇医院，里面早已有一些德军伤员；我们控制住了医生和医院的行政人员……
>
> 继续向霍恩施泰因挺进时，我们看到一些富有的庄园惨遭农民抢劫，一些笨重的贵重物品（比如镜子、餐具柜、刻有家谱的大理石匾额等）要么被砸碎，要么被破坏。我将这些事实记录下来，因为德国报纸当时将所有这一切归咎于俄

军士兵。我可以绝对保证，第 15 军的士兵没有参与任何抢劫行动。多亏了宪兵队，镇里很快恢复了秩序，并且一直维持到我们军队撤离。

毫无疑问，这个边境地区的一些德国人趁乱进行了抢劫；同样，俄军士兵没有参与抢劫活动的可能性也不大。马尔托斯向来以纪律严明著称，第 15 军驻扎在该地区的短暂期间，他的宪兵公开鞭笞了一些抢劫财物的俄军士兵，甚至枪决了几名犯有更严重罪行的士兵。

鲁登道夫和兴登堡 8 月 23 日下午 2 点左右抵达了第 8 集团军的新司令部所在地马林堡：

> 我们在马林堡受到了冷淡的接待。对于我而言，从列日以及西线快速挺进到这个萧索的环境，就像是到了另一个世界。一切改变得很快。士气开始上升。

前几天的惊恐情绪似乎在很大程度上已经消散，现在要做的就是重新部署第 8 集团军，让它面向南方。第 1 军开始进展较慢，但还是都上了火车，他们很好地利用了通往西南方向的铁路线，开始向埃劳附近集结，以支援第 20 军。萨赫在内登堡缴获的俄军加了注释的地图为第 8 集团军新司令部提供了极大的帮助。虽然这张地图有可能是俄军对德军的误导，但它与德军的预料出奇地一致，因此应该将其视为准确的。现在需要重点关注的不是萨姆索洛夫的部队，而是连年坎普夫的第 1 集团军。如果它快速逼近，德军第 17 军和第 1 预备军可能就要投入战斗，全力阻止它逼近与萨姆索洛夫作战的德军后卫部队。但随着时间流逝，很明显可以发觉连年坎普夫的部队移动速度非常缓慢。因而连年坎普夫遭到了俄军指挥系统的担忧和批评。他的一些军官后来为他辩解：

> 我参与了这次行动，因此可以证明第 1 集团军司令和各军军长……竭尽全力地调动了每个步兵队伍，然而第 1 集团军在前进过程中所遭遇的状况确实不利。就速度而言，我们已经到了极限，一旦提速，全军就会有大量士兵掉队，整个部队就会变得七零八落。集团军司令和各军军长在那段令人难忘的日子里下达的命令足以为证："多出汗，少流血"，还有"我军的胜利全靠你们的双腿"。

尽管有多名军官给出了相似的证言，但实际情况正好相反：第 1 集团军各个编队前进时速度很慢、很谨慎。无论俄军第 1 集团军是否能够更加积极地前进，考虑到其补给问题，战场上的实际情况就是后撤的德军没有遭遇重大压力。鲁登道夫和兴登堡决定只调派第 1 骑兵旅、由柯尼斯堡兵营周围的驻军构成的布劳德鲁克师以及两个地方防卫军旅阻挡连年坎普夫。第 17 军和第 1 预备军休整了一天后，奉命继续前进。他们的目标是比肖夫斯堡。结果，两个德军军团——弗朗索瓦的第 1 军和朔尔茨的第 20 军——将会位于俄方集团军的西翼，而另外两个军——马肯森的第 17 军和贝洛的第 1 预备军——将面对俄军的东翼。现在终于有可能攻击萨姆索洛夫部队的两翼，并且包围它了。

8 月 22 日晚，萨姆索洛夫下达了次日的行动命令。他的部队轻而易举地攻占了内登堡和其他边境城镇，这让他颇感意外。哥萨克巡逻兵曾报告说该地区有大量德军。他命令第 6 军留在位于集团军右翼的奥特尔斯堡附近。第 13 军向西北移动，到达奥特尔斯堡和内登堡之间的中间点，而第 15 军则继续向北，朝霍恩施泰因挺进。与此同时，已经不归萨姆索洛夫直接指挥的第 1 军将留在贾乌多沃，深入第 2 集团军的左翼。日林斯基得知上述命令后很不高兴。他原以为萨姆索洛夫的部队会前进得更快，并且要他走一条与连年坎普夫相交的行军路线。然而，第 2 集团军离第 1 集团军最近的部队却在奥特尔斯堡停滞不前，而其核心——第 13 军和第 15 军——分别转向了西北和正北。

俄军第 15 军前进的路线上有朔尔茨的第 20 军严阵以待。自两年前创建以来，该军一直将保卫德国这部分领土视为自己的目标，朔尔茨及其军官在这里接受过严酷训练。俄军第 8 步兵师以 4 个旅的纵队挺进时，它进入了德军第 70 地方防卫军的 1 个团和第 37 步兵师的防御工事，正好横跨通往霍恩施泰因的主要道路。马尔托斯紧随其先头部队：

> 我听到了炮声，起初以为是一小股德军后卫部队在拖延我们前进的步伐。但是，炮轰很快变得越来越猛烈，先头部队以及我派出去的参谋传来的报告表明，大量德军占据着和平时期修筑的防御工事，它们位于奥尔瑙至弗兰克瑙村之间的防线上。切尔尼戈夫步兵团（第 8 步兵师的一部分）走在右纵队最前面，在没有遇到太多抵抗就占领了

一座村庄之后……陷入了困境：该村庄地势低矮，完全被正面和侧面的火力覆盖。报告中说，团长阿列克谢耶夫上校已经阵亡。同时，左边纵队（第6步兵师诺维茨基上校的第1旅）遭遇的敌人却微不足道。奥伦堡哥萨克团作为全军的先头部队偶然发现了该阵地，现在已经撤退到步兵之后，充当后备队伍。

马尔托斯命令诺维茨基固守左翼，同时派哥萨克前去支援第8步兵师的另一半——第30波尔塔瓦步兵团。他非常准确地注意到，哥萨克骑兵不大可能主动出击，但是他希望他们出现时至少能让德军停下来想一想。整个战线爆发了激烈交战，许多场面与19世纪如出一辙。德军步兵一度在团乐队的演奏声中发动进攻；军官们不顾子弹横飞，相互挥刀厮杀；士兵们则为夺取俄军第29步兵团的团旗不顾一切地战斗——尽管德军成功俘虏了该团的参谋，却未能找到该团旗，后来才发现有人用该旗帜包裹了团里一名军官的尸体。

俄军一心想夺取奥尔瑙，虽然将德国守军逼到了极限，最终还是被击退。固守莱纳村的是第一东普鲁士"猎手"营（约尔克·冯·瓦滕堡）。这些著名的神枪手让进攻的俄军伤亡惨重。当天早晨，驻守莱纳村的有500名左右的德军，黄昏时却只有不到50人撤出烈火熊熊的村庄。

双方士兵浑身血迹斑斑，黄昏后想重新聚集在一起，指挥官们此时开始清点人数。朔尔茨起初计划组织反攻，重新夺取莱纳村，但他的指挥部随后接到报告，显示他的部队根本无法发起这样的攻击。总之，兴登堡和鲁登道夫打算派遣第20军和第1军一起向萨姆索洛夫集团军的西翼发起猛攻，但是弗朗索瓦手下的几个师却无法在8月26日之前做好准备。朔尔茨因此下令保存实力，让自己的左翼后撤。兴登堡后来写道，朔尔茨的这一举动将萨姆索洛夫的部下吸引到了更西面，他们的右翼暴露在了正在集结的德军第17军和第1预备军面前。

8月23日晚些时候，马尔托斯坚信自己即将赢得一场大胜利。他命令手下潜伏向前，天一亮就能发动袭击。曙光渐渐照亮了大地，双方重新开战，朔尔茨命令手下向西北方向撤退，但命令迟了一步，无法执行。德军第20军参谋长埃米尔·赫尔一直怀疑第37步兵师是否能够在落败之前撤出战斗，但是疲劳、伤亡（尤其是军官的伤亡）以及一直困扰着连年坎普夫和萨姆索洛夫集团军的补给问题限制了俄军追击敌人的行动。马尔托斯后来写道：

> 德军显然没有料到会遭到袭击，因此在一些据点顽强抵抗之后，他们开始乱哄哄地撤退，连伤员也没有带上。整个战场上到处都是尸体、死马、装备、步枪和被丢弃的车辆，其中还有几辆坏了的摩托车。第6步兵师第2旅缴获了两门大炮和几挺机枪，俘虏了几名军官和大约100名士兵。德军军官听到上级的警告，原以为会立刻被处决，在得知自己没有生命危险后欣喜若狂……德军撤退的速度很快，我军士兵已经精疲力竭，无法追击太远。

> 遗憾的是，我军各个步兵团都伤亡惨重，3名团长阵亡，最出色的营长成了主要牺牲品，不是阵亡就是受伤。

诺克斯次日来到了战场：

> 俄军在进攻中大量使用铁锹。我看到在离守军战壕不到130码[1]的地方挖出了供步枪射击的战壕。德军的机枪很致命，俄军刚从土豆田中站起来射击或者前进，机枪就像割草一样将他们一排排击倒。俄军火炮很快便摧毁了德军的机枪……俄军估计他们在8月23—24日行动中的损失约为4000人，德军为6000人——但这只是个猜测。俄军某团16名连长中有9人阵亡，有一个连投入战斗时有190多人，结果所有军官和120名士兵阵亡。

> 遍野的尸体令人毛骨悚然。我们看到德军和俄军伤员被人从战场上抬下来，他们在那里躺了至少36个小时。

朔尔茨起初害怕自己的损失大于俄罗斯人所估计的6000人，但随着掉队官兵陆续归队，第37步兵师开始重新恢复兵力和信心。他担心自己的前卫即将受到攻击，便请求上级允许其再后撤一段距离。鲁登道夫意识到弗朗索瓦的第1军两天后才能抵达朔尔茨的右侧阵地，便敦促第20军军长只要有可能就要坚持下去。

鲁登道夫和兴登堡借助截获的俄军无线电内容，继续制订反击计划。鲁登道夫最初考虑从西面打击萨姆索洛夫集团军最西边的部分——位于贾乌多沃和乌斯杜的第1军，但最终认定自己缺乏执行这一行动的兵力。相反，他建议蒙骗这些俄军，让弗朗索

1　1码=0.9144米。

瓦和朔尔茨从吉尔根堡向内登堡方向发起主要进攻。他在回忆录中谈到了自己的设想：由第17军和第1预备军袭击俄军右翼，完全包围俄军第2集团军。我们不清楚这是否就是最初的意图，也不清楚鲁登道夫和兴登堡是否只制订了强大的侧翼攻击计划，其本身会造成俄军大量伤亡。8月24日，这两位将军去看望朔尔茨。兴登堡一路上只能在逃离俄军的平民当中穿梭，最终却看到第20军军部的军官都自信满满。

弗朗索瓦驱车从因斯特堡向西行驶，途经柯尼斯堡。他利用这个机会去了一趟格罗斯-耶格尔斯多夫战场，汉斯·冯·雷瓦尔德和2.8万名普鲁士士兵曾于1757年袭击了由斯捷潘·阿普拉克辛指挥、人数是己方两倍的俄军，不过弗朗索瓦在回忆录中夸大了数字，说俄军当时的人数超过10万。普鲁士人虽然落败，但是给敌军造成的损失远大于自己所受的损失，而且他们井然有序地撤离了战场。弗朗索瓦也没有忘记将其与自己的军队在施塔卢珀嫩和贡宾嫩的表现进行比较。他一路驱车抵达马林堡，在那里见到了兴登堡。弗朗索瓦1903年曾在兴登堡的第4军担任过参谋长，因此两个人非常熟。鲁登道夫也是弗朗索瓦的老熟人，这两个人任下级军官时曾住在一起多年。鲁登道夫立刻向弗朗索瓦介绍了自己的计划，并得到了后者的认可。

在整个这段时期，鲁登道夫和兴登堡必须时刻不忘连年坎普夫给东线造成的威胁。在鲁登道夫看来，俄军第1集团军永远是笼罩在东方地平线上的风暴云。尽管德国平民报告说俄军在前进，他们前进的速度却依然显得很慢。德军第8集团军留下来防守东面极薄弱的防线确实没有受到压力。第17军和第1预备军至少暂时可以腾出手来在南面发动攻击，尽管他们撤离贡宾嫩的速度相对较慢（铁路正被用来运送第 1 军），而且必须顶着炎炎烈日沿着尘土飞扬的道路向西南行军。分配给第 8 集团军的冯·德·戈尔茨地方防卫军原本在什列斯威 – 霍尔斯坦执行海防任务，他们的到来对于鲁登道夫而言是个好消息。地方防卫军虽说无法与正规军相提并论，但他们至少组成了一支后备队伍，可以在紧急情况下被用来牵制连年坎普夫。鲁登道夫命令该师在奥斯特罗德附近下车，在那里既可以被部署到南面来支援对付萨姆索洛夫的行动，又可以被部署到东面来拖住连年坎普夫。

军列总共只有六趟，弗朗索瓦对此感到很失望。第一趟军列在 8 月 24 日下午抵达埃劳。到达的第一个步兵团立刻被派去支援第 20 军。次日，第 1 军将军部设在了蒙托沃，兴登堡和鲁登道夫来这里看望弗朗索瓦。他们告诉他，应该在 8 月 26 日向乌斯杜方向进攻：

> 我的建议是，由于下车地点靠后，而且列车晚点，第 1 军分散得很广，还没有完全下车。由于第 1 掷弹兵团被分配给了第 20 军，使我现在步兵不足，而且只有 6 个炮兵连的野战火炮。重型火炮、所有运送弹药的部队、炮兵军官和所有骑兵都还在过来的列车上。鲁登道夫的回复是，由于进攻前还会有列车抵达，已经可以发动进攻了。
>
> "如果命令就是这样，"我说，"当然可以进攻，士兵们显然将与敌人拼刺刀。"兴登堡没有说话。

第 8 集团军的参谋们肯定已经向兴登堡和鲁登道夫汇报过弗朗索瓦在普里特维茨任司令期间所表现出的傲慢态度。他们利用这个机会向第 1 军军长表明，他们希望他执行他们的命令。在确信会采用一切办法加快他剩余的兵力到来之后，弗朗索瓦做出了让步。他将于 8 月 26 日从西北方向朝乌斯杜发动进攻，第 20 军则进攻南面来支援他。

俄军营地一片混乱。萨姆索洛夫当然知道马尔托斯的第 15 军进攻奥尔瑙－莱纳防线时所遭遇的抵抗有多强。德军已经朝西北方向撤退，但是俄军第 1 军的飞机在空中侦察时发现了德国第 1 军首批部队已经抵达。不过，西北战线指挥部的日林斯基依然坚持德军正从连年坎普夫对面的阵地向柯尼斯堡撤退。此时，他已经接到报告，一些德军已经朝西北方向撤退，正在拉斯滕堡附近集结。于是，他命令萨姆索洛夫攻击西北面，以保护阿伦施泰因至奥斯特罗德防线。第 1 军足以保护左翼；第 6 军应该在比肖夫斯堡周围严阵以待，以防止有德军从拉斯滕堡进攻。

结果，萨姆索洛夫向前挺进时，左边只剩下马尔托斯的第 15 军，右边只有克柳耶夫的第 13 军。克柳耶夫以为会接到向北行军的命令，早已命令手下一个师向奥穆勒弗芬进发，但是疲倦的士兵们现在必须收回脚步，准备扑向瓦滕堡。克柳耶夫派一名通信员去见萨姆索洛夫，提醒自己的上司，德军在战前军演时就已经设想过从西面发动强大攻势，他指出，为了应对这种情况，第 15 军和第 13 军应该攻击西面，而不是西北面。萨姆索洛夫因为挺进速度过慢而不断受到日林斯基的批评，早已精疲力竭，他的参谋们劝告他，任何让整个集团军转向西面的尝试都会造成进一步拖延。他的参谋长波斯托夫斯基给西北战线指挥部发了份电报，请求休息一天——补给跟不上，需要时间把食物和弹药送到前线。指挥部的答复没有随他们的心愿：

> 至于休息，前线总司令认为第 2 集团军的进攻远慢于他的期望。敌军已经在 8 月 23 日离开了因斯特堡，离那座小镇已经至少有了行军两天的距离。鉴于这种情况，前线总司令认为在抵达阿伦施泰因至奥斯特罗德防线之前无法批准你部休整，只有这样才能威胁敌军的撤退线撤向维斯图拉河下游。

萨姆索洛夫的总军需官费里莫诺夫亲自递交了一份请求，将进攻轴线转向西方，以应付萨姆索洛夫越来越觉得必须面对的进攻。日林斯基打发费里莫诺夫的办法就是要求他们继续向东普鲁士中心挺进。他轻蔑地补充说，草木皆兵是懦弱的表现。奇怪的是，日林斯基一面要求萨姆索洛夫表现出更多精力，另一面却似乎没有鼓舞连年坎普夫的斗志。贡宾嫩战役之后，连年坎普夫的部队在没有任何抵抗的情况下，五天只前进了不到 30 英里。日林斯基和萨姆索洛夫一样，也是亲苏霍姆利诺夫派，这一次却没有显露出任何关照相同派系的迹象。连年坎普夫相信德国两个军——第 17 军和第 1 预备军——正向柯尼斯堡撤退，便继续慢慢向西，朝东普鲁士首府推进，而不是朝向第 2 集团军前进的西南地区。

弗朗索瓦在回忆录中提及，他在 8 月 25 日下午与几位师长讨论了进攻乌斯杜的计划。如果真是这样，那么这场讨论也是泛泛而谈。午夜前，他接到了第 8 集团军司令部下达的正式命令，要求他次日凌晨 4 点发动进攻，争取中午占领乌斯杜。弗朗索瓦仍在怀疑这是否可能做到：

> 我可以理解快速推进的欲望，但是在资源不足的情况下，贸然进攻令人非常担忧。当时，第 1 军的战斗力尚缺 16 个野战炮兵连，7 个运送轻型火炮炮弹的纵队，4 个重型野战榴弹炮兵连，所有骑兵，以及运送所有步兵弹药的纵队。
>
> 到 8 月 21 日，全军战斗中的伤亡人数约 1400 人，占全军 4 万人战时兵力的 3.5%。我一再打电话请求［推迟］，但是没有用。

午夜刚过，弗朗索瓦便向全军下达了命令，此时距离鲁登道夫的进攻开始时间不到 4 个小时。第 1 步兵师将立刻开始前进，第 2 步兵师 3 个小时后出发，支援其南翼。无论他下午接到过什么作战指示，显然都没有让第 1 步兵师师长孔塔将军意识到会这么早出发，他的士兵已经睡觉了。此刻，他们在黑暗中集合，开始穿过松软的陌生地面，向前奔向集合地点，准备进攻。

8 月 26 日，天空开始发白时，弗朗索瓦听到第 1 步兵师方向传来了交战声。他在儿子（一名年轻的中尉）的陪伴下，来到了孔塔的指挥所：

> 我在陶泽肯东面的一个小杂树林里找到了他，敌人的弹片正如雨点般落下来。师部的一名参谋负伤。全师已经越过

威勒河［陶泽肯西面紧挨着的一条小河］，开始了战斗。孔塔将军手头只有8个营，4个野战炮兵连。运送炮弹的队伍连个人影都没有见到。俄军的火炮优势明显，俄军步兵在希班的高处掘壕固守。就战斗而言，在缺少火炮有效支援的情况下继续进攻十分鲁莽。我克制住自己，没有下达进攻命令，并且告诉第2步兵师，同时再次请求集团军司令部允许我自己决定进攻的时间。结果，我收到了以下电文：

"集团军司令不能将进攻开始时间交由第1军军长决定，因为这个决定取决于全盘考虑，不只是第1军。进攻［乌斯杜］的时间目前仍然定在正午。"

书面确认不久便送了过来，鲁登道夫和兴登堡决心比普里特维茨更加牢牢地约束弗朗索瓦，但是弗朗索瓦对局势的预测没有错。他从与连年坎普夫的战斗中明白，如果没有足够的炮火掩护，对严阵以待的阵地发动进攻必然会以失败告终。他希望能获得更多火炮，当然还有运送炮弹的部队。于是他下令朝乌斯杜方向发动进攻，却将进攻时间定在了下午1点，以给步兵吃饭的时间。鲁登道夫天一亮便从勒包动身去吉尔根堡，却接到了误报，说已经攻下乌斯杜，结果在得知第1军进展迟缓后深感失望。看到弗朗索瓦仍然在拖延时间，鲁登道夫怒不可遏，但也无能为力。将弗朗索瓦撤职毫无意义，因为手头既没有人能够接替他，也没有人比他更可靠。

第8集团军参谋部已经向弗朗索瓦保证，他们将加快第1军其余人员的物资尽早运到，德国铁路系统也竭尽所能地提供支持。

负责该地区铁路运输的参谋沃尔特·冯·斯特凡尼后来写道：

> 第1步兵师的大部队已经投入战斗时，第3掷弹兵团的第1营才抵达蒙托沃。在这里匆忙卸下交通工具和马匹之后，列车载着官兵朝陶泽肯方向驶去。由于采取这一措施，该营提前半小时出现在了战场上。这里的情景与前一天有天壤之别。一天前，陶泽肯一片祥和安宁，此刻却是炮声隆隆。俄军炮弹掀起的碎石落到列车左右两边。司机镇定自若，对这一切视而不见，仿佛他在枪林弹雨中度过了一辈子。我命令他在桥前停车。全营官兵下车后，立刻投入了战斗。

这些列车全然不顾列车间隔时间和最高时速的通常规定，全速将官兵送到了战场。下午3点左右，第1步兵师攻占了希班。乌斯杜仍在俄军手中，但是弗朗索瓦认为自己的手下已经竭尽全力。他们确保了一条防线，可以在次日向俄军主要阵地发动全面进攻。

与弗朗索瓦交战的俄军第1军军长列昂尼德·阿尔塔莫诺夫在战斗开始之前很少派人出去侦察。不过，他准确预测到自己的阵地会遭到攻击，因此前一天便向萨姆索洛夫提出了建议。阿尔塔莫诺夫作为主要军事思想家，战前便享有很高的声誉，但是他在这场战役中的表现乏善可陈。天色渐晚，他谨慎地认为自己已经成功顶住了德军的进攻，目前主要的威胁在防线的南端，于是他计划在8月27发动反攻，将德军赶回去。

紧挨着弗朗索瓦部队北面的是朔尔茨第20军的几个师。他们已经基本上从内登堡以北的战斗中恢复了过来，目前正面对俄军第23军的第2步兵师和整个第25军。参谋长埃米尔·赫尔沉着冷静，在俄军占领了他位于大格里本镇的住宅时，他命令炮兵朝自己家开炮，但是德军主要防线在吉尔根堡前没有遭遇太大压力。随着时间的流逝，德军看到本该将俄军第15军左翼和第1军右翼连在一起的俄军第2步兵师似乎很难与左右邻军保持联系，于是鲁登道夫下令对其发动进攻。下午3点左右，德军第41步兵师和第37步兵师的一半士兵越过起伏不平的地面，向前推进。

北面的进攻由德军第37步兵师执行，他们很快发现俄军第2步兵师的两个旅之间有一个缺口，便利用其攻击俄军暴露在外的两翼。第41步兵师遭遇了俄军第6步兵师，遇到了更为顽强的抵抗，而德军的损失又由于第59步兵团的一部分遭到己方炮火的误炸而雪上加霜。德军士兵无法派通信员回去告诉炮兵停止开炮，只好继续向前推进，俄军步兵的防守火力造成了德军更多伤亡。德军第59步兵团最终在傍晚占领了俄军战壕，但该团损失了550人。德军炮兵与步兵在其他地方的合作更为密切，仿效了自己的父辈在1870—1871年与法国作战时的做法。地面高低不平，无法进行有效的远距离射击，于是炮兵连被部署到了最前线，与打头阵的步兵一起近距离炮轰俄军阵地。机枪手也配合着进攻的士兵，将俄军的几次反攻尝试化作了血淋淋的乌有。

俄军第2步兵师的一个团——第7瑞威尔步兵团——天亮后信心十足地开始向敌军阵地进攻。遇到德军越来越猛的火力之后，它成功抵达了德军第一道战壕防线，却没有料到自己的侧翼遭到德军第37步兵师的袭击。在惨烈的战斗中，该团的伤亡达到了

3000 人——其兵力的 75%——彻底退出了战斗序列。第 2 步兵师一分为二后杂乱无章地后撤。德军第 3 预备师位于俄军第 20 军的左翼，奉命前去夺回霍恩施泰因。库尔特·冯·摩根少将像其他师长一样，也收到了截获的俄军无线电详细内容，知道俄军计划中的行动，也知道俄军第 15 军和第 13 军就在他的前方作战。他认为他的师的左翼可能会受到俄军第 13 军的威胁，便决定先按兵不动。他从高处看到俄军第 15 军和德军第 20 军之间的战况愈演愈烈，认为最好等到俄军全部投入战斗后再说。届时，他可以过去攻击俄军第 15 军的北翼。

摩根师的对面是克柳耶夫的第 13 军。克柳耶夫最初接到的命令是向阿伦施泰因挺进，但是鉴于进攻轴线已经整体向西移动，他在 8 月 26 日一直等待新的命令。当最初的命令在中午得到证实后，他命令部下向阿伦施泰因行军，越过普劳齐格湖与兰斯克湖之间狭窄的地带。这样做的一个后果是，第 15 军前方战斗打响时，克柳耶夫根本无法过去支援马尔托斯，因为两军之间横卧着普劳齐格湖。行军路线穿过林区，而且只有一条路好走，这进一步拖延了时间。天黑时，克柳耶夫虽然已经穿过了湖区，却依然没有赶到阿伦施泰因。他给第 2 集团军司令部发报，说他打算在 8 月 27 日前去支援第 15 军，但不久之后便失去了与内登堡的联系。

在战场的东面，亚历山大·布拉格维申斯基中将的俄军第 6 军在第 4 骑兵师的支援下保护萨姆索洛夫集团军的右翼，并且已经抵达了奥特尔斯堡。第 2 集团军不同部队之间的通信一直存在问题，第 6 军也不例外。集团军通过无线电命令第 6 军立刻向比肖夫斯堡挺进。无线电通话被截获后，鲁登道夫立刻采取措施，要求部下尽快赶到那里。萨姆索洛夫的集团军将其进攻轴线从北改为西北后，又下达了新的命令——这次采用了电报形式——要求第6军只留下一支部队在比肖夫斯堡做掩护，其余部队赶往阿伦施泰因。不久之后，通信完全中断。由于无法联系上萨姆索洛夫，布拉格维申斯基8月25日派一名联络官亲自向集团军司令汇报。该军官告诉萨姆索洛夫，第6军正逼近比肖夫斯堡，却无法提供更多详情，因为他用了很长时间才赶到第2集团军司令部。萨姆索洛夫的参谋部次日试图用无线电联系布拉格维申斯基，终于在8月26日黎明前成功联系上了他。布拉格维申斯基的参谋应对方要求汇报最新情况时，发了一份加密电报，但第2集团军指挥部无法破译。

8月25日，布拉格维申斯基手下的第16步兵师占领了比肖夫斯堡，第4步兵师占领了稍北一点的罗特弗里斯，第4骑兵师则集中在森斯堡。这三支部队兵力都严重不足，至少缺一个团。为了与新命令保持一致，布拉格维申斯基命令第16步兵师前往阿伦施泰因，却没有将改变兵力部署的情况告知第4步兵师。与此同时，德军第17军和第1预备军正在逼近，准备让对手知道他们的存在。马肯森后来回忆，这次行军时间很长，而且烈日炎炎，只有一群超凡的英雄才能做到：

> 对我而言，步兵在1914年8月炎热的日子里长途跋涉的情形终生难忘，从罗敏特穿过弗里德兰抵达比肖夫斯堡，参加坦嫩贝格的决定性战役……如果没有野战厨房，这次从

早到晚的长途行军根本无法完成。这一印象，以及其他战区的类似经历，改变了人们对于扩大后勤部队颇具争议的看法，让人们意识到这些部队对战争所做的不可或缺的贡献。在这三天时间里以及在这之后，我个人多次吃到了他们令人满意、可口的饭菜。

到 8 月 25 日下午，尽管落下了大量疲惫不堪、双脚疼痛的士兵，两军还是逼近了比肖夫斯堡。由于截获了俄军要求第 6 军占领比肖夫斯堡的命令——转向阿伦施泰因的命令是通过电报下达的，因而没有被德军截获——鲁登道夫随即通过电话下令进攻该镇。马肯森作为德军资深军长，当晚深夜下达了命令。第 17 军将沿着主要公路快速逼近比肖夫斯堡，考虑到鲁登道夫在电话里所表达的紧迫性，马肯森强调了尽早快速推进的重要性。他惊恐地发现贝洛已经命令第 1 预备军在他的后边发起了进攻，但发现得太迟了，他已无法干预。他计划上午 10 点左右开始进攻，以便让他那些疲惫的士兵得到更好的休整。德军现在面临着一个危险，他们的进攻可能会化整为零，而俄军则有可能将他们各个击破。

在接到要求其尽早向比肖夫斯堡挺进的命令之后，马肯森又接到了鲁登道夫下达的新命令。如果他执行此命令，德军的进攻兵力会进一步减少。第 8 集团军司令部一直谨慎密切地关注着连年坎普夫的俄军第 1 军，命令马肯森分出一个师来保护其后方。马肯森知道自己的几个师长途跋涉之后已经严重减员，而且需要将全部兵力投入即将开始的战斗中，于是他决定对该命令置之不理。不管怎样，分散兵力的是俄军，不是德军。布拉格维申斯基的骑兵仍然聚集在森斯堡周围，不再听他调遣，只听从第2集团军的直接指挥，因而无法给他提供进一步的侦察。在缺乏情报的情况下，布拉格维申斯基不知道大批德军即将从西北方向到来，只能接受来自上级的情报，即落败的德军在撤离贡宾嫩时将直接向西行军，穿过他的前线。于是，他留下第4步兵师的一个步兵旅，将其部署在比肖夫斯堡稍北的劳特恩周围，同时将第二个旅部署在劳特恩和比肖夫斯堡之间的格罗斯－伯绍。第16步兵师奉命朝阿伦施泰因方向行军。由于萨姆索洛夫集团军的其余部队正朝西北方向移动，第4军如果需要保护俄军右翼的话，只能尽量与其保持联系。

马肯森选择将手下两个师连成一线，第36步兵师在右，第35步兵师在左，准备进攻比肖夫斯堡。离第17军在贡宾嫩几乎全军溃败后撤还不到一个星期，第36步兵师师长康斯坦茨·冯·海涅休斯丝毫没有心情再经历一次失败。他的手下小心翼翼地在晨雾中摸索前进，在劳特恩周围遇到俄国守军后，他们决定这一天还是谨慎为上，便开始掘壕固守。与此同时，长途行军之后疲惫不堪的第35步兵师也无法立刻发动进攻，只好在北面一点的地方停下来休整。俄军士兵从劳特恩出来侦察时很快便发现德军尚未占领第36步兵师东面的区域，便开始从侧翼包围第35步兵师，结果被精准的炮火击退。

俄军的顽强抵抗、德军不愿意重复鲁莽进攻贡宾嫩时所犯的错误以及第35步兵师的疲惫，所有这些都可以击垮第17军，但贝洛的第1预备军仍在向马肯森军队的西面推进。贝洛出色地运用骑兵来监视俄军的动静，然后向南进发，就在劳特恩附近几个大湖——格罗斯－劳特恩湖和达戴伊湖——的西面，切断了比肖夫斯堡至瓦滕堡的道路。贝洛派一个地方防卫军旅，即补充了第36预备师的第69后备旅，抵挡东格罗斯湖　伯绍镇的俄军旅。俄军正赶过来增援劳特恩防区，两军相遇时，战斗瞬间爆发。起初，俄军快速钻进战壕的本领让德军犹豫了一下。直到德军火炮来到前排，将俄军赶出阵地之后，德军的进攻才最终向前推进。当天晚些时候，德军在最后一次冲锋中拿下了格罗斯－伯绍。

再往北，俄军第4步兵师的另一个旅由于缺乏弹药，再次受到攻击，德军士兵到来之前还有强大的炮火攻击。尽管德军第35步兵师一再拖延，但炮兵已经可以投入战斗了。德军快速压倒了精疲力竭的俄国守军。俄军幸存者开始后撤，顺带着另外两个旅以及后勤编队全面溃败，一直后撤到奥特尔斯堡。当天结束时，之前几乎从未参与过重大战斗的俄军第4步兵师损失了73名军官、5283名士兵和2个炮兵连——一半以上的步兵兵力。德军第17军的损失全部来自第36步兵师，总共不到200人，这反映了德军谨慎的进攻策略。第1预备军没有这么幸运，损失了近1600人。

布拉格维申斯基在察觉到比肖夫斯堡以北有激烈交战时，想派兵过去增援。正朝阿伦施泰因行军的俄军第16步兵师接到命令，转向折返。俄军士兵疲惫不堪，费力地重新组织队形之后才出发。他们接近达戴伊湖南端时又接到了新的命令，要求其兵分两路，一半继续前往比肖夫斯堡，另一半向北前往拉姆绍。傍晚，正当第4步兵师激战正酣时，贝洛的第1预备军发现了俄军的这部分纵队。在遭遇战中，反应速度至关重要，贝洛的骑兵侦察让他占尽优势。他的手下迅速进入阵地，从侧翼和后方攻击俄军，俄军慌乱撤退。

这天结束时，兴登堡和鲁登道夫在等待重大消息。弗朗索瓦进攻缓慢，鲁登道夫对此怒不可遏，不过第1军似乎终于可以在8月27日发动一场决定性的进攻了。令人更为担忧的却是战场上传来的消息。空中侦察发现有更多俄军士兵在姆瓦瓦下车，鲁登道夫担心弗朗索瓦推迟一天进攻萨姆索洛夫集团军的侧翼之后，有可能将德国集团军的侧翼暴露在外，受到俄军攻击。

第8集团军司令部的军官们坐下来享用晚餐时，他们仍然没有得到比肖夫斯堡战役的结果，却接到了令人担忧的报告：俄军（应该是连年坎普夫集团军的左翼）已经抵达格尔道恩，就在德军第17军和第1预备军的后方。鲁登道夫和兴登堡走出去密谈。这次私下交谈的详细内容我们不得而知，但是兴登堡在回忆录中隐约提及了此事：

> 很明显，现在的威胁来自连年坎普夫。据报告，他的一个军正行军穿过安格堡。难道它不会找到我军（第17军和第1预备军）的后方？而且，我军西翼（第1军）的侧面与后方也传来了令人不安的消息。俄军骑兵大部队正在南面活动。我们无法得知他们的后面是否还有步兵。战斗的危机正在步步逼近。我们不得不面临一个问题：鉴于敌军这些大规模调遣以及他们人数上的优势，如果大战再拖延数日，战况将如何发展？许多人的心中充满了疑虑，坚定的决心开始左

右摇摆，对迄今为止一直清晰的目标开始出现怀疑，难道这令人感到意外吗？难道加强针对连年坎普夫的防线兵力、对萨姆索洛夫采取折中办法不是更明智吗？为了确保我们自身免遭毁灭性打击而放弃消灭纳雷夫俄军第2集团军的想法不是更好吗？

由于当天晚上共进晚餐的其他人——包括对这场战斗进行过鸿篇描述的霍夫曼——当中无人提及任何人有兴登堡提及的疑虑，我们完全可以认定这段文字与兴登堡和鲁登道夫的密谈有关。1928年出版的一本介绍这次战斗的书籍，其作者形容鲁登道夫当晚几乎被紧张和犹豫不决所压倒，这一说法的依据显然是该作者在兴登堡去世前不久对其进行的一次私下采访。鲁登道夫一直否认这一点，并且指责作者在诽谤他。兴登堡继续写道：

> 我们克服了内部危机，坚持最初的作战意图，全力以赴地通过进攻来实现初衷。于是，我们命令我军右翼直接向内登堡挺进，让包围圈中的左翼"凌晨4点到位，全力出击"。

第8集团军司令部不久便收到了马肯森和贝洛的报告，大家的情绪顿时好转。不过，马肯森对于连年坎普夫集团军有可能派大量兵力进入其后方感到紧张。晚上8点左右，马肯森接到第8集团军的命令，要求其次日继续向前推进。他开始思考自己所面临的选择。俄军第2集团军的第2军已经与大部队分离，徒劳地想把俄国两个集团军连在一起；连年坎普夫集团军最南面的是第

4军。这两个军有可能距离马肯森的部队的后方只有一天的行军路程。马肯森没有多少选择，决定先竭尽全力消灭前方的俄军。在格罗斯－伯绍作战的地方防卫军旅状况堪忧，奉命撤出了第一线。8月27日，贝洛将率领他的第1预备军向阿伦施泰因行军，马肯森的第17军将追击布拉格维申斯基的第6军的后撤部队。在前线的另一面，内登堡司令部中的萨姆索洛夫也正为坏消息感到绝望。那天晚上，他与参谋部和英国武官诺克斯在该镇的德裔镇长家共进晚餐：

> 参谋长波斯托夫斯基说整个第2集团军都围着第15军向左兜圈子。他提及我军普遍抱怨敌军使用手榴弹。奇怪的是，我们昨天在弗兰克瑙根本没有听说此事。
>
> 萨姆索洛夫忧心忡忡，因为他还没有收到妻子的来信。
>
> 晚餐用到一半时发生了一个戏剧性的事件。一名军官给参谋长送来了一份电报，并说第1军军长希望与集团军司令或参谋长通电话。他说事情很紧急。波斯托夫斯基将军戴上夹鼻眼镜，看完了电报，然后与萨姆索洛夫将军一起系上指挥刀，向司令官道别后便立刻匆匆离去……
>
> 安德斯（派去照顾诺克斯的军官）晚上9点从集团军参谋部回来后将战况告诉了我们：
>
> 阿尔塔莫诺夫将军与第1军军部都在乌斯杜，他已经控制了该村西北偏西方向的战线。他在电话里告诉萨姆索洛夫，他原以为会受到从西北方向过来的德军两三个师的攻击，但空中侦察显示德军另一个师正从劳滕堡向他这里

挺进。他请求将第2步兵师派给他。萨姆索洛夫告诉他，位于贾乌多沃的第3禁卫军步兵师的一个旅将由他调遣，然后派一名军官驱车去通知第2步兵师，让其从保护马尔托斯的左翼改为保护阿尔塔莫诺夫的右翼。他告诉阿尔塔莫诺夫必须坚持到最后。

马尔托斯报告说他的哥萨克骑兵进入霍恩施泰因后被击退，他正准备派步兵进攻这座村庄。第13军的克柳耶夫已经通过了（霍恩施泰因东南面的）兰斯克隘路，没有遭遇什么抵抗……

波斯托夫斯基很紧张，他通常都很紧张，绰号是"疯子毛拉"。萨姆索洛夫很满足，也很满意。

上述文字表明，第2集团军司令部尚未得知第2步兵师的损失，也没有收到第4军遭遇灭顶之灾的消息。阿尔塔莫诺夫军已经受到攻击，但似乎抵挡住了正面的德军。因此，萨姆索洛夫在下达次日作战命令时认定第2集团军会按计划继续向德军发动进攻：

第6军留一支队伍在比肖夫斯堡做掩护，其余官兵继续行军至阿伦施泰因，与第13军和第15军合作，给敌军左翼一次沉重打击；第13军和第15军将继续进攻，目标是占领阿伦施泰因－奥斯特罗德防线；第1军将继续执行现有任务，保护集团军的左翼。

次日(8月27日)早晨，弗朗索瓦终于做好了充分的作战准备：

争夺乌斯杜高处阵地的战斗凌晨4点开始，这将对坦嫩贝格战役产生决定性影响。

士兵们已经全部下了火车。晚上，各师终于能够将自己的部下集合到一起了。炮兵指挥以及运送炮弹的纵队都已赶到，弹药补给得到了保证。第1军现在兵强马壮，可以带着强烈的意志和自信快乐地投入战斗。

通往作战指挥部的道路越过希班高地。［我们看到］深挖出的战壕里面还有椅子和长凳，各种装备和掘壕用的工具，以及几具俄军尸体。在所有这些东西之中还有一只用羊毛精心制作的小狮子——一个儿童玩具——估计是从贾乌多沃偷来的。这可以送给我的司机科格林和丹嫩贝格。这两个精英在整个战争期间一直对我忠心耿耿。他们将这只小狮子当作护身符挂在指挥车的散热器上，让它陪伴我们驰骋在俄国、法国、加利西亚地区的战场上，所到之处总能逗得士兵和当地百姓开怀大笑。每一次取得胜利之后，这两位司机就会给它戴上一枚军衔更高的徽章，因此它迅速从列兵升到了军官。军中每个人都知道"希班的狮子"，它在奥地利还成为各家报纸报道的一件战场逸事。

从凌晨5点起，作战指挥部就不断接到进攻已经开始的报告。第2步兵师将在右边挺进，穿过大陶尔湖。第20军的施梅塔乌部（6个营、1个骑兵中队和3个炮兵连）现在隶属于我，它向我报告说它的部队还没有集结，凌晨5

点 45 分之后才能从伯格林出发去乌斯杜。集团军司令希望
有强兵防范贾乌多沃，因为截获的无线电通信显示华沙禁
卫军的一部分（第 3 禁卫军步兵师一直作为预备军留在华沙）
已经抵达那里。同样，俄军第 23 军的第 2 步兵师部署到位后，
将从梅希里茨－格拉劳火车站朝格里本方向进攻。最后一
份报告与此相矛盾，因为格拉劳火车站以及通往梅希里茨
的公路将由我军第 2 步兵师防守。

俄军第 2 步兵师状态不佳，根本无法参与任何作战，更不用
说发动进攻。弗朗索瓦继续监督自己的部下：

　　所有部队都已开拔，集团军司令部也没有再下达新命令，
于是我可以按习惯巡视我的部下。冯·马索和舒伯特两位参
谋、骑兵上尉冯·布兰登施泰因和冯·弗朗索瓦中尉陪伴着我。
我在特雷帕乌火车站碰到了冯·法尔克将军。尽管俄军炮火
猛烈，他的第 2 步兵师的右翼进攻大陶尔湖进展顺利；但是
再往前，在海因里希村以东，可以看到有士兵在朝反方向行
军。我们以为可能是前线后来重新部署的一支军队，便没有
在意。上午 8 点，第 1 步兵师报告已经占领了乌斯杜。我上
车去了那里，护卫车紧跟在后。刚刚经过梅希里茨时，我们
就遭到步枪和机枪射击，不久之后又遭到来自乌斯杜的步枪
射击。显然，成功夺取乌斯杜的报告是错误的。我们只能下车，
打发两辆车回格拉劳火车站。几位军官一直在我身旁。整个
铁路路堤布满了俄军士兵，可以看到他们的脑袋在上下移动。

他们身后的 203 高地上有俄军火炮，将我们的汽车当作活靶子。但是什么也没有发生，我们只好步行返回火车站，途中还常常躲藏在路旁的排水沟中。

我驱车去乌斯杜西南方向的高处，见到了冯·孔塔将军。有人将乌斯杜西面一个孤立的农场错当成这个村庄的村口，匆忙误报已经占领该村庄。可现在是上午 11 点，真的可以看到我军第 2 步兵旅如潮水般从小格里本方向攻占乌斯杜。俄军向东逃往勃尔歇村。我随部队穿过乌斯杜，看到这座村庄已经变成了熊熊燃烧的废墟。下午 1 点左右，我们站在勃尔歇村北面的高处，到处都是匆匆向贾乌多沃撤退的俄军官兵。

德军第 1 步兵师对面的俄军来自第 24 步兵师。由于北面的俄军第 2 步兵师前一天溃败，俄军第 1 军的阵地暴露在外，孔塔的第 1 步兵师迅速延长战线，准备从侧翼包围俄军。阿尔塔莫诺夫部署了自己唯一的后备部队——来自第 22 步兵师的一个旅，但是俄军防线的缺口太宽，前一天晚上隶属于弗朗索瓦的马克斯·冯·施梅塔乌中将的部队也向北延长了自己的进攻线。与德军不同，俄军晚上没有得到补给。他们几乎弹尽粮绝，只能向南撤退，结果进一步拉宽了前一天由于第 2 步兵师溃败所造成的萨姆索洛夫战线中的缺口。

德军第 1 军向前推进时暴露了其南翼，为了保护它，弗朗索瓦命令第 2 步兵师的第 3 旅和一个地方防卫军旅联合防止俄军进攻。阿尔塔莫诺夫认为坚守阵地的最佳办法是尝试从侧翼包围德军，于是派出第 22 步兵师（已经补充了刚刚到达的第 1 步枪旅）的另一半向海因里希村进攻。这支队伍原本被用来增援阿尔塔莫诺夫阵地的北翼；缺少了它之后，德军的迂回进攻得以成功。德军的地方防卫军旅顶住了俄军朝海因里希村方向的第一轮进攻，但是法尔克第 2 步兵师的南翼遭到了俄军的猛烈进攻。由于俄军火炮在数量上占优势，再加上自己的弹药未能送上来，德军第 44 步兵团和第 4 掷弹兵团急忙后撤。这正是弗朗索瓦在海因里希村以东看到的撤退。

大多数后撤的德军士兵迅速集结，阻止了俄军的进攻。孔塔主动出击，已经开始让第 1 步兵师转向南面，快速形成了一条新战线，面向东南方。

然而，并非所有后撤的第 2 步兵师士兵都停下来形成新的战线。第 4 掷弹兵团的一个营位于德军阵地的最远侧：

> 这位营长敏感、神经质，和平时期就已经引起过关注。他现在面对着猛烈炮火，孤军奋战，机枪在俄军炮弹直接命中后被毁。透过中间隔着的树林，他看不到自己所属的师，便认为他们正在撤退，而他接到的来自缪尔曼支队（地方防卫军旅）的报告也很不利。当他看到俄军正在逼近鲁特克维茨时，这位少校再也挺不住了。他想象着他的营已经被遗弃，正身陷严重危险之中，便率领全营穿过沃姆皮尔斯特向蒙托沃前进。

该营撤退时遇到了后勤部队，连带着将他们一起带走了。德军大规模撤退的谣言迅速扩散，每到一处又被夸大一次。当天下午，鲁登道夫和兴登堡回到勒包时收到了他们不愿意听到的消息：

> 我们回来时得到消息，说第 1 军被击败了，残部已经向蒙托沃撤退。这让我难以置信。但是铁路指挥官发来的电报证实，第 1 军正在那里集结。后来才知道，当时只有一个营，它在身处困境后开始撤退。

其他参谋陷入了混乱之中，只好尽其所能恢复秩序：

> 在勒包，我们遇到第 1 军的各个纵队和运送他们的军列，并且惊讶地看到他们正转向另一个方向，马匹也正对北方。当我在惊讶之余询问骑兵队长冯·施耐德时，他解释说已经接到命令，为向北面撤退做好一切准备。我到办公室后接到了一个电话——负责第 1 军弹药运送和军列的指挥官告诉我以下信息："掷弹兵团的第 2 营刚刚抵达蒙托沃，溃不成军。营长报告说，第 1 军已经完全战败，正与第 20 军一起后撤。他和全营快速撤退才幸免于难。不管怎样，他已经下达命令转向北方。"我相信这肯定是经常发生的无数惊恐现象之一——但在我们离开战场后，第 1 军肯定抵抗了一次反攻。我随即命令这位营长过来接电话，而且不容对方分说。我命令他让全营调转方向，继续行军，直到遇见敌人。这时，集团军司令部的第二副官克默雷尔——他后来因成为陆军元帅兴登堡的贴身副官而为人所知——被塞进一辆汽车，奉命一

直往前开，直到遇见德军或俄军。不过，接下来的一个小时，等待克默雷尔的报告的过程变得非常难熬。

那位不幸的营长尽力弥补自己的过错，以确保他和他的手下次日能赶到第 1 军战斗的最前线。在 8 月 27 日剩下的时光里，第 1 军控制区的战斗渐渐平息，阿尔塔莫诺夫的反攻也偃旗息鼓，弗朗索瓦心满意足地准备休息一晚上后向内登堡挺进。

阿尔塔莫诺夫的进攻很有限，但造成的混乱和惊慌，以及弗朗索瓦进攻的成功，反映了两支军队侧翼暴露在外并受到攻击时的脆弱。即便在战斗全面打响之后，阿尔塔莫诺夫仍然可以将局势朝着有利于萨姆索洛夫的方向扭转，但他的部队因补给问题被捆住了手脚。总之，俄军第 1 军缺乏兵力，既无法抵挡德军第 1 步兵师的进攻——尤其是在俄军前沿北翼出现漏洞的情况下，也无法聚集足够兵力发动进攻。阿尔塔莫诺夫因未能更好地管理全军而受到批评。他被指责在前线花费太多时间，干涉下级指挥官，而不是在高层协调事务。无论这种指责的真相如何，他所得到的情报是不完整、不准确的，却只能据此采取行动。比如，第 2 集团军司令部告诉他，第 2 步兵师在保护他的北翼。这天结束时，他的手下已经撤退到了贾乌多沃之外。当弗朗索瓦的炮兵发现俄军的动向并对其进行猛烈炮轰之后，俄军的撤退变得越来越混乱。

紧挨着北面，朔尔茨的第 20 军奉第 8 集团军之令，再次发动进攻。第 3 预备师在 8 月 26 日空等了一天，一直没有机会进攻朔尔茨对面俄军的北翼，此刻首先冲向俄军，企图将俄军的后备军拖进战斗。随后，朔尔茨军的两个师便在南面发动进攻。朔尔茨对面的俄军第15军与被弗朗索瓦赶向南面的俄军第1军之间的缺口越来越宽，这让德军很不安。第41步兵师小心翼翼地进入开阔地带，由于施梅塔乌营已经被派往第1军，第37步兵师的战斗力下降了，遭遇到了俄军第2步兵师的残部。战斗在树林中进行，所以德军未能发现俄军防线的弱点；尽管俄军第2步兵师溃败后朝内登堡撤退，朔尔茨却没有追击。相反，他将注意力转向了米伦，那里传来的报告说俄军正疯狂地攻击主要由格鲁琼兹卫戍部队构成的昂格尔将军的地方防卫军队伍。

起初，朔尔茨在与兴登堡和鲁登道夫讨论的过程中，提出过进攻米伦的俄军的南翼。他们这时得到消息，俄军已经突破德军防线，并且已经占领了这座村庄。朔尔茨立刻命令第37步兵师过去增援地方防卫军。这样一来，就只剩下松塔格少将的第41步兵师可以威胁俄军进攻部队的南翼。松塔格几乎整天都在为无法与南面的德军第1军联系而担心，甚至在接到弗朗索瓦已经取胜的报告之后也仍然放心不下。他现在命令部队前进，即便有可能将自己的左翼暴露给正在进攻米伦的俄军也在所不惜。他没有全力以赴前进，而是慢吞吞地移动，时刻担心前方零零星星的树林里会冒出俄军骑兵。黄昏时，松塔格的队伍仅仅前进了两三英里，大约只是他奉命应该完成的距离的一半。

俄军在米伦突破的消息几乎与德军第1军南翼吃紧的消息同时到来，结果只是虚惊一场。某个地方防卫军作战单位在俄军猛烈炮轰下慌忙撤退，但不久又重新集结。地方防卫军的指挥官昂格尔将军深信自己的部下能够守住阵地。俄军炮火慢慢减弱，既因为缺少弹药，也因为昂格尔在省着使用自己的火炮。当俄军第

6步兵师在下午3点左右发动总攻时，德军轻易击退了它，并且俘虏了大约1000名俄军士兵。

俄军第2集团军的处境因此越来越糟，它的左翼已经被赶往南面，中路的马尔托斯的第15军已经吃了败仗，进攻吉尔根堡也毫无进展。即便这些进攻获胜，也只会让俄军进入更加暴露的位置。俄军部署在中路的另一个军——克柳耶夫的第13军——8月26日没有与德军交战。由于通信问题，克柳耶夫对发生的一切知之甚少。他奉命夺取北面的阿伦施泰因，却能够听到西南方向马尔托斯防线传来的激战声。他与右边布拉格维申斯基的第6军根本无法进行无线电联系。萨姆索洛夫的司令部已经发现，第6军使用的密码本与第2集团军其余各部使用的不同。

克柳耶夫的第13军自动员以来几乎一直在行军，军粮已经耗尽。无论上级提出什么样的要求，克柳耶夫知道，除非有食物，否则他的部下将无法成为一支有效作战部队；他急于占领一座较大的城镇，然后就能申请食品补给。侦察报告显示，第13军奉命占领的阿伦施泰因没有德军。第2集团军给所有作战部队下达的命令也要求第6军向阿伦施泰因挺进；克柳耶夫因此担心自己的队伍有可能与布拉格维申斯基的纵队缠在一起。他在8月26日晚上紧急要求第2集团军司令部明确下达的命令。没有收到任何答复后，他给马尔托斯发了一份电报，询问第15军是否需要支援。到8月27日黎明，克柳耶夫依然没有收到任何答复，只好下令向阿伦施泰因挺进。部队刚刚出发，他就接到了马尔托斯发来的电报，请求支援。克柳耶夫命令左边的第1步兵师改道去霍恩施泰因，第36步兵师则集结在霍恩施泰因与阿伦施泰因之间的斯塔比格滕。这些命令刚刚下达，第 15 军又发来了一份电报，称第 2 集团军已经命令第 13 军派一个旅前去支援第 15 军，其余部队朝阿伦施泰因行进。

克柳耶夫将第 1 步兵师的第 2 旅派往了西南。这些士兵又累又饿，行军了一整天，在 8 月 27 日结束前，在马尔托斯注定会失败的米伦进攻战中成为最北端的守卫。他们对战场战斗的贡献可以忽略不计，以集体混乱无序地向东撤退终结。与此同时，第 13 军剩下的部队没有遇到抵抗就占领了阿伦施泰因。俄军占领该镇后不久，俄军一架飞机着陆，带来了消息：一支大部队正沿着公路从瓦滕堡向阿伦施泰因行军。克柳耶夫及其参谋知道布拉格维申斯基应该从这个方向朝阿伦施泰因挺进，便认为飞机发现的军队应该是俄军第 6 军的一部分。克柳耶夫让飞行员给布拉格维申斯基带去几份急件，并且命令飞行员着陆后与该纵队联系。同时，克柳耶夫也派出一名骑兵去联系该纵队。飞机消失在夏日的天空中，之后杳无音信。骑兵靠近行军纵队时遭到了轻武器射击。他赶紧掉头，策马疾驰，回到阿伦施泰因，但是派出这名骑兵侦察员的俄军第 36 步兵师师长不愿意发出警报。士兵由于紧张过度向友军开枪的例子不胜枚举，因此他理所当然地认为这又是一起这样的事件。实际上，骑兵看到的正是贝洛的第 1 预备军的先头部队。

尽管强行军了 10 天，第 13 军几乎对战斗没有任何贡献。8 月 27 日一早，马尔托斯便派通信员去第 2 集团军司令部，要求克柳耶夫支援其北翼。结果，第 13 军派去的那个旅虽然参加了进攻，却毫无建树。天快黑时，马尔托斯接到了第 2 集团军新命令：

波斯托夫斯基将军（第 2 集团军的参谋长）将集团军司令的命令传达给我：8 月 28 日早晨，第 15 军将行军至阿伦施泰因，与第 13 军和第 6 军合作。他补充说，这样就能集结成一支强大的军队，给德军以沉重打击。我回答说根本无法执行这些命令，因为我的所有部下都在参与激烈的战斗，故人不断得到增援，不久前刚刚回来的飞行员报告说德军一直在向东移动。当波斯托夫斯基依然要求我执行这些命令时，我最后告诉他，集团军司令可以另派一位将军来指挥第 15 军，解除我的指挥权。"我会将我们之间的谈话内容向司令汇报的，"波斯托夫斯基说，"我一小时后给你打电话。"可他一直没有打来电话。

在战场的东部边缘，马肯森和贝洛已经接到命令，8 月 27 日向南追击战败的俄军第 6 军。他们起初向比肖夫斯堡进发时像第 17 军前一天进攻时一样谨慎——担任俄军第 6 军后卫的第 16 步兵师的一名参谋称之为"软弱"。但他们不久便发现布拉格维申斯基并不想坚守比肖夫斯堡，反而已经向更南面撤退。德军对自己前一天为何取胜仍然不清楚，因此马肯森以为自己会遇到顽强抵抗。相反，他的部下发现比肖夫斯堡没有有组织的俄军作战单位，只有掉队的俄军人员，将这些俄军驱赶到一起后，俘虏人数超过 3000。他们另外还缴获了 40 门火炮。

中午刚过，德军这两支部队又接到了上午 7 点 30 分下达的新命令。第 17 军将继续向南行军至门斯古特和帕森海姆，而第 1

预备军则向东南行军，进入阿伦施泰因和帕森海姆之间的区域。它在那里既可以攻打阿伦施泰因，也可以向南挺进。马肯森手下几个师临时组建了几个快速突击队，由冯·吕恩中校指挥，最前面的是第17军的2个骑兵团，提供支援的则是能使用任何可以利用的交通工具的步兵；50名步兵甚至骑上了自行车。马肯森前一天晚上是和衣而睡的，他预测战斗随时会打响，一直陪伴着第36步兵师。他的一名参谋如此描述这位军长对下属的影响：

> 他鼓励的话语、他精力充沛的行事方式以及他对下属无微不至的关怀，时刻激励、鼓舞着大家，因此每个人都会竭尽全力。

先头部队次日晚上抵达帕森海姆。俄军一直在匆忙撤退，德军的战利品包括一支运送弹药的部队，以及装有第6军军饷的箱子，里面总共有20万卢布。

又一天的激战过后，双方司令部都试图弄明白发生了什么，下一步该如何行动。萨姆索洛夫向分散在四处的下属下达了新命令：

> 第1军必须不惜任何代价守住贾乌多沃前面的阵地，这样才能保护集团军的左翼。第23军（第2步兵师和撤退回来的第3禁卫军步兵师的一些队伍）要不惜任何代价守住弗兰克瑙以西战线上的阵地……
>
> 由马尔托斯将军统一指挥的第8军和第15军天亮后将

继续朝吉尔根堡－劳滕堡方向发动猛烈进攻，目标是攻击第
23 军和第 1 军对面敌军的侧翼与后部。

第 6 军将转移至帕森海姆地区。

整整一天过后，萨姆索洛夫才得知俄军在比肖夫斯堡的惨败，
即便此时他依然不清楚失利的程度。第 23 军在战斗一开始就已
经以师为单位作战了，现在将它们重新集结纯属痴心妄想；第 2
步兵师依然无法重新投入战斗，而第 3 禁卫军步兵师则分散在一
大片区域。萨姆索洛夫的命令是第 13 军和第 6 军前进到足够远
的地方，从侧面包围第 1 军对面的德军并打败它，但执行该命令
需要向前推进的距离比俄军迄今为止所推进的距离长数倍。但是
萨姆索洛夫在完全缺乏情报的情况下依然继续行动。俄军统帅部
几乎没有提供任何情报说明连年坎普夫面临的局势，萨姆索洛夫
只能认定俄军第 1 集团军至少在东普鲁士牵制了一部分德军，或
者至少已经将其赶向了柯尼斯堡。他的部下经历的大多数激战都
在西部，因此他似乎可以合理地认定德军主力就在那里。所以，
集中兵力对付他们也合情合理。只有与两翼灾难性的局势合在一
起，第 2 集团军的命令才有了绝命书式的性质。

萨姆索洛夫写完上述命令后，晚上 11 点 30 分通过电报向日
林斯基进行了汇报。他在电报中声明，他希望撤销阿尔塔莫诺夫
的职务，因为他"无充分理由"撤退。接替阿尔塔莫诺夫的是第
2 步兵师前任师长杜什科维奇将军。次日上午，萨姆索洛夫再次
向俄军西北前线指挥部发去电报，说他打算加入第 15 军的参谋部，
亲自指挥这场战斗。这种亲临前线作战单位的做法于德军已司空

见惯，指挥部参谋必须确保指挥官不在时一切正常运作。然而，俄军参谋们的素质却不如德军参谋。

德军第 8 集团军司令部并没有像人们预料的那样扬扬得意。有报告说连年坎普夫的部队已经抵达拉斯滕堡，正在步步逼近。鲁登道夫急于让东面两个军避免遭到俄国两个集团军夹击，随即命令它们次日联合攻打阿伦施泰因，以加速萨姆索洛夫集团军的崩溃。贝洛将最迟在中午率先进攻，马肯森将派出部分兵力去支援；第 13 军不必等到第 17 军完全到位。第 17 军的其余部队将继续向南挺进。不幸的是，鲁登道夫只与贝洛保持直接联系，并且认定后者会将命令转达给马肯森。但是贝洛的参谋长只转给第 17 军一条命令：第 17 军全军必须支援第 1 预备军攻打阿伦施泰因。

人们提出过许多观点来解释这种改变战略重点的现象，有些人认为是失误，有些人认为贝洛是有意为之，以确保他的第 1 预备军能得到马肯森军的全力支援。贝洛让他的参谋长波萨多夫斯基负责将命令转达给马肯森，并没有将这项任务交给一位下级军官，这似乎能说明一些问题。马肯森对这一命令非常不快：

> 从 8 月 25 日起，鉴于整个形势，我就一直认为帕森海姆和耶德瓦布诺是非常合适的进攻目标。正是出于这些考虑，我才全力以赴，才进行 8 月 26 日的劳特恩战役，才在 8 月 27 日随先头部队向前推进到拉匈。我原本打算在 8 月 28 日随军抵达耶德瓦布诺，派一个支队抵达奥特尔斯堡。相应的命令已经下达。然而，这位波萨多夫斯基伯爵上校却从第 1 预备军给了我"致命的打击"，要求第 17 军行军穿过瓦滕

堡，直至阿伦施泰因！这条行军路线与我对战局的理解刚好相反，也与我迄今为止从集团军司令部接到的所有命令相悖，我很不愿意遵从。但是我没有机会向集团军司令部说明情况，因为我已经无法直接和他们联系。波萨多夫斯基解释说他的请求是集团军司令部的命令，他只是转达。最终我别无选择，只好同意让全军向阿伦施泰因进发，只在耶德瓦布诺－奥特尔斯堡方向留下一些侦察和掩护兵力。我内心反对向阿伦施泰因进发，同时明显怀疑波萨多夫斯基转达的命令，这些严重影响了我。如果站在我面前的不是以前的同事、不是我信任的波萨多夫斯基，我肯定会违抗命令，继续按计划向耶德瓦布诺挺进。

第17军指挥部中对这些新命令狐疑满腹的并非只有马肯森。他的参谋长卡尔·冯·东克尔后来写道：

> 我从未见冯·马肯森将军如此愤怒过。他和参谋部都觉得无法执行集团军司令部下达的这条命令。一些年轻的参谋尤其反对。但是，当军长心情沉重地要我们执行命令时，我和施韦林伯爵（马肯森参谋部的一位少校）都无能为力。

在战场的另一边，弗朗索瓦准备再次发动进攻。天亮后，第1军的士兵穿过晨雾到达出发点。弗朗索瓦在8月27日晚上下达了命令，要求继续攻击俄军第1军：

天刚一亮，就必须压制贾乌多沃前面的俄军炮兵连……各步兵师和缪尔曼以及施梅塔乌支队必须占领起点线，准备进攻贾乌多沃。我将在早晨6点从乌斯杜大路以西的202高地上下达进攻的时间安排和细节的命令。

天色渐明，弗朗索瓦注意到贾乌多沃周围的俄军阵地并没有他预料的那么多。他派出去的侦察兵几乎没有发现守军，空中侦察报告大批俄军正向南撤退。弗朗索瓦立刻改变了计划。弗赖赫尔·冯·谢菲尔中校将率领第1骑兵师和施梅塔乌支队——离谢菲尔战地指挥部最近的两支队伍——沿着内登堡道路追击，切断北面第20军对面的俄军的撤退路线。一个炮兵连和第43步兵团的自行车营将奉命紧随其后。

贾乌多沃前的俄军后卫部队包括5个步兵团，还有6个炮兵连支援。士兵来自不同部队——3个团来自独立的第1步枪旅，1个团来自第3禁卫军步兵师，1个团来自第22步兵师，而且缺少弹药。不过，在奥托·西雷利乌斯将军的巧妙领导下，俄军进行了顽强抵抗，德军第1步兵师和缪尔曼支队直到上午11点左右才攻下贾乌多沃。弗朗索瓦确信俄军第1军已经被成功击败，便下达了新命令。施梅塔乌支队和第2步兵师将行军至内登堡，控制住内登堡至韦伦贝格的道路。占领贾乌多沃之后，第1步兵师将转移至内登堡，组成主要后备队伍。缪尔曼将在贾乌多沃守住奈德河防线。

在紧挨着他的北面，双方中路的战斗也已重新开始。朔尔茨认定他对面的俄军已经是强弩之末，于是命令松塔格的第41步兵师潜入俄军剩下的阵地中。当这支部队抵达内登堡至霍恩施泰因的主要公路时，它将向北行军穿过瓦普里茨至鲍尔斯古特，停留在前一天傍晚曾试图突袭米伦的俄军身后。一旦俄军的侧翼和后方受到攻击，米伦周围的地方防卫军就会在第20军第37步兵师的支援下向前推进，将俄军赶入第41步兵师的火炮范围。

穿越俄军防线并占领鲍尔斯古特的任务即便对刚投入战斗的士兵而言都是一个挑战，而第41步兵师经过数日战斗之后已经疲倦不堪。而且，它的12个营有3个还在别处：2个营和施梅塔乌一起在南面，另一个营正在前两天的战场上搜索伤员、收集装备。命令到达得太晚，士兵们一时兴起摸黑前进。马尔托斯后来写道，凌晨2点左右，他的军官发现德军有动静，但他将这说成是零星枪声。与之形成对比的是，德军的描述是士兵们在前进过程中奉命卸下武器，正是为了避免暴露他们的位置。总之，天刚亮，先头部队正从南面接近瓦普里茨，就遭到了俄军越来越猛烈的火力。松塔格的3个团当中有一个成功潜入瓦普里茨，但是随着晨雾散去，俄军炮火越来越猛烈，迫使该师大部分士兵寻找掩体。有条河穿过瓦普里茨，德军先头部队现在来到了大桥的北侧。桥上的火力太猛，他们无法撤退，增援部队也无法靠近他们。整整一个连的先锋迅速变成了血肉模糊的尸体，谁也未能冲到桥中间。

马尔托斯已经将第15军唯一的后备部队——诺维茨基指挥的一个旅——调往该地区。这个后备旅与第2步兵师剩下的人员集结让德军压力倍增。潜入瓦普里茨的德军先锋队伍在子弹耗尽的情况下只好投降，剩下的两个团开始撤退，但他们的西面是米伦湖，北面和东面是俄军。只有当第41步兵师部署在野外的炮兵开始向俄军防线开炮，吸引俄军火力，让步兵后撤的情况下，松塔格才能保住自己的几个团。德军伤亡惨重，损失近 2500 人。德军报告在瓦普里茨被俘约 300 人，俄军报告则将人数说成近 1000 人。

按照德军行动计划的要求，一旦第 41 步兵师在俄军防御工事的后方与侧翼站住脚，主战线上的第 22 军就必须发动进攻。当晨雾散尽，潜行的机会也会随之消失。摩根命令自己的第 3 预备师的一个旅找到俄军的北翼，而他的主战线随即向前推进。这是一场俄军传统的顽强抵抗力发挥了决定性作用的战斗。主力部队在伤亡过大的情况下停止了前进步伐，穿过雅布隆肯森林去寻找俄军北翼的德军旅时，迎面碰到了俄军第 13 军的纳夫西旅和克波尔斯基旅。这两个旅一直没有参与太多战斗，此刻却全身心地投入与德军的近距离战斗中。尽管德军出现时把他们吓了一跳，他们还是进行了顽强的抵抗。他们慢慢被击退，最终退至霍恩施泰因，德军也因此未能突破。南面，摩根的另一个旅通过了德吕布尼茨，师参谋部紧跟在步兵之后，摩根的情绪反映了许多同僚的心声：

> 这仍然是高级军官们的好时光。他们不必被电话困扰，可以站在"指挥山冈"上，俯视大部分战场，通过马背上的参谋下达命令，也从通信员和联络官那里收到报告。

戈尔茨的地方防卫军从北面进攻霍恩施泰因，也遇到抵抗停滞不前，同样损失惨重。随着时间的流逝，第 8 集团军司令部陆续收到了第 41 步兵师不断失利的消息。上午 9 点后不久，鲁登道夫给弗朗索瓦下达了新命令：

> 第41步兵师已经被敌人赶回到了隆诺沃。第1军必须立刻将集结在勋卡乌的师派往隆茨肯，防止敌人突围，并发动进攻。
>
> 施梅塔乌支队也应该朝相同方向行进。集团军司令希望他们立刻按命令出发，而且必须全速前进。该师出发时需立刻报告。

中午又传来了新命令，要求第1军全部支援第41步兵师；或许是考虑到弗朗索瓦之前曾违抗过军令，新命令结尾处还有一句话："第1军准确执行命令就是对集团军最大的贡献。"这番劝告如对牛弹琴。弗朗索瓦想，即便第41步兵师被击退，占领内登堡也会让俄军任何战术胜利变得无足轻重。法尔克的第2步兵师已经在孔岑周围与俄军第3禁卫军步兵师交火，而且似乎向前推进得很顺利。第1步兵师奉命再次投入战斗前先休整。但除此之外，弗朗索瓦根本不想执行鲁登道夫的命令。

总之，危机迅速得到了化解。松塔格给第20军军部发去了令人心惊肉跳的消息，证实自己受到了重创，并且补充说他认为自己的部下会努力坚守到底，但俄军没有发动进攻。与他们作战的俄军，尤其是俄军第2步兵师的士兵，由于前几天损失过重，现在的兵力太弱。德军第3预备师不顾俄军的顽强抵抗，趁俄军第15军一蹶不振之时慢慢向前推进。马尔托斯的部下连续作战，一直是俄军方面的先锋，如今已经到了弹尽粮绝的地步。大量俄军被德军俘虏，夜幕降临时，德军先头部队已经抵达其第 41 步兵师早晨被击退的地区。他们甚至成功解救了俄军早些时候抓获的大约 200 名德军俘虏。俄军第 13 军第 1 步兵师的一个旅前一天奉命前去找到德军位置的北翼，结果被夹在了从西北方向过来的德军地方防卫军和从西南方向过来的德军第 3 预备师之间。他们尽可能长时间抵抗，但由于腹背受敌，他们被迫在黄昏撤退——尤其是德军第 37 步兵师在开始推进较慢之后于下午火速行军，在热浪中沿着尘土飞扬的道路长途跋涉之后已经赶到了霍恩施泰因。然而，戈尔茨的地方防卫军运气却没有这么好，他们遇到了俄军第 13 军新换上来的队伍，被迫放弃已经占领的地方。

萨姆索洛夫在中路与马尔托斯会合，亲自祝贺马尔托斯战胜德军第 41 步兵师。马尔托斯直到此刻才全面了解俄军第 1 军战败以及第 2 集团军左翼因此暴露在外的情况。他主张他的军队和第 13 军立刻后撤，但是萨姆索洛夫的参谋长波斯托夫斯基仍然希望赢得胜利，因而一再请求推迟至第 13 军所有部队都到来之后再撤退。下午 3 点左右，克柳耶夫的先头部队抵达，却遭到德军炮火的突袭。步兵脱离队形，到处乱跑，萨姆索洛夫的参谋们将其中一些步兵重新集结，组成第 15 军之后的一支后备部队。指挥部给克柳耶夫下达了命令，敦促他和其余部下赶快前进。但随着黄昏降临，波斯托夫斯基不再坚持。于是，俄军下达了命令，中路部队准备撤退至内登堡。

8 月 28 日下午，弗朗索瓦果断地攻击了萨姆索洛夫集团军的左翼，并向内登堡逼近。先头部队是休整后的第 1 步兵师和施梅塔乌支队，第 1 军的 2 个骑兵团在几乎没有遇到抵抗的情况下抵达了郊外。俄军防守部队是施滕佩尔指挥的第 6 骑兵师和第 3 禁卫军步兵师的科克斯格尔姆斯基军团，尽管这些部队在遭遇法尔克的第 2 步兵师时英勇作战，成功阻止它抵达格吕弗里斯，他们此刻却无法阻挡德军向内登堡的前进步伐。弗朗索瓦接到空中侦察报告，说俄军已经撤出了内登堡，他决定亲自去察看一下。他与参谋部驱车抵达了内登堡西面的卡尔斯霍尔。

> 从那里无法看到内登堡，于是我和几名参谋爬上了第 215 坐标山。我通过望远镜环视四周，正准备让随行人员注意一块土豆田里的一些土黄色隆起物，子弹突然从我们耳旁呼啸而过，我们赶紧寻找掩体。火力越来越猛，子弹溅起的沙子落到了我们的脸上。就在这时，第 10 "猎人"骑兵团担任先锋的中队正好赶到，他们原本被派往内登堡，此刻正好从我们所待的地方袭击俄军；［我们看到］逃跑的步兵，试图回到尚由俄军控制的内登堡。"猎人"骑兵团团长贝林中校击退俄军后立刻过来见我，我命令他率团从内登堡南面穿过皮昂特肯前往韦伦贝格。

弗朗索瓦一直等到施梅塔乌支队的士兵到来后才进入内登堡，这样就截断了萨姆索洛夫残部的交通线。晚上，施梅塔乌继续向穆沙肯推进，第 1 步兵师在内登堡严阵以待，而萨姆索洛夫此时正命令整个集团军撤退至内登堡。

克柳耶夫在阿伦施泰因，尚不知布拉格维申斯基的第 6 军已经战败，也不知从东面朝他过来的军队可能是德军。确实，他接到的命令当中还包括第 6 军向帕森海姆移动的信息。8 月 28 日天一亮，第 13 军便从阿伦施泰因向西出发，留下一个营等所有运输工具撤离后再动身；然后，该营也将朝西向霍恩施泰因移动，不管第 6 军是否过来营救它。就在这个营准备离开时，德军第 36 预备师赶到了。这是贝洛第 1 预备军的先锋。一场快速战随即打响，俄军被歼灭。最为重要的是，他们未能向第 13 军其余部队发出警报。

第 13 军其余的部队在格里斯里嫩遭遇德军，克柳耶夫的部下立刻在行军线路两旁就位，一场血腥的战斗随即开始。战斗越来越激烈，俄军纵队中的最后一支部队——第 36 步兵师的第 143 多罗戈布耶斯基军团突然遭到贝洛预备军先锋的攻击。俄军成功顶住了德军的进攻，但是俄军被派往阿伦施泰因以南的辎重队伍成了俘虏。在这两场战斗中，俄军一直猛烈抵抗。双方相同番号的队伍在相互交战：德军第 36 预备师的对手是俄军第 36 步兵师，德军第 1 预备师俘虏了俄军第 13 军的辎重队伍。护送辎重队伍的俄军撤退到了达雷腾村，并在那里一直抵抗到深夜。

这天结束时，克柳耶夫依然孤立无援。他的先头部队一直在霍恩施泰因周围作战，他的后卫部队成功抵挡住了贝洛的预备军。德军骑兵巡逻队正在它的阵地与南面一点的第 15 军之间活动。克柳耶夫与参谋讨论了一番之后，决定让部下休息一晚，次日天一亮就发动进攻，并尝试联系第 15 军。午夜时分，克柳耶夫终于接到了萨姆索洛夫的命令：往库尔肯撤退。克柳耶夫想朝东撤退至普劳齐格湖，那里虽然道路狭窄，遭遇德军的危险却要小得多。然而，他认定第 2 集团军司令部肯定比他更清楚整个局势，因此决定执行命令，按要求向南行军至普劳齐格湖西面，而霍恩施泰因城内和周边的德军就在他军队的西翼。

为萨姆索洛夫的第2集团军布下的包围圈已经完成了一半，另一半则要看马肯森，他不愿意将部队调往阿伦施泰因。8月28日上午，他接到了第1预备军发来的新消息，俄军正从阿伦施泰因前往霍恩施泰因。第1预备军已经奉命追击，由于没有接到其他命令，贝洛建议第17军也照做。因为已经有一天多没有直接接到司令部的命令，马肯森让一名下级参谋巴滕韦费尔上尉飞往集团军指挥部，以获得明确指示。不过，巴滕韦费尔还没有赶到那里，马肯森就已经电话联系上了集团军司令部。鲁登道夫刚得知转给第17军的命令已经改变了作战重点，就立刻下达了澄清事实的命令。第17军必须重新前往奥特尔斯堡：

> 需要将无比强大的部队派往耶德瓦布诺，拦截从阿伦施泰因－霍恩施泰因林地出来的所有俄军……竭尽全力追击他们。只要拼命追击，［就能取得巨大胜利］。前进！

顶着无情的太阳，第13军的士兵和马匹越来越频繁地掉队，但追击的劲头丝毫不减。马肯森军部的下级军官东克尔后来这样回忆这次行军：

> 我看到参谋部在林中道路上停下脚步，让第35步兵师的一个步兵团过去。士兵们风尘仆仆，一路高歌，看不出这次艰难的行军给他们带来的任何疲劳。这就是"胜利加追击"

的力量。

先头部队于次日凌晨3点到达奥特尔斯堡，紧跟着正在撤退的俄军。由于赶在了后勤部队的前面，军官们只好想方设法给士兵找吃的。第35步兵师第176步兵团的冯·阿尔特霍夫中尉用自己的薪水在卢米买下了能找到的所有面包，装到一匹缴获的哥萨克马的马背上，匆匆赶着它回到先锋队。

这天结束时，鲁登道夫信心十足：

> 霍恩施泰因以西，第3预备师已经取得进展，第37步兵师后来也一样，冯·德尔·戈尔茨的地方防卫军已经进入霍恩施泰因。敌军防线看似正在瓦解……我们尚不清楚各个作战部队的具体情况，但这场战斗已经赢定了。

那天早些时候，第8集团军的这位参谋长可没有如此自信。他上午接到消息，连年坎普夫的部队终于从东面慢慢逼近。鲁登道夫显然说过只能放弃与俄军第1集团军的交锋，但兴登堡将他拉到一旁，两个人私下交谈了片刻之后又回到了参谋部。兴登堡宣布一切按原计划进行，继续攻击萨姆索洛夫。后来拦截的俄军无线电通信信息证实，连年坎普夫的第1集团军依然在缓慢向柯尼斯堡挺进，至少还在40英里之外。直到这时，所有忧虑才烟消云散。

俄军防线虽然开始出现了缺口，却还不至于垮掉。经过数天的激烈战斗，马尔托斯的第15军已经疲惫不堪。因未能抵达内登堡，萨姆索洛夫及其参谋部在奥尔瑙度过了一夜，大举逼近的德军第15军一星期前曾在这里击退俄军第20军。由于无法联系上马尔托斯，萨姆索洛夫命令克柳耶夫全面撤退，并且补充说，第13军和第15军以及第23军残部暂时都由他指挥。第15军的第6步兵师和第8步兵师已经在8月29日之前开始有序撤退，并且没有遇到德军的近距离追击。第23军控制着南线，从前一天上午打败德军第41步兵师的地方直至内登堡以西。他们抵达时，第15军的先头部队将防线向东延伸。同时传来了马尔托斯阵亡的消息，第8步兵师师长费廷霍夫将军开始指挥第15军。

马尔托斯其实安然无恙，只是情绪低落，处境险恶。他也试图在前一天晚上奉命赶到内登堡，指挥该镇的防御，却不知道内登堡已经落入德军之手。他和参谋部进入内登堡东北方向的科穆辛森林，从巡逻兵那里得知德军已经占领该镇。他命令各单位抵达后构筑朝南的防线，然后决定去前线看看，没有意识到士兵们没有执行命令。他们刚走出森林，就遭到了德军的炮轰。数名随从当场被炸死，其他人四处逃窜，马尔托斯和几个人成功逃回森林。8月29日，他们在这里几乎直接奔向了一挺德军机枪。一阵扫射过后，大家分头躲避，第15军参谋长马楚戈夫斯基少将当场毙命。马尔托斯的身边只剩下一名上尉和两名哥萨克士兵，他们继续尝试回到安全地带。8月29日晚，他根据星星确定方向，带着几个人向南突围，直到在穆沙肯附近遭遇另一支德军巡逻队，成了德军的俘虏。

8月29日，弗朗索瓦的部下才慢吞吞地投入战斗。法尔克的第2步兵师小心翼翼地向北挺进，各指挥官都不愿意冒险。这天结束时，德军步兵只前进了3英里。有人报告俄军大部队正从北面逼近内登堡，第1步兵师因而耽搁了一下。这些俄军主要是想抵达位于安全地带的后勤部队所在地，还有几个炮兵连相伴。弗朗索瓦看到他们受到攻击后四下逃窜。他知道自己必须警惕北面和南面，但他仍然决定向东推进，完成对萨姆索洛夫集团军的包围。他命令一个骑兵团向南朝俄国边境巡逻，其他人则沿着通往韦伦贝格的道路出发。第10"猎人"骑兵团和施梅塔乌支队傍晚抵达韦伦贝格。施梅塔乌的步兵真是了不起，两天内行进了39英里，还经常与沿途的俄军交战。他们在韦伦贝格周围发现许多俄军士兵巴不得投降，结果他们收容的俘虏人数每小时都在增加。这天结束时，第1步兵师各部均已部署在内登堡与韦伦贝格之间的道路沿线，并且也俘虏了大量俄军士兵。

在俄军这边，克柳耶夫命令部下8月28日晚结束与德军在霍恩施泰因周围的战斗。俄军奉命保持绝对安静，集结后彻夜行军穿过缪肯。他们几乎不可避免地走错了路，等确定正确路线后，他们已经浪费了宝贵的时间。先头部队夜间穿过了缪肯，但是天刚亮，村里的一个德军机枪阵地——机枪手们要么没有发现撤退的俄军，要么睡着了，或者决定不在黑暗中贸然向人数不明的俄军射击——开了火。这必然引起了德军其他部队的注意，当俄军试图向东移动时，这迅速演变成一场激烈的战斗。在三面被包围的情况下，克柳耶夫的后卫部队——卡科夫斯基上校指挥的卡希尔斯基团——几乎全军覆没，但其余队伍成功逃脱。他们走的这条道路有几个危机四伏的咽喉点，必须在这里通过几座关键桥梁。克柳耶夫的部下在施威德里奇又遭遇了一场恶战，德军从西面压了过来。第 13 军最后几支队伍不顾桥梁在他们身边烧毁，强行过了河，跟着战友前往库尔肯。负责追击的是摩根的第 3 预备师，他们击溃俄军第 15 军的辎重队伍后兴高采烈，将战利品视为数天激战后赢得的回报。

克柳耶夫到达库尔肯后又接到了新命令。他必须经过韦伦贝格前进至科尔耶勒，因为内登堡已经落入德军的手中。第 13 军现在面临的问题是前方没有好走的道路通往韦伦贝格，如果沿着库尔肯东南面狭窄的林间小道前进，不仅速度慢，而且路途艰难。可正当克柳耶夫准备出发时，他又接到命令，必须占领内登堡对面的阵地。克柳耶夫知道这种调遣涉及穿过第 15 军的后方，对于早已筋疲力尽的士兵而言非常困难，因此他极不情愿地接受了命令。

8 月 29 日深夜，第 13 军的士兵再次出发，开始艰难地夜行军。大多数士兵已经整整两天没有吃过东西，几乎时刻在疲惫不堪地行军。克柳耶夫的第 13 军如今只剩下 4 个团：第 1 步兵师的两个团和第 36 步兵师的两个团。他们在科穆辛遇到第 15 军的后勤部队时，克柳耶夫担心的交通堵塞问题真的出现了。参谋部的军官拼命区分两支队伍的人员，然后指挥第 13 军沿着林间道路向东前往卡尔滕博恩。他们发现这座村庄已经被德军占领，里面只有一小股轻骑兵作为驻军，不到 100 人。由于缺少弹药，德军战斗到天亮后就撤退了。

8 月 30 日，曙光初现，俄军编成了三个纵队。西面的纵队将前往穆沙肯，中间的纵队（由克柳耶夫指挥）前往沙德克，东面的纵队将力图抵达华伦多夫。克柳耶夫的纵队不久便四分五裂，当天逐一投降。东面纵队虽然也瓦解了，但许多部队还是成功从沿着内登堡至韦伦贝格道路部署的德军第1步兵师前哨部队身旁突围。加上第15军和第23军的一些部队，共有大约14000名俄国士兵顺利脱险。西面的俄军纵队下午遇到了严阵以待的德军。俄军在最后一次孤注一掷地冲锋中成功击退德军，甚至缴获了几门火炮。但正当军官们徒劳地想重新组织好纵队然后前进时，德军的连番袭击使得俄军再度陷入混乱，最后一些残兵次日上午成了德军骑兵的俘虏。

就在弗朗索瓦从西面锁住俄军的撤退线路之时，马肯森仍然在从西北向前挺进。德军第17军的士兵像他们追击的俄军一样疲惫不堪，但他们仍然在前进，并在下午抵达了耶德瓦布诺，解救了数百名德军士兵——这些第20军的士兵在前一场战斗中向俄军投降。俄军几乎没有进行任何有效的抵抗，德军在内登堡至韦伦贝格之间的道路以北停止追击完全是因为疲劳。他们在这里与弗朗索瓦第1军的巡逻队会合，包围圈就此完成。

与马尔托斯见面之后，萨姆索洛夫及其随从继续前进。他的参谋长后来写道：

> 萨姆索洛夫将军8月29日中午左右离开第2师，骑马前往韦伦贝格，期望在那里见到第6军。我们在沿途所有横跨沼泽地溪流的地方都遭到了机枪袭击。在其中一个沼泽隘口，司令命令哥萨克护卫队向机枪冲锋。参谋部勇敢的维雅洛夫上校率领哥萨克发动进攻，但非常遗憾，进攻失败。萨姆索洛夫将军抵达了韦伦贝格，却发现该镇已经被德军占领。

司令身边只有几个哥萨克卫兵，他们和参谋部的 7 名军官以及 1 名士官一起，在韦伦贝格附近的树林里一直待到天黑。晚上必须离开德军控制区，但骑马根本无法做到。夜幕降临后，这群军官和司令步行穿过沼泽和森林，经常遭遇德军巡逻队的射击。

抵达韦伦贝格之前，萨姆索洛夫将军已经请求我不要阻拦他结束自己的生命，只是在陪伴他的军官们强烈反对之后他才改变主意。我们在林中休息了一会儿，在凌晨 1 点左右继续前进，但是萨姆索洛夫将军溜走了。不久，林中传来了一声枪响，所有人都意识到这一枪结束了这位高贵的集团军司令的生命，因为他不希望在自己的军队遭到灭顶之灾后苟且偷生。大家决定留在原处，天一亮就去寻找司令的遗体，抬着他远离敌人防线。遗憾的是，他们未能做到。天边刚出现第一道曙光，德军步枪手就逼了上来，朝军官们开枪。他们只好放弃寻找司令的遗体。

萨姆索洛夫被埋在了韦伦贝格附近。他的遗孀后来得到俄德两国政府的批准来到这里，将他的遗骸运送回国，埋在乌克兰阿基莫夫村的家族墓地。

包围圈外的俄军两次尝试接近战友。8 月 29 日，曾与布拉格维申斯基的第 6 军负责保护第 2 集团军东翼的俄军第 4 骑兵师试探着进入奥特尔斯堡，那里当时只有一小股德军骑兵防守。第 35 步兵师师长亨尼希少将亲自驱车寻找援军，却在镇北遇到俄军士兵的火力。等到他遇见沿着道路从北面匆匆过来的第 176 步兵团的 6 个连时，奥特尔斯堡有战斗的消息已经传到了正在行军的纵队里。一支先头部队已经被派了过去，在奥特尔斯堡以北的一条平行道路上与亨尼希擦肩而过。这里所说的"行军"其实是广义上的，脚酸的士兵们，与其说是列队行军，还不如说是在三三两两地行走，并且在长途跋涉的过程中已经丢掉了许多背包和其他东西，但是枪没有丢。亨尼希走在队伍最前面，匆匆赶回奥特尔斯堡。他的前面就是第 176 步兵团的先锋队，有的坐着马车，有的骑着自行车，攻克了奥特尔斯堡北面的一个俄军防御小工事，晚上 7 点进了镇子。剩余的俄军骑兵没有进行实质性的抵抗就向东南方向撤退了。亨尼希和第 176 步兵团的其他士兵两小时后到达那里。

晚上，布拉格维申斯基集合了近一个步兵师的兵力，试图重新夺回奥特尔斯堡。次日上午一早，第 10 "猎人"骑兵团的两个中队被施梅塔乌派往北面，对于镇里的德国人而言，他们不啻为天降的援军。第一次试探性的进攻在黎明后不久开始，迅速演变成激战。虽然没有火炮或机枪，第 176 步兵团的士兵在之前的 11 天中只休息了一天，其余时间几乎一直在行军，但他们顽强地坚持着。东北方向的火力特别猛，最终将守军从镇边上的高中赶了出来。俄军还想再往前进攻，但市集广场附近教堂钟楼上的步兵阻止了他们，直到炮兵摧毁了那个阵地。

马肯森一得知这个危机，就提供了他最大的帮助，甚至将他的部下前一天解救出来的第 20 军的士兵临时组成了一个营，匆匆给他们配发了缴获的俄军步枪。到中午，奥特尔斯堡镇内的德国守军已经调完了最后一点少得可怜的后备队，正仔细清点不断减少的弹药。就在这时，奥特尔斯堡城南传来了炮声，宣告第一批德军已经到来。

第176步兵师的部分队伍前一天刚刚穿过奥特尔斯堡，此刻正好在去往韦伦贝格的半道上。他们将俄军丢弃的装备物尽其用，快速赶回来增援：

> 我们接到命令时，正在韦伦贝格与奥特尔斯堡之间主要道路的半道上短暂休息，就在库茨堡附近的高地上。我们从那里可以看到第1军缴获的数不清的战利品。在整个战争期间，我们再也没有见过那么多车辆、火炮、马匹和其他战略物资，有可以使用的，也有被毁坏的。那真是诱人！我的部下就等着一个暗示，然后就可以占有它们。转瞬间，我就有了一个骑兵连，怎么看都不像普鲁士士兵。一些身材高大的士兵骑到哥萨克矮种马上之后，那样子非常可笑。许多人的双腿都耷拉在地上。但我允许这些了不起的步兵稍稍让他们酸疼的膝盖休息一下。不管怎么说，骑在马背上之后，我们抵达目的地的速度要快得多。

增援部队中午刚过就抵达了奥特尔斯堡镇的南端，快速穿过该镇的东部，向俄军发动了突袭。俄军很快就退出战斗，向东北方向撤退。新的增援部队不断到来，到最后整个176步兵团都赶到了这里。战斗一直持续到天黑，尤其是在镇北，但危机已经过去。俄军继续向东北撤退，然后再向东。

布拉格维申斯基之所以撤退，一方面是因为德军给他施加的压力，另一方面是因为上峰给他的命令。他奉命要求自己的部下在韦伦贝格集结，然后结束战斗，以保存他的军队仅剩的那点战斗力。随着他的部下向南朝韦伦贝格移动，他取消了下一步所有的进攻计划：他们将一路向南行军，直到越过俄军控制的波兰边境。

8月30日，俄军第1集团军开始登场。在弗朗索瓦将他们从贾乌多沃赶回去之后，它的一些队伍集结后开始逼近内登堡。曾经在贾乌多沃巧妙地指挥过俄军后卫部队的芬兰军官奥托·西雷利乌斯率领集合在一起的队伍向内登堡挺进，其中包括第3禁卫军步兵师的2个团、第1步枪团的7个营、1个炮兵旅。第1集团军的其余部队本该紧随其后，却没有全力以赴。

8月30日一早，西雷利乌斯就抵达了内登堡以南的坎迪恩。在他北面的内登堡，弗朗索瓦和他的手下正一边开心地享用早餐，一边仔细阅读缴获的俄军文件。正当他穿过集市广场去察看缴获的俄军火炮时，他看到头顶掠过一架德军飞机。飞机越飞越低，然后扔下了一份情报：

飞机编号：A29；黑塞中尉。

飞机线路：埃劳—贾乌多沃—姆瓦瓦—内登堡。［情报］于8月30日上午9点15分送达。

致：第1军军长

发现全副武装的纵队正从姆瓦瓦［行军］至内登堡，先锋部队上午9点20分在坎迪恩，后卫部队在姆瓦瓦以北0.6英里处。

第二支纵队正从斯卢普斯克［行军］至姆瓦瓦，先锋部队上午8点45分位于姆瓦瓦城外，后卫队伍在沃拉。

［签字］侦察员克尔纳。

弗朗索瓦立刻向内登堡南面支队指挥官施利姆少校发出警报，同时给第2步兵师和缪尔曼支队下达命令，要求一切可用部队赶往新战场。他暂时让第1步兵师防守内登堡与韦伦贝格之间的包围圈，认定这足以让第1师忙起来。派往施利姆处的传令兵带回了消息，内登堡南面的工事只有第41步兵团的一个营防守；另一个步兵师正分散在镇里，承担看守俘房等任务，而本应与施利姆在一起的炮兵已经奉命前往另一处，这显然是一个错误。

弗朗索瓦设法将另外一个步兵营和一个炮兵连派到了内登堡以东，让他们增援施利姆。下午1点左右，他接到报告，说抓住了马尔托斯将军，于是他派一辆汽车去接他。他与马尔托斯简单交谈后又将他送往了第8集团军司令部。鲁登道夫对这位被俘的将军态度傲慢，但兴登堡对他彬彬有礼，并且称赞他的部下作战英勇。兴登堡在致夫人的信中写道，马尔托斯边摇头边流泪。

飞行员关于俄军到来的报告也送达了第8集团军司令部，鲁登道夫立刻派出了手头所有部队。他一面仍然紧张地密切关注着东北面，一面开始让部队撤出战斗，以防连年坎普夫到来。他现在命令戈尔茨地方防卫军、第3预备师、昂格尔的卫戍部队以及第17军和第20军的部队立刻赶往内登堡。德军增援部队到来后试图干预，战斗也随之变得越来越激烈，施利姆的支队一直坚持到黄昏才被击退。俄军晚上重新占领了内登堡。

整整一夜，弗朗索瓦不断有增援部队到来。相比之下，俄军第 1 军的第 2 纵队在向内登堡挺进的过程中进展异常缓慢，少数靠近的士兵遭到了内登堡西南面德军的猛烈炮火袭击，损失较大。8 月 31 日天一亮，现在隶属于弗朗索瓦的德军第 41 步兵师几乎没有遇到抵抗就进入了内登堡。在德军第 2 步兵师从东面威胁内登堡、缪尔曼分队从西面逼近的情况下，西雷利乌斯认定自己被包围的风险太大，便趁黑溜之大吉。后来，西雷利乌斯因未能更好地利用其最初的胜利而受到批评，但是他已经接到日林斯基西北前线下达的命令，只能将第 1 军撤回到南面。

俄军是否可以采取更多行动来拯救被围的军队？如果第 1 军早一点向内登堡挺进，哪怕只是提前一天，都有可能改变战局，因为被围的俄军当时尚未完全失去凝聚力。戈洛维纳在论述这场战争时特别批评了克柳耶夫，批评他在火力远大于部署在他前进道路上的德军的情况下选择投降。但是这种批评忽视了事实：疲惫不堪的第 13 军已经行军了一个多星期，两天没有吃东西，士气异常低落。此外，在作战时克柳耶夫经常接到相互矛盾的命令，而且他几乎对整个战局缺乏清晰的了解。很难想象他如何才能组织好部下并激励其对挡道的德军第 1 步兵师打出一场决定性战斗。

许多被围的俄军部队都战到了最后一刻。内登堡战役结束后，弗朗索瓦视察了第 1 步兵师封锁俄军、不让其越过内登堡－韦伦贝格道路逃跑的战场。

走过来的俘虏队伍似乎一眼望不到尽头。穆沙肯－布查洛文和鲁西韦德有几个大战俘营，还有存放火炮和车辆的地方。一辆马车驶了过来，上面坐着9位俄国将军，我向他们打招呼，然后派我的护卫车送他们去内登堡。战场上到处都是两军士兵的尸体和等待救护的伤员，还有倒毙的马匹，常常是几匹马套在一起，死去时身上还带着马具。穆沙肯的战场尤其惊人。杂树林里有一个俄军重炮连，炮弹已经耗尽。它的前方躺满了身穿灰色野战军服的尸体，他们是在冲向炮兵连时阵亡的，手中还紧握着上了刺刀的步枪。倒在他们最前面的是我所熟悉的勇敢的指挥官舍恩上尉。火炮之间躺着俄军尸体，既有炮兵，也有步兵，包括身材异常高大的俄军第24步兵团团长。我们可以想象出德军袭击这个炮兵连的过程。

在前两天的交战过程中，鲁登道夫的情绪一直躁动不安。他致电统帅部，德军大捷在望，但随后又告诉小毛奇俘虏人数可能少于预期，因为几位军长均有失误。德军最初在电文中将这场战役称作阿伦施泰因战役，或者吉尔根堡—奥特尔斯堡战役。但是在霍夫曼的建议下，他们又采用了坦嫩贝格这个名称。虽然这个村庄就在战场之外，但它的名字在德国家喻户晓，因为条顿骑士团1410年就在这里被打败。以数百年前日耳曼部队遭受屈辱的地方的名字命名这场新胜利再恰当不过。

坦嫩贝格战役或许是德军在整个第一次世界大战期间唯一一次赢得干净利落的战役。对俄军损失和被俘人数的估计不尽相同，但德军所说的9.2万名俘虏和300门火炮的数字比较合理。此外，俄军伤亡人数大约为7万，而德军伤亡人员总数不到1.5万。俄方资料没有对这些数字提出质疑，但是有大批俄军——或许多达数万人——同时被计入了伤员和俘虏人数中。甚至在战争还没有结束之前，这场战斗就逐渐成了一个传奇，背后的原因有许多。德军主要人物——特别是兴登堡和鲁登道夫，还有弗朗索瓦、霍夫曼和马肯森——均大力宣传自己在这场战斗中的作用，鲁登道夫更是宣扬是他一手策划了这场现代坎尼战役。俄军方面，必须为这次失利追究责任。萨姆索洛夫已经饮弹自尽，自然是现成的替罪羊，因为他已经无法为自己辩解。但是俄方也提出了其他原因：法国为了让俄国尽早出兵施加了压力，结果造成俄军第1集团军和第2集团军在尚未完成动员的情况下发动进攻；糟糕的后勤保障；日林斯基的西北战线未能更好地协调事务；连年坎普夫未能快速挺进，无法支援萨姆索洛夫；第2集团军某些人的失误，尤其是左右两翼阿尔塔莫诺夫和布拉格维申斯基这两位军长。

马克斯·霍夫曼声称是他在兴登堡和鲁登道夫到来之前协助起草了命令，让弗朗索瓦的第1军位于萨姆索洛夫的西侧，从而为德军胜利创造了至关重要的条件。他的话至少在一定程度上是实情，但这只是为了给俄军防线暴露出来的部分施加压力，其本身并不会造成重大后果。阿尔塔莫诺夫军本应向东撤退，而不是向南。如果它不是向南撤退的话，弗朗索瓦将无法充分利用俄军第2步兵师溃败后俄军防线出现的漏洞。同样，马肯森对落败的布拉格维申斯基的追击也确保了包围萨姆索洛夫的集团军，而不仅仅是将其击退。不过，马肯森的追击既要归功于德军的成功，也要归功于布拉格维申斯基的失误。混乱的通信状况要负很大的责任，俄军第6军经常在执行已经过时的命令，直到已经无法补救时萨姆索洛夫才得知东翼的战况。但同时必须指出，德军的通信问题也给马肯森制造了困难。

萨姆索洛夫想集中兵力对付他认为在中路的德军主力。他虽然不能丢下这些部队不管，但他也没有必要一再发动进攻。如果他用马尔托斯的第15军防守西面并且采用防御战术，他就可以用第13军和第6军向北推进，确保与连年坎普夫会师。但这是事后诸葛亮，总之，当时所有人的信念都是必须主动进攻，因此这样的防守战术几乎不可想象。他一再将自己的前进轴线西移，无意之中协助了德军对他的集团军的包围。

阿尔塔莫诺夫和布拉格维申斯基在几个方面有失误——尤其是布拉格维申斯基未能及时通知萨姆索洛夫自己已经被德军从比肖夫斯堡击退，因而后方完全暴露在外——并且通信问题一直是俄军指挥官们的梦魇。在缺乏与不同下属部队良好通信联系的情况下，萨姆索洛夫只能依靠现场指挥官自己做决定，而阿尔塔莫诺夫和布拉格维申斯基恰恰比较欠缺这方面的能力。相比之下，弗朗索瓦和马肯森在指挥部下时显示出了旺盛的精力和出色的判断力。但俄军方面最大的指挥失误肯定在于西北战线指挥部的日林斯基。他根本没有催促连年坎普夫加快前进的步伐，似乎沉湎于一定程度的相互欺骗中：连年坎普夫说德军至少有两个军正向柯尼斯堡撤退，日林斯基对此深信不疑，完全没有要连年坎普夫提供明确证据。直到8月27日，日林斯基才敦促连年坎普夫去西南方向支援萨姆索洛夫，而此时即便连年坎普夫的南翼部队强行军也已于事无补。

阿尔弗雷德·诺克斯战后总结了自己的看法，依据是他本人的观察以及他后来遇到的一些高级将领的观察：

连年坎普夫和萨姆索洛夫在对日战争中作为骑兵师师长一举成名，但是他们在远东作为骑兵指挥官所积累的经验根本不足以让他们在截然不同的情况下、在完全不同的战区指挥大部队。他们必须与毕生都在研究这种战区、这种情况的对手交锋。

萨姆索洛夫念念不忘的是亲眼看到战斗过程。比亚韦斯托克（即西北战线指挥部的日林斯基）下达的指示可能也让他很焦虑。因此，他才会在 28 日凌晨做出疯狂的决定，切断自己与大本营以及一半下属部队的联系，骑上一匹哥萨克马，向前奔驰，尽管这里与他在中国东北所习惯的情况不同，他仍然想试试手中的运气。

诺克斯补充说，许多俄军军官后来都承认 1914 年的俄军不知道如何打一场现代战争；他们在这方面肯定与欧洲当时任何其他军队的情况相同。如果德军军官们在之前数年中一直在思考如何在东普鲁士领土上与俄罗斯帝国作战的话，那么俄军也有同样的机会。与德军相比，他们至少不久前刚刚参与过一场大战。

鲁登道夫和弗朗索瓦在各自的回忆录中对这场战斗的描述形成了鲜明对比。鲁登道夫几乎没有提及弗朗索瓦拒绝执行命令的情况，而弗朗索瓦不出所料津津乐道地描述了每个细节，尤其是因为几乎每次他的判断都是正确的。如果硬要将这场胜利归功于某一个人的话，这个人或许应该是颇有主见的东普鲁士人弗朗索瓦。

但是赢得广泛赞誉的是鲁登道夫和兴登堡，他们精心策划了这场伟大的胜利。然而，如果仔细阅读对这场战斗的记叙，我们就能看到鲁登道夫的双面性格。他无疑能力超群，确保了第8集团军司令部比萨姆索洛夫的司令部更好地了解整个战局。他还很幸运，德军的指挥系统和训练确保了下属部队明白各自的任务，而且——尤其是在弗朗索瓦这种情况中——能够在鲁登道夫的命令不着边际时加以纠正。有几次——尤其是与马尔托斯的第15军的交锋先输后赢，以及只要有谣言说连年坎普夫的集团军在逼近之时——鲁登道夫表现出性格中更为神经质的一面。德军指挥系统最大的优势或许就在于兴登堡具备鲁登道夫有时缺乏的凝聚力与毅力。

最后，德军在坦嫩贝格的大捷并非无懈可击。萨姆索洛夫的集团军几乎被彻底摧毁，但德军没有多少机会充分利用这一胜利。连年坎普夫的部队依然毫发未损，并且已经占领了东普鲁士一半领土。总之，俄军的动员规模足以保证他们可以迅速再建第2集团军。数月后，库尔特·冯·摩根回忆起了在坦嫩贝格俘虏的一位俄军军医对他这位第3预备师师长说的话：

你们赢得了一场了不起的胜利，足以让一个小国结束战争。但俄罗斯的人口有1.7亿，可以投入到战场上的士兵多达1700万。

如果想快速战胜俄罗斯帝国，就必须同样干净彻底地摧毁俄军第1集团军。鲁登道夫和兴登堡现在开始着手为实现这一目标而努力。

第八章

胜利的错觉：
加利西亚，
1914 年 8 月

COLLISION OF
EMPIRES
the war on the eastern
front in 1914

奥匈帝国与塞尔维亚的冲突是将整个欧洲大陆卷入战争的核心，但奥匈帝国最初只打算在俄军尚未完成动员之前快速给塞尔维亚以致命打击。然而，它的表现却让许多人很失望，尤其是柏林的德军将领，这其中有太多的阻碍因素。战争爆发后，康拉德及其同僚发现自己在德国的胁迫下，必须改变原计划，转而进攻俄罗斯帝国。这样做的目的是减轻德国的压力，从而使它能够按计划战胜法国。的确，即便在缺少联盟义务的情况下，俄军动员速度的提高也意味着忽视俄罗斯帝国前线是有勇无谋。如果无法快速战胜塞尔维亚，俄罗斯人就有时间夺取大量领土，甚至会威胁喀尔巴阡山脉关口，再从那里进入匈牙利。而这种战略重点的改变，让奥匈帝国陷入了困难境地。

康拉德的对俄作战计划需要A计划和B计划的所有13个军，只有这样才能从加利西亚发动进攻。针对塞尔维亚进行的兵力调动已经将其中5个军派往了南面，尽管有一个军——第3军——比较容易重新调遣，在其余4个军坐火车回到加利西亚之前，康拉德却将他们派往了B计划的兵力调动点。奥匈帝国兵力调动的一些细节让我们得以清晰地看到康拉德及其同僚多么脱离现实。

从斐迪南大公在萨拉热窝遇刺那一刻起——甚至在第一次世界大战之前的数年中——康拉德和奥匈帝国的许多重要人物就一直渴望给塞尔维亚一个致命打击，并且将塞尔维亚视为煽动巴尔干各国闹事的源头。康拉德毫不隐瞒自己的看法，他相信只要维也纳与贝尔格莱德之间爆发战争，俄罗斯帝国必定会出面干预，但他仍然选择在巴尔干半岛策划一次决定性的打击，并且毫无根据地相信这次打击一定能在俄军动员结束之前完成。同时，康拉德知道德国会将大部分兵力部署在西面对付法国，自然希望奥匈帝国尽早进攻俄罗斯，以减轻东普鲁士德军的防守压力。对于康拉德这种狂热的进攻战信徒，这当然是求之不得的事，但这也带来了两个问题。首先，根本不可能在尽早进攻俄罗斯帝国的同时进攻塞尔维亚。其次，如果没有德军从北面发动进攻，进攻俄罗斯没有任何战略意义。除非进攻俄罗斯的目的是将沙皇动员不足的军队吸引到几乎毫无防御的波兰凸角，然后发动一次大的钳形攻势，否则俄军就能执行他们在战争中的惯常做法：用空间换时间，让更多士兵在俄罗斯帝国内集结。小毛奇虽然将康拉德想知道的有关德军进攻俄罗斯的内容告诉了他，任何合格的战略家都应该能够推断出，德国要等与法国的交锋结束之后才有优势进攻俄罗斯。奥匈帝国的悲剧在于康拉德虽说在战术和军事行动领域著书立说颇丰、声名显赫，却不是战略家。

对于奥匈帝国参谋部铁路处制订计划的人而言，在运送大量兵力向南征服塞尔维亚的同时执行针对俄罗斯的兵力调动不啻为一个巨大挑战，但康拉德决定将士兵从塞尔维亚前线重新调回加利西亚前线，这无疑是雪上加霜。铁路处处长约翰·斯特劳布上校声称这种改变根本无法实现，必然会导致成千上万名士兵被困在铁路网中，无法被部署到任何一个前线。正如前文所述，作为另一个方案，参谋部铁路处俄罗斯组组长埃米尔·拉岑霍夫少校向康拉德保证，仍然可以执行新计划，只要能够将相关队伍先运送到塞尔维亚前线，然后再从那里用火车将他们运回加利西亚。他声称8月23日前可以完成，但这种保证的依据似乎只是一厢情愿。到8月23日，4个军一个也没有到达加利西亚。两个军零零星星地在9月的第一周抵达，当塞尔维亚前线的指挥奥斯卡·波蒂奥雷克力图确保至少有一个军永远留在他身边时，另一个军却因重新部署进程被大大拖延。铁路处的死板进一步（或许是致命地）将这种重新部署兵力的疯狂之举的希望化为泡影。铁路处在和平时期很少与负责铁路运输的平民进行有意义的联络。的确，制订计划的军人几乎毫不掩饰自己对民用铁路官员的蔑视。因此，兵力调动开始后，他们很少能动用铁路官员的专业知识和经验。为了简化制订计划的程序，铁路处命令所有军列在最差的铁路上以功率最小的列车能够跑出的最高时速前进。这样一来，通往前线的那些改造过的复线铁路远没有得到充分利用。在民用铁路官员经常运行100轴列车的时候，制订军事计划的人却拒绝采用50轴以上的列车。军列还会无缘无故地停车，而且一停就是很久。第3集团军司令部8月5日上午6点离开布拉迪斯拉发，整整5天后才抵达目的地桑博尔。全程总长约390英里，他们平均每天走78英里，即每小时不到7英里。第4集团军指挥部从维也纳至桑河所耗的时间相当于和平时期同一路程的4倍。

与塞尔维亚的作战计划要求将3个军部署在南面。第6集团军（第 15 军和第 16 军）将集中在萨拉热窝和莫斯塔尔周围；第5 集团军（第 8 军和第 13 军）将沿着兹沃尔尼克以北的德里纳河沿线集结；第 2 集团军（第 4 军和第 9 军）将再往北，部署在萨瓦河一线，面对塞尔维业。第 7 独立军将离贝尔格莱德最近。第3 军已经确定将被部署在加利西亚，但康拉德同意其留在南线，部分原因在于其大量士兵来自捷克，维也纳方面认为这些士兵在与塞尔维亚作战时要比与俄罗斯交战时勇敢。第 2 集团军的两个军和第 7 独立军也应该被派往北面的加利西亚，但是这样做会造成塞尔维亚前线有一大部分无人保护。

在宣战并进行了总动员之后，陆军统帅部立刻忙碌了起来。人们一直认为陆军统帅部司令，也就是奥匈帝国所有武装力量总司令，应该是弗朗茨·斐迪南大公，但弗朗茨·约瑟夫皇帝任命了自己的堂兄弟弗雷德里克大公接替他。康拉德出任参谋长，并迅速成为实际上的总指挥。奥地利政府在一定程度上认为这场战争不会持续太长时间，它暂时要统帅部负责一切事务，但是在布达佩斯，蒂萨首相尽可能保持着自治。

小毛奇一再敦促康拉德尽早进攻俄罗斯。8 月 2 日，他致信康拉德：

> 总司令［皇帝］已经命令最强的部队拖住北面和西面的俄军，让他们远离奥地利军队，从而使奥军能够尽早投入战斗。
>
> 万一俄军提前进攻东普鲁士，而且兵力远大于东线德军，那么奥匈帝国的军队就能取胜，如果奥匈帝国的军队尽早向

俄罗斯挺进，取胜的概率会更大。

如果俄军提前对维斯图拉河以北的德国发动强大攻势却未能取胜，那么德军总司令将命令东线德军进攻俄军，无论在哪个方向都能给奥军带来最大的利益……

无论如何，向卡利什－切恩斯托绍前进的德军都将于总动员后第12天开始经过卡利什－切恩斯托绍向拉多姆－诺沃－亚历山德里亚挺进。它的军长将奉命不顾一切地进入俄罗斯，与最左边奥军的左翼会合。遇到俄国强军时，这位军长将确保与最左边的奥军进行战术合作。

奥军在进攻俄罗斯时，肯定会得到部署在东面的所有德军的有力支持。越早、越不留情地向俄罗斯发动进攻，取得的胜利就会越大。

奥匈帝国只要尽早发动进攻，就能最终赢得更大胜利。这种逻辑只适用于更大规模的战争。如果奥匈帝国尽早发动进攻，就能为德国赢得时间，让其先打败法国，再转向东线。但不管怎么说，康拉德急于发动进攻，根本不需要敦促。他与小毛奇多次交换过意见，阐述自己的想法，即通过一次大规模的钳形行动来孤立华沙西面的俄国凸角。于是，他选择将小毛奇的来信理解为德军将协助他发动这种行动的信号，尽管随便看一眼德军在东普鲁士的兵力就能明白这样的行动根本不可能。然而，在此后的两周内，随着连年坎普夫的集团军进入东普鲁士，以及萨姆索洛夫的威胁越来越大，康拉德一再努力说服德军发动他认为他们所承诺的进攻，但是没有成功。甚至在已经非常清楚德军既没有意愿也没有人力让北面军队参与这种行动之时，康拉德仍然选择继续推进，即便从南面长驱直入的价值——如果不能与从北面发动夹击的德军形成包围圈——很有限。在最佳情况下，它只会给没有完全部署到位的俄军造成大量损失；在最糟糕的情况下，它只是一次没有战略意义的进攻，反而会将奥匈帝国皇家军队暴露在俄国大军的反攻之下。

在加利西亚，奥匈帝国的策划者们预料俄军骑兵会发动大规模突袭，以破坏刚刚动员而来的奥匈帝国军队的集结。预料到这一点之后，在切尔诺维茨、布热济内和伦贝格周围集结的第11军奉命在遇到俄军强大攻势时撤退。但是俄军骑兵大部队突袭并没有发生，8月8日，第11军军长冯·科洛什瓦里将军认为自己可以守住阵地，等到康拉德的大军到来。次日，俄军在伦贝格以东越过边境，很快便与奥匈帝国边防军展开了激战。俄军第9骑兵师在捷尔诺波尔附近与奥匈帝国军队连续交战两天，埃德蒙·里特尔·冯·扎伦巴少将指挥的奥匈帝国第4骑兵师增援部队则在布罗迪附近击败了类似的俄军入侵。

现在轮到奥匈帝国的军队在敌国检验其骑兵实力了。鉴于康拉德战前瞧不起大规模骑兵演习，当康拉德8月11日在奥匈帝国大举进攻之前命令10个骑兵师越过维斯图拉河东岸，执行武力侦察时，这多少让人有点意外。他在一定程度上也是迫不得已。尽管他战前一再建议，奥匈军队却依然没有在飞机上投入太多。加利西亚前线分到了42架飞机，但能用的不到一半。对于骑兵而言，这是证明自己依然重要的一个机会，于是他们在8月15日兴致勃勃地越过了边境。他们接到的命令是一路入侵到卢布林和科威尔。但是不到两天，这个任务可能就超出了他们的能力范围。奥匈帝国的骑兵师火力有限，虽然灵活机动，但一支规模不大的部队都能够轻易击退他们。奥匈帝国边防军同样轻易击退了俄军骑兵的突击。

这次行动中唯一值得注意的时刻发生在伦贝格以东的雅罗斯拉维奇村。8月19日，扎伦巴及其率领的第4骑兵师在布罗迪接到报告说一支俄军大部队已经挺进到了南面约15英里处的萨罗切。扎伦巴立刻派出第1长矛骑兵团的一个中队作为先锋，骑兵师其余队伍则小心翼翼地尾随其后，并有两个皇家地方防卫军营增援。午夜前，他接到与俄军交战的命令，现在报告中称俄军已抵达兹波洛夫。

这支俄军被初步确定为第9骑兵师，指挥为贝吉尔德耶夫亲王中将。扎伦巴认为会得到附近第8骑兵师和第11步兵师的支援，便在抵达萨罗切与兹波洛夫之间的高地时让部下短暂休息一会儿。他的皇家地方防卫军营由于前一天在烈日下强行军20英里，现在筋疲力尽，在拼命赶上来。

俄军其实是凯勒中将指挥的第10骑兵师，由18个中队组成，每个中队约150人。该师还有18门火炮和12挺机枪。他们面对的奥军有20个中队，每个中队的人数略多于俄军中队，另外还有8门火炮和8挺机枪。双方都在等待增援。俄军第8骑兵师就在附近，贝吉尔德耶夫（他不仅指挥自己的第9骑兵师，而且还是这两个师所属的骑兵军的军长）正率领自己的部下以及一小支步兵赶过来。扎伦巴和他的参谋马克森·德·罗威德中校已经得到保证，第8骑兵师和第11骑兵师正赶来合围俄军。扎伦巴起初在开阔的高地上停留了片刻，希望那两个皇家地方防卫军能赶上来，但兹波洛夫方向突然传来了一声巨大的爆炸声。那其实是俄军骑兵在炸毁村里的铁路，但奥匈帝国的军官们认为那是炮弹爆炸的响声，认为第11骑兵师已经打响了战斗。扎伦巴立刻命令自己的第15龙骑兵团（康拉德之子赫伯特在该团任军官）冲过去，其余队伍15分钟后跟上去。

在雅罗斯拉维奇以东，扎伦巴在没有看到俄军的情况下命令部下形成一条战线。皇家地方防卫军的士兵筋疲力尽，在抵达时却迎面遭遇了俄军，只能溃逃。扎伦巴在为传统大规模骑兵冲锋寻找一个合适目标无果时，突然受到了炮火袭击，因为俄军对溃逃的皇家地方防卫军紧追不舍。扎伦巴的骑兵无耻至极，居然穿过雅罗斯拉维奇撤退，并且在遇到一条不太宽的溪流时陷入了混乱。溪流之上的木桥不久便倒塌，迫使骑兵要么涉水穿过溪流，要么试图从河岸的一边跳到另一边。第4骑兵师费尽千辛万苦穿过雅罗斯拉维奇之后，再次转过来面对俄军。随之而来的是一场混战，双方士兵手持马刀和长矛冲向对方，多次发动疯狂的进攻。最终，来回厮杀几番之后，俄军凭借运气和良好的判断力，以及援军的到来，取得了胜利。在这场战斗中，奥匈军损失了近1000人，俄军损失不到200人。这是整个第一次世界大战期间最大的一场骑兵对骑兵的战斗。我们或许只能说这并非决定性的战斗，因而对整个战争没有实质性的影响。

奥匈骑兵的这次武力侦察毫无建树，几乎没有得到任何有价值的情报，其突袭行动也未能达到目的，最大的后果是损失了大量马匹，造成多个骑兵团当年几乎无法发挥作用。唯一的安慰是以相同方式部署的俄军骑兵也同样损失惨重。不过，大多数俄军骑兵只是被击退，因而在之后的战斗中会状态更好。

康拉德与陆军统帅部其余人员于8月17日搬迁到了宏大的普热梅希尔要塞。这座小城坐落在桑河两岸，位于伦贝格以西约30英里处。奥匈帝国为了保护通往喀尔巴阡山脉隘口的道路，在这里修建了坚固的防御工事。这里的补给也非常充足，必要时可以在被围的情况下打持久战。除了中央要塞外，普热梅希尔周围还有25个小堡垒和12个大型炮位。奥匈帝国的人相信，只要有足够的驻军，它就能成为俄军进攻过程中可怕的障碍。如果按照尼古拉大公在俄罗斯奢华的专列标准来衡量，或者按照陆军统帅部本身未来办公地的标准来衡量的话，陆军统帅部现在的住处可谓非常简陋。房间的墙壁很厚，里面点着油灯，从列兵到将军，所有人都睡在草垫上。但由于大家都认为这场战争不会持久，所有参谋都随遇而安，忙于自己的工作。

康拉德有几个集团军，可以用来对付俄军。最西面的第1集团军就部署在桑多梅日以东，由维克托·丹克尔指挥，包括第1军、第5军和第10军，总共有10个步兵师、2个骑兵师和1个步兵独立旅。它的东面是沿着普热梅希尔以北的边境线部署的第4集团军，由莫里茨·冯·奥芬贝格指挥，包括第2军、第4军、第9军和第17军，总共有9个步兵师和2个骑兵师。普热梅希尔的东面是鲁道夫·里特尔·冯·布鲁德曼指挥的第3集团军，包括第3军、第11军和第14军，总共有18个步兵师和4个骑兵师。

位于奥匈帝国军队最西侧的是一个独立的集团军群，由海因里希·里特迈斯特·库默尔·冯·福肯菲尔德（简称库默尔）指挥，包括 2 个步兵师和 1 个骑兵师。东侧应该是第 2 集团军，但它尚在从塞尔维亚前线赶过来的路上；目前在捷尔诺波尔附近代替它的是赫尔曼·冯·克韦什指挥的另一个集团军群，主要由第12 军构成。第 2 集团军的士兵将在未来几周抵达。

奥芬贝格在离开维也纳奔赴前线之前，与其他高级军官一起见到了弗雷德里克大公。这位名义上的总司令并没有给奥芬贝格留下好印象：

> 7 月 31 日，我奉命觐见被任命为总司令的弗雷德里克大公。他简单说了几句，但言之无物，像往常一样，这位显赫的人物这次给人的印象仍是才能平平。尽管这位大公只是名义上的总司令，但一想到他居然要指挥 200 万士兵，我们就不免有些缺乏信心。真正的指挥其实是他的高级参谋们，尤其是总参谋长康拉德·冯·赫岑多夫。然而，从一开始就发生了一系列大大小小的事件，让人缺乏安全感。

奥芬贝格 8 月 8 日奔赴加利西亚时，再次短暂地见到了弗雷德里克大公，并与他交谈了几句。但是我们将要看到，这两个人的交谈内容并非完全没有价值。

在第 4 军为进攻做着准备时，奥芬贝格视察了麾下的多个队伍。他对一些骑兵的评论道破了有些部队不愿意改变旧习惯的情况：

> 8 月 24 日，我去了普拉佐夫－纳罗尔。途中，我视察

了刚刚抵达的第 10 骑兵师，非常出色的轻骑兵团。官兵们状态良好，一切都一尘不染，穗带和绶带如阅兵式时一样光鲜。我建议他们不要这样扎眼。他们起初极不情愿，后来还是照办了。必须在这场战争中摈弃许多陋习！我希望这个师能有大作为，几天后它却在营地受到攻击后四处逃窜。这就是战争中的命运与不幸！

因为间谍雷德尔已经将奥匈帝国的动员计划出卖给了俄罗斯人，为了消除这一影响，康拉德命令加利西亚各集团军将其下车点再往西移。由于将士兵运往前线的铁路线也是东西走向，奥军比较容易做到——士兵只需提前几站下车。这自然出乎俄军的意料，他们以为奥匈帝国的大部队会在普热梅希尔以东集结。康拉德快到最后一刻才改变主意，命令加利西亚各军在下车区域以东的几个点集结。此时列车运营图已经无法更改了，于是奥匈军队的士兵尽职尽责地跋涉穿过加利西亚乡间，经常沿着本该运送他们的铁路线行进。据估计，下车点与集结点之间的平均距离长达100英里。这样一来，康拉德的军队开始作战时就处于不利地位。上次徒劳无益的武装侦察已经让骑兵疲惫不堪，而烈日下长途行军的步兵也筋疲力尽。

奥匈帝国的对手是尼古拉·伊万诺夫将军指挥的西南战线的俄军集团军。像沙皇军队所有指挥系统一样，西南战线的指挥系统同样无意义地把事情变得非常复杂。前线总指挥伊万诺夫在苏霍姆利诺夫的照顾下得到了这个职位，但他缺乏担任高级指挥官的才能。他的参谋长米哈伊尔·阿列克谢耶夫来自敌对派系，两个人几乎不相往来，经常下达完全矛盾的命令和指示。他们毫不掩饰地批评对方，这要是换在任何其他军队中，都有可能给指挥部带来尴尬与不适，但这种情况在俄军中司空见惯，参谋部其他人似乎并没有受到影响。

俄军西南战线最西面的部队是安东·叶戈罗维奇·冯·萨尔扎指挥的第4集团军，包括掷弹兵军、第14军和第16军，共有6个步兵师和3个骑兵师，以及1个步兵独立旅和1个骑兵独立旅。东面紧挨着它的是帕维尔·冯·普勒韦指挥的第5集团军，包括第5军、第17军、第19军和第25军，共有10个步兵师和5个骑兵师。

普勒韦的东翼与邻军之间有一个45英里宽的缺口。再往东是鲁茨基的第3集团军，包括第9军、第10军、第11军和第21军，共有12个步兵师和4个骑兵师。鲁茨基的东翼则是俄军第8集团军，司令是阿列克谢·阿列克谢耶维奇·布鲁西洛夫，包括第7军、第8军、第12军和第24军，共有10个步兵师和5个骑兵师。俄军根据雷德尔提供的奥匈军兵力调动计划和其他文件制订了计划，认为奥匈军队极可能会在桑河以东集结。于是，1914年的作战计划的目标是包围并消灭在这里集结的奥匈军队。由于俄军两个集团军将搭档行动，它们之间不允许出现任何缺口；只有这样，俄军才能有更宽的前沿，其发动进攻的集团军才能绕过所面对的奥匈集团军的外侧。随着俄军前进线路逐渐相交，这个缺口将会越来越窄，直至最终消失。

康拉德最初决定让动员的兵力在更靠西的地方下车，这在很大程度上扰乱了俄军的计划。即便他后来改变主意，要求军队向东行军数十英里，也没有如俄军所预料的那样在桑河以东很远的地方集结。结果，与俄罗斯帝国获得的情报所显示的情况相比，康拉德向北进攻的地方更靠西。这样一来，部署在俄军防线西端的萨尔扎的第4集团军将面对奥匈帝国大军，而西南战线东面两个集团军将在离主战场有一定距离的地方投入战斗。康拉德因而有机会——尽管这个机会有限——赶在俄军第3集团军和第8集团军过来增援之前给俄军第4集团军和第5集团军以致命打击。不仅如此，由于奥匈军队的集结地比俄军预料的更靠西，萨尔扎第4集团军的西翼，同时也是俄军整个西南战线的西翼，完全暴露在外。正是为了解决这个问题，俄军统帅部建议将刚刚在华沙战区创建的第9集团军派去防守萨尔扎集团军的西翼，但是在华沙周围集结的军队也被指派参与对德国发动的大规模进攻。伊万诺夫得知康拉德将奥匈军集结地定在比他所预料的更靠西的地方之后，他也稍稍更改了自己的计划。8月23日，他的参谋长阿列克谢耶夫向西面结对的两个集团军下达了命令，将他们提出的进攻轴线略微向西移动了一点。由于变化不大，这一更改既无法加强对萨尔扎西翼的保护，也无法应对奥匈大部队没有出现在本应出现的地方这一事实。

8月21日下午，一名通信员赶到普热梅希尔，告诉康拉德东普鲁士的德军已经在贡宾嫩战败，打算撤退到维斯图拉河背后。即便这一消息让德军进攻俄罗斯的可能性变得更小，康拉德还是决定自行发动进攻，目的是吸引俄军兵力离开他的盟国。他随后接到的新报告澄清了情况，德军第8集团军正集中兵力对付萨姆索洛夫。康拉德似乎希望德军在解决掉俄军第2集团军之后继续南下，因此与德军形成钳形攻势对付波兰凸角的幻想再次浮现在他的脑海中。空中侦察的报告起初让奥匈统帅部很放心：似乎没有俄军向奥匈防线的东翼逼近。事实上，俄军西南前线东面两个集团军主要在夜间行军，白天休息；奥匈帝国的飞机只是未能发现他们而已。但是，奥匈帝国的统帅部有理由乐观。即便加利西亚东部真的出现一支俄罗斯大军，爱德华·冯·伯姆－埃尔莫利的第2集团军的部分部队已经从塞尔维亚前线赶到。康拉德希望他们能够抵挡俄军较长时间，足以让西面的军队赢得一场决定性的胜利。

8月22日，萨尔扎的俄军第4集团军小心翼翼地进入加利西亚，在卢布林东南约20英里处布下了一条朝南的防线。他们南面的奥匈军队也开始移动，次日凌晨越过了塔内夫河。第一场恶战发生在克拉希尼克镇附近。8月23日上午9点前后，丹克尔第1集团军的先头部队（卡尔·弗赖赫尔·冯·基希巴赫的第1军）在扎克利库夫村附近遇到了俄军第14军的一部分（第18步兵师）。俄军在人数上处于劣势，又遭到包抄，虽然坚持了一整天，最终还是被击退。在紧挨着的西面，俄军第13步兵师遇到了奥匈帝国的第3骑兵师，起初占了上风，但奥匈步兵赶到后，战况开始反转。天黑时，俄军第4军的西翼，也是俄军整个西南战线的西翼，开始混乱地后退。

丹克尔第1集团军的核心是第5军。中午，其第14步兵师与俄军第4集团军第14军的另一半——第45步兵师——交战。虽然俄军暂时具有人数上的优势，但奥匈军队占据了茂密森林边缘上的制高点，轻松击退了俄军的进攻。俄军进攻放缓后，奥匈军官——绝对信奉康拉德向他们灌输的理念——命令手下发动进攻。天黑时，他们已经抵达并占领了波利契纳村，但奥匈帝国的官方战争史承认他们为这场胜利付出了沉重代价。第5军的其余部队也加入了进攻队伍，并快速取得进展，在奥匈军队的右边，第10军也顺利越过了塔内夫河。

这天结束时，丹克尔的集团军准备继续向前推进。他知道自己已经从侧翼有效打击了俄军第4集团军，因此想扩大战果。他命令第1军和第5军西面的一半向前推进。康拉德遵循军中乘胜追击的座右铭，命令在维斯图拉河以西作战的库默尔的独立集团军群占领桑多梅日附近河流上所有过河点，然后增援丹克尔的左翼。与此同时，奥匈军发现萨尔扎集团军的其余部队——第16军和掷弹兵军——正向丹克尔防线的东部挺进。奥芬贝格的第4集团军离丹克尔的东侧最近，因而奉命与丹克尔合作，将俄军这些纵队拖进战场。

俄军第14军的失败证实了萨尔扎对其西翼的担心。要想派兵去增援受到威胁的地区，他需要从麾下的第4集团军的中部和东翼派兵。因此，他向东面的友军——第5集团军——求援。普勒韦于是命令自己的西面部队——德米特里·彼得罗维奇·朱耶夫中将指挥的第25军——协助萨尔扎的部队。在俄军西南战线指挥部，伊万诺夫认为奥匈军队西翼的快速推进可能意味着他们的东翼暴露在外。于是，他命令普勒韦集团军的另外两个军前进，进攻丹克尔集团军的东翼。由于第5集团军向西移动后，有可能进一步拉宽西南战线两个部分之间的缺口，东面两个集团军奉命向西移动。同时，另外两个即将抵达该地区的编队——第18军和第 3 高加索军——被派去增援西翼。

按照伊万诺夫的计划，第 4 集团军需要守住目前的阵地，第 5 集团军——最终将得到第 3 集团军和第 8 集团军的支援——将攻击奥匈军防线的东翼。遗憾的是，俄军未将改变计划的事通知第 4 集团军中尚未尝到败绩的掷弹兵军和第 16 军。这两支队伍除了派出一个旅支援受到重创的第 14 军外，还认定它们之前接到继续向南挺进的命令仍然有效。8 月 24 日，这两个军遇到了奥匈帝国的第 5 军和第 10 军，激战持续了一整天。下午，俄军似乎有可能从第 10 军两个师之间突围，但奥匈军队第 9 骑兵师下马参战，阻止了俄军的进攻。现在轮到奥匈军队发动进攻了。掷弹兵军暴露在外的东翼遭到了攻击，俄军仓皇后撤，几十名俘虏和 19 门火炮被奥匈军缴获。再往西，奥匈军第 5 军的左翼充分利用俄军第 16 军和第 14 军之间的缺口，打得俄军第 16 军落荒而逃，撤回了克拉希尼克。西翼的第 1 军继续追击战败的俄军第 14 军，晚上抵达乌尔泽多夫。

丹克尔对自己部下的表现非常满意，要求他们次日再接再厉。他的中央军和右翼军坚如磐石，第 1 军将继续从克拉希尼克以北绕过去，攻击俄军西翼。然而，下车后长途跋涉至集结地区，紧接着又是激战，奥匈士兵终于挺不住了，原定黎明进攻的计划只好推迟。当极度疲劳的第 1 军士兵上午 10 点向前推进时，他们没有遇到抵抗。同样，第 5 军和第 10 军派出的巡逻队没有发现俄军，只看到俄军遗弃的坏装备。萨尔扎利用黎明时没有奥匈军队活动的时机，趁黑撤退到了卢布林。

对于康拉德的军队而言，这场战争如此开始真是吉星高照。

奥匈军伤亡人数约为 1.5 万，而俄军损失了 2.5 万名官兵，被俘6000 人。丹克尔被视为英雄，但一直到 1917 年他才得到正式表彰。他在那一年荣获指挥官级玛丽娅·特蕾莎军事十字勋章，晋升为冯·克拉希尼克伯爵。不过，这场胜利过去几天后，许多人批评丹克尔没有乘胜追击后撤的俄军，并且认为他有条不紊、小心翼翼的作战方式过于谨慎。可如果没有采用这种作战方式，他的集团军不大可能战胜俄军。

俄军这边，内部政治斗争免不了是一个因素。萨尔扎属于反苏霍姆利诺夫派系，在第 16 军军长盖斯曼斯的声援下，抱怨第14 军军长沃伊辛没有执行命令。西南前线总参谋长阿列克谢耶夫与统帅部的亚努谢耶维奇合力撤销了沃伊辛的职务。西南战线总司令伊万诺夫属于苏霍姆利诺夫派系，当然对此大为不满。他的反应是撤销盖斯曼斯的职务，派沃伊辛接替他出任第 16 军军长。

萨尔扎正确地提醒上司注意来自西面的威胁，但是在 1914年的沙皇的军队中，正确并不总是好事。见萨尔扎在批评沃伊辛，伊万诺夫大发雷霆，没有为萨尔扎辩解，结果倒霉的第 4 集团军司令遭到了解职。这在一定程度上是统帅部尼古拉大公唆使的结果，他一心想把自己熟悉和信赖的人安插到重要岗位上。第 4 集团军的新司令阿列克谢·埃弗特是经验丰富的炮兵，也是尼古拉大公及反苏霍姆利诺夫派系的亲密盟友。他的第一步行动便是将集团军的兵力尽可能多地派往西翼，以防丹克尔再次从侧翼攻击他。第 4 集团军的骑兵指挥格奥尔基·叶夫谢耶维奇·图曼诺夫亲王成功压制了奥匈骑兵，直到第 18 军的一些部队赶到，并且于 8 月 27 日晚些时候建立起一直延伸到维斯图拉河的更为坚固的防线。

奥芬贝格在其回忆录中写道，他在 8 月 25 日一早或者说在主要战斗已经结束之后，才得知康拉德计划的详细内容——让他的集团军随丹克尔的军队一起挺进。真是不可思议，这些详细内容居然这么晚才让他这样的高级将领知道。但在很大程度上是因为康拉德正忙着自己如镜中花一般的行动。他给奥芬贝格下达的命令包括评估俄军兵力，并说布格河与维斯图拉河之间部署有 8~10 个一线军，但这些部队要到 9 月初才能投入战斗。实际情况却截然不同。奥芬贝格接到这个命令时，他的部下已经俘虏了俄军一支后备部队的士兵，而且是预期至少两周之后才会到达前线的部队。奥芬贝格已经为行动制订了自己的计划，现在只能匆匆根据康拉德的指示修订这些计划。

普勒韦的第 5 集团军在向前推进，企图找到并攻击打败萨尔扎的奥匈军队的东翼。他想与萨尔扎的第 4 集团军保持联系，便将第 25 军部署在其余各军的西面，同时要求第 19 军、第 5 军和第 17 军沿赫鲁别舒夫与弗拉基米尔－沃林斯克之间的布格河河谷前进。分配给第 25 军的正面前沿宽达 10 多英里，而且随着俄军第 4 集团军开始进一步朝西北方向的卢布林撤退，这条河还在不断变宽。8 月 25 日晚些时候，奥匈侦察队正确辨别出了俄军的番号，并且报告说俄军正面出现了很大的缺口，因为其 25 军正想方设法与两翼的友军保持联系。次日上午，俄军继续沿主要公路向南前进，但他们暴露出来的西翼遭到了奥匈军第 10 军以及奥芬贝格第 4 集团军布莱修斯·施穆阿第 2 军最东翼的部分队伍多次攻击。俄军先头部队成功抵达扎莫希奇，但是当第 4 军继续向卢布林撤退时，西翼面临的压力越来越大。当天下午，随着正面的战斗越来越激烈，俄军赶在道路被切断之前向克拉斯诺斯塔夫撤退。战场上尘土飞扬，双方除了伤亡惨重外，士兵们还因热浪和脱水开始掉队。

普勒韦的另外3个军呈梯队前进，东面的第17军沿布格河前进至索卡尔。第25军军长朱耶夫致信求援最近的友军，并且说如果弗拉基米尔·戈尔巴托夫斯基的第19军能及时赶到，他们肯定能战胜敌人。然而，这封信被奥匈巡逻队缴获，没有被送达。但是，戈尔巴托夫斯基虽然已经决定与朱耶夫连成一线，却无法将自己的防线向西延伸，因为他必须先应付对面的敌军。中午，第20军在塔尔纳瓦特卡遭遇了奥匈军队第6军的左翼。俄军面对的敌军是来自匈牙利的地方军，交战没过多久便开始逃跑，许多士兵成了俘虏。在东面一点的第5军下午遭遇奥匈守军。天黑时，普勒韦利用战斗间歇评估战况。第25军面临的压力与奥匈军队向卢布林挺进相一致，普勒韦仍然相信自己能够攻击敌军东翼。尽管有损失，第25军还是接到了命令，次日再次发动进攻，而第14军和第5军则向南推进，攻击他所认为的对面奥匈军队的东翼。第17军将离开布格河谷，向中央两个军靠拢，目的是在第19军和第6军未能独自占领奥匈阵地时随时发动进攻。这个作战计划似乎并没有依据任何可靠侦察情报而制订；普勒韦只是认为奥芬贝格第4集团军的侧翼就在该地区。

8月27日，俄军一开始进展顺利。一支配有机枪的哥萨克分队在战场东端突袭并击垮了奥匈军第10骑兵师的一个轻骑兵团。而且，俄军接到消息，第3集团军的纵队正快速前往西面，与普勒韦的第5集团军连成一线。现在看似确实可以如俄军所计划的那样攻击奥芬贝格集团军的东翼。奥芬贝格将自己的司令部设在了一座庄园内，他一整天都在花园里踱步，急躁地等待着确切消息，而数英里外，他的部下正浴血奋战，数以千计的士兵阵亡。对于奥匈部队而言，幸运的是以约瑟夫·斐迪南大公第14军为主的一个集团军分队可以提供增援。这支分队有4个步兵师，与其他独立军队一起进入阵地，准备次日发动进攻。第4军在中间与俄军第17军和第5军激战，有效牵制了它们；俄军无法突围，因为它的东翼已经与斐迪南大公的几个师重叠。夜幕降临后，中央战场的指挥官们清点了激战一天之后的伤亡情况。战线没有任何重大变化。

西翼的俄军第25军再次试图抵达扎莫希奇，但是与前一天的情况相同，它的西翼依然暴露在外，奥匈军第2军迅速驱散了向该镇前进的俄军步兵。两天激战过后，战场情况没有重大变化，但俄军第25军的战斗力已被大大削弱。一方面，普勒韦集团军的另外3个军相距较近，可以协调次日的进攻，普勒韦坚信他已时来运转。他8月28日给第14军、第5军和第17军下达的命令基本相同，只有一个小变化：第17军需要腾出一个旅，越过正面防线去增援西面的第25军。

当天晚上，俄军第5军企图向前推进，突袭奥匈军队，却遭遇了奥匈军第6军下属的第15步兵师。血腥的战斗在黑暗中爆发，奥匈军第15师大部或被歼灭或四下逃窜；一些炮兵想穿过沼泽地逃跑，最后只好投降。俄军俘虏了4000人，缴获了20门火炮，但未能取得一场决定性胜利，因为他们在进攻时遇到了奥匈军第

6 军的其余部队。这些部队被较早前的战斗惊醒后，进行了非常顽强的抵抗，终止了俄军的进攻。次日，奥芬贝格和康拉德接到报告，布鲁德曼的第 3 集团军面对超强敌军，正从东面撤退。康拉德建议将约瑟夫·斐迪南大公的集团军群调过去支援第 3 军。该集团军群已经至少行军了一天，先是被派往第 3 军，然后又折返前往奥芬贝格的第 4 军，如今再次奉命前往东南战线。奥芬贝格提出了反对意见，理由是一旦这四个师调往其他地方，他将没有取胜的机会；而且他们也无法及时赶过去给第 3 集团军提供大力支援。而且，斐迪南大公报告说，他的先头部队已经遭遇了俄军，因而很难在面对敌人时掉头撤离。康拉德最终同意了，随即派出手头所有的骑兵，外加他的最后一支后备队伍，防止布鲁德曼的部队再往后撤。

8 月 28 日，血腥的战斗在中央战场几乎持续了一整天，先是一方然后是另一方试图越过开阔平坦的农田进攻，但双方均未能夺取对方的阵地。在火炮和机枪火力的压制下，步兵防线土崩瓦解，尸体堆积如山。下午 3 点左右，斐迪南大公的几个师和奥匈军第 17 军——与对面的俄军番号相同，让人容易混淆——开始攻击普勒韦暴露在外的东翼。听到第 4 军吃力地抵抗俄军进攻时雷鸣般的炮声，奥匈军第 17 军第 19 步兵师师长卢卡斯中将自告奋勇地进入战场，冲向俄军第 5 军的东翼。俄军正向同属于奥匈军第 6 军的第 15 步兵师和第 27 步兵师发动进攻，刚刚开始有所进展，却被卢卡斯的这一行动打断。斐迪南大公的 4 个师凌晨向前推进后便停下来休息，此刻突然猛地攻击俄军第 17 军的侧翼和后方。斐迪南大公的部队在向前推进时碰巧经过一片有足够掩体的战场，刚好能挡住他们的动静。因此，当斐迪南大公的士兵在布满尸体的开阔地带突然冲过来时，俄军完全措手不及。与东普鲁士最初几场战斗一样，一些队伍经常不等炮兵到位就急匆匆地进攻，其他一些部队则遇到了俄军准备充分的防守。不过，夜幕降临时，俄军第17军已经在全速逃跑。奥芬贝格接到斐迪南大公获胜的报告后，开始思考是否有可能包围对面的敌军，因为他已经击破了敌军的两翼。

如果能完成包围，奥芬贝格部队的任务要比包围萨姆索洛夫集团军的德军所面临的更艰巨。当弗朗索瓦和马肯森击破俄军第2集团军的两翼时，落败的俄军离俄军集团军中央大部有一定距离，因而对奥匈军包围他们有利。俄军也没有对立刻反攻表现出任何热情。相反，在加利西亚，施穆阿的第2军在晚上已经与西翼正在撤退的俄军第25军失去了联系，起初根本不知道他们去了哪里。8月29日，施穆阿希望旁边第1集团军的右翼能够离自己近一点，可以支援自己，于是便留下一个步兵加强师面对北面的克拉斯诺斯塔夫，然后将剩余部队面向东面。与前几天相比，推进的速度较慢，守护北面的陆军中将冯·斯托格－斯坦纳的第4步兵师小心翼翼地向前推进，虽然很少遇到抵抗，但推进的距离也很短。

在另一侧，约瑟夫·斐迪南大公重新开始进攻，很快便占领了胡尔克泽村，他的部下在这里缴获了24门火炮。但是与德军在东普鲁士发动的侧面进攻不同，他打败的俄军向俄军中路撤退，几乎没有遭受损失。在中路，奥匈军第6军的一些部队面对俄军殊死抵抗仍然稳步向前推进，但其他部队进入了俄军第14军占据的阵地，进攻虽然最初有所进展，却最终被赶回了出发处。

奥芬贝格已经将其司令部移到了前方，并且借此机会视察了附近的一些连队。他亲眼看到了自己的手下为赢得胜利所付出的代价：

> 我在回来的路上遇到了一队伤员。第16团的一名地方军步兵脸部中弹，失去了两只眼睛。我握住他的手，搜肠刮肚地想找几句话安慰这个无助的可怜人。他的回答很简短，却发自肺腑："为了祖国！"我深受感动。

虽然这一天没有取得决定性的胜利，奥芬贝格仍然有理由为自己取得的进展而满意。次日，第4步兵师遭到了猛烈攻击，俄军第25军残部铁了心要击退奥匈军队。幸运的是，斯托格－斯坦纳的左翼团正好在俄军的进攻路线上，能够顶得住。这里的情形与东普鲁士截然不同，那里的俄军战败之后会沉寂数日。对于奥芬贝格更为重要的是，第4步兵师无法奉命向东行军去协助完成对俄军的包围。就在中路继续激战时，约瑟夫·斐迪南大公再次攻击东翼。他的部下由于前一天损失较大，面对俄军第17军一些部队的顽强抵抗时进展有限。俄军或许损失惨重，但他们的军官整夜都在竭力将他们重新组织起来，进入防御阵地。与此同时，当斐迪南大公命令部下向西北进攻时，空中侦察报告说一支俄军纵队正从东面逼近——该报告后来被证实是误报。虽然奥芬贝格已经派骑兵去保护其东翼，约瑟夫·斐迪南还是决定自己应该采取进一步措施，极不情愿地命令他的后备部队转向东面。奥芬贝格没有部队可以派去支援斐迪南大公，他自己的后备部队已经完全被派了出去。如果他想赢得一场胜利，他那些损兵折将的部队只能在没有增援的情况下去争取胜利。

不管怎样，普勒韦的士兵已经坚持不下去了。8月30日，奥匈军第1集团军第10军的第24步兵师从西部进入克拉斯诺斯塔夫。由于西翼现在已经完全暴露在外，科马罗夫周围备受蹂躏的俄军陷入了被全歼的危险之中。黄昏后，俄军发动了一次反攻，击退了约瑟夫·斐迪南大公的一些队伍。紧挨着科马罗夫的南面爆发了激战，俄军第5军想尽可能长时间地拖住奥匈军队。科马罗夫以西，彼得大公指挥的奥匈军第2军也面临巨大压力，无法完成包围任务，但是俄军刚刚确保撤退线路的安全就后撤了。普勒韦命令第25军不惜一切代价重新占领克拉斯诺斯塔夫，但现实是俄军已经像第5集团军大多数部队一样完全累垮了。

彼得大公未能完成对俄军的包围，奥芬贝格对此感到特别失望。这位大公指挥第25步兵师，手头有24个营、100门火炮，他对面的俄军大概只有20个营，外加3个炮兵连，每个连8门炮。彼得大公在叙述作战过程时强调，俄军的炮兵优势是他被击退的主要原因。数字会误导人，战斗到了这个阶段，任何一方都不可能还有完整的队伍可以派上战场，也没有足够的弹药可以坚持到战斗结束。双方士兵在夏天的烈日下激战数日后已经疲惫不堪，而且很少有食物或水送到前线。事情的真相是奥匈军队在进攻时未能取得任何进展，却被俄军驱赶至第4步兵师控制的地区。至少，彼得大公的部队似乎缺乏足够的指挥和掌控能力，没有充分发挥其兵力优势，但统计他在兵力和火炮方面的微弱优势应该从敌军防御火力优势的角度来考虑。奥匈帝国皇家军队也没有任何突破防御的战术；康拉德的战术只以摧毁遇到的任何敌人为核心。

奥匈帝国与其北面德国的军队之间是波兰的空旷地带，那里只有少量部队。战争之初，西里西亚皇家地方防卫军已经在动员后组成了一个军，年迈的雷穆斯·冯·沃伊尔施将军被请出来担任军长。他曾在克尼格雷茨服役，并在那里成为奥匈军的俘虏，在普法战争爆发时，他在一所见习军官学校担任副官。他一再强烈要求，终于成功被召回，成为普鲁士禁卫军的一员，并在圣普利瓦激战中受伤。1911 年，64 岁的他退伍，却在 8 月自愿为国效力。他的新部下包括第 3、第 4 皇家地方防卫军。8 月底，他将这两个师带到了彼得考夫（今彼得库夫·特雷布纳尔斯基）和拉多姆，一路上只遭遇了微不足道的抵抗。沃伊尔施在自传中写道，他只遇到了俄军第 14 骑兵师的一些部队。他的部下都已过了正常服役年龄，顶着烈日在波兰糟糕的道路上行军不啻为一大壮举。8 月 31 日，沃伊尔施打算让士兵们休息一下，但是他手下的侦察飞机向他报警，俄军强大的纵队正在逼近拉多姆。尽管这些纵队最终没有来，沃伊尔施还是知道他对面那些来自维斯图拉河对岸的俄军兵力正在慢慢加强。他的军队隶属于丹克尔的第1 集团军，奉命过河去支援进攻卢布林的行动。沃伊尔施不太情愿，因为他仍然认为自己几个师的主要任务是保卫西里西亚。最终，在 9 月 1 日，他准备向河的右岸转移。

奥芬贝格很想主动追击落败的俄军，但他知道自己的部下迫切需要休息和增援。各种补给几乎都已殆尽，很难再打一场持久战。这时，其他地方又出现了新情况（下文将详细介绍）。科马罗夫的胜利并不彻底，因为普勒韦逃出了包围圈，挽救了集团军的大部，但他的损失也相当大。奥匈军俘虏了2万名俄军官兵，缴获了150门火炮，但双方都在战场上付出了沉重代价。奥匈步兵完全忠诚于康拉德的教条，不顾一切发动进攻，结果损失惨重。

奥匈军在克拉希尼克和科马罗夫取得的胜利或许是它在整个第一次世界大战期间唯一的亮点，这充分说明了它此后遭遇的失败的规模和频率。有一点值得思考，康拉德在这些战斗中是否能扩大战果，或者是否能更充分有效地利用这些胜利。如果想在这两场战斗中取得更大胜利，参战的奥匈集团军必须有更大的资本；但是在决定将那么多军队派往巴尔干地区之后，对付俄军的奥匈军队远比康拉德最初想象的要弱。更为糟糕的是，集结地点不断改变，先是要求士兵们在原定地点以西下车，然后又要求他们步行至原定的集结点。这样一来，士兵们还没有开始战斗就已经疲劳过度、情绪低落了。

战斗刚一开始，康拉德的几个集团军便发现欧洲大陆各地渐渐明白的一个真相。除非能够找到一个防守薄弱的侧翼，或者可以用炮火有效压制防守火力，否则很难对付防守火力。不仅如此，战前主动进攻的战术理念经常造成巨大伤亡，参战部队在取得胜利后无法扩大战果。在19世纪，作战双方会留出足够的兵力作为后备部队，但这种老传统已经逐渐被另一种趋势所取代，即投入所有部队，将进攻力量最大化。然而这样一来，如果前线部队在取得胜利之后无力扩大战果，胜利方也就没有足够的后备部队去发动后续进攻。不管怎样，即便真的有这样的后备部队，如果他们下车后挺进的速度太慢，防守方也会有充足的时间重新集结，修复防线。

鉴于当时的经验与知识，我们很难看出奥匈军队在这些战斗中还会有更好的作为，尤其是在动员和集结的最初决定已经做出之后。在执行层面上，这些胜利是否还能以不同方式加以利用？我们在此可以思考其他可能性，但这只是后见之明。康拉德相信自己可以给俄军致命打击，相信自己作为盟国有义务竭尽全力达到这一目的。然而，有人提出他对获胜的机会心存疑虑；他后来说他下令进攻时心情沉重。但如果加利西亚的军队集结之后，能够像德军第 8 集团军在东普鲁士那样为保卫自己的家园而战，从长远来看他们或许能取得更多胜利。如果康拉德在西线军队获胜后能够齐心协力在东加利西亚阻挡俄军，他或许能有更好的状态来与兴登堡合作，在秋季发动一次决定性的进攻。相反，他选择向前推进，希望立刻取得战略上的胜利，却最终大祸临头。

许多研究康拉德的学者都认为，严防死守要比鲁莽的进攻更符合奥匈帝国的长久利益。然而，前文已经介绍过，当时的人过于重视进攻行动的价值，将其视为控制局面的手段。必须指出，后来研究康拉德及其他主攻派的将军的学者当中，几乎没有人在第一次世界大战之前有这样的高见。

从奥匈帝国的角度来看，对于加利西亚地区最初几轮战斗的最佳评论是俄军被迫派出增援部队进入该地区，结果无法在华沙周围集结一支有可能进攻德国的强大队伍。兴登堡在坦嫩贝格取得的胜利已经在很大程度上有效化解了俄军的这种企图，但是在战争之初，康拉德根本无从得知萨姆索洛夫的集团军会全军覆没。面对小毛奇给他的重压——要求他尽早发动进攻，以减轻德军东线部队的压力——康拉德只能凭本能做到最好。

第九章

马祖里湖区
之战

COLLISION OF
EMPIRES
the war on the eastern
front in 1914

德军第 8 集团军在东普鲁士战胜了俄军第 2 集团军，这本可以排除德军撤退至维斯图拉河流域的可能性，但是连年坎普夫第 1 集团军的大量部队还在东普鲁士省的东半部。南翼安全之后，兴登堡和鲁登道夫现在将注意力转回了东面。

8 月 31 日，针对萨姆索洛夫残部的扫尾行动仍在进行，兴登堡的司令部就接到了统帅部发来的电报：

> 现将第 11 军、禁卫军预备军和第 8 骑兵师派往你部，供你们调遣。运输工作已经开始。第 8 集团军的第一个任务是清除东普鲁士境内的连年坎普夫集团军。
>
> 希望你部运用可调动的部队，在华沙方向追击刚刚战胜的敌人，警惕俄军从华沙向西里西亚的动向。
>
> 东普鲁士恢复秩序之后，你部需考虑将第 8 集团军调往华沙方向。

派给兴登堡的这三支部队正从西线赶过来。这一举动经常被用来解释俄军为什么在动员尚未完成之前就进攻德国：俄军这样做并最终牺牲萨姆索洛夫的第2集团军，就能迫使德军削减其西线兵力，无法在与法国交战过程中赢得决定性胜利。换言之，俄军在法国敦促下突然发动的进攻正好达到了最初的目的。禁卫军预备军是德军第2集团军的一部分，原本是德军穿过比利时向前大推进的右翼，第9军则原属于与第2集团军相邻的第3集团军。这两个军在被派往东线之前都在比利时作战。它们如果留在西线，那么在马恩河战役中或许能起到一定作用，但是否能给德军带来足够优势并改变最终结果，我们不得而知。不过，这些增援部队的到来却让东普鲁士的第8集团军信心倍增，考虑到已经摧毁了俄军第2集团军，德军现在第一次在整个战区占有人数优势。

兴登堡和鲁登道夫自然注意到了康拉德的一再请求。他请求德军向南或者向西南发动进攻，以配合丹克尔和奥芬贝格从南面发动的攻势。鲁登道夫在回忆录中描述，他清晰地看到了德军无法采取这种行动的必然逻辑：

> 8月底，奥匈军队面对着数量占绝对优势的俄军，我们不能误判它的困难处境。总参谋长康拉德将军建议——从他的角度来说完全合理——我们越过纳雷夫河向前推进。鉴于第8集团军与连年坎普夫的军队相比一直处于劣势，他的这一建议无法落实。如果向姆瓦瓦－普乌图斯克挺进，同时遭遇连年坎普夫向阿伦施泰因至埃尔宾防线挺进，我们将不得不中途停下前进的步伐。因此，我们别无选择，只能先对付俄聂曼集团军（连年坎普夫的第1集团军）。

可以说，德军在对付萨姆索洛夫时，留下来应对连年坎普夫的防线非常脆弱。德军虽然可以如法炮制，但再这样做纯属有勇无谋。如果努力与康拉德的部队连成一线，德军的前锋就会拉得过长，超出第8集团军的保护能力范围，并且会招致灾难。无论康拉德多么寄希望于德军，德军凭借现有资源根本无法进入波兰。

随着萨姆索洛夫集团军所遭遇灾难的程度逐渐清晰，连年坎普夫命令部下从最靠前的阵地后撤。第1集团军的防线从北面的戴姆河流域开始，穿过维拉夫和诺顿贝格，一直延伸到紧挨着安格堡西面的莫尔湖北岸。德国的一支驻军仍然控制着洛岑镇，位于莫尔湖与勒文廷湖之间狭长陆桥的尽头。俄军第2军曾在8月试图充当俄军第1集团军和第2集团军之间的纽带，但是没有成功，如今已转移至西北，面对这支德国驻军。

这样一来，俄军第2军与第2集团军残部之间就出现了一个很大的缺口。第2集团军残部的现任指挥是第2军前任军长谢尔盖·谢德曼。为了填补该缺口，俄军统帅部命令新建一个第10集团军，以正奔赴前线的4支部队为核心。这4支部队分别是第22芬兰军、第3西伯利亚军、第1突厥斯坦军和第2高加索军。首先抵达的是第22芬兰军，被部署在吕克镇内及以西地区。新集团军司令瓦西里·普夫卢格将军发现自己的处境甚至比谢德曼试图用一个军防守整个缺口时还要糟糕。8月，至少第2军的两侧还有做好了进攻准备的强大的俄军集团军；现在，第1集团军已经奉命掘壕死守，而第2集团军尚未真正形成战斗力。

俄军其他部队也抵达了前线。连年坎普夫的几个预备师由于战斗力远逊于正规部队，8月份一直留在国内，如今被用来在北翼组建新的第 26 军，而另外两支部队则作后备之用。连年坎普夫现在的总兵力达到了 14 个步兵师。

鲁登道夫之前的方针是当第 8 集团军在南面集结时，只留下一些较弱的部队应对东面。他现在颠倒了这一方针，将汉斯·冯·德尔·戈尔茨将军指挥的小部队留在贾乌多沃周围，并且命令他向姆瓦瓦逼近，其余部队则攻击连年坎普夫。连年坎普夫的大部队仍然留在马祖里湖区以北，因为他认为德军已经向柯尼斯堡撤退。兴登堡和鲁登道夫决定将自己的军队一分为三。第一部分包括禁卫军预备军、第 1 预备军、第 11 军和第 20 军，将面对俄军第 1 集团军强大的北翼。第二部分包括马肯森的第 17 军，将利用洛岑的阵地。第三部分是补充了第 3 预备步兵师的弗朗索瓦的第 1 军，它将对付吕克周围较弱的俄军东南翼。一旦南翼受到攻击，整个俄军防线就会从南面后撤，有可能出现与 8 月对付萨姆索洛夫的战斗相似的结果。德军普遍鄙视萨姆索洛夫使用明码无线电通信。值得一提的是，俄军截获了德军从柯尼斯堡发出的一份明码电报，从中得知德禁卫军预备军即将到来。

戈尔茨 9 月 4 日报告了新战役的首场胜利。他为自己的新头衔（"东普鲁士集团军南部司令"）欣喜若狂，于 9 月 3 日率部——主要为他原本指挥的第 1 地方防卫师和第 35 预备步兵师——攻击姆瓦瓦，并于次日占领了该城。姆瓦瓦坐落在通往华沙的铁路线上，自然是俄军进攻东普鲁士南部边境的起点，因此占领它在很大程度上确保了德军第 8 集团军南翼的安全。一天后，弗朗索瓦给全军下达了新命令，其中第一句话完全符合他的性格：

第 1 军的将士们!

我们已经解放了东普鲁士南部,现在正逼近我军的故乡,逼近那些将我们的家人赶出故土、烧毁我们家园的俄国乌合之众。现在到了清算的时刻。坚定我们的信念:"为皇帝、为祖国、为故乡奋勇向前!"

上帝与我们同在。

第 1 军将向斯伯丁湖的两边挺进,法尔克的第 2 步兵师将行军穿过尼古拉肯,第 1 步兵师则沿着该湖的南岸前进。第 3 预备步兵师将在最南端严阵以待。通往斯伯丁湖的道路两旁地形复杂,一个个小湖、一片片茂密的小树林星罗棋布。挺进的德军没有遇到抵抗,如释重负。他们前进过程中遇到的困难大多是德国战时预备军为阻止俄军挺进而炸毁的桥梁,茂密的林地则遮挡了他们,没有被俄军巡逻队发现。第 2 步兵师很幸运,一支精力旺盛的架桥部队沿林中道路强行军,9 月 6 日抵达重要小镇尼古拉肯,然后连夜修复镇内的桥梁。次日,法尔克的部下顺利通过该镇。与此同时,第 1 步兵师的先头部队抵达约翰内斯堡之后第一次遇到了俄军抵抗。

从普雷格尔河谷到莫尔湖,德军自北向南依次为禁卫军预备军、第 1 预备军、第 11 军和第 20 军,它们向前推进并与连年坎普夫的部队交战。德军的意图是给俄军施加强大压力,将他们部分拖住,但也会充分利用俄军的任何弱点。俄军虽然对快速挺进缺乏兴趣,却一如既往地擅长打防守仗。德军和奥匈军士兵已经发现,俄军能够在短时间内挖出战壕,从而占据优势。俄军第 3

军和第 4 军成功击退了德军进攻，甚至还发动了反攻。像经常见到的那样，双方差异明显，俄军一名军官在评论德军的优缺点时也道出了俄军相应的素质：

> ［德军］表现出了一定的狂热，不仅是较小作战单位中的士兵，甚至还有小股队伍中的士兵，即便在没有军官的情况之下也可以看到每个士兵具有主动性。另一方面，在遭遇防守火力时，他们并没有表现出任何特别的毅力，而当他们在交战过后开始撤退时，他们的抵抗力几乎降为零。

鲁登道夫对北面没有进展感到失望，但真实情况却是德军的战斗计划取决于南面战事的成功。在南面，弗朗索瓦于 9 月 7 日前往约翰内斯堡，想亲眼看看进展。对俘虏的审讯结果证实俄军大多数守军都是刚刚抵达战区的芬兰人。侦察结果也显示，他们只是外围部队，往东一点的俄军作战力更强，正集结在比亚拉周围。弗朗索瓦命令第 3 预备师攻击这些部队，并安排第 1 步兵师的一个旅提供支援。他满意地看到自己的部下中午前就抵达了比亚拉，并在黄昏前发动一次快速进攻后占领了该镇。摩根报告说德军损失很小，却俘虏了数百名俄军士兵，缴获了 8 门俄军火炮。第 1 军其余部队向阿雷西前进，在那里又遇到了俄军抵抗。由于天色将晚，弗朗索瓦命令停止战斗，第 1 步兵师派出的那个旅则与孔塔的部下会合，准备在 9 月 8 日发动正式进攻。

次日天亮后，天朗气清。第 1 步兵师很幸运，通往阿雷西的道路正好穿过该师在和平时期经常用来训练的地区。他们熟悉这里的一草一木，7月中旬刚刚在这里举行过进攻演习。他们快速前进，对地形的了解此刻派上了用场。他们成功利用了平缓的山丘和小树林所提供的掩护。他们在没有从西面进攻的第2步兵师强有力支援的情况下，就迅速解决掉了俄国守军。德军损失不大，俄军在战场上留下了几百具尸体和伤员，大约还有1000名俘虏。

弗朗索瓦的部下遇到的大部分敌军都来自8月底从格罗德诺过来的第22芬兰军。与萨姆索洛夫集团军交战过程中缴获的文件详细说明了格罗德诺聚集的俄军情况，包括第3西伯利亚军，德军因此对俄军可能还有哪些增援部队了如指掌。第3西伯利亚军有可能打乱德军的战斗计划，但这取决于它被部署在哪里。因此，当第1军指挥部与第3预备步兵师在9月9日失去联系时，一度曾引起德军的担心。不过，弗朗索瓦此时兴高采烈，对自己的部下实现目标充满信心。第1步兵师在阿雷西取胜后，向东北行军约6英里，抵达兰滕，9月9日继续前进。横卧在道路上的是瓦西里·古尔科的第1骑兵师。瓦西里原本的任务是保护连年坎普夫集团军的南翼，但他现在奉命前往格拉耶沃，成为俄军新组建的第10集团军的一部分。他的部下出发后，哨兵向他报告，有德军逼近。他期待会有步兵增援，但目前必须依靠自己：

> 大量德军已经占领了洛岑以东的德国小镇韦德敏嫩……显然打算攻击连年坎普夫的左翼。我因此遭到了前后夹击。我要么继续执行两个集团军之前下达的命令，要么违抗命令主动前进至第2军侧翼，顶住德军第一波攻击，坚持到援军到来。增援的步兵一到，我就可以撤退，因为就战斗力而言，

我的骑兵无法与一个步兵师相提并论。

我毫不犹豫地做出了选择。我派出一个个强大的骑兵分队，去占领韦德敏嫩以东湖与湖之间的咽喉要道，那里只有不堪一击的骑兵巡逻队把守。我同时策马去选择一个阵地，靠近地峡，就在克鲁格兰肯湖附近。小部队比较容易防守这里。我的师当时有4个团，第4军已经将莫斯科长矛团还给了我。

古尔科正确地估计到了德军企图攻击连年坎普夫的左翼，但是他没有意识到这个左翼已经被成功攻破，德军第1步兵师的这个纵队根本没有必要再往东推进。结果，尽管他很高兴自己能阻止德军骑兵从两湖之间突破，并且德军没有拼命强行从他的军队穿过，他的参战丝毫未能阻止弗朗索瓦继续向北和东北挺进。

在该地区活动的德军骑兵是第1骑兵师和第8骑兵师，后者刚刚从西线抵达这里。他们隶属于弗朗索瓦，于是他命令他们前进至连年坎普夫集团军的后方。第1军的北面是马肯森的第17军，已经穿过洛岑要塞，给连年坎普夫的南翼进一步施压。洛岑驻军的指挥是布塞上校，他曾在8月底拒绝向俄军投降，随后又击退俄军对要塞的进攻。博延要塞建于19世纪中叶，依然是一个难以对付的障碍，俄军如果没有重型攻城火炮，根本无法对付里面的德军。马肯森的几个师向东移动时，遇到了俄军第2军的猛烈抵抗。由于周围山冈密布，湖泊众多，第17军很难进行兵力调动，因而进展很慢。第17军各师前一天刚刚得到一个鼓舞人心的好消息：

我的军队刚刚第一次补充兵力，再次恢复了全部战斗力。但他们当中有许多志愿军，只接受过五周军事训练。我真希望这些年轻人能够多训练一段时间，光有勇气和激情是不够的。严明的纪律、体能和枪法无法快速提升，而这些正是步兵作战技术的基础。

9月9日上午，马肯森报告，他的部下已经抵达克鲁格兰肯，但这后来证实是个错误。第17军用了大半天时间才抵达并占领该镇，而且俄军还是在面对德军第1军从南面逼近时才被迫撤退的。战斗主要集中在克鲁格兰肯西北面的博塞瑟恩村。天黑时，马肯森相信自己已经取得了一个重大突破。

连年坎普夫的左翼显然遇到了麻烦，但他的其他防线抵挡住了德军的进攻。他命令用作后备部队的第20军和第54步兵师、第72步兵师上来增援，但他们要到9月11日才能赶到受到威胁的左翼。如果新组建的第10集团军能够从南面发动进攻，他的整个局势就会改变，但日林斯基告诉连年坎普夫，第10集团军唯一已经抵达前线的部队——第22军——根本无法发动这种进攻，更不用说从吕克前进至韦德敏嫩，从而进入弗朗索瓦第1军的后方。连年坎普夫认定派往南翼的援军抵达时会太晚，随即命令整个集团军向东撤退。

9月10日，弗朗索瓦在收到第3预备步兵师的报告后如释重负，该师一直在吕克附近与俄军第22军激战。摩根师的左翼面临着受到包抄的危险，德军很快意识到俄军在数量上占优势。黄昏将至，俄军加大了炮轰力度，但预料中的俄军袭击没有发生，摩根为此松了口气。他连夜让部下为重新发动进攻做准备，但俄军已经受够了，开始撤退。摩根满意地看到，他的部下缴获了俄军第22军军长冯·布林肯将军起草的一份电文：

> 我无法执行向兴登堡集团军侧翼挺进的命令，因为我在吕克受到攻击，战败了。

弗朗索瓦相信自己在前面的战斗中已经摧毁了第22军的一个芬兰师，于是命令第3预备步兵师击退俄军，穿过马格拉博瓦，然后与2个骑兵师合作，向北行军，切断连年坎普夫的交通线。以这种方式动用本该保护德军南翼的一个师十分冒险，但是与之前的交战情况相同，弗朗索瓦乐于冒险。他的主力部队包括第1步兵师和第2步兵师，遇到的抵抗越来越弱，整天都在忙着收容俘虏。弗朗索瓦对自己部下的进展很满意，亲自驾车去视察他和马肯森的几个师连续战斗了两天的地方：

> 俄军无疑遭受了惨败，正仓皇逃跑。大巴布肯湖畔有一个帐篷营地，里面背囊和给养应有尽有。地上到处都是被遗弃的武器以及运送军需品和行囊的马车。在希厄温附近，有个农夫告诉我，俄军炮兵就部署在他位于希厄温南面的田地上。我在那里看到一个伪装充分的俄军炮兵连——8门炮和8辆运送炮弹的马车——隐藏在地下，周围有掩体和防护墙，技术上已经完备。炮兵连连长的藏身洞内有张桌子，上面还

放着早餐：可可、鸡蛋和火腿。炮兵连连长和两名中尉一起躺在火炮旁，显然是被自己的手下开枪打死的，然后那些人骑马逃跑了。这个炮兵连在这种地带藏得十分隐蔽，我们的人没有注意到它。

9月10日一早，鲁登道夫和兴登堡就接到了空中侦察报告，俄军已经在晚上开始撤退，许多前锋阵地的防守都很弱。鲁登道夫立刻下令全面追击。整条战线压向后撤的俄军，马肯森和弗朗索瓦则一路向北，绕过罗敏特荒原，企图赶在连年坎普夫的部队到达边境之前堵住它的退路。这片荒原上树木林立，灌木丛生，低矮的山冈起伏不平，向来是深受人们喜爱的狩猎区，此刻却需要尽量避开——速度至关重要，在这种地形中，哪怕是俄军象征性的抵抗都很难应对。就在命令下达之后，司令部得到了惊人的消息：阿里耶夫将军的第4军向德军中路发动了强大攻势。消息传来时，第8集团军司令部万分惊愕。经历了艰苦的行军并且在南部与萨姆索洛夫的第2集团军交战之后，德军各师没有一刻修整，又马不停蹄地奔赴北方。他们承受高节奏行动的能力大概正接近极限，尤其是那些因为最近没有赢得胜利而士气低落的部队。虽然第1军特别靠得住，一定会继续前进、战斗到士兵因疲劳而倒下，但中路的第11军一直在忍受对面俄军的顽强抵抗。为了支援越来越弱的中路，鲁登道夫给南翼两个军下达了新命令，要他们向正北方行军，这样就能在俄军第4军发动进攻时突袭其侧翼。

9月11日中午刚过，弗朗索瓦就接到改变计划的命令，他当时正和先头部队清除戈乌达普镇的俄军。他这次一反常态，遵守命令，调转部下前进的方向，不再向边境逼近。随着时间的推移，鲁登道夫接到了新的报告，中路面临的威胁远没有他所担心的那么大。俄军此时似乎已经停止进攻，正匆匆向东撤退。天黑时，鲁登道夫接二连三地给弗朗索瓦发去电报，敦促他遵守之前的命令，切断俄军退路。

一切已为时太晚，德军失去了宝贵的半天时间，连年坎普夫的部下争分夺秒逃了出去。9月12日，德军第1军的两个师发现自己几乎是在后撤的俄军之中前进。孔塔的第1步兵师与企图逃向东面的俄军激烈交战并战胜了对方。弗朗索瓦的军队布下了一条朝北的战线，就在罗敏特荒原北面，并在黄昏时成功向皮卢珀嫩挺进。与此同时，哥萨克骑兵企图穿过罗敏特荒原逃跑，他们袭击了弗朗索瓦的后勤部队，打死了几名军官。

马肯森的第17军在更靠北的方向扩大了战果，在9月11日晚些时候切断了安格堡至戈乌达普的道路。那些补充的新兵在沿途与俄军的交战中表现得非常突出，用自己的热情和精力弥补了技能上的欠缺。次日，第35步兵师抵达了戈乌达普东北面的托尔敏克门，而第36步兵师则逼近了该师8月20日曾遭受巨大损失的地区，士兵们这次的经历截然相反：

> 俘虏人数再次多达数千，我们还缴获了许多火炮。前进的道路上落满了众多敌军在撤退时丢弃的军装、武器、弹药和车辆。随着之前的晴朗天气转为雨天，东普鲁士潮湿、沉重的泥土阻碍了我们沿乡间道路前进的步伐，人马都必须竭

尽全力。

与此同时，俄军方面又有了新动静。9月11日，尼古拉大公来到了日林斯基位于比亚韦斯托克的指挥部，询问为什么第10集团军没有从南面进攻德军的侧翼。

> 与日林斯基将军交谈之后，尼古拉大公相信西北战线指挥欠妥。第10集团军确实有机会猛烈突袭正在攻击第1集团军左翼的德军后方，但战线总司令非但没有不惜一切代价组织这次进攻，反而接受了第22军军长声称自己的部队暂时丧失战斗力的报告……然而，除了这个军之外，日林斯基还有刚刚抵达前线的第1轻装步兵师（来自第3西伯利亚军），紧跟其后的还有来自同一军的第7步兵师。日林斯基将军在决定不命令第10集团军发动进攻之后，派第22军前往奥古斯托沃，第3西伯利亚军的几支部队前往格拉耶沃，这些命令背后的意图是必须给这支新组建的集团军一些时间来组织好自己。

在一定程度上，日林斯基无论做什么都会被认为有过失。他曾在萨姆索洛夫的集团军尚未完全集结到位时命令其向前推进，结果便是一场大灾难。现在，当他试图给新抵达的军队时间重新部署时，他却又因为没有催迫他们而饱受批评。他是苏霍姆利诺夫阵营与其对手之间长久斗争的牺牲品。苏霍姆利诺夫派试图利用东普鲁士越来越糟糕的战况来解除连年坎普夫的职务，但是连年坎普夫的高层支持者们成功保住了他；作为报复，他们设法让日林斯基承担了责任。无论这件事的细节如何，尼古拉大公都认定日林斯基应该为西北战线欠佳的表现负责，随即解除了他的职务。接替日林斯基的人是一个很奇特的选择：在加利西亚指挥第3集团军的鲁茨基。

与日林斯基交谈3天后，尼古拉大公命令与两位战线总司令举行一次会议。鲁茨基将自己意识到的情况告诉了尼古拉大公：就西北战线各集团军目前的状况而言，俄军无法再发动进攻。相反，伊万诺夫却非常看好再创佳绩的前景，并且请求增援。尼古拉大公并未对此热烈响应，反而命令第5集团军离开其目前在加利西亚的驻地，前往华沙以北地区，在那里可以保护西北战线的南翼。从北到南，俄军战线现在的兵力部署依次为第1集团军、第10集团军、第5集团军、第9集团军、第4集团军、第3集团军和第8集团军，第2集团军尚在组建中。另外两个集团军——北面的第6集团军和南面的第7集团军——承担着保卫俄罗斯帝国海岸线的任务。

弗朗索瓦的部下继续在战场上向撤退的俄军纵队开火，俘虏了大量俄军士兵。9月14日，德军越境追击连年坎普夫的最后一支部队，孔塔的第1步兵师抵达了俄罗斯帝国境内约10英里处的维亚科维茨基。

据当地人说，俄军自9月9日晚就开始大撤退。在施塔卢珀嫩，俄军纵队起初井然有序，但南面的俄军涌来之后，顿时秩序大乱。主要道路再也无法容纳大批士兵。步兵、骑兵、运输车辆，每个人都在乱哄哄的人群中沿着通往维亚科维茨基的道路或者在路旁前进。维亚科维茨基的牧师解释说，一群群士兵三天三夜才完全通过该镇。他们又饿又累，没有任何纪律。整条道路就是一副大逃亡的景象。横跨道路旁农田的小溪中有数百辆陷入泥里的车辆，其中一些遭到了抢掠，另外一些车上仍然装满物资。大量食品、弹药、飞机、药品、武器、行囊散落在农田，应有尽有。

第1军在8天的战斗中俘虏了1.3万名俄军士兵，缴获了90门火炮。虽然俄军第24军和第3军以及第4军的部分队伍成功撤退，几乎没有损失，连年坎普夫的其他军队却四分五裂。俄军死伤12.5万多人，至少3万人沦为俘虏。德军的损失主要是向连年坎普夫中路发动正面进攻的部队，伤亡人数总计约4万。

这似乎又是德军的一场大捷。俄军已经被赶出了德国领土，而且损失惨重。如果不是浪费了半天时间，第1军可能会取得更大胜利。然而，俄军第1集团军尽管损失较大，却仍然保持完整，而且其他地方出现了压力，尤其是加利西亚——奥匈军队原先承诺的一场重大胜利已经迅速化为乌有。早在9月10日，兴登堡就给统帅部发去了一份电报：

> 依我看，是否能彻底击垮连年坎普夫仍是个问题，因为俄军今天一早便开始撤退。至于未来的作战计划，现在的问题是有没有必要在西里西亚集结一支部队。我们能从西线得到更多增援吗？我们可以从这条战线省掉两个军。

德军现在可以越过纳雷夫河，向南进入波兰，但这样的突袭会像奥匈军数周前的进攻一样毫无意义——只有从南北两方面形成钳形阵势才有意义。到这时，康拉德被击败的军队不仅迫不得已放弃了向北挺进，而且还撤出了加利西亚大部。结果，德国东南领土面临威胁，如果俄军挺进至克拉科，就有可能继续前进，进入资源丰富的上西里西亚。9月15日，德军组建了新的第9集团军，将指挥部设在西里西亚，以应对任何这种威胁。鲁登道夫被任命为该集团军参谋长，即刻赴任。新集团军的核心是参加过马祖里湖区第一战的几支队伍——第11军、第17军、第20军以及禁卫军预备军。三天后，兴登堡奉命担任第9集团军司令，理查德·冯·舒伯特将军指挥第8集团军剩余的部队。舒伯特之前任西线第14预备军军长，刚刚来到东线。他接手的集团军基本由弗朗索瓦的第1军构成，外加冯·德尔·戈尔茨的地方防卫军和第3预备步兵师。

德军仍在追击落败的俄军，目的是给连年坎普夫的第1集团军造成尽可能多的破坏。冯·摩根将军的第3预备步兵师继续在第8集团军的南翼挺进，占领了奥夫斯托沃和苏瓦乌基，并于9月13日在苏瓦乌基俄军军营中缴获了如及时雨般的补给，而第1军则继续向东挺进。德军现在面临着每一个入侵俄罗斯的人所面临的同样问题：这里幅员过于辽阔，俄军只需继续后撤，直到敌人超出其补给线范围。考虑到进入俄罗斯的目的是攻击后撤的俄军，舒伯特觉得必须明确德军前进的终点，以防部队被吸引到太靠东的地方。于是，他为第8集团军确定的目标是聂曼河谷，位于俄罗斯境内约 50 英里处。这样的挺进会将第 8 集团军的南翼暴露在外，俄军第 10 集团军恢复元气后有可能攻击这里。为了防止出现这种情况，德军组织了一支队伍，攻击格拉耶沃与比亚韦斯托克之间奥索维茨的俄军要塞。这座要塞始建于 1882 年，一直修建到战争爆发之时。它的中轴近 2 英里长，与同时代任何防御工事一样难以攻克。德军步兵在 9 月 21 日抵达该地区后迅速将驻军赶进了要塞。运送火炮（包括几门 9 英寸口径、威力巨大的攻城炮）的辎重队冒着大雨在糟糕的道路上费力前进，于 9 月 26 日开始炮轰俄军防御工事。两天后，德军步兵发动了一次攻击，却被击退，而且损失较大。更糟糕的是，俄军趁机反攻，让德军火炮进入了俄军火炮的射程内，德军炮兵被迫后撤。德军想占领奥索维茨的企图就此结束，德军步兵随即安顿下来，阻止俄驻军的袭击。虽然这阻止了俄军对进攻聂曼的德军进行突袭，但未能占领要塞仍然令人失望。这是第 8 集团军自贡宾嫩战役以来第一次受挫。在此后数周的不同时间，德国皇帝和俄国沙皇分别视察了奥索维茨的战场。

聂曼防线还有另外两个俄国要塞守护——北面的科夫诺和南面的格罗德诺。德军在秋季越来越泥泞的地形中吃力地前进，糟糕的路况比俄军的抵抗更加阻碍了他们的挺进，不同的铁路轨距增添了新的困难——俄国铁路采用宽轨距，只有在调整轨距之后，德国列车才能在上面运行。在自己的部下抵达聂曼之后，舒伯特决定在奥利塔（今阿雷图斯）建立一个桥头堡，以此给沿河防线部署兵力。这背后的考虑我们不得而知。德军其实只需占据河谷战线，等待援军；第 8 集团军即便能够强行过河，大概也没有兵力对付任何一边的要塞。德军要想过河，困难重重。东岸居高临下，俄国守军占据地形优势，而德军补给线现在开始出现问题。9月25日，德军在聂曼河上建了两座浮桥，但德军刚刚尝试过河，俄军炮火就摧毁了这两座浮桥。两天后，德军再次尝试，但结果相同。

双方损失虽然算不上惨重，但伤亡人数仍然不小，其中最值得一提的是奥列格·康斯坦丁诺维奇亲王。这名22岁的军官是沙皇尼古拉一世的曾孙，隶属于近卫轻骑兵团。他原本可以在司令部担任传令官，但他请求与自己所属的团在一起。他在团里的任务是记录团志，但他每天都梦想着立军功，渴望到第一线任职。团长只好极不情愿地允许他回到自己的作战排。9月27日，他参加了一次对德军的行动，地点就在科夫诺西南方24英里处的皮尔维什基亚村。他身受重伤，被送往维尔纽斯，次日接受手术，一天后就去世了。他是罗曼诺夫家族中唯一一位因在战斗中受伤而去世的成员。他的家族集体到场哀悼，这种经历整个欧洲大陆数十万家庭都有过。

9月底，俄军第10集团军开始发威。撒迪厄斯·冯·谢维尔兹接替普夫卢格出任集团军司令，他之前是鲁茨基第3集团军第10军军长，因在加利西亚指挥得当而赢得赞誉。普夫卢格和谢维尔兹这两个名字，以及普勒韦和连年坎普夫等将领的名字，显示波罗的海地区日耳曼后裔家庭主宰俄军统治集团的程度。俄军（主要是第3西伯利亚军）首先行军至奥索维茨，在那里击退主要由戈尔茨的师构成的德军，然后向奥古斯托沃和苏瓦乌基逼近。混战在这两座小镇之间的林地中持续了数日。

摩根此时正指挥一个临时组建的军（第1预备军），包括他以前的第3预备步兵师和第36预备步兵师。他命令克鲁格将军指挥的第36预备步兵师守住奥古斯托沃，同时命令第3预备步兵师攻击俄军的侧翼。克鲁格被迫撤到镇外，侧翼进攻宣告失败。不过，在得到一个地方防卫军旅的增援之后，摩根相信自己能够守住苏瓦乌基，但他接到了旁边第2步兵师送来的消息，它已经向西撤退。现在再坚守这座小镇已毫无意义，于是摩根在10月3日放弃了苏瓦乌基。

舒伯特越来越担心自己的第8集团军会受到来自南面的威胁，于是命令部队向边境撤退。遗憾的是，第1军当时正取得一些局部小胜利，弗朗索瓦像往常对待他不喜欢的命令一样，不愿意接受这一命令。他反而给统帅部发去了一份电报，告诉更高指挥部舒伯特得到了一些糟糕的建议。弗朗索瓦此时的名声如日中天，尤其是威廉皇帝对他宠爱有加。威廉皇帝命令解除舒伯特的职务，由弗朗索瓦本人取而代之。

更换指挥官也无法改变现实。俄军知道几支部队已经离开了德军第8集团军，因此想趁机尽可能多地给德军施加压力。面对越来越大的俄军压力，弗朗索瓦别无他法，只能命令撤退。9月下旬，舒伯特一直在敦促弗朗索瓦在东普鲁士边境以东修筑防御工事，但弗朗索瓦拒不执行，反而一再说他通过局部进攻挺进的俄军，成功保卫过东普鲁士，因此他认为没有必要准备防线。现在，当他本可以运用这样一条防线时，他却只能采用运动战，到10月第二周，俄军已经再次占领了吕克和东普鲁士的东南角。俄军的挺进步伐最终在一条战壕防线面前终止，这条防线从吕克西北一直延伸到维尔巴伦。俄军猛烈炮轰维尔巴伦，然后几次尝试猛攻。当时在德军防线中的一名美国记者目睹了这一过程。他对战斗绘声绘色的叙述刻画出了攻击严阵以待的阵地会多么血腥恐怖，多么徒劳无功。即便是在东线，战壕、火炮和机枪也以冰冷无情的逻辑击碎了任何残存的进攻精神能赢得胜利的希望。

　　今天，德军炮火击退了俄军进攻，将俄军变成了鲜血淋淋、恐怖至极的碎片。

　　我昨天看到了步兵交战的过程，今天大多是炮兵之间的较量。步兵进攻虽然可怕，但炮兵的攻击更令人胆战心惊。这已经是持续战斗的第五天，德军战壕仍然固若金汤。

　　今天的战斗在黎明打响……当曙光照亮俄德两军各自长长的阵线时，俄军的火炮开始将大量弹片抛向德军战壕……

　　我们走到中间偏左的一个德军炮兵连前，虽然只是早晨6点，却看到他们已经在行动。几个观察兵巧妙伪装后躲在前面，将射程告诉炮兵；炮兵们有条不紊但又兴致勃勃地慢慢将死亡炮弹装进火炮内。

　　俄军火炮的射程不及德军，他们射出的炮弹全都呼啸着落到我们左边1000码开外。我通过望远镜注视着他们开炮……

　　就在我们注视他们时，俄军似乎厌倦了在无害的山冈上炸出一个个土坑。他们开始向左右两边随意开炮……我看到一发炮弹击中了一个风车，炸碎了风车的吊臂，将它变成了一堆慢慢燃烧的废物。我们随后向中间撤退……

在我们身后的最左边，我听说俄军步兵正向德军战壕发动一次冲锋，德军已经通过战地电话将情况通报给了前线所有指挥官。我们通过望远镜可以看到一条隐隐约约的长线，那肯定就是越过开阔地向我们冲过来的俄军步兵……

我们赶到右翼时，目睹了俄军步兵进攻的最后结局。潮水般的俄军士兵几乎冲到了德军防线跟前——防线左右两边都是野战炮兵连——并在那里被击退。俄军横七竖八地倒在这些战壕前面，有的当场毙命，有的奄奄一息，有的只是受了伤，这都是德军机枪扫射的可怕结果。

由于没有目标，德军火力减弱了一点，我趁机向战壕走去。俄军已经退了回去。战壕里散落着数不清的弹壳，在我这个外行看来，子弹头已经击毙了数千俄军。事实上，前面的地上躺着数百具尸体。

我们抵达战壕时，德军步兵朝速射机枪吐了口口水，开心地要我们听滋滋声，说明枪管连续射击后多么发烫。

士兵们伸展一下胳膊大腿，搀扶几名伤员到后方，然后等待早餐……与此同时，佩戴着红十字白袖章的人在空地上忙碌着，救护俄军伤员。战斗似乎突然停了。

可正当我拿到汤时，猛烈的炮火再次响起。从9点到中午，俄军炮兵向德军战壕和德军火炮密集开炮，德军炮兵连慢慢还击。

用火炮送出死神似乎是一件值得夸耀的事。每门炮的炮兵都在开着玩笑，却丝毫没有战斗一词通常让人联想到的下达命令时生动的喊叫声、不分皂白的军号声以及战旗耀眼的舞动。这只是可怕的杀戮。

右边不到 300 码的地方，俄军的射程已经足够远。我从望远镜中看到，弹片在那里的德军炮兵连中飞舞，随即看到一名士官和三个战友一起倒下。我听说一人阵亡，三人受伤。红十字人员将四个人抬了下去，他们还没有走远，炮位上就新换了四个人，火炮再次咆哮……

昨天是我在维尔巴伦的第一天，我看到俄军第三次试图攻克德军中央。星期三，他们的步兵在炮火掩护下发起两次冲锋，但均被击退。第三次尝试也失败了……

我们可以看到，但是从德军中间的战壕看不到，俄军防线上有几个点，俄军步兵从那里蜂拥而出，冲到前面，占据有利地形，等待不规则的新防线形成。几十挺轻机枪被人拉了上来，其他士兵——后备部队——也占据了这种半前沿阵地。在整个过程中，俄军炮弹如雨点般落在德军战壕里。

俄军终于下达了进攻命令。一声令下，数百码长的俄军防线突然向前推进，以疏散队形部署到位。一条、两条、三条，有些地方甚至有四五条散兵线，中间相隔 20~50 码，迅速向前推进。有些俄军几乎立刻就进入了德军战壕火力的射程内。俄军这些散兵线开始萎缩、减少。其他俄军士兵悄悄向前推进了较长距离。燃烧的村庄冒出的浓烟给几个团提供了求之不得的掩护……

斯拉夫士兵潮水般涌进德军战壕的射程内，疯狂地喊叫着，没有丝毫动摇。俄军战旗——这是我第一次看到——出现在冲锋队伍的前面。一排士兵倒下后，第二排又冲了上来。他们离德军阵地越来越近。

这时出现了新的场面。几秒钟后又出现了新的声音。我首先看到向前推进的俄军防线突然（几乎是怪异地）软化。这与之前出现的任何情况都不同。士兵们像一排多米诺骨牌一样倒了下去。那些没有倒下的像被一阵可怕的狂风卷了回去一般。几乎就在我困惑不解时，机枪断奏似的嗒嗒声传到了我们的耳朵中。我的耳朵回答了我的眼睛提出的问题。

我密切关注着这个冲锋过程，但它的关键时刻持续了不到一分钟，可对于我悸动的大脑，那却似乎长达一个小时。

接下来，随着火力减退，正当俄军士兵蹒跚后退时，他们的散兵线断了。随之而来的是惊恐。每个人只顾自己逃命。所有俄军冲锋士兵猛然转身，奔回到俄军战壕的掩体之中……

俄军突击失败、战斗重新回到正常状态之后，我通过望远镜扫视着战场。到处都是尸体，没有堆积，只是散布在数英亩的面积中。

但是，比阵亡士兵更恐怖的是望远镜里的其他景象。到处都是扭动、翻滚、蠕动的人影！是伤员！

凡是能蹒跚或者爬行的人都挣扎着想回到自己的防线，或者回到能给他们提供掩护的山冈和树林后面。

但似乎还有数百人连这点希望都被剥夺了，数百人注定要躺在露天的环境里忍受着饥渴，伤口没有被清洗、没有被包扎，直到仁慈的夜幕降临时才有医疗队的好心人来营救他们。今晚是医疗队自星期天以来第三次收拾这片死亡战场了。

在激战了数周、伤亡数万人之后，双方隔着一条前线对峙，与战争最初几天贡宾嫩战役前夕的情况完全相同。看样子，只能另外找个地方才能为东线战争判出一个高低。

第十章

战败的现实：
加利西亚，
1914 年 9 月

COLLISION OF
EMPIRES
the war on the eastern
front in 1914

加利西亚的最初几轮战斗显然对康拉德及其军队有利，但是在与沙皇军队这样的重量级选手较量的过程中，康拉德前方要走的路还很漫长。俄军两个集团军已经被打败和击退，但还有两个集团军仍在活跃，而且被打败的两个集团军并没有被摧毁。鉴于俄军的动员规模，只能说他们受到了挫折，仅此而已。

成见之所以存在，常常有充分理由。人们经常将俄军形容为"压路机"，这种比喻再恰当不过。敏锐和胆量或许不是俄军的长处，可一旦有足够的时间，它就能从战术甚至军事行动的挫折中恢复过来。就它的规模而言，除非它在整个前线都遭受这种挫折，否则它那些溃败的军队只要能重新集结，就能在别处发动进攻。正如我们现在能看到的，它也完全能够快速运动，只是这在很大程度上取决于现场指挥官。

在加利西亚，奥匈军队的弱点在东面。本该抵达的一个集团军——伯姆-埃尔莫利的第2集团军——尚未到达，要么还在巴尔干半岛，要么在慢得令人痛苦的军列上消磨斗志。当天晚些时候，康拉德部分推翻了将集结地改为更靠西的决定，但部队的位置仍然比最初的计划更靠西一点。相比之下，俄军已经部署了两个强大的集团军，准备尽早进入东加利西亚。

在北面，鲁茨基的第3集团军在罗夫诺和杜布诺周围集结，从那里只需行军很短距离就能到达布罗迪。他的集团军包括第9军、第10军、第11军和第21军，共有12个步兵师和4个骑兵师。与他同辈大多数人相同，鲁茨基也参加过1877—1878年的俄土战争和1904—1905年的日俄战争。他在日俄战争中担任第2满洲集团军的参谋长。他向来谨慎，有时甚至到了优柔寡断的地步，但他也是俄军中亲苏霍姆利诺夫圈子的坚定成员，得到目前这个职位至少有部分原因是他与苏霍姆利诺夫的关系。只要他的上司具有争强好斗的性格，那么他的谨慎就不会成为一个大问题，但西南战线的总司令尼古拉·伊万诺夫也"总是犹豫不决"。尼古拉大公对此心知肚明，决定密切关注这边的事态，并于8月18日去罗夫诺看望了伊万诺夫，以确保西南战线作战时有活力。

南面紧挨着鲁茨基的是阿列克谢·布鲁西洛夫指挥的俄军第8集团军，驻扎在普罗斯库罗夫周围，包括第7军、第8军、第12军和第24军，共有10个步兵师和5个骑兵师。布鲁西洛夫可以说是俄罗斯帝国的典型产物。他出生于格鲁吉亚，父亲是俄罗斯人，母亲是波兰人。他将是家族第四代中在沙皇军队升至高位的人；他的祖父参加过1812年对拿破仑的战役。一名家庭教师说小布鲁西洛夫聪明、有天赋，但比较懒惰。或许正是因为懒惰，1872年他未能进入位于贵胄军官学校的顶级班，这所专门为贵族和高级将领之子设立的军事学院位于圣彼得堡。于是，布鲁西洛夫加入了一个龙骑兵团，并在这里因为能力出众而得到晋升。他参加了1877—1878年间的俄土战争，荣获数枚勋章，随后在圣彼得堡的骑兵军官学校任职数年，负责骑兵的现代化改造。他坚持在各种天气情况中训练军官，这在当时是个创举，但也引来了贵族家庭的反对。他们向沙皇抗议，说布鲁西洛夫在拿他们儿子的生命冒险。当沙皇与布鲁西洛夫说起这件事时，布鲁西洛夫回答说，他很乐意终止这种训练，只要沙皇能够保证敌人只在阳光灿烂时进攻俄罗斯。7月危机爆发时，他正在德国度假。他设法在宣战之前赶回了文尼察，并被任命为第8集团军司令。

这两个集团军的对面是鲁道夫·里特尔·冯·布鲁德曼指挥的奥匈军第3集团军。冯·布鲁德曼和布鲁西洛夫一样，也是骑兵出身，1906年成为骑兵总督察。遗憾的是，他对老一套骑兵战术情有独钟，瞧不上机枪等新式武器的价值，主张骑兵应该像从前那样骑在马背上，用马刀和长矛参战。康拉德似乎知道他在很多方面存在局限性，尤其是他从未在战场上指挥过军队。他虽然无法在战争爆发时阻止冯·布鲁德曼成为高级将领，但他这位参谋长还是指派冯·布鲁德曼去指挥一个主要负责防御的集团军。第3集团军包括第3军、第9军和第14军，共有8个步兵师和4个骑兵师。此外，它还有赫尔曼·冯·克韦什指挥的集团军群支持，主要包括第12军。

俄军原以为所有奥匈军队会在东加利西亚集结，然后再向东或向东北进攻。因此，俄军第3集团军和第8集团军最初接到的命令是采取防守姿态，阻止这种进攻，同时让第4集团军和第5集团军从北面发动反攻。由于康拉德的军队在更靠西的地方集结，并且突然向北挺进，伊万诺夫只好大刀阔斧地更改原定计划。东面两个集团军现在奉命尽快向西移动，以充分利用奥匈帝国在东加利西亚兵力薄弱的有利条件，并减轻第4集团军和第5集团军所面临的压力。

奥匈军队起初未能发现伊万诺大指挥的东面2个集团军在逼近。克韦什虽然已经发现布鲁西洛夫第8集团军的先头部队在逼近，他却在8月19日报告说他认为那些部队不足以构成威胁。不知出于什么原因，这份报告两天后才到康拉德手中。同一天，一名空中侦察飞行员飞过东面的俄罗斯领土，同样未能发现大批俄军。这些报告消除了奥匈统帅部的疑虑，于是它在8月21日下午向克韦什证实，德涅斯特河、捷尔诺波尔和普罗斯库罗夫之间没有大批俄军。

西面几个集团军向北挺进时，康拉德必须保护它们的东翼，因此命令布鲁德曼的第3集团军北移，承担保护东翼的任务。可是，当第3集团军慢慢靠近奥芬贝格的第4集团军时，它的东南翼又会暴露在外。为了保护第3集团军的东南翼，克韦什奉命朝普热梅希尔方向挺进至伦贝格以东。伯姆－埃尔莫利第2集团军的司令部将随时到达，紧随其后的将是从塞尔维亚前线调回来的第一批部队。克韦什理论上完全可以保护奥匈皇家军队的东翼。伦贝格周围的地形非常适合防守，尤其是防御从东面过来的敌人。三条河流自北向南穿过很深的小河谷，两岸的山冈上到处是杂树林。但是刻意防守却与康拉德给军官们灌输的作战理念背道而驰，因此奥匈军队完全没有利用地形优势。

奥匈方面直到8月21日才第一次察觉到来自东面的威胁，尽管指挥部仍然十分自信地命令所有部队向北挺进：有报告说俄军大批步兵和骑兵已经越过布罗迪和捷尔诺波尔之间的边境。不过，康拉德当时依然肯定那只是小股部队，他继续为全面向北挺进制订计划，只留下第12军（第11步兵师和3个骑兵师，全都由于越境突袭失败而残缺不全）应对东面。这些部队即将承受俄军2个集团军的全部力量。

到了8月24日，奥匈统帅部估计从东面过来的俄军是多达10个师的步兵和骑兵。虽然克韦什已经得到第43步枪师——主要为奥地利的皇家地方防卫军——的兵力补充，第2集团军迟迟没有到来已经变成了严重问题。为了增强东面部队的兵力，康拉德命令布鲁德曼带上他所指挥的第12军，并且将他第3集团军的2个军部署在左右两边。他希望这能够对付从布罗迪来的俄军。与此同时，康拉德又接到了令人不安的报告，更多俄军纵队正向捷尔诺波尔以南挺进。康拉德命令伯姆－埃尔莫利在这支俄军抵达时用他的第2集团军将其打败。位于普热梅希尔的奥匈统帅部得到消息，兴登堡和鲁登道夫正向南攻击萨姆索洛夫，这让康拉德重新燃起了与德军联手对俄占波兰发动钳形攻势的希望。他认为现在不是将重要部队派往东面的时候，因为那里的威胁可能子虚乌有。

在这期间，阻挡俄军从东面推进的奥匈军第一次体验战斗。来自布达佩斯的一个匈牙利轻骑兵帕尔·凯莱门并不是被动员的对象，因而没有参与之前失败的骑兵突击行动。他在斯坦尼斯劳镇（今伊万诺－弗兰科夫斯克）附近第一次见到战争残酷的现实，这与许多士兵的体验相同——困惑与混乱：

我们睡在帐篷里。凌晨11点30分，收到警报，俄军正逼近这里。我想大家都没有显露出任何担心。我赶紧穿上衣服，跑出去加入我的部队。路上已经部署了步兵。我听到震耳欲聋的炮声，前方500米左右传来密集的步枪声。汽车隆隆驶过，车上的电石灯光呈一条长线，沿着斯坦尼斯劳至哈利奇（今加利奇）的公路消失在远方。

我经过尖木桩阵，翻过树篱，越过公路旁的排水沟。我的部队正在等我，士兵们已经骑到马背上，我们准备接受进一步的命令。

天亮时，老百姓从镇中涌了出来，长长的队伍看不到尽头。他们有的坐马车，有的骑马，有的步行。每个人都尽一切可能自救，每个人都背上了能背得动的一切。他们的脸上布满了疲劳、烟灰、汗水和惊恐，大家情绪都很低落，忍受着痛苦。他们的眼中噙满了泪水，行动迟疑，所有人都极度恐惧，仿佛他们扬起的一团团尘土黏在了他们身上，他们无法将其抖落。

我站在路旁，望着这地狱般的景象，毫无睡意。我甚至还看到了军车，看到农田中撤退的士兵，步兵惊恐地逃跑，骑兵也抛弃了自己的马匹。似乎谁都没有带上全部装备。疲惫不堪的人群蜂拥穿过山谷。

奥匈军队起初前景看好，似乎真的能在北面赢得胜利。丹克尔的第1集团军在克拉希尼克周围获胜后，开始向卢布林推进。但是俄军增援部队接二连三地到来，俄军第4集团军恢复了大部分战斗力。当丹克尔于8月27日重新发动进攻时，他的部队遭遇了得到增援部队后的俄军战线。不过，前几天的损失并非没有带来后果，在下午的交战中，俄军第25军被击退，随后便是大撤退。8月28日，丹克尔的部队离卢布林市中心不到10英里，但他们自身的损失也在增加，而且与当时所有部队的情况一样，补给完全跟不上，他们根本无法继续向前推进。丹克尔只好极不情愿地允许部下短暂休息。

随着俄军统帅部越来越清楚东加利西亚奥匈军队的弱点，随着法国人不断施压，要求尽早向柏林发动强攻，因而需尽快结束与奥匈帝国的交战，尼古拉大公敦促西南战线"以更快的速度"前进。鲁茨基迫不得已在8月25日让部下休息一天，哪怕只是为了让补给送上来，但是这给了已经开始向东推进的布鲁西洛夫一个机会，让他的集团军与邻军平行。鲁茨基相信已经有足够的弹药送到了前线，于是命令部下准备进入伦贝格以北的地区，布鲁西洛夫则向伦贝格以南推进。

与此同时，布鲁德曼也在下达命令。他仍然相信东面过来的俄军很弱，认为第3军和第12军足以抵挡他们。于是，他命令第11军在相邻第4集团军的东翼向北挺进。面对俄军挺进，克韦什的部下已经在8月的热浪和尘土中从边境向西行军了3天，每天平均约18英里；克韦什觉得自己的部下像许多其他部队一样需要休息。奥匈骑兵在突袭俄国境内失败之后又不断与俄军骑兵交战，如今也感觉到了疲惫。切尔诺维茨附近爆发了激烈战斗，俄军前进时在这里遭遇了奥匈战时后备军的一个旅。双方交火时，奥地利第43步枪旅及时赶到，从侧翼攻击俄军，迫使它撤退。

这场战斗，以及奥匈预备军轻易击退对手这一事实，让普热梅希尔的奥匈统帅部进一步相信俄军的推进不是重大威胁。尽管布鲁德曼已经得知大批俄军正在伦贝格东北集结，他只是命令补充兵力后的第12军在俄军到来时对其发动进攻。进攻轴线仍然在北面，以保护奥芬贝格集团军的东翼。

布鲁德曼并不清楚东加利西亚的俄军目前有多少兵力，但他急切地想在增援部队到达之前给离他最近的俄军一个打击。为了达到这个目的，他的参谋长普费弗少将8月25日给康拉德打电话，建议进攻已经进入到兹沃卓夫附近的两三个师的俄国孤军。康拉德犹豫了一下，但还是同意了。他仍然决定向北挺进，不愿意看到有任何（哪怕是暂时的）需要他将兵力分散到其他方向的事情。

这里需要考虑一个重要因素，康拉德是否应该更清楚布鲁德曼所面对的俄军的真正实力。虽然空中以及其他侦察报告所提供的情况都不完整，但他还有从其他渠道得到的情报。早在8月14日，罗马尼亚城市雅西的奥匈帝国领事就给康拉德发过一份电报，准确报告了俄军西南战线东面两个集团军的兵力。奥匈统帅部战前也数次分析过伦贝格东面地形的防御潜力，但似乎占上风的是康拉德的痴迷想法，他认为进攻行动的优势能解决一切军事问题。相比让俄军因进攻设防的阵地而流血，他宁愿通过攻击俄军北翼给他们致命打击。

布鲁德曼计划带上多支部队向东进攻。第12军将从兹沃卓夫以南向雷米兹沃切进攻，而第3军则进攻兹沃卓夫本身。再往北一点，第11军将保护北翼免遭突袭。由于估计只有两三个俄军步兵师，布鲁德曼的部下应该有足够兵力快速取得一次压倒性胜利。这样一来，布鲁德曼就可以将注意力转向北面，即便派去进攻的编队在长途行军之后已经非常疲劳。在他制订这些计划的同一天，伯姆－埃尔莫利和参谋部抵达斯坦尼斯劳，开始组建第2集团军司令部，只是这个集团军目前还没有全部到来。白天，克韦什的前集团军群的几支部队——实际上是第2集团军唯一能作战的队伍——在伦贝格东南方向与俄军布鲁西洛夫第8集团军所属第24军交上了火。战斗结果喜忧参半：一个匈牙利后备骑兵师混乱撤退，而靠得住的第43步枪旅认为自己已经完成任务，撤退到了切尔诺维茨。

8月26日一早，夏日炎炎，万里无云，布鲁德曼的第3集团军再次发动进攻。埃米尔·冯·科莱鲁斯将军命令自己第3军的先头部队——第6步兵师和第28步兵师——上午7点30分开始向前推进，比计划提早了一个小时。他们几乎立刻遇到了俄军第11军的先头部队。进攻主要沿伦贝格往东去的公路展开，虽然第28步兵师在公路以北进展顺利，第6步兵师却在南面遇到顽强防守，不久便被迫停止进攻。在加利西亚的几场战斗中，奥匈指挥官们都为手下炮兵比较糟糕的表现感到沮丧，这次也不例外。的确，第6步兵师的士兵抱怨说，他们的炮兵在战斗期间几乎没有起到任何作用。

第3军还有第三个作战单位，那就是充当后备部队的第22步枪师，它的任务是保护第6步兵师的南翼。几个主力师提前一小时发动进攻，让这些预备军人大吃一惊；他们匆匆往东赶时，却发现道路已经被第6步兵师的后勤部队阻挡。结果，俄军在应对奥匈军的进攻时，趁机攻击第6步兵师空虚的南翼；奥匈军下午被迫后撤到他们在格沃高里村的起点。村子的南面是兹沃塔利帕河；第22步枪师费力前进时发现自己必须越过这条小河才能攻击俄军。士兵们冲向前，将大多数不管用的炮兵留在后面，但很快便遇到猛烈火力的压制。天黑时，奥匈军决定撤退到兹沃塔利帕河背后，但对于筋疲力尽的预备军士兵而言，在黑暗中执行这项命令是个无法完成的任务。全师只有很小一部分成功抵达预定地点，其余部队散布在很大的区域中，许多士兵成了俘虏。

再往南一点，克韦什的第12军也在向前推进。克韦什深信对面的俄军很弱、很涣散，于是只命令第16步兵师进攻雷米兹沃切，并将其余部队——其中一些在过去几天中损失较重——用作后备队。第16步兵师起初遇到的抵抗很有限，但是越过兹沃塔利帕河后不久，他们便发现敌军人数远多于自己。实际上，他们对面"很弱、很涣散"的部队是俄军第10军的三个步兵师。克韦什由于担心自己的南翼，几乎无法派出部队去增援处于困境中的第16步兵师。布鲁德曼进攻部队的北翼——第11军在这里防止俄军从北进攻——也遭遇了大量俄军。当天下午，奥匈统帅部收到了来自前线各处的报告。康拉德虽然考虑过将约瑟夫·斐迪南大公指挥的部队派往东面，但他和布鲁德曼一样坚信，第3集团军能够而且一定会在8月27日取得决定性胜利。为了实现这一目标，康拉德下达了新命令，要求第3集团军次日重新开始进攻。然而，当天晚上，进攻部队（尤其是第3军）遭受重大损失的详情逐渐传来，有一个团完全被打散，还没有来得及重新聚集就逃回到了伦贝格。指挥部随即改变了看法。现在已经非常清楚，布鲁德曼面对的俄军不是几个师的孤军，康拉德于是命令后撤至大约与伦贝格在一条直线上的防线。但是，8月27日天亮后，见俄军没有利用其在东面取得的胜利，康拉德和布鲁德曼因此再次改变主意。他们将再次向东发动一次进攻。

奥匈军8月26日的进攻或许未能达到目的，却对鲁茨基产生了影响，他命令部下谨慎前进，这就是布鲁德曼大军前面的交战暂停的原因。再往南，布鲁西洛夫却没有这些制约。在他的北翼，第7军正向前推进，几乎没有遇到任何抵抗。布鲁西洛夫命令它转向北面，这样就能攻击鲁茨基对面奥匈军的南翼。同时，鲁茨基命令他自己的北翼攻击第11军和第21军的5个步兵师。奥匈军队第11军遇到了猛烈攻击，好几个后备编队被打散后逃跑了。军长科洛什瓦里将军设法建立了一条朝北和朝东的战线，但俄军未能乘胜追击，科洛什瓦里如释重负。

俄军虽然取得了几场胜利，其局势却并不好。西南战线总司令伊万诺夫依然为东面与西面集团军之间的缺口担忧，尤其是西面两个集团军已经被迫向北撤退。8月26日，他向鲁茨基重复了原先的命令，鲁茨基应该将部队向西北方向移动，以便与普勒韦后撤的第5集团军建立联系。鲁茨基的确可以在8月26日以应对奥匈军进攻为借口，他此后仍然有大量机会遵守命令，然而他却继续集中兵力向加利西亚首府伦贝格挺进。8月27日，他的部队整天都在前进，起先小心谨慎，后来信心倍增，直接向伦贝格挺进。在战场的最南端，临时借调给鲁茨基集团军的布鲁西洛夫的第7军也在向前推进。这天结束时，布鲁德曼虽然还想发动进攻，但最终还是命令部下撤退至从伦贝格城外一直延伸到格尼拉利帕河的一个凸角，靠近普热梅希尔。他欣喜地看到自己的部下在当天晚上以及次日上午成功撤退，没有遇到俄军阻挠。科莱鲁斯担心万一俄军紧追不舍，他那严重减员的第3军可能无法有序撤退；为了给撤退赢得一点空间和时间，他命令8月28日对俄军进行有限的进攻。当时在场的德军联络官记录，参战的奥匈军以出众的战术和决心完成了这次进攻；其余部队随后得以有序撤退。不过，再往南一点，俄军骑兵绕过后撤的步兵，渗透到奥匈军后方，在第7军补给部队中引起恐慌后才被击退。

即便是到了这个阶段，奥匈统帅部还在想方设法得到威胁伦贝格的俄军兵力的准确情报。虽然越过兹沃塔利帕河的俄军远比最初想象的强大这一点已经非常清楚，虽然有战斗开始前收到的出色情报，俄军兵力的规模却依然是个未知数。实际情况是该地区奥匈武装力量总共约13个步兵师，俄军却有22个步兵师。更多详情直到8月28日才出现，一架侦察飞机报告，除了击退布鲁德曼集团军的部队外，俄军还有更多纵队正从东南方向逼近。这些便是俄军第8军和第12军的先头师，也是布鲁西洛夫集团军的另外几支部队。唯一能阻挡他们的只有伯姆－埃尔莫利第2集团军的几支部队。几个作战单位（主要是后备队）被匆匆东拼西凑到一起，总共大约3个步兵师，由奥托·迈克斯纳·冯·兹韦恩斯塔姆将军指挥，并被派往罗哈廷以西地区。奥匈军还在哈利奇附近的德涅斯特河畔组建了另一支队伍。奥匈帝国混乱的动员造成伯姆－埃尔莫利的第2集团军被派往南面对付塞尔维亚，这带来的后果现在终于完全显露了出来。

康拉德仍然决心执行北上进攻的计划。为了得到德国的合作，他在8月28日致信小毛奇："我们最紧迫的请求是德军尽早抵达谢德尔采地区。"这座城市位于华沙以东约 50 英里处，德军只有从北面发动进攻才能抵达。这意味着重新燃起康拉德通过钳形大攻势孤立华沙凸角的希望。令人称奇的是，即便是到了这个阶段，即便是在康拉德已经很清楚德军没有任何发动这种进攻的意愿时，他仍然要坚持这个计划。的确，在此后数日，他给小毛奇发去更多电报，祝贺德军在比利时和法国取得的胜利，同时表明德国进攻俄国的时机已经到来。他这样做纯属罔顾事实，奥匈帝国在兴登堡第 8 集团军的联络官弗莱施曼早已告诉康拉德，兴登堡在取得对萨姆索洛夫第 2 集团军的胜利之后将向东对付连年坎普夫，不会向南压进，与奥匈军联手。

俄军仍然对前沿战线过长感到紧张不安。西边第 4 集团军司令埃弗特继续表达对自己西翼的担忧，而且正如前文所述，他命令增援的第 18 军在维斯图拉河附近集结。不过，他告诉伊万诺夫他可能会再往后撤退。伊万诺夫敦促他坚守阵地，在与尼古拉大公协商后，他放弃了让新组建的第 9 集团军向西面的德国进发的所有计划。相反，剩余的两个军将被派往南面去支援西南战线的西翼。相邻的第 5 集团军传来的消息起初非常好，普勒韦对取得进展充满了自信。然而，在约瑟夫·斐迪南的军队出手并进攻普勒韦的东翼之后，普勒韦只好通知伊万诺夫，他已经无法再攻击并击退埃弗特第 4 集团军对面的奥匈军队的东翼。但是普勒韦向他的总司令保证，他至少将守住自己的前沿。

无论他对自己的西翼多么担忧，伊万诺夫此时最担心的还是鲁茨基的第 3 集团军，原因有两点。第一，鲁茨基已经充分展现了他那名不虚传的极度谨慎，前进的速度即便在他同样谨慎的前线指挥官眼里也过于缓慢。早在 8 月 23 日，总参谋长亚努谢耶维奇就已经告诉伊万诺夫，奥匈军队的集结地比俄军预料的要更靠西。伊万诺夫随即向鲁茨基和布鲁西洛夫转告了这个消息，但鲁茨基继续表现得仿佛自己面对着康拉德的所有大军。8 月 28 日，伊万诺夫再次命令第 3 集团军朝西北方向移动，但鲁茨基对此置若罔闻，继续在伦贝格集结兵力。就在已经侦察到奥匈军队在伦贝格周围修筑防御工事时，他依然命令部下休息两天。阿列克谢耶夫大为恼火，给鲁茨基发了一份电报：

> 目前，战役第一阶段的结果并不取决于你攻打利沃夫［伦贝格］和德涅斯特河流域的行动，而是取决于卢布林—霍尔姆—赫鲁别舒夫前沿的战斗。就算占领利沃夫，也无法弥补我们在北面战斗中的损失。

伊万诺夫也越来越不耐烦，几乎到了要放弃自己一些谨慎做法的地步。他命令鲁茨基取消两天休整，并且告诉自己这位下属，前线指挥官的职责就是给每支部队下达任务，而每支部队指挥官的职责就是执行下达的任务。尽管如此，鲁茨基依然坚持停止行动，迫使伊万诺夫接受无可回避的现实。尼古拉大公也从遥远的统帅部出面干预：

> 鲁茨基将军的拖延无论出于何种理由，都完全不能接受，因为这给了敌人喘息的空间，让敌人有时间将军队从利沃夫调往北面。鲁茨基将军必须卡住对面敌人的咽喉，不停地给

敌人以压力，向其位于利沃夫北面的右翼发动进攻直至将其
击退。

8月30日，尼古拉再次下达命令，该命令次日到达伊万诺夫
的指挥部：

> 鉴于第2集团军［在东普鲁士］遭受重大挫败，也鉴于
> 必须在德军增援部队从西线抵达之前消灭奥军，总司令已经
> 命令西南战线各集团军在前沿向奥军发动全面总攻，并且表
> 达了他坚定的意志，埃弗特和雷切茨基将军［第9集团军司
> 令］必须下定决心，想尽一切办法向前推进，消灭敌人。在
> 那些局势适合发动进攻的地方，各部队必须坚守到最后一人。
> 明天上午，总司令将在罗夫诺解释这道命令。

与此同时，加利西亚东面的事态继续发展。康拉德意识到布
鲁德曼的北翼正受到威胁，便以自己的一贯作风命令攻击俄军，
将他们从所有前沿击退。为了实现这个目标，2个骑兵师在4个
后备步兵营的增援下奉命向佐沃基夫挺进，试图攻击俄军北翼。
他们在8月29日成功抵达库里科夫后却无法再向前推进。布鲁
德曼的援军已经到达，是皇家步枪旅，科莱鲁斯也派下属去增援
第3军遭受打击的各师。然而，当伦贝格东面的俄军发动猛烈炮
轰时，这些增援部队根本无法发挥作用。奥匈军的炮兵再次处于
劣势，糟糕的补给安排更是让奥匈军雪上加霜。第3军和第7军
之间的缝隙承受了巨大压力，只是在快速部署了刚刚抵达的几个

后备营之后，布鲁德曼才得以守住前沿。相比之下，第12军的南翼起初取得了一些进展，但是8月29日晚，俄军第7军从南面介入，将奥匈军队赶回了格尼拉利帕河对岸。许多部队认为一切都完了，随即开始崩溃，幸存者甚至逃到了后方。刚刚从塞尔维亚战线到来的奥匈军第2集团军第7军的一些部队试图从南面反攻，但没有取得任何实质性的效果。总之，布鲁西洛夫的另一支部队——第12军——到达奥匈军后方之后，奥匈军任何获胜的机会就此消失。

奥匈军第2集团军内部沟通不畅，部分原因在于不同部队分批从塞尔维亚战线抵达。伯姆－埃尔莫利对于第7军——或者其他部队——的进展几乎没有得到任何信息，当天结束时甚至认为一切进展顺利。他只是再次下达了进一步进攻俄军的命令，希望击退威胁到布鲁德曼集团军南翼的俄军。第7军军长迈克斯纳同样无法确定自己的部下在哪里，只能尝试向北和向东进攻，但均未取得太多进展。向东进攻的部队遇到了向西进攻的更强大的俄军，只能仓皇逃窜。

8月30日，双方沿着前沿战线继续交战，俄军在各处向敌人进攻。在一些地区，奥匈军队还能发动有效的反攻，但这样的反攻屈指可数，而且都是孤军奋战，无法发展成全面胜利。当日决定性的时刻出现在克韦什的第7军遭遇俄军大规模进攻、在混乱中被击退之时。布鲁德曼起初还命令南翼部队后撤，以便减少损失，但随着北翼也开始遇到压力，他只能考虑更大规模的撤退。在普热梅希尔，兴登堡在东普鲁士的胜利给了康拉德极大的鼓舞，他现在计划进行类似行动，以恢复士气。奥芬贝格的第4集团军刚刚成功打败科马罗夫周围的俄军，就必须转向东南，进攻伦贝格周围俄军暴露在外的北翼。奥芬贝格还需要一两天才能结束北面的战斗，因此布鲁德曼获准缩短其前沿，撤退至从伦贝格向正南方延伸的防线上。8月30日下达了这条命令。

在格尼拉利帕河沿岸的两天激战中，康拉德的军队又损失了2万人和70门火炮。俄罗斯帝国仍在缓慢地进行着动员，源源不断地将新部队输送到前线，替代那些在早期胜利中受到重创的部队，而奥匈军队能够补充的只有几个营的预备军。所有这一切都是意料之中的事；当初让第2集团军先去塞尔维亚，然后再——慢慢地——返回北方，这种决定浪费了提前调动兵力所赢得的宝贵时间，也将奥匈军队快速动员所具有的优势消耗殆尽。

但如果说奥匈军队浪费了自己最初的优势，那么俄军也在尽力投桃报李。鲁茨基前进时谨慎到了令人吃惊的地步，布鲁德曼因此得以将部下后撤至新阵地，几乎没有遇到任何干扰。康拉德接到奥芬贝格指挥部的报告，第4集团军已经歼灭了科马罗夫周围参战的俄军，这支胜利之师可以按计划进攻伦贝格。康拉德顿时心情好转，认为布鲁德曼必要时可以暂时放弃伦贝格。那些年久失修的防御工事军事价值有限，而这座城市沦陷所带来的政治耻辱也将是暂时的，奥芬贝格一旦摧毁从东面进攻的俄军，这种辉煌的胜利能迅速盖过政治耻辱。

8月31日相对平静，双方几乎没有交战。在东南面，布鲁西洛夫的集团军继续穿过布科维纳省前进，本该阻挡他的奥匈部队太弱，已经后撤。隶属于奥匈帝国的布科维纳省省长8月31日离开，此时谣言四起，落到俄罗斯人手中的平民——尤其是犹太人——受到了虐待。考虑到未来几十年中所发生的事件，有一点值得一提：在对待犹太人这样的群体方面，奥地利人比奥匈帝国一些"次要"民族宽容得多，或许是因为这些民族至少在一定程度上将自己定义为排外的。不管奥匈帝国国内是否存在这种细微差别，俄罗斯帝国国内对犹太人进行的大屠杀众所周知，因此人们对最耸人听闻的说法也宁可信其有。早在省长动身离开之前，富有的犹太人就开始逃离布科维纳最大的城市切尔诺维茨。但是8月底有消息传来，切尔诺维茨通往西面的铁路已经被哥萨克巡逻队切断，市民顿时一片恐慌。第35战时预备军步兵旅的士兵炸毁了普鲁特河上的多座桥梁，进一步造成了交通问题。切尔诺维茨甚至连警察也不见了踪影，成了名副其实的不设防城市，俄军9月初抵达时，数千犹太家庭沿着通往南方的道路逃亡。

犹太籍市长索罗·维瑟尔伯格大夫和大多数市民一起留了下来。最先到达的俄军是来自乌拉尔山地区的哥萨克，指挥官为阿廖蒂诺夫将军。令维瑟尔伯格和其他人感到惊愕的是，阿廖蒂诺夫要求他们向俄国当局支付大量黄金；他扣押了23名市民为人质，既是为了维护秩序，也是为了迫使他们支付所要求的黄金。看样子在欧洲这个地区，占领军的军纪不如其他地方。与萨姆索洛夫在东普鲁士惩罚违反军纪的士兵的情况相比，没有人约束阿廖蒂诺夫的哥萨克抢掠他们想要的一切的行为。更有甚者，似乎一些当地人也趁机攻击犹太人。许多逃离的犹太人拿起了武器，在尚未沦陷的布科维纳南部边缘对抗俄军。维瑟尔伯格本人被捕后又被流放了西伯利亚。虽然一些当地人和哥萨克一起袭击犹太人，但也有许多当地人想方设法地帮助犹太人。布科维纳的希腊东正教大主教弗拉基米尔·冯·雷普塔出面阻止烧毁犹太教堂的行为。他让人将写有摩西五经的羊皮纸卷轴转移到他的住处，一直安全地保存到战争结束，然后再将它们归还给首席拉比。

康拉德在这期间下达了新命令，希望奥芬贝格的第4集团军给敌人以致命打击，并为此做着准备。鉴于德军没有从北面发动进攻的迹象，再往北挺进已毫无价值。奥芬贝格只留下4个步兵师和2个骑兵师应对北面，而且由约瑟夫·斐迪南大公统一指挥，奥芬贝格转为朝东南方向挺进。他奉命准备于9月3日之前在乌赫诺夫－贝乌热茨地区交战，这里位于伦贝格以北约25英里。但即使在奥芬贝格的部队抵达这条起始线之前，加利西亚首府周边的事态也在继续发展。9月1日晚些时候，城北一些匈牙利预备军部队突然惊慌失措，丢下前沿阵地，逃回了伦贝格。这背后的原因是俄军一个纵队穿过该市西北的林地向前推进。由于第7军撤退，布鲁德曼早已面临南面防线出现一个大缺口的局面——这个缺口原本打算由第2集团军其他部队到来后填补，于是布鲁德曼认定自己的军队根本无法守住防线。9月2日凌晨2点，他给奥匈统帅部发报，说他打算撤退到维雷切卡河背后，在那里更有可能守住前沿防线。无论康拉德对这样的撤退有什么看法，他别无选择，只能同意；显然布鲁德曼只能在得到大量援兵的情况下才能守住目前这条防线，而现在根本没有增援部队。布鲁德曼补充说万一他的部队持续承受压力，就连这样的撤退恐怕都不够，此时康拉德再次不得不承认他的部下可能是对的。

最后一批奥匈部队在9月2日放弃了伦贝格。时刻谨慎的鲁茨基前一天就已经抵达伦贝格郊外，却在9月头两天派出小股侦察队伍，察看伦贝格周围大量陈旧的防御工事内是否还有奥匈军发动突击。在最后一批守军离去一天之后，他终于进了城。这与尼古拉大公卡住敌军咽喉的指示完全背道而驰。伦贝格与奥匈帝国东部以及俄罗斯帝国西部许多城市一样，城中居民的组成非常复杂。1910 年的人口普查记录显示，51% 的居民为天主教徒，28% 为犹太教徒，19% 为乌克兰东正教信徒。因此，俄军到来时受到了相当一部分居民的欢迎，但与布科维纳的情况相同，其他人——尤其是犹太人——选择了离开。

布鲁德曼指挥第 3 集团军的生涯就此结束。他凭借运气和关系晋升为高级将领，而在 1914 年之前从未在战斗中指挥过军队。作为骑兵督军，他曾反对给骑兵分发更注重伪装而不是漂亮的军装，而且像同时代的许多军官一样，他死守着骑兵以密集队形作战的教条，不是靠火力而是靠骨骼、肌肉和钢铁的重量发动进攻。这必然意味着他要努力去适应战争现实，他在伦贝格东面的战斗期间所做的决定几乎全都以灾难告终。不过，康拉德完全知道布鲁德曼的这些决定，而且没有将东加利西亚俄军真实兵力的情报告诉布鲁德曼。似乎康拉德在一定程度上将布鲁德曼当作了现成的替罪羊，尽管那些失败既要归咎于布鲁德曼也要归咎于康拉德本人。9 月 3 日，布鲁德曼被解职。赋闲一段时间后，他请求退伍，并在 11 月下旬获准。接替他出任已经损兵折将的第 3 集团军司令的是斯韦托扎尔·博罗埃维奇。这个克罗地亚人 8 月份已经参加过波斯尼亚的战斗，并且指挥过第 6 军。他的个性与布鲁德曼截然不同，曾经给他以前的司令奥芬贝格留下过深刻印象：

他不仅天赋过人，而且有着超凡决心——属于有着钢铁意志的领袖。他雄心勃勃，为达到目的、实现意图可以不惜一切代价。他完全不受情感左右，不畏艰险地走自己的道路，而且坚信这条道路必将带他实现自己的目标。

康拉德的军队在为反攻做准备，目的是重获奥匈军队的优势。但是，奥芬贝格的集团军向东南移动是建立在俄军第5集团军已经被彻底打败的假设上的。现实却是奥芬贝格虽然消灭了第5集团军的多支部队，但它依然很强大。此外，奥芬贝格的部下在与普勒韦的第5集团军殊死交战之后已经非常疲劳，而且像当时所有军队一样，奥匈后勤部队未能运送来足够的弹药和补给，无法让其恢复战斗力。俄军迟缓的动员现在反而成了优势。第5集团军被迫沿着俄军补给线后撤，因此不断得到兵力补充，快速恢复了元气。除了奥芬贝格的进攻外，第2集团军——现在多了几个师的兵力，但大部队仍然被困在塞尔维亚战线——奉命从南面进攻，希望能完成德军在坦嫩贝格成功实现的包围。与此同时，伊万诺夫终于说服鲁茨基转向西北，前去支援普勒韦的集团军。俄军和奥匈军在不知不觉中制造出的特殊环境，即将导致奥芬贝格的第4集团军与鲁茨基的第3集团军正面相撞。

在加利西亚西北，奥匈军队对卢布林的进攻也在9月1日达到了高潮。次日，在丹克尔几个师疲惫不堪的队伍聚集兵力再次进攻时，俄军第3高加索军和第2掷弹兵师以及第1禁卫军步兵师联合发起了反攻。这些部队原定要部署在卢布林的西面，但由于这座城市最大的威胁似乎来自东南——丹克尔和奥芬贝格集团军的内翼在那里的合作最成功，俄军这几支部队在卢布林以东下了火车，从那里开始进攻。这一打击落到了奥匈军第24步兵师和第2步兵师头上。原定的援军没有到来，奥匈军队连续作战11天后已经到了弹尽粮绝的地步。他们极不情愿地开始后撤，希望次日能恢复前进势头。第24步兵师9月3日再次遭到猛烈攻击，开始还成功抵挡住了俄军。又一天浴血战斗之后，双方基本又回到了起点。9月4日，俄军再次从卢布林向东南进攻，进一步增加了丹克尔第1集团军所面临的压力。第5军和第10军之间出现了一个缺口，战斗力已经被削弱的第3骑兵师奉命要不惜一切代价堵住这个缺口，直到增援部队到来。最西侧的库默尔集团军群击退了俄军的迂回攻击，但这样的局部胜利无法掩盖这样一个事实，即主动权牢牢掌握在俄军手中，他们现在人数占有绝对优势，而且能够充分利用开阔地形——奥匈守军在这里几乎找不到可以抵抗敌人的自然条件。到9月4日，丹克尔只有13个步兵师、2个骑兵师和5个旅的战时预备军，却要对付俄军的22个步兵师和2个骑兵师。不仅如此，许多俄军部队刚刚抵达前线，而几乎所有奥匈师团都因激战而筋疲力尽。随着奥芬贝格的集团军转向东南而去，丹克尔只能让右翼的第10军后撤，但是这一举动未能逃过普勒韦最西面部队的注意。第10军的一些部队没有来得及撤退，完全被俄军第25军的下属部队打垮。面对俄军的猛烈炮火，第10军开始溃败，丹克尔别无选择，只能命令东翼继续后撤。

9月5日，第10军继续撤退，但激战也给俄军第25军造成了大量伤亡，俄军的追击逐渐放慢了步伐。这让第10军松了一口气，因为它下属各师普遍只剩下建制兵力的三分之一。在丹克尔的右翼，俄军也没有再像前几天那样穷追不舍。更为严重的是，丹克尔的东翼与奥芬贝格集团军之间的缺口变得更宽，俄军第19军几乎是长驱直下占领了扎莫希奇。约瑟夫·斐迪南手下的几个师奉命填补缺口，却还在东面较远的地方。俄军虽然获胜，却未能扩大战果。丹克尔受到重创、疲惫不堪的队伍一路挣扎着回到南面，俄军围困并摧毁他们的机会稍纵即逝。再往东，俄军第5集团军严阵以待，可以威胁奥芬贝格的后方，而这支奥匈军队在几天前差一点摧毁对面的俄军。

鲁茨基向西北挺进过程中又找到了拖延的理由。他告诉伊万诺夫，他越来越担心他的南翼（即左翼）与布鲁西洛夫第8集团军最近的部队之间的缝隙。考虑到布鲁德曼的第3集团军损失惨重，鲁茨基根本无须担心，但是在西南战线司令部表达了强硬态度之后，鲁茨基才服从命令。他面对的是奥芬贝格的第9军、第6军和第17军，自西向东从涅米洛夫一直部署到拉瓦罗斯卡亚。康拉德非常担心俄军会进入奥芬贝格的西南翼与第3集团军北翼之间的缺口，于是命令奥芬贝格在其西南翼保留强大兵力。结果，完全暴露在外的第4集团军的东翼虚弱到了奥芬贝格不愿意看到的地步。

9月6日，陆军上将冯·弗利戴命令他的第9军前进至西翼涅米洛夫以南的林地。陆军中将冯·奥尔兹指挥的第6军在中路，陆军中将科里特克指挥的第17军在拉瓦罗斯卡亚东南面的东翼。就在这三个军开拔时，奥芬贝格发现北面有炮声，那里曾是战败的普勒韦集团军的残部撤退的地方。由于无法得知更多详情，他只能往好处想，集中兵力发动进攻。第17军报告它的东面有俄军一个师，但另外两个军最初并没有遇到什么抵抗。

科里特克的第7军面对的是俄军第9军的一些部队。奥匈军一开始进展顺利，但对其侧翼的威胁依然存在。下午，第6军遇到了俄军第10军，越来越猛烈的俄军炮火迫使奥尔兹的部下停下了脚步。虽然西翼的第9军继续报告没有遭遇太多抵抗，但他们所走的沙路让早已疲劳的士兵苦不堪言，前进的速度也随之放慢。

奥芬贝格因得不到消息而灰心丧气。他的东翼到处是山冈和树林，所以他很难推测那里的俄军师团会构成多大的威胁，而手下3个军传来的关于自己所面对的俄军的情报只能说是零零星星。北面的交战声一直未停，令人担心。让奥芬贝格更感焦虑的是他收到了约瑟夫·斐迪南大公发来的一份加密电报却无法破译。事实上，北面远处传来的炮声标志着普勒韦的第5集团军已经开始向南进攻。不过，奥芬贝格和博罗埃维奇还是给自己的部队下达了命令。随着第4军的西翼逐渐从北面靠近，第3军的北翼将与其相连，然后整个第3集团军就可以发动进攻。第4集团军的直接目标是占领马捷罗夫镇以及北面的高地，东翼则向西南发动进攻，以切断第4集团军所预料的对面俄军的撤退路线。由于无法弄清北面的具体情况，奥芬贝格只能寄希望于拱卫后方的部队——主要是约瑟夫·斐迪南大公指挥的部队——能够抵挡住据说已经被打败的俄军第5集团军。

俄军西南战线司令部同样不清楚整个战况。伊万诺夫终于说服极不情愿的鲁茨基向西北挺进，但他以为奥芬贝格的集团军仍然在向北移动。第3集团军因而在抵达奥匈军第4集团军后方之前不会遇到太多奥匈军队。然而，运气站在了俄军方面。当奥芬贝格和鲁茨基相遇时，俄军第3集团军第21军构成的右翼一直延伸到了奥匈军第4集团军的左翼之外，在一场兵力大致相同的战斗中，这微弱的优势事后证明至关重要。9月6日和7日晚，奥匈军队的两个营前往西面去保护奥芬贝格暴露在外的侧翼。在林中的混战中他们起初有所进展，但随后遭到包围后被全歼。阵亡官兵包括指挥官布罗施上校，他是奥芬贝格的私人朋友。布罗施两个营被全歼后，奥匈军司令部直到次日下午才得知他们失利的消息，也才知道奥芬贝格的东翼面临多大的威胁。

再往北一点，约瑟夫·斐迪南大公的部队发现了从东面过来的俄军第21军。约瑟夫·斐迪南大公当时就在附近，他在9月6日立刻率军前去瓦雷兹拦截俄军，但不久便发现俄军兵力远超出他的预料。他意识到这支俄军对奥芬贝格的后方构成了严重威胁，于是调集了手下更多部队。但他的部下同时必须应对普勒韦已经恢复元气的第5集团军向南面发动的进攻。已经久战疲劳、严重缺员的几个奥匈师团根本无法同时完成这两项任务。更糟糕的是，康拉德现在命令约瑟夫·斐迪南前去支援丹克尔处于困境中的第1集团军。斐迪南大公很清楚自己的部队根本无法完成这几项任务，也很清楚自己的危险处境：东面是俄军第21军，北面是不断推进的普勒韦的第5集团军，西面则是丹克尔向南撤退后留下的威胁。

在康拉德给本应保护第4集团军后方的部队下达命令之后，奥芬贝格几乎只能作壁上观。他在日记中写道：

我们的左翼很弱，很难顶住一次大规模袭击。但是第 1
集团军司令部和奥匈统帅部一再要求约瑟夫·斐迪南的集团
军群提供支援。奥匈统帅部在这一点上尤其不容分说。可这
支部队的首要任务其实是保护我的后方，如果没有它，我不
会向南前进。他们难道不明白这一点吗？

奥芬贝格非但没有得到约瑟夫·斐迪南大公大量部队的保护，
反而只得到一个兵力不足的骑兵师保护其后方。但是，就连康拉德
的这些命令也迅速被撤销。约瑟夫·斐迪南奉命派出两个师去保护
奥芬贝格的左后翼，另外再派出 3 个师去支援丹克尔。约瑟夫·斐
迪南意识到，由于俄军从北面发动了进攻，康拉德的命令越来越显
得过时、无关紧要。他只能尽力保护第 4 集团军，尝试让自己的部
下直接在拉瓦罗斯卡亚以北集结。

9 月 7 日，奥芬贝格得知自己因为在科马罗夫取得的胜利荣
获被视为奥匈指挥官最高荣誉的玛丽娅·特蕾莎军事十字勋章，
以及利奥波德大十字勋章。由于目前战况吃紧，他无暇庆祝。上
午的时光慢慢流逝，两个营晚上在东翼被歼的这一损失造成的后
果越来越明显，科里特克的第 17 军面临的压力越来越大。俄军
第 21 军越来越多的士兵正从掩护他们前进的树林和山冈中出现。
科里特克起初还想奉命发动进攻，但指挥东翼部队的陆军少将魏
特曼报告俄军正向北移动。天黑时，科里特克已经被迫采用了一
条几乎是半圆形的防线，同时面对南面、东面和北面。骑兵在东
翼取得的胜利，让奥芬贝格能聊以自慰。他满意地看到，骑兵全

都下了马，在战壕中占据了防御阵地，并从那里击退俄军的多次进攻。在这场战争之前，他曾尝试劝说骑兵，要他们对战术和装备进行现代化改造，将这种战斗变成骑兵标准战术的一部分，但他的建议无果而终。在其他地方，由于俄军的顽强抵抗，奥芬贝格的进攻几乎停滞不前。毫无疑问，奥匈军第4集团军不是在攻击占领伦贝格的俄军暴露在外的侧翼，而是面对着一场正面遭遇战。康拉德依然试图通过进攻来解决问题，命令奥芬贝格的集团军牵制住对面的俄军，而防线东南方的第2集团军现在则攻击布鲁西洛夫的第8集团军。

这种战术重点的改变虽然考虑到了奥芬贝格从北面发动反攻的机会在减少，它也要求仍然没有全部赶到的第2集团军在艰难的地形中进攻。这种坚持进攻的战术忽视了一个现实：伦贝格南面的地形非常适合防御。三条河流自北向南穿过很深的沟壑，一片片小树林，以及布满山冈的地形，为小股部队能够长时间拖延进攻创造了条件。在8月底的交战中，康拉德一再攻击俄军，导致自己的部下无法利用地形优势，现在的新作战计划依旧如此。俄军比较顺利地通过同一片地带，主要因为敌人进攻失败后无法组织有效的防御。奥芬贝格战后总结了他当时的感受：

> 人可以随心所欲地朝令夕改，但这种用强大的南翼发动的进攻并不在最初的计划之中，没有任何战术和战略收获，完全是迫不得已的选择。冒险进攻的种子一旦种下，就会左边不成功就试试右边。人们希望在公众面前为重新夺取伦贝格而庆祝游行。

俄军也在修改自己的作战计划。布鲁西洛夫奉命在伦贝格以南的亚努夫与格鲁代克之间发动进攻，目标是突破奥匈防线，将奥匈军队的南翼赶往南面。这至少可以减轻鲁茨基对其左翼的担心。很凑巧，伯姆－埃尔莫利先发动进攻，9月8日在面对多种不利因素的情况下——部队迟迟无法从塞尔维亚战线抵达，过去两周已经与俄军第8集团军交过战的部队伤亡较大——只取得了一点小胜利。其他一些奥匈军根深蒂固的问题也起到了重要作用：

> 遗憾的是，奥匈步兵仍然没有放弃和平时期养成的进攻理念。他们急不可待地冲向前，根本不等炮兵发挥作用，也不与侧翼部队配合，结果常常遇到顽强、坚韧、身经百战的敌人。这里发生的情况就是这样。在最初取得较大优势之后，先是地方防卫队，然后是第34步兵师，最后是整个第7军被迫在下午撤退。

从俄军的角度来看，布鲁西洛夫的第8集团军的任务不只是守住阵地。鲁茨基的第3集团军继续与奥芬贝格的第4集团军僵持，双方伤亡越来越大，而在这期间，普勒韦的第5集团军正在逼近奥芬贝格的后方。最终，时间对俄军有利。除非康拉德及其将领们能够取得一场显著的胜利，否则第4集团军最终会身陷包围圈。

与1914年几乎每一处的情况如出一辙，一场重大胜利已经超出了奥匈帝国皇家军队的能力范围。9月8日，战斗继续在奥芬贝格的整条防线进行，试图保护东翼的骑兵师下马作战，勉强抵抗俄军。他们当天的阵亡名单包括总参谋长之子赫伯特·康拉德。他被埋葬在拉瓦罗斯卡亚附近的战场上，当他所属的部队次日被迫后撤时，他那没有标识的坟墓落入了俄军之手。他的父亲深深体会到了失子之痛，但越来越严重的危机让他无暇沉浸在个人痛苦之中。一年后，他致信情妇吉娜·冯·莱宁豪斯说："这个阴影将永远笼罩在我心头。"

奥芬贝格已经度过了觉得能取胜的阶段。空中侦察报告，伦贝格通往北方的道路上到处都是俄军士兵，正匆匆赶去攻击他暴露在外的侧翼。即便普勒韦的第5集团军没有出击，奥匈军第4集团军在人数上也远逊于俄军，他的步兵兵力与俄军相比为1∶2，炮兵为2∶3。他闷闷不乐地在日记中写道，他已经下令重新发动进攻，即便他认为取胜的概率非常小。各地传来的都是坏消息；后方的伤员已经人满为患，一个步兵师派通信员过来告诉奥芬贝格，他们的军官已经几乎全部阵亡。弹药也快耗尽，但是在这一刻，他的手下仍然在坚守防线。双方的伤亡人数都在攀升，数量甚至超过了战前最悲观的预估。但是其他地方的战斗已经见了分晓；在北面，普勒韦的第5军和第17军已经抵达科马罗夫。约瑟夫·斐迪南大公只能派出一个师去阻挡这两个军接下来的进攻。

对于康拉德而言，一切都取决于第2集团军和第3集团军能否在南面取得一场决定性的胜利。他们虽然在9月9日取得了较大进展，迫使布鲁西洛夫将第24军后撤，但是仍然没有取得大捷的迹象。当天晚上，伊万诺夫的参谋长与布鲁西洛夫通了电话，要求他坚持下去。相比之下，康拉德已经开始接受战败的必然性。在第1集团军奉命后撤到桑河防线时，康拉德亲自赶往维雷切卡前线，几乎是孤注一掷地要求第2集团军和第3集团军挽救局面。这两支部队虽然竭尽全力，却无力完成这样的重任。许多作战部队报告说他们只剩下正常兵力的25%不到，而且就连这些官兵也严重缺少补给。然而，奥匈军队迟缓的进攻，以及鲁茨基的军队未能进攻拉瓦罗斯卡亚，继续引起俄军的焦虑。伊万诺夫敦促普勒韦加快进攻速度。伯姆－埃尔莫利仍然相信自己已经离伦贝格郊区很近，相信他只要能再向前推进一天，他北面的第3集团军就能开始发动进攻，从而减轻奥芬贝格第4集团军前沿所面临的压力。但是这样的任务已经超出了他严重减员的部队的能力范围。9月10日，奥匈统帅部收到了一份截获的俄军电文，命令普勒韦的第5军和第17军向前推进后切断拉瓦罗斯卡亚通往西面的所有道路，直接挡住奥芬贝格的后撤线。康拉德仍然希望第2集团军能够在南面创造奇迹，命令奥芬贝格和约瑟夫·斐迪南用所有能用的部队发动反攻。但是约瑟夫·斐迪南大公集团军群的几个师已经几乎不停地战斗了18天，连守住阵地的兵力都不够，更不用说发动反攻。最后，9月11日下午，精疲力竭的第2集团军士兵在激战3天后才完成第一天下达给他们的进攻任务。当他们报告说再也坚持不下去时，康拉德极不情愿地命令各个集团军全面撤退。

奥芬贝格已经自行做主，在9月9日命令许多后方部队开始向西转移。他的集团军曾在拉瓦罗斯卡亚周围浴血奋战，因此撤退命令对他而言依然是一个痛苦的打击。他命令艰苦地守住东翼的那些骑兵立刻前往西面，确保对于撤退至关重要的那些道路畅通无阻。天空突然下起了雨，奥匈士兵疲惫地向西朝着桑河方向行进，望不到尽头的队伍越来越混乱。俄军虽然已经创造出了获胜的机会，却没有对此加以利用：

> 遗憾的是，我军伤亡惨重，官兵过于疲劳，无法对敌人乘胜追击。西南战线总司令认为必须让部队休整一段时间，补充兵力，重新安排后方。后勤部队远没有赶上来，作战部队缺面包，尤其缺盐。

事实上，伊万诺夫的部队和他们的奥匈敌人一样疲惫不堪，但是伊万诺夫并没有刻意催促他们前进，尤其是在只需稍作努力就可能给康拉德的部队以无法挽回的打击的时刻。要是换了一位更强硬的总司令，可能会不顾这些问题去确保一场决定性的胜利，比如马肯森铁了心要完成对萨姆索洛夫第2集团军的包围。相反，士兵们获准休息，预备军和补给运送到了前线，而鲁茨基的集团军还将大量精力花在了——或者说浪费在了——重新修建并加固伦贝格周围的防御工事上。不过，谁胜谁负已经毫无疑问。一名俄军军官描述了他的部下（第3集团军的一部分）终于占领了一条被激烈争夺的河谷时的情形：

> 我们凌晨3点发动进攻，这条峡谷里有1.5万名奥地利士兵，在黑幕中，炮火在峡谷里扫荡，大部分士兵被炸死。奥地利士兵投降，我们进入峡谷缴获他们的武器，他们的将

军静静地站在一个山头上，望着这一幕。看到他的八面战旗落到俄军手中，他再也无法忍受，拔枪自杀身亡。

康拉德发给奥匈统帅部的官方公报尽量淡化事实真相：

在伦贝格周围的交战中，我军在格鲁代克公路及公路以南成功击退敌军，并且在5天的战斗中俘虏了1万名敌军，缴获了无数火炮。但是我们无法扩大战果，因为我们在拉瓦罗斯卡亚的北翼受到了威胁。俄军数量占优势，而且有新部队抵达，他们攻击丹克尔的集团军，进入了该集团军与伦贝格战场之间的地区。鉴于敌军人数上的巨大优势，必须将我军集中在一个合适的地区，让他们为进一步行动做准备。他们已经连续英勇战斗了三个星期。

最重要的问题是这个合适的地区在哪里，已经极度疲劳的部队是否能够抵达那里。桑河防线无法防守，尤其是因为德军已经建议选择更靠西的一条防线，他们在那里可以提供更直接的支援。但是，如果再往西撤退，康拉德将被迫放弃巨大的普热梅希尔要塞。康拉德与鲁登道夫协商后，在要塞里留下了6个师的驻军，任其被俄军包围。他的军队继续撤退。

战斗结束之后，指挥层有了重大人事变化。西北战线总司令日林斯基由于俄军第1集团军和第2集团军在东普鲁士失利被撤职。出乎意料的是，接替他的人居然是鲁茨基，他在指挥第3集团军时表现得十分拖拉，就连一向谨慎的伊万诺夫也对他失去了耐心。看样子苏霍姆利诺夫任人唯亲的能力依然很强，足以保护他眼中的亲信。第 3 集团军的新司令是人生经历丰富多彩的拉德科·迪米特里耶夫，曾是布鲁西洛夫第 8 集团军第 8 军的军长。他出生于现在的保加利亚，1876 年，当时只有 16 岁的他参加了反抗土耳其统治的民众起义。起义被镇压后，他离开祖国来到了俄罗斯帝国，加入了俄军，后来又返回保加利亚。1886 年，他和一些亲俄军官一起参与了强迫巴滕贝格的亚历山大亲王退位的阴谋。他再次流亡国外，在俄军中服役 10 年，并继续参与推翻保加利亚政府的活动。1898 年，他再次返回保加利亚，一路快速晋升，终于在 1904 年成为总参谋长。第一次世界大战爆发时，他正好在俄罗斯，担任保加利亚驻俄罗斯的军事全权代表，并立刻加入了俄军。在指挥第 8 军取得一些胜利之后，他现在得到了迄今为止最重要的指挥职务。

俄军对如何最好地处理普热梅希尔要塞看法不一。统帅部担心俄军缺少重型火炮，怀疑是否有可能快速解决这个要塞。部下取得的胜利或许给伊万诺夫增加了胆量，他一反常态地报告说里面的驻军很弱，可以比较容易地占领普热梅希尔。布鲁西洛夫在部队经过该镇时也表达了相似看法：

攻打普热梅希尔的任务交给了第 3 集团军新司令拉德科·迪米特里耶夫，他在土保战争中任俄军第 8 军军长，这名意志坚强、机智灵敏、能力超群的军官当时就给我留下过深刻印象。我此刻毫不怀疑，他必定会同样展现这些军事素质，立刻占领普热梅希尔，这样就能让我们腾出手来，在东加利西亚牢牢站稳脚跟，并且有机会继续向前推进，不再遇到任何抵抗，不在身后留下敌人的一个要塞和一座被围的城市。的确，在遭受一连串失败、伤亡惨重之后，奥军士气低落，普热梅希尔根本经不住围攻（因为他的驻军都是残兵败将，完全顶不住），我完全相信到10月中旬就能攻占这个地方，都不需要调动太多炮兵。可是日子一天天过去，却没有人去攻占普热梅希尔。

实际情况与布鲁西洛夫乐观的看法有所不同。奥匈军队已经加固了该城周围的大量防御工事，新挖了30英里长的战壕，布下了数百英里长的带刺铁丝网。普热梅希尔周围共有七道防御线。迪米特里耶夫9月24日抵达这里后，用6个师将该城团团包围。炮兵先短暂轰炸了一段时间，但是毫无效果，然后他命令部下发动进攻，正如布鲁西洛夫所料。但是与布鲁西洛夫和迪米特里耶夫的预期相反，陆军中将冯·库斯马内克指挥的驻军进行了顽强抵抗。经过三天激战，俄军伤亡人数多达4万，迪米特里耶夫只好放弃进攻计划。他的几个师早已在伦贝格以东的战斗中消耗过大，只能撤下来养伤。要塞中的驻军——至少需要运用15种语言才能确保所有人员明白下达给他们的命令——也带着鄙视的目光退了回去。普热梅希尔城内的生活很快就恢复了常态。尽管已经为长时间被围准备了大量给养，但普通士兵的给养仍是一个大问题，他们虽然手头有大笔钱，却几乎买不到东西。被困在要塞里的官兵多达12万人，市民也有1.8万人。其中一个市民叫海伦娜·雅博翁斯卡，中年守寡，在该城被围期间一直有写日记。她在10月份记录了驻军食品短缺，疾病开始流行的情况，历史上经历过围困的人都对这两点再熟悉不过：

> 街头有士兵乞讨。有几个人想把10个、15个克朗塞到我手中，购买一些面包、几个面包卷和巧克力。有一个人出5克朗，要我给他送一杯茶，并且说我得把茶送过去，他可以等。他是罗马尼亚人。我回家后把我为佩甘准备的食物端去给了他，只有土豆汤和一点米饭。他高兴得欢叫起来，想把两张5克朗钞票塞进我的口袋，我当然没有接受。他肯定认为我嫌少，又掏出一块银表，想要我收下。其他士兵围在我身旁，掏出钱，朝我挥舞着。我匆匆赶回家，把家里仅有的一大块面包、几个苹果、一些煮熟的土豆和半公斤白糖拿去给了他们。他们狼吞虎咽地将所有东西吃完，然后想付给我钱。你可以发一笔大财，可是看到这一切足以让你心碎。
>
> 市政府想限制物价，但所有货物突然消失得无影无踪。商店都关了门，你只能走后门。犹太女人们躲在地下室里，宰人最厉害。大家都说，她们故意租下有窗户对着街道的地下室，这样就能从开口处将食品递出去，每次都只摆出几样东西，几个面包卷或者鸡蛋。你可以看到一群群士兵围在这些小窗户周围……
>
> 大量伤员被带了进来，其中许多都因失血过多而死，但死于霍乱的人还要多一倍。霍乱传播的速度太快，死亡人数超过战斗中的伤亡人员。感染无处不在：手推车、担架、病房、

街道、粪便、泥浆，所有的一切都是。士兵们在战斗中阵亡，无法将尸体运回来进行消毒处理。他们甚至不再去管。

围困带来了一个了不起的创新：全世界最早的航空邮件服务，由固定翼飞行器、气球、鸽子等完成。有一个邮件落在俄军控制区，信件被送到俄罗斯境内审查，然后再被转送到收信地址。

与此同时，桑河防线在奥匈军还没有全部抵达之前就已经被放弃。奥匈军继续向杜纳耶茨河和比亚瓦河的河谷撤退，双方9月中旬终于在这里休战。最初在西加利西亚被击退的俄军后来在整个战线发动进攻，此刻也像奥匈军一样不堪一击，无法继续追击。按照一位俄罗斯评论员的说法：

> 胜利的代价太大……胜利方与失败方没有区别，无力通过穷追不舍来扩大战果。

在奥匈方面，伴随着加利西亚失利而来的失望又因为最初在克拉希尼克和科马罗夫取得过胜利而变得更为糟糕，随即快速演变成了寻找替罪羊的行动。9月29日，奥芬贝格接到奥匈帝国与皇家军队名义上的最高统帅弗雷德里克大公的来信时目瞪口呆：

> 通过与第4集团军的接触，我意识到近期必须对该集团军指挥层提出特殊要求。
>
> 该集团军目前的状况让我看到必须在未来数日内做出决定。现在必须有一位最高指挥官，不仅能得到全集团军的充

分信任，而且意志坚定、对胜利充满信心，能够领导该集团军在身心焕然一新的情况下作战。

因此我非常遗憾地得到这样的印象，阁下的能力和毅力都因为第 4 集团军在这些艰难时刻遭到的厄运而严重下降，于是我请求你向祖国做出一个士兵能做出的最大牺牲，即装病告假，辞去第 4 集团军司令一职。

考虑到你在军中效力多年且战功卓著，尤其是在对敌作战中的杰出表现，我希望你能尽早完全康复。

奥芬贝格对此难以接受。他已经指挥第 4 集团军取得了他个人认为——也有一定道理——奥匈军在科马罗夫对俄军取得的最伟大的胜利，随后又目睹了自己的集团军几乎是 180 度拐弯的结果。在拉瓦罗斯卡亚，他和他的士兵在人数处于劣势的情况下竭尽了全力。最后，他指挥了向桑河防线的撤退，时刻面临着被阻断和包围的危险。他的日记充满了怨恨，深深觉得自己被冤枉：

这种霸道、不公、令人震惊的行径为何人设计？最高统帅部的一些人大概脱不了干系。我挡了谁的道，居然引得他们对我群起攻之？离开我的部队对我而言很难。它不管局势发生什么变化都那么果断勇敢，尽管遭受了那么多挫折，但很快便会重新成为合适的利器。我全心全意地祝它成功。

当晚，康拉德派一名高级将领去看望奥芬贝格，向他解释这个决定与总参谋长本人没有关系。奥芬贝格只能猜测自己为什么受到这种对待。布鲁德曼也遭到了解职，但是对奥芬贝格及其第4集团军的唯一批评只可能是他们没有在拉瓦罗斯卡亚取胜；鉴于他的部下当时疲惫、减员的状态，这种战斗结果是情理之中的事。的确，即便他们当时精力充沛，与鲁茨基集团军正面交锋也肯定会是相同结果，因为俄军不仅人数占优势，而且能够在东面对其侧翼进行包抄。我们可以在弗雷德里克大公9月30日致奥地利皇帝的信中看出一些端倪。弗雷德里克大公在信中说他从一开始就担心奥芬贝格在战争中缺乏信心，奥芬贝格未能在科马罗夫取得全面胜利，或许还夸大了自己的战果。弗雷德里克写道，即便在普勒韦的集团军远没有被歼灭的情况已经明朗之后，奥芬贝格也没有采取补救措施。因此，他最后写道，他和康拉德已经同意，鉴于第4集团军其他高级将领已经对奥芬贝格失去信心，最好将其解职。可以用约瑟夫·斐迪南大公接替他，因为"这位大公在指挥自己的军队和集团军群过程中表现出了超群的能力"。信中并没有提及约瑟夫·斐迪南的部队损失了80%的兵力这一事实。

这样评价奥芬贝格显然有问题。他并没有夸大自己在科马罗夫的胜利，是康拉德而不是他决定让第4集团军向南行进。信中提及的奥芬贝格在离开维也纳之前的情况耐人寻味。他有没有说过什么话或者做过什么事冒犯了弗雷德里克大公？

另一个有意思的方面是康拉德在这件事中的角色。说他没有参与解除奥芬贝格军职的决定过程似乎很奇怪，毕竟布鲁德曼遭到解职主要是他煽动的。他和奥芬贝格自1871年同班学习以来就一直很熟。就算他不知道奥芬贝格将被解职，他也没有去保护自己的朋友。这里面可能有自我保护的成分。在德国,德军在马恩河首战中灾难性的败仗造成小毛奇精神崩溃,并因此被免职。康拉德可能担心自己也岌岌可危。10月7日,他致信弗朗茨·约瑟夫皇帝的军事顾问鲍尔弗拉斯将军,向他描述了事情经过:

> 我们抵达士兵们可以休息、重新为进攻做准备的地方时,我请大公殿下视察部队……除了去看望离去的德国地方防卫军,而我必须露面外,我没有陪同大公殿下视察部队,首先是因为我没有时间,其次是因为我希望大公殿下能够起到总司令的作用,最后是因为我反对个人干预。大公殿下独自看望部队,陪同他的只有卡尔·弗朗茨·约瑟夫殿下及其参谋。大公殿下看望第4集团军回来后告诉我,必须撤销奥芬贝格的职务,我当时很吃惊。这在我看来似乎不现实,尤其是考虑到这一决定的后果以及奥芬贝格的战功。我后来找机会和大公殿下聊起这件事,并问他有什么依据。他回答说,根据无数报告,甚至是真诚、头脑清晰的高级将领的报告,以及其他情报来源和奥芬贝格给他留下的印象,他对整个事态非常怀疑,也很悲观。他还派摩尔男爵上校向我详细介绍了情况。

> 我随即回答这件事情非常重要,但大公殿下显然已经在制订的新进攻计划方面对奥芬贝格失去了信心。他答复说作为总司令无法凭良心同意继续让奥芬贝格担任第4集团军司令。

> 在这种情况下,我只能接受大公殿下的话,尤其是因为

我们在伦贝格的遭遇。似乎在科马罗夫战斗之后——那确实是一场胜利——所有报道都过于乐观。

奥分贝格夸大了他在科马罗夫的胜利，因而导致康拉德指挥失误，命令第4集团军前往拉瓦罗斯卡亚——这种看法从何而起，我们很难说清楚。奥芬贝格本人似乎相信普勒韦的集团军在战斗中损失惨重，但由于彼得大公未能阻止俄军撤退，因此逃过了被围歼的命运。强加在第4集团军身上的大逆转是伦贝格前线越来越大的压力所致，而且源自康拉德，不是奥芬贝格。鉴于弗雷德里克大公说他从一开始就对奥芬贝格心存疑虑，我们不妨看看奥芬贝格奔赴前线之前在维也纳与弗雷德里克大公说过什么。奥芬贝格当时说这位大公给他留下的印象很一般。奥芬贝格曾对彼得大公的表现极为不满，这一事实或许导致了弗雷德里克大公免去奥芬贝格的职务，但奥芬贝格对彼得大公的不满也有可能是因为自己遭到免职。涉及其中的每个人究竟有什么动机依然值得推测。贵族在奥匈帝国有着权势和影响力，这一点毋庸置疑。

奥芬贝格被免职时62岁，之后再也没有在这场战争中扮演任何角色。1915年4月，他被授予尊贵的"冯·科马罗夫"头衔，以表彰他一年前所取得的那场胜利。但是他在同一个月遭到逮捕，罪名是1912年担任战争部长期间让一个朋友看了机密文件。对他的指控是，他的这个朋友是一个穷困潦倒的上校，打算出售这些文件挣钱。对于奥芬贝格来说，这不啻为比免职更大的耻辱。他的住宅遭到搜查，他的私人文件被详细审查，但法庭最终撤销了对他的指控。奥芬贝格在回忆录中声称在这些指控背后作祟的是弗雷德里克大公，而这进一步增加了这两个人之间的个人恩怨。奥芬贝格在其余生中继续声称自己在1914年和1915年受到了不公正的待遇，而且指控他夸大对普勒韦集团军的胜利的说法纯属子虚乌有。他坚持说，科马罗夫战役之所以未能取得全胜，责任在彼得大公，他本该阻止普勒韦撤退。

康拉德也有自己的问题。除了看到自己取得对俄决定性胜利的希望与梦想离他而去之外，他还在承受丧子之痛，这可能是他默认解除老朋友职务的原因之一。并非只有康拉德一个人承受失去亲人的痛苦。战争前六个星期的伤亡人数非常恐怖——很难找到一个很合适的形容词来描述这些损失。康拉德最初的兵力为95万人，现在已经损失了32.4万人，其中13万人沦为俘虏。俄军投入这场战役的兵力为120万人，损失了22.5万人，其中4万人沦为俘虏。仅仅四周——真正交战直到8月中旬才开始——伤亡人数就达到了近40万人，平均每天伤亡达2万，伤亡率之高绝不亚于一场特别血腥的战争中的任何战区。物资损失同样巨大。奥匈军队虽然缴获了100多门俄军火炮，却损失了300多门。在撤出加利西亚的过程中，最初对使用多种语言的奥匈军队是否可靠的担忧变成了现实，一个斯拉夫作战部队集体投降，几乎没有尝试战斗。虽然双方都能在此后数周内补充兵力，但许多阵亡人员都是经验丰富、无法替代的军官和士官。双方都将永远无法给战场提供如此训练有素的强大核心。鉴于俄军在人数上的巨大优势，奥匈帝国皇家军队的损失不仅按人数算更多，而且按比例算也更严重。

在欧洲各地乃至世界各地，9月似乎标志着一个明显的转折点。

德军在比利时和法国北部看似战无不胜的挺进突然中止，尽管兴登堡和鲁登道夫在东普鲁士旗开得胜，加利西亚的战斗却远远抵消了德军在坦嫩贝格和马祖里湖区的胜利。世界各地的报纸报道了奥匈军的失利，但有一点引人注目：虽然报纸上也常常提及机枪造成的伤亡，但这些报道却特别强调那些运用刺刀取胜的战斗。至少在报纸编辑的心中，冷兵器的威力在公众的想象力中依然很强。

尽管奥芬贝格承担了兵败加利西亚的责任，但主要责任无疑在康拉德身上。奥匈军按照他的教条作战，这种教条刻意忽视火力（尤其是炮火）的作用，完全拒绝凭借防御取胜的理念。更糟糕的是，康拉德干涉了奥匈军的动员过程，导致第2集团军将大量作战时间浪费在奔波于两个战区之间，而加利西亚的军队先是在比预定地点更靠西的地方下车，然后按要求向东行军，抵达他们原定的下车地点。而且，他坚持攻击伦贝格前沿防线，越过对防守方明显有利的地形，这充其量只是鲁莽的乐观主义。的确，他的进攻战理论已经完全失败，但他依然铁了心不改变政策。他和他的下属们——在这一点上还包括各方面的高级将领——继续相信进攻行动能够带来胜利。这种现象在一定程度上无可避免，因为在那之前的40年中，对进攻战的狂热笃信盛极一时，甚至违背所有逻辑。尽管有证据说明情况正好相反，但是许多国家（尤其是德意志帝国和奥匈帝国）面对这些证据依然坚持进攻战，这背后的部分原因可能是受到19世纪中欧的浪漫主义影响。这种浪漫主义刻意摒弃科学原理，反而培养一种心态，逐渐将士气、国家与民族优越感以及进取精神等无形之物的价值视为与射击速度和火炮口径等冰冷的计算数字同样重要。康拉德那代人在这种想象中长大，死守自己的观点就不足为奇了，即便相反的证据——令人毛骨悚然的重大伤亡——就在他们周围呈现。在此后的战斗中，随着进攻战重要性的理论一再被检验，还将有数十万人在战场上失去生命。

第十一章

血腥的插曲：
塞尔维亚战线

COLLISION OF
EMPIRES
the war on the eastern
front in 1914

弗朗茨·斐迪南大公遇刺身亡事件导致了奥匈帝国向塞尔维亚宣战，从而将整个世界卷入了战争。然而，与塞尔维亚的冲突虽然酝酿已久，且处于席卷全欧洲的更大较量的中心，它却在这场战争中很快沦为次要角色。

在巴尔干前线指挥奥匈军队的奥斯卡·波蒂奥雷克是康拉德的同龄人，而且在许多方面还是康拉德的对手。1906 年，他也是总参谋长一职的候选人，因为他已经是副总参谋长，本就会得到弗朗茨·约瑟夫皇帝的青睐。然而康拉德却是弗朗茨·斐迪南大公推荐的人选，而斐迪南大公的意愿这次占了上风。波蒂奥雷克1911 年被任命为波斯尼亚和黑塞哥维那的总督，不久便在那里因残酷对待反对奥匈帝国统治的塞族人而臭名昭著。1913 年，他邀请弗朗茨·斐迪南访问波斯尼亚，观看一年一度的军演，访问日期定在 1914 年 6 月。

在这次决定性的访问期间，弗朗茨·斐迪南在妻子索菲的陪伴下乘车穿过萨拉热窝的街道。就在此时，刺客内德列科·查布里诺维奇朝车队扔了一个炸弹。斐迪南大公夫妇和波蒂奥雷克乘坐的那辆车的司机发现炸弹后立刻加速行驶，炸弹被折叠帆布车顶弹下来，滚到后一辆车前爆炸，炸伤了车内几个人。19岁的查布里诺维奇吞下一颗氰化钾药丸，跳进了旁边的米里雅茨河。然而那颗氰化钾药丸未能夺取他的生命，只是让他极度痛苦。而且，由于天气干燥，河水只有数英寸深，他立刻被擒。

同一个恐怖组织的另一名成员加夫里洛·普林西普听到爆炸声后匆匆赶到现场，以为能看到弗朗茨·斐迪南乘坐的汽车变成一堆碎片。相反，他目睹自己的同伙被捕，而此时弗朗茨·斐迪南已经离他太远，他无法用手枪击中目标。他认为皇家车队有可能会原路返回，便找了个地方坐下来等待，看看自己是否还有第二次机会。

在为斐迪南大公夫妇举行的正式招待会上，弗朗茨·斐迪南询问他能否去看望那些在炸弹袭击事件中受伤的人。斐迪南大公的一名随员安德烈亚斯·冯·莫赛对这样的安排是否安全表示怀疑。大公的管家鲁梅尔斯克奇男爵当时也在场，他后来作证说他曾劝告大公，再次遭到袭击的可能性不大，但也不能完全排除。据其他人的说法，斐迪南大公对这些担心不以为然。他拒绝在道路两旁部署士兵来负责警戒，并说已经来不及让所有士兵穿上合身的制服。他说，总而言之，同一天不可能再次发生暗杀行动。他问："你们认为萨拉热窝到处是刺客吗？"波蒂奥雷克唯一准备做出的让步是改变线路，避开萨拉热窝市中心。遗憾的是——而且令人难以理解——他没有将改变线路的计划告知司机。

大公决定去看望伤员时，也在担心妻子的健康，于是派莫赛去告诉她，她不用陪他去医院。上午遇袭后，索菲大为震惊，一边的脸颊被一块碎片轻轻划破，但她平静地拒绝了这一建议。她告诉莫赛，无论丈夫在什么地方公开露面，她都会陪伴在他身旁。不管怎样，这是他们夫妇的结婚纪念日，她一定要与丈夫共同度过这一天。

大公夫妇乘坐车队中的第二辆车，前车未按计划修改路线，它也只能紧随其后，直接经过普林西普所处的地方。普林西普在这之前已经放弃了希望，认为自己无法进入能进行暗杀的位置。当时，波蒂奥雷克与斐迪南大公坐在同一辆车内，他大声训斥司机，要他停车改变线路。但是这辆车没有倒车挡，只能慢慢被人推着后退。普林西普走上前，射出了几颗致命的子弹，导致了一场世界大战。他像同谋查布里诺维奇一样，吞下氰化钾后却没有死。正是这两名刺客的证词将塞尔维亚牵涉进来并导致奥匈帝国发出最后通牒。人们不免会猜测，如果氰化钾当时真的发挥了药效，后来会发生什么事。

普林西普射出的子弹没有击中波蒂奥雷克，但普林西普后来声称击中索菲的那颗子弹原本是要射向波黑总督的。波蒂奥雷克虽然身体没有受伤，但这起暗杀事件还是在其他几个方面影响了他。从他被任命为波黑总督那一刻起，他就一直在暗中破坏以列昂·比林斯基为首的文职政府。例如，警察事务本该归属比林斯基的行政部门，但波蒂奥雷克一再干预，而且总是对塞族人不利。有人多次警示萨拉热窝存在安全隐患，他却置若罔闻，显然是担心自己的个人威信会因斐迪南大公取消访问而一落千丈。在6月28日事件中，波蒂奥雷克对普林西普有机会行刺也起了至关重要的作用。据一些人说，当有人提出可能还会有暗杀阴谋时，他曾嘲笑他们，并拒绝在沿途部署本该在斐迪南大公造访期间应部署的士兵，而且完全搞砸了更改路线的事。他当时遭到了许多人的猛烈抨击，同样受到抨击的还有萨拉热窝警察局局长埃德蒙·热尔德。不过，弗朗茨·约瑟夫皇帝没有说一句对波蒂奥雷克不利的话，这两人之间的友谊似乎牢不可破。虽然当时谣言四起，波蒂奥雷克既没有被要求辞职，也没有主动请辞。战争到来时，他被提名为进攻塞尔维亚的奥匈军总司令。他与自己最大的竞争对手康拉德一样，强烈主张向塞尔维亚发动战争，其中或许还夹杂着个人情感，认为这样一场战争有可能给他带来一个机会，为大公夫妇在萨拉热窝遇刺身亡的事实现自我救赎。这种实现个人复仇的欲望大概在波蒂奥雷克为此后的战役制定一些决策时起到了重要作用。

在战争一触即发之际，波蒂奥雷克被任命为第6集团军司令，还有权指挥整个塞尔维亚战线。他的集团军位于德里纳河上游两岸，包括第15军和第16军，因波蒂奥雷克坚持将一些部队部署在波斯尼亚内陆（以防发生亲塞尔维亚的叛乱）而有所削弱。虽然没有证据显示有人曾策划过这种叛乱，但由于这几个师远离前线，奥匈帝国皇家军队在战争伊始就遭遇了自找的不利情况。波蒂奥雷克的参谋长是爱德华·冯·伯尔茨。原定担任第6集团军参谋长的埃里克·冯·梅里齐在查布里诺维奇用炸弹袭击弗朗茨·斐迪南大公时受伤，仍在医院里休养。

波蒂奥雷克集团军的旁边是黎波里乌斯·里特尔·冯·弗兰克的第4集团军，包括第8军和第13军，沿德里纳河谷部署，直至德里纳河与萨瓦河交汇处的兹沃尔尼克。前沿其余部分分配给了伯姆－埃尔莫利的第2集团军。第2集团军主要集中在贝尔格莱德西北，独立的第7军位于其东翼，在潘佐瓦（今潘切沃）面对塞尔维亚。

它们的对面是塞尔维亚军队。贝尔格莱德政府于7月25日发布全国动员令，月底结束动员，报名参军人数约45万，其中略多于一半的人组成了作战部队，其余人员则承担后方职责。作战部队包括：佩塔尔·博约维奇指挥的第1集团军、斯蒂帕·斯蒂潘诺维奇指挥的第2集团军、帕夫莱·朱利西奇·希图姆指挥的第3集团军，以及米洛什·博赞诺维奇指挥的乌日采独立集团军群。许多士兵都参加过1912—1913年的第一次和第二次巴尔干战争，塞尔维亚军队尚未完全从这些战争的损失中恢复元气。塞尔维亚相对贫困，这也意味着国家无力给军队足够的资金，让其补充在前两次战争中的损失。动员令下达时，塞尔维亚军队只有18万支步枪，虽然从俄罗斯订购了更多的枪支，却要到8月下旬才能抵达。军装也不够，发放时很少有配套的军靴。每门炮的炮弹储备只有其他军队在战争开始时的10%。不仅如此，由于只有一家炮弹工厂，每天只能生产大约100枚炮弹，一旦开始交战，塞军将很快用完炮弹。单单一门火炮每天就能发射100多发炮弹。

塞军的领袖是拉多米尔·普特尼克，自1903年起就一直担任总参谋长。战争开始时，他在布达佩斯被奥匈当局扣留。弗朗茨·约瑟夫皇帝按照19世纪的做法，大度地下令将其释放。返回贝尔格莱德时，普特尼克已经67岁了，他以身体欠佳为由主动辞职，但众人劝他留任，哪怕只是在战略层面上把把关。

康拉德一直想利用巴尔干地区紧张的外交局势来提高自己部队的获胜概率，但保加利亚和罗马尼亚并不想参与针对塞尔维亚的战争。7月底，希腊政府宣布，保加利亚如果进攻塞尔维亚，就会导致塞尔维亚与希腊结盟。确实，维也纳一直担心罗马尼亚可能与俄罗斯和塞尔维亚结盟。奥匈帝国驻布加勒斯特的大使奥托卡·切尔宁伯爵7月底途经维也纳时，与弗朗茨·约瑟夫进行了交谈，弗朗茨·约瑟夫要求他保证罗马尼亚至少保持中立。奥匈帝国与罗马尼亚之间有协议，任何一方与塞尔维亚交战时都能得到另一方的支援，但切尔宁发现罗马尼亚首都有其他因素在起作用。意大利人对奥匈帝国和德国的态度越来越冷淡，他们成功提出一个论点：维也纳给贝尔格莱德下的最后通牒没有征求意大利和罗马尼亚等国的意见，因此它们认为自己不应该对维也纳有义务。对于罗马尼亚而言，弗朗茨·斐迪南大公遇刺身亡事件是个沉重打击。这位大公对罗马尼亚很友善，布加勒斯特的许多人一直希望弗朗茨·斐迪南继位后会善意地看待他们将特兰西瓦尼亚纳入罗马尼亚版图的野心，这片土地目前位于奥匈帝国的匈牙利境内。这些野心已经致使匈牙利与罗马尼亚之间产生了敌意。奥匈帝国向塞尔维亚发出最后通牒之后，罗马尼亚人开始琢磨如果加入反对奥匈帝国的阵营而不是与他们保持和睦关系，这样是否能让他们更加容易实现领土方面的野心。切尔宁试图直接影响罗马尼亚国王卡罗尔，给这位年迈的君主带来了巨大的压力：

> 他生命的最后几周对他而言是一种折磨；我给他带来的每一个消息，都让他觉得像挨了一鞭子。我奉命竭尽全力来确保罗马尼亚按照盟约条款［在与塞尔维亚的战争中］尽快合作，我甚至不得不提醒他"承诺是不容许推三阻四的：条

约就是条约，他的信誉要求他拔出战刀"。我对一个特别痛苦的场面记忆犹新，国王痛哭流涕，扑到写字台上，想用颤抖的双手从脖子上扯掉他的大铁十字勋章。毫不夸张地说，我可以看到他在无休止的道德打击下日渐消瘦，他所经历的精神痛苦无疑缩短了他的生命。

切尔宁告诉维也纳政府，罗马尼亚至少目前会保持中立，只要保加利亚和土耳其保持中立，希腊很可能也不会插手。在维也纳看来，要想让罗马尼亚，尤其是保加利亚参战，唯一的希望就是奥匈帝国与皇家军队尽早取得一场胜利，但这与维也纳最初的希望正好相反。它原本打算让塞尔维亚的邻国卷入这场战争，迫使塞尔维亚分散其面对奥匈皇家军队的军力，从而让奥匈帝国更容易尽早取得胜利。如果其他巴尔干国家准备等待奥匈帝国先取得这样一场胜利再行动，那么波蒂奥雷克要完成这一重任非常困难。

只有了解奥匈帝国3个集团军所面对的地形，才能更好地理解战场上种种决策背后的逻辑。入侵塞尔维亚最直接的路线是从贝尔格莱德北面出发，多瑙河两岸的地势相对比较开阔。而且，奥匈帝国的多瑙河舰队能够有效控制这条河，协助任何渡河行动。从多瑙河以南延伸到贝尔格莱德以东的摩拉瓦河谷是特别理想的入侵路线，一旦与塞尔维亚开战，这里肯定是康拉德的首选。再往西便是德里纳河的深谷，两岸高山耸立，林木茂密，尤其是东面。任何人想要渡过这条河都很困难，而要想利用渡河来扩大战果就更加困难。奥匈统帅部对于选择渡过德里纳河入侵塞尔维亚的困难不存在幻想，他们对这里的地形非常熟悉。奥地利官方战争史学家后来写道：

　　塞尔维亚军事领导能够充满自信地展望未来，很大程度上是因为地形特点非常适合他们采用的防御战计划。边境虽然面临威胁，却有多条河道保护，背后是第三次动员之后的部队（大致相当于奥地利的皇家地方防卫军），他们几乎刚一动员就进入了阵地。连绵不断的山脉从东南方延伸至西北，横跨内陆，一道道山岭与之并行……每一道都比前一道低，山嘴直冲萨瓦河和多瑙河。近三分之二的作战区都是灌木丛生的林地。萨瓦河与多瑙河两岸是冲积平原。如果再考虑数不清的果园，可以说整个国家几乎到处都是树……

　　这里人烟稀少，因此道路破烂不堪，交通极其不便，只有穿过河谷和一些重要隘口的重要道路值得一提，可一旦久雨不停，就连这些道路也会变得难以通行。战斗即将打响的地区可以说几乎没有铁路。

　　考虑到经常干旱的山区水资源缺乏，尤其是在夏季，人们得出的结论是塞尔维亚是一个极其难对付的战区，进攻方需要做好充分的组织和技术准备。有鉴于此，进攻方只能动用接受过山地战训练并且配有山地战装备的军队。对于习惯于中欧地区军事演习的军队而言，它们的移动火炮和辎重车辆将面临难以克服的重重困难。该国的保卫者们有着重要优势，因为他们熟悉地形特点。

波蒂奥雷克一直等到8月6日一早才收到官方确认，由他担任塞尔维亚战线总司令。在他战前参加过的一场军演中，奥匈军队在萨拉热窝以东的德里纳河下游集结，重创试图从贝尔格莱德地区向北进攻的塞尔维亚军队。他一直坚持侧翼进攻的理念，计划派遣第15军和第16军11个旅的经验丰富的山地步兵，越过德里纳河向前推进，占领边境以东约15英里处的乌日采。第2集团军的一些部队将沿着萨瓦河发动佯攻，希望能将塞军吸引到北面。第5集团军随后将在下游越过德里纳河，攻击塞军西翼，向瓦列沃挺进。他在8月4日将这些计划递交给了维也纳。尽快将第2集团军调往加利西亚的意图有可能让这些计划完全失败，但给塞军以致命打击的吸引力依然很大，尤其是对一个强烈希望尽早为自己复仇的人而言。遗憾的是，这些计划所依据的军事演习将德里纳河下游以东的山地当作了进攻部队只需稍微放慢一点速度就能推进的地区，因而完全低估了所面临的困难。

此后数日，奥匈帝国与塞尔维亚和黑山的边境沿线爆发了战斗。黑山王国是塞尔维亚的盟国，其军队充其量只能被视为自卫队；当地组织起来的奥匈边境卫队在重骑兵的支持下足以保护边境，但也有一支黑山军和塞尔维亚部队一路打到了维舍格勒。与此同时，维也纳的电文也已经到达前线，对波蒂奥雷克的计划表示了怀疑，尤其是因为康拉德和奥匈统帅部看不懂这些计划。波蒂奥雷克的战略依据是对进攻的塞尔维亚军队进行侧翼反击，根本不管塞军是否有发动进攻的迹象。波蒂奥雷克在塞尔维亚的同僚也为这些计划感到担忧。尤其是伯姆-埃尔莫利，他的第2集团军应该尽快转移至加利西亚，因此他一再要求波蒂奥雷克说明他在支援第5集团军渡过多瑙河时应该支援到什么程度。他投入支援的兵力越多，撤退并将军队送往北方的难度也就越大。不管怎么说，奥匈统帅部给了他明确的指示：

第2集团军无论如何都不得进入萨瓦河-多瑙河战线以南。

波蒂奥雷克给第5集团军下达的指示非常乐观。弗兰克的部队将于8月12日在德里纳河下游向对面发动进攻，然后——预计只会遭遇无力的抵抗——将在五日内推进至瓦列沃周围。士兵们因此需要在艰难的地形中行军60英里。第6集团军将在德里纳河中游渡河，并在8月17日前建立几个桥头堡。不幸的是，弗兰克的部队在集结过程中因铁路困难而受阻，他请求将开始进攻的日期推迟两天。波蒂奥雷克拒绝更改计划，还一再向弗兰克保证，塞军的抵抗不会太强。总之，他得出结论，抵抗弗兰克第5集团军的塞军军队越庞大，他自己的第6集团军从西南发动进攻时取胜的机会也就越大。我们不清楚他判断塞军的强与弱的依据是什么。奥匈军对塞军兵力部署缺乏可靠的情报，他们对该地区的几次空中侦察都未能发现山丘与林地中有部队集结。他们第一次得到可靠情报是在第5军准备发动攻击前夕，有报告说塞军主力正在德里纳河下游集结。这些报告有误，却让波蒂奥雷克更有理由守住第2集团军。

波蒂奥雷克和康拉德都急于尽早与塞军交战，并尽早取得一场决定性的胜利。8月9日，波蒂奥雷克给弗兰克发去一条消息，明确表达了自己的意图：

> 我们现在的目标不是长久地占领领土。我们需要的是尽
> 早、全面、果断地战胜塞军。

康拉德于同一天致信波蒂奥雷克，再次强调了这个观点：

> 我们现在情况特殊，绝不能在巴尔干失利。在那里取得
> 一场胜利具有特殊价值，只有这样才有望将仍在犹豫不决的
> 保加利亚和罗马尼亚拉入我们阵营。这也是我竭尽所能要达
> 到的目标，以便让保加利亚人发动强大攻势，越早越好……

边境另一边的作战计划更加现实。塞尔维亚和黑山联军虽然
也考虑过进攻萨拉热窝，但现实是塞军将力图尽可能多地牵制住
奥匈皇家军队，让他们尽可能远离关键的俄罗斯战线。塞尔维亚
最终能否得救取决于俄军能否获胜，而不是塞尔维亚军队能否获
胜。攻击维舍格勒并不是重大入侵，只是一次破坏性的行动。

　　由于缺少舟桥装备［这也是弗兰克请求推迟进攻时间（但没
有获准）的原因之一］，弗兰克在 8 月 12 日开始强渡德里纳河。
他麾下的第 13 军成功占领了一个据点，但这里林木茂密，火炮
很难派上用场。第 8 军已经占领了河中一个小岛，以此作为第一
步，在面临塞军顽强抵抗的情况下奋力确保有一个过河点。弗兰
克的部下竭力想把动员和集结过程中耽误的时间补回来，匆忙之
中造成了后方部队的混乱，补给队伍在通往过河点的道路上乱成

了一团。东北方向的第2集团军在多瑙河舰队火炮的大力支援下，在米特罗维察比较轻松地抢占了萨瓦河上的过河点。次日，第8军终于在德里纳河上架起了一座桥，但在塞尔维亚河岸上的进展极其缓慢。士兵们顶着烈日费力地穿过茂密的灌木丛，几乎用了一整天才抵达河东2英里外列希尼察镇周围的高地。横在他们面前的是巍峨的采尔山，这里将成为整个战役最关键的战场。第13军在南面一点的洛兹尼察镇乱哄哄地过了河，同样艰难跋涉后才最终抵达雅勒比切。但是，伯姆－埃尔莫利第2集团军的第4军进展比较顺利，成功占领了沙巴茨。

普特尼克原以为奥匈军队会从北面发动大规模进攻，起初对奥匈军队强渡德里纳河的报告不以为意，认为那只是声东击西。战役进行到第三天时，这些渡河部队其实就是奥匈主力，这一点已经毋庸置疑。普特尼克开始将更多部队派往那里。希图姆的第3集团军面对波蒂奥雷克的第6集团军和弗兰克第5集团军的第8军，另外两个塞尔维亚集团军则攻击奥匈军第13军以及奥匈军第2集团军占领的过河点。塞军企图重新夺回沙巴茨，但奥匈军队在多瑙河舰队重型火炮的支援下，向塞军暴露在外的西翼发起了反攻，塞军撤退到了南面约5英里处的防御工事中。塞军虽然进攻失败，却并非一无所获。伯姆－埃尔莫利担心再次受到攻击，极不情愿地向桥头堡派出了增援部队，结果将第2集团军更多部队投入到了塞尔维亚战役中，几乎就在他们本该前往加利西亚之时。

就在塞尔维亚期盼俄罗斯挽救它时，俄罗斯人和法国人都急于想看到塞军在战胜同盟国的过程中发挥自己的作用。贝尔格莱德接到了尼古拉大公发来的电报，敦促塞尔维亚最高统帅部进攻奥匈帝国本土。这不仅会将奥匈军队分散到其他战区，还有可能诱发巴尔干国家集体起义。此外，鉴于奥匈帝国的脆弱本质以及国内紧张的民族矛盾，这有可能会诱发一系列范围更广的叛乱。这种观点部分源自俄罗斯帝国内一个普遍的信念，即他们的斯拉夫同胞会起义推翻统治者，支持俄罗斯。但是究竟有多少确切情报能够支持这种观点，我们不得而知。塞尔维亚方面答复说，他们对沙巴茨发起的进攻正是这类大动作的前奏，俄罗斯人只要能交付塞军订购的 12 万支步枪，就是对塞尔维亚人的极大支持。然而，德里纳河沿岸越来越激烈的交战让普特尼克意识到，奥匈军占领沙巴茨只是为了转移塞军的注意力。无论俄罗斯人有什么样的愿望，都必须等到解除德里纳河两岸的威胁才能进攻敌人领土。塞军第 2 集团军留下一个师佯攻沙巴茨，其余部队强行军至波蒂奥雷克在德里纳河畔桥头堡的南翼。

弗兰克的师很有希望在 8 月 15 日抵达塞尔维亚更深处，于是各个部队定下的目标是向前推进约 10 英里。但残酷的现实是地形几乎无法穿越，敌军顽强抵抗，以及缺乏弹药、食品和水，这一切打乱了计划。第 13 军直到 8 月 15 日中午才得到足够补给，得以继续前进。雷暴雨阻碍了军队前进的步伐，也阻碍了命令的传达，因而进展很慢。只有南面的波蒂奥雷克第 6 集团军的第 15 军取得了较大进展。不过，8 月 15 日结束时，弗兰克保持审慎乐观。他已经在两翼取得了足够的进展，相信对面的塞军——现在已经确定是希图姆的第 3 集团军——肯定会后撤。不过，弗兰克仍然担心自己的北翼。他告诉波蒂奥雷克和奥匈统帅部，只有让第2集团军继续向前推进才能保护其北翼，尤其是因为沙巴茨的佯攻只拖住了很少塞军。

这个要求会让第2集团军进一步卷入塞尔维亚的战事，自然在维也纳引起了许多担心。一方面，奥匈军队必须在塞尔维亚赢得一场胜利；另一方面，推迟将第2集团军派往加利西亚会增加在更为重要的俄罗斯战线遭受挫折的可能性。康拉德无奈地同意采取折中办法，允许第4军和第29步兵师继续留在巴尔干战区。伯姆－埃尔莫利得知这个决定时，已经将第4军集中在了沙巴茨以北约15英里处的鲁马，准备坐火车前往加利西亚。士兵们在奉命返回前线的过程中又浪费了一些时间。

与此同时，在黑山沿海，奥匈海军企图封锁海岸。两艘战舰——装甲巡洋舰"森塔"号与驱逐舰"乌兰"号——正在炮轰安迪瓦利（今巴尔）小港口时，一支英法舰队突然出现，包括两艘无畏战舰和至少10艘前弩级战舰。"森塔"号舰长保罗·帕西纳很清楚，己方在数量上处于绝对劣势，但他选择以自己的战舰迎战敌方的战舰，为"乌兰"号突围赢得时间。在随后一边倒的战斗中，"森塔"号上一半的水兵与他们的战舰一起葬身海底。帕西纳和幸存的水兵游到岸边，在那里被关押到1916年。

经过艰难的长途行军，斯蒂潘诺维奇第2集团军下属的塞尔维亚加强师在8月15日晚些时候抵达了特克里希镇。在集团军司令的催促下，塞军这个师立刻攻击从反方向推进过来的奥匈军的先头部队——北面第13军的两个师和第21步枪师，南面的第9步兵师。战斗一直持续到8月16日凌晨，塞军增援部队到达，加上炮兵的支援，战况开始对斯蒂潘诺维奇有利。但正当塞军胜利在望时，奥匈军第21步枪师赶到。在炮兵和第9步兵师一个步兵团的支援下，奥匈军发动反攻，将精疲力竭的塞军赶出了战场。然而，北面的战局变化冲淡了奥匈军获胜后的喜悦；第21步枪师进行侧翼攻击的一个纵队遭到了塞尔维亚骑兵的袭击。这些骑兵追上了一个步兵营，俘虏了两个炮兵连。奥匈军队也未能利用塞军加强师的撤退扩大战果。第9步枪师与伊利亚什·戈耶科维奇上校的第1摩拉瓦师之间的血腥战斗持续了一整天，双方均未能向前推进。只有在更南面，第13军在扎夫拉卡周围取得了有限的进展。

第13军在采尔山山坡上遭受的巨大损失产生了重大的影响。补给仍然没有大量运抵前线，第21步枪师师长陆军中将普尔杰博尔斯基发电报给第13军司令部，他的师难以守住采尔山的阵地，正在后撤。但后撤的命令没有下达到该师各个作战单位，帕内西少将指挥的第41步枪团天黑时仍在坚守制高点。他刚意识到这一点，第13军军长阿图尔·吉斯尔·弗赖赫尔·冯·基斯林根将军（奥匈帝国情报部负责人弗拉基米尔·冯·基斯林根的兄弟）便命令第9步兵师给帕内西的士兵提供补给和增援。他希望这样有可能防止帕内西放弃采尔山上的阵地。但是已经晚了一步，这道命令抵达前线时，帕内西已经接到了普尔杰博尔斯基的撤退命令，并且已经趁着夜色撤退了。

第2集团军在8月16日铁了心要扩大沙巴茨周围的桥头堡，既为了拖住塞军，也为了向前推进后与弗兰克的第5集团军连成一线。奥匈帝国的三个集团军尚未相互连接，仍在不同地方作战。塞尔维亚守军早已后撤，奥匈军第7步兵师最初进展顺利，没有交火就在沙巴茨东南方向的米萨尔占领了制高点。与之相邻的第29步兵师企图沿道路向西南方向推进，却在林木茂盛的地形中突然遭到了强大的侧翼攻击。混战持续了一整天，双方多次误伤了自己人。随着伤亡人数不断增加，第29步兵师师长陆军中将泽德维茨伯爵认为自己的部下正面对一支强大的塞军。他认为自己虽然尚未与第5集团军连成一片，却已经完成了拖住塞军的任务，于是撤退到了沙巴茨。8月17日，塞军舒马迪亚师攻击了沙巴茨周边地区，抵达并摧毁了萨瓦河上的浮桥。塞军的进攻在涌入沙巴茨的后勤部队中引起了恐慌，伯姆－埃尔莫利命令第4军军长卡尔·特尔斯扬斯基将军立刻率领手下可调动的部队发起反攻。这天结束时，双方又回到了起点。伤亡人数进一步增加，第2集团军撤出战斗、前往加利西亚的可能性变得更小。

尽管第21步枪师撤出了采尔山，弗兰克仍然希望自己能够攻击塞军的南翼。塞军也知道自己的南翼比较薄弱，已经命令增援那里。增援部队包括一个士官生团，它正向该地区强行军，但预期三天后才能抵达。与侧翼受到攻击的风险相比，塞军第3集团军面临的威胁更为严重，希图姆命令其从雅勒比切后撤约3英里至扎夫拉卡周围的高地。不过，整个阵地的关键就是这座山，尤其是能俯视奥匈军第9步兵师侧翼的制高点。在这里，以及第5集团军的整个战线，惨烈的战斗持续了一天。尽管伤亡惨重，双方均未能长久占上风。伯姆－埃尔莫利在动身前往北方时，发电报告诉弗兰克，他留下了第4军，特尔斯扬斯基可以计划在8月18日与该军一起朝第5集团军方向进攻。弗兰克回复，与第8军一起从西南发动进攻没有任何作用；第21步枪师撤出采尔山之后已经一片混乱，而第9步兵师正三面受敌。不过，弗兰克接着说，第8军将竭尽全力发动进攻。他可能是没有意识到第13军一名师长已经告诉军长他的师团急需休息和补给，也可能他故意选择忽视了这样的警告。

8月18日的战斗集中在三处。在战场的最南端，奥匈军第13军企图找到并攻击扎夫拉卡塞军第2摩拉瓦师的侧翼，但是没有成功。虽然第36步兵师在该镇以北成功推进，它自己的左翼——因而也是全军的左翼——现在暴露在外，第13军与第8军之间出现了一个6英里长的缺口。第13军极不情愿地后撤到起点。在战场的中路，第9步兵师继续与塞军加强师争夺采尔山的山坡。当塞军第1摩拉瓦师前来加入进攻时，僵局终于被打破。第9步兵师的两翼被迫后撤，中路的部队在晚上也奉命撤退。在北面，第4集团军从沙巴茨发起的攻击被迫推迟，因为塞军破坏了河上的浮桥，阻碍了特尔斯扬斯基部队的聚集。最终，第31步兵师上午10点左右在猛烈炮火的支援下发动进攻，击退了塞军第1舒马迪亚师。特尔斯扬斯基相信自己已经击败塞军，告诉弗兰克他8月19日可以继续向前推进，第5集团军应该尽全力向他这边移动，与他连成一片。

康拉德在普热梅希尔司令部中急躁地关注着战况。塞尔维亚西北部的交战越来越惨烈，却似乎没有任何进展，而波蒂奥雷克的第6集团军也进展甚微，只是击退了黑山军和塞尔维亚军队对奥匈帝国领土的入侵。波蒂奥雷克向奥匈统帅部保证，第6军将紧急越过边境，进攻乌日采。一旦第2集团军和第5集团军在北面会合，这三个集团军将合力攻入塞尔维亚中心地带。他说，鉴于第 4 军在沙巴茨城外取得的大捷，塞军已经成了强弩之末。

实际情况有点不同。奥匈军的资源已捉襟见肘，塞军还有预备力量，依然将兵力集中在漫长的战场中央。8 月 19 日一早，塞军加强师再次攻击奥匈军第 9 步兵师，并最终将其赶出了战壕。第 8 军孤注一掷，试图守住阵地，希望与第 4 军连成一片，而第 4 军此刻正从沙巴茨朝塞军进攻。但是这一天结束时，第 8 军全军被迫撤退，而这又导致第 13 军的北翼暴露在外。黄昏时，弗兰克的所有军队向西撤退。

在北面，特尔斯扬斯基发现塞军远未被打垮，他对第 1 舒马迪亚师的袭击也未能取得决定性的突破。交战过程与前几天一样混乱，奥匈各师在困难的地形中蹒跚前进，伤亡越来越大。进展比奥匈军队预料的慢得多，天快黑时，第 4 军停止战斗，让受到重创的队伍有机会重新部署。现在到了奥匈统帅部做出选择的时候。弗兰克觉得他别无选择，只能后撤到德里纳河对岸。既然他的集团军在东面发动进攻，特尔斯扬斯基的第 4 军继续进攻沙巴茨已经没有意义。尽管面临严重的政治后果，康拉德还是得接受完全放弃进攻。第 6 集团军奉命严格限制反攻。

康拉德在奥匈统帅部宣布取消入侵塞尔维亚的计划，波蒂奥雷克对此难以接受。他仍然希望次日重新发动进攻，特别是在他将第 6 集团军的一些部队派给第 5 集团军后。他坚持说，第 4 军至少应该留在沙巴茨，守住将来可以用来发动进攻的桥头堡。此时围绕第 4 军的控制权产生了一场争论。奥匈统帅部已经将特尔斯扬斯基的部队分配给了弗兰克的第 5 集团军，同时命令第 4 军回到萨瓦河北岸。波蒂奥雷克认为自己应该全面指挥塞尔维亚战线，因此他反对有人对他进行干涉。他给弗兰克下达了指示，严禁他的司令部直接与奥匈统帅部联系。未来所有此类联系都必须经过波蒂奥雷克的司令部。

这场争吵的结果是特尔斯扬斯基收到了相互矛盾的命令。8月19日晚些时候，他按照奥匈统帅部和第5集团军的指示，已经开始准备撤离沙巴茨，却突然接到波蒂奥雷克的命令，要求他准备重新发动进攻。正当部队准备在黎明发动进攻时，这道命令又被撤销，随之而来的是弗兰克的指示，要求他撤退至萨瓦河以北。8月21日晚，弗兰克受到重创的几个师的最后一支部队也已经撤退到了德里纳河对岸。他们对面的塞军已经无力发动攻击，只能象征性地追击一下。沙巴茨的特尔斯扬斯基终于接到了前后一致的指示，要求他在河的南岸保留一个立足点，但是要将第4军大部撤回到北岸。8月21日，塞军第1集团军攻击了周边地区。他们虽然遭到奥匈军的反攻，被驱赶到了南面，但从西面发起的进攻取得了更好的进展。相互矛盾的命令再次频繁出现；特尔斯扬斯基不知道奥匈军已经对从南面进攻的塞军发起的反攻中取得胜利，下令撤离桥头堡，数小时后才撤销这道命令。更糟糕的是，波蒂奥雷克又下达了新命令，第4军只有在面对明显占优势的敌军时才能撤退。特尔斯扬斯基知道攻击他周边地区的塞军并非"明显占优势"，但他的许多部队现在已经到了北岸，无法参加战斗。鉴于第5集团军已经撤退到德里纳河对岸，他在塞尔维亚孤军奋战，他认为坚守沙巴茨毫无意义。尽管如此，8月22日和23日，激战仍在继续。次日，当塞军侦察兵小心翼翼地到来时，他们发现奥匈军第4军已经撤离。

波蒂奥雷克与弗朗茨·约瑟夫皇帝关系一直很密切，如今他将这种关系派上了用场。他告诉维也纳，虽然损失较重、明显失利，但军队的士气依然"高涨"。他提出，由于指挥混乱，他的进攻受到极大阻碍。弗朗茨·约瑟夫皇帝此时已经知道，巴尔干战线的所有消息先抵达普热梅希尔，然后抵达首都。维也纳四天后才会知道情况：

> 我需要一个［特尔斯扬斯基的第4军］完全听我指挥的保证，这样奥匈统帅部未来就能让我自由地完成交给我的任务，即防止塞军进攻帝国，奥匈统帅部从此将不再干涉具体行动，并且终止与我的下属直接联系。

结果，康拉德在8月21日收到了弗朗茨·约瑟夫皇帝的命令：

> 我认为巴尔干半岛作战的所有部队只能有一个指挥部，因此我授权波蒂奥雷克将军指挥与塞尔维亚和黑山作战的所有部队，我不认为减少［部署在巴尔干的军队］有任何价值。

换言之，巴尔干战线不再听命于奥匈统帅部。但是，战场上的现实冲淡了波蒂奥雷克的个人胜利感。与所有期望值相反，他的部队已经完全被装备落后、人数处于劣势的塞军打败。双方在9天的战斗中伤亡都比较大。奥匈军8000人阵亡，3万人受伤，另有4500人被俘，约占投入总兵力的21%。塞军约3000人阵亡，1.5万人受伤。但奥匈帝国政治上的损失远大于其物质上的损失。

让其他巴尔干国家立刻参战的任何希望已大大减小。

亨利·巴比，一名随塞军采访的法国记者，目睹了双方付出的巨大代价：

> 惨烈的采尔山和亚达尔河谷战役发生的地区坟丘遍地，到处散发着尸体腐烂的恶臭……根本无法从那可怕的山坡接近山顶。那里的阵亡士兵数量巨大，第2集团军既缺乏资源也没有时间，只得放弃将他们掩埋的念头。
>
> 第3集团军遭受的杀戮同样可怕，仅贝拉－泽尔科瓦一个战场就有694具奥匈军的尸体。

奥匈帝国皇家军队失利有几个因素。波蒂奥雷克急于想为萨拉热窝事件报仇，在完全没有必要的情况下提前发动进攻，并且在进攻目标的选择上出现了令人瞠目结舌的误判。更糟糕的是，发动进攻的3个集团军相互距离太远，无法有效合作，反而让塞军在一些关键地点集中了兵力。缺乏协调的情况又因为几个因素变得更为糟糕。首先，尽管波蒂奥雷克想方设法要让第2集团军在该地区多待一段时间，但第2集团军在塞尔维亚战线的行动只是暂时性的。其次，第6集团军直到弗兰克的第5集团军已经开始发动进攻之后才完成集结。最后，有几支部队甚至都没有被部署在前线，因为波蒂奥雷克担心某些地区会爆发亲塞尔维亚的叛乱而将其留在了后方。

波蒂奥雷克的作战计划存在明显缺陷，但我们应该记住，他在发动进攻之前就将自己的意图告知了奥匈统帅部。康拉德虽然对这些计划提出了疑问，却并没有动用权力撤销波蒂奥雷克的命令。因此，康拉德至少要承担一部分责任。巴比非常精辟地总结了整个事件：

> 在奥匈帝国的历史中，它败绩累累，在弗朗茨·约瑟夫在位时期，败绩更是数不胜数。但是在今天之前，这位年迈的君主还可以声称自己只败在列强手下，1850 年败给法兰西，1866 年败给普鲁士。而今天，人口只有奥匈帝国的十分之一的塞尔维亚，却让奥匈帝国遭到了这场战争中的第一场惨败。

采尔山战役创造了一项值得注意的第一。米奥德拉格·托米奇于 1912 年被派往法国，成为塞尔维亚的第一批飞行员之一。他当年只有 23 岁，还只是一名步兵。在 1913 年反对土耳其统治的第二次巴尔干战争中，他驾驶飞机投掷了大量小型炸弹，并且执行了侦察飞行任务。1914 年，他驾驶着塞尔维亚仅有的三架飞机之一，在德里纳河上空侦察时，遇到了奥匈帝国的一架飞机，当奥匈飞行员用手枪朝他开枪时，他万分震惊。这大概是历史上第一次飞机之间的交火。

塞军从敌军手中重新夺回领土后，报告说看到了平民遭遇暴行。8 月 18 日，法国记者巴比正好在沙巴茨城外。他在那里遇到了 3 个朝南面逃亡的平民，他们将自己村里发生的事告诉了他。村子就在山脚下：

> "奥匈士兵（'Chvabas'，塞尔维亚俚语，意指奥匈士兵，

相当于西线所用的'Boche'一词)屠杀了妇女!他们烧毁了房屋!他们强奸年轻妇女!"

我们起初将信将疑。但是根契奇(一名俄罗斯记者)认为我们应该过去看看。我本想说等敌军撤出一段距离之后再过去,但他已经和那3名农夫朝村子走去。我跟了上去……

道路较低的一边躺着一名50岁左右的农夫,背朝天,双臂伸展着。他的手指仍然在抽动,这只不过是条件反射。他被步枪枪托击倒在地!

村子里看上去好像没有人。家家户户的门口都有白布在飘动,许多房屋敞开的窗户中也有白布。我看到家具翻倒在地,一片狼藉。再往前,凄惨的呻吟声将我们吸引到一户人家……我们走了进去。好可怕!地上躺着一个女人,倒在一摊鲜血中,奄奄一息。她的胸前有个伤口,鲜血淋漓!

后来,在另一户人家,又一个女人躺在家具碎片中。她是被刺刀捅死的。这可怜的女人临死时怀中还抱着一个死婴,也被刺刀捅死的。

我感觉生命突然变成了一场可怕的噩梦……在这种罪行面前,我全身颤抖,难受至极。但这还不是全部。我们在山顶上看到的一缕缕青烟来自几栋已经完全烧毁的房屋。

这时,村民们开始一个个出现。他们先小心谨慎,然后信心增加了一点,走过来围住我们。这些可怜的人几乎都在哭泣,似乎奥匈军昨晚突然发泄了心中的仇恨。

类似事件还有其他的描述,有些来自当时的其他战线。德军对比利时的入侵被迅速冠名为"比利时浩劫",很快便有各种故事流传,给这名称添加真正的内涵。尽管许多暴行的确发生过——数百名平民在勒芬和迪南等地被枪杀,但报纸上刊登的一些更加耸人听闻的故事也的确是完全虚构的,目的是为各方所宣称的自己的敌人残暴至极提供证据。德方对俄军(尤其是哥萨克士兵)在东普鲁士的行径的描述一直遭到俄国方面的矢口否认。许多奥匈士兵可能渴望向他们认为应该为暗杀弗朗茨·斐迪南事件负责的国家复仇,万般无奈中犯下了这些罪行;另一些士兵只是做了古往今来士兵们在类似情况中所干的事,将自己的怒气和恐惧发泄在了周围人身上。

然而,波蒂奥雷克的部下似乎表现得特别残忍。巴比记录了他看到的奥匈军队犯下的许多暴行,也得出了一个清晰的结论:

> 奥匈军队似乎将破坏视为一项特殊任务,一进入塞尔维亚就开始破坏一切。

> 还有什么残暴之事,还有什么地狱般的恶行,是这些官兵没有干过的?一个为其文明感到无比自豪的国家,它的士兵却酗酒滋事、纵火、施虐,面对他们的滔天罪行,我无数次在恐怖之余呆站在那里!

> 这就是奥匈帝国想要的结果,一个伟大的强国踩蹒一个小国,通过钢铁和烈火,掠夺和纵火摧毁城镇与村庄,以及屠杀残害和灭绝塞尔维亚人民,有条不紊地贯彻其目标——毁灭塞尔维亚。

> 奥匈帝国没有丝毫的迟疑,因为她认为在塞尔维亚能够

保护自己、能够向全世界揭露这些恐怖罪行之前，她可以完成其罪恶行径。

为了给自己的结论提供证据，巴比公布了奥匈军第9军司令部签发的一份文件。第9军隶属于第2集团军，只在塞尔维亚短暂停留，随后便被派往了加利西亚。该文件名为《对塞尔维亚平民应遵守的行为规范》：

> 战争将我们带入一个敌对国家，这里的居民对我们充满了真实、狂热的仇恨。正如萨拉热窝事件所证明的那样，这个国家将谋杀视为合法，视为一种英雄壮举，甚至连其上层社会也如此认为。
>
> 对待这样的百姓不能有丝毫人道或仁慈。这些情感有害无益，因为在战争中可能产生的这些情感会在这里让我们的士兵面临严重威胁。
>
> 因此，在交战期间，我命令要最严厉、最坚定、最谨慎地对待当地居民。
>
> 尤其是，严禁俘虏那些单独或成群出现的、不穿军装但携带武器的当地人。必须在战场上消灭他们。
>
> 任何人只要表现出仁慈都将受到最严厉的惩罚。

许多欧洲军队习惯将不穿军装的作战人员视为非正规军，他们不受通用战争规定的保护。就塞军而言，由于军费短缺，大量动员而来的士兵都没有拿到军装。在面对生死攸关的威胁之时，将这些装备落后的人员派去保护自己的祖国，塞军这种做法无可指责。但是，塞尔维亚政府应该知道这些人落到奥匈军手中可能会有什么样的结果。的确，当俄军在东普鲁士遇到携带武器的德国平民时，他们也常常毫无愧疚地枪决这些平民，但此类批判仅限于德国报纸。巴比进一步引用了第9军下达给士兵的命令，其中规定在每个村庄扣留人质，一旦奥匈士兵遭到平民的袭击，就将这些人质处决。这种做法与俄军在东普鲁士一些地方的做法如出一辙。

但这些都不能为奥匈军队处决和虐待平民的行为辩护。鉴于欧洲军队在世界各地对待他们眼中的劣等民族时的行为，我们可以认为奥匈军队出于种族优越感虐待塞尔维亚人。他们将塞尔维亚人视为劣等民族，并且认为塞尔维亚人应该集体为萨拉热窝事件负责。同盟国的敌人竭尽所能地放大这些暴行，这也毫不奇怪。但是，这似乎与少数民族在奥匈帝国内（或者至少在奥地利境内）的普遍待遇完全不符——虽然匈牙利的马扎尔民族主义分子想在政治上将少数民族边缘化，但迫害或虐待少数民族的现象极为罕见。奥匈帝国皇家军队在塞尔维亚的行为看似与以前的情况截然不同。塞尔维亚人本身在暴行方面也没有一个良好记录。在第一次巴尔干战争中，保加利亚、塞尔维亚、希腊和罗马尼亚均从土耳其那里得到了领土；在第二次巴尔干战争中，保加利亚将一些新得到的领土割让给了自己以前的盟国，塞尔维亚得到了一大片穆斯林居住区，包括不久前局势紧张的科索沃。英国驻马其顿的观察家报告说，塞尔维亚人残酷虐待当地居民，大量报告都描述了发生在当地的杀戮、强奸、摧毁整个村庄、任意羁留、无缘无故的鞭笞等。驻莫纳斯提尔的副领事在报告中接着写道：

> 毋庸置疑，塞尔维亚统治下的穆斯林没有任何前途可言，只有周期性的大屠杀、确定无疑的剥削以及最终的毁灭。

维也纳也接到过塞尔维亚在其从奥斯曼帝国手中得到的领土上烧杀抢掠的报告。1913 年，驻斯科普里的总领事描述了 10 个村庄遭到毁灭的过程，男人们排成一排后被杀，村庄被烈火吞噬，妇女儿童企图逃跑，却被等候的塞尔维亚士兵用刺刀捅死，只是这些报告没有说明是正规军还是民兵。在阿尔巴尼亚，当地人发动反抗塞尔维亚统治的起义之后，300 名平民晚上遭殴打或被刀捅而死。这位总领事最后写道，屠杀经过精心安排，表明不是自发的地方行为，而是高层的命令。我们无法证实或者否认这种事，假如是奉命屠杀，命令究竟来自何处无法得知。贝尔格莱德政府在很大程度上难以控制塞尔维亚士兵，尤其是参加过两次巴尔干战争的士兵中有相当一部分都是非正规游击队员。但是将该地区所有斯拉夫人统一在塞尔维亚统治之下一直是塞尔维亚民族最核心的目标，他们为此不能接受任何少数民族。波斯尼亚人、克罗地亚人等，无论其宗教信仰或其他隶属关系如何，只能被迫成为塞尔维亚人。任何人只要反对或抵抗就会被毫不留情地镇压。

奥匈军队撤出沙巴茨之后，交战停息了片刻。尼古拉大公给塞军施加了压力，要求它主动进攻，防止更多奥匈部队被调往加利西亚。塞军最高司令部答复，尽管奥匈军队在人数上占优势，塞军准备发动进攻——只要能得到足够的桥梁建造设备，渡过萨瓦河和多瑙河；只要能得到足够的武器，将7月征集到的所有士兵武装起来。

博约维奇的第1集团军沿萨瓦河重新组织、集结。它奉命在9月5日到6日的晚上渡河，一旦建立起一个桥头堡，就能穿过米特罗维察向北挺进，切断在沙巴茨作战的奥匈军队与德里纳河沿岸的军队之间的联系。进一步的命令建议第1集团军全面占领斯雷姆——萨瓦河与多瑙河之间相对平坦、肥沃的地区——但考虑到博约维奇的集团军总共只有3个师，这个目标不切实际。另外两个集团军奉命守住德里纳河沿线，防止奥匈军大部来犯。同时，乌日采周围的塞军将与黑山军队联手，攻入波斯尼亚南部。

9月6日黎明前，塞尔维亚第1集团军在猛烈炮火的支援下，渡过萨瓦河并建立了一个桥头堡。匈牙利预备军的抵抗微不足道，上午河面上架起了一座浮桥。西面一点，第2集团军的第1蒂莫克师也建立了一个桥头堡；但是由于缺少架桥设备，直到次日才在河面上架起一座桥梁。鉴于兵力不足，当地的奥匈部队从未打算死守萨瓦河，反而依赖陆军中将阿尔弗雷德·克劳斯指挥的部队（主要是第7步兵师和第29步兵师）提供足够兵力向任何桥头堡发起反攻。正当克劳斯安排自己的部队时，他的一个作战单位——第74步兵团——立刻主动发起了反攻。其他部队慢慢参与进来，第1蒂莫克师损失惨重，只能放弃其桥头堡。塞军有4600名士兵未能来得及撤退，注定成为俘虏。奥匈士兵抵达后摧毁了浮桥。

再往东，塞军第1集团军的第1南部多瑙河师运气较好，成功扩大了其桥头堡。但是9月8日一早，奥匈主力部队赶到了这里。波蒂奥雷克至少在一定程度上已经预料到塞军会进攻斯雷姆；他已经计划再次采用自己之前渡过德里纳河发动进攻的战术来进行反攻，目的是攻击塞军进攻部队的西翼。这个计划并非没有优点，却忽视了一个事实：德里纳河东岸的地形非常适合防守，就算大批塞军忙于渡过萨瓦河后向北发动进攻，剩余塞军依然足以防守这片山冈密布、林木茂密的地区。由于炮兵耽误了时间，在比原定计划晚了一天之后，奥匈军第13军的第42步兵师占领了德里纳河上的一个过河点。然而，第36步兵师却在渡河时因伤亡过大而失败。北面一点的第13军起初进展顺利，那里的塞军防守相对较弱。但是，在这种不利的地形中，几乎无法击退塞军，过河点仍然在火炮射程内。第13军桥头堡面临的压力越来越大，只能放弃过河点。双方各损失了大约4000人。

在战场的南端，第6集团军取得了较大胜利。塞尔维亚第3集团军虽然顽强抵抗，但发起进攻的奥匈军队在训练有素的山地部队的带领下逐渐爬上陡峭的山坡，击退了守军。9月9日，就在弗兰克的第5集团军前一天占领过河点失败后休养生息之时，波蒂奥雷克自己的集团军（包括第15军和第16军）不顾伤亡向前推进，在一场艰苦的消耗战中逐渐取得进展。

眼看自己的南翼面临压力，普特尼克赶紧派出能调动的所有兵力去增援。这让计划与黑山军队一起攻入波斯尼亚南部的行动打了一个大折扣。部分由于塞军增援部队的到来，部分由于地形，波蒂奥雷克集团军的推进不仅代价太高，而且异常缓慢。不过，第14军开始包围塞军的南翼，迫使普特尼克将部队撤出斯雷姆的桥头堡，再从东南面向敌军发起侧面攻击。萨瓦河北面的交战持续了数日，双方均取得了一些胜利，直到塞军最终于9月14日黎明前后撤。两天后，克劳斯军团的一些部队开始渡河进入南岸。波蒂奥雷克现在开始希望在战场两翼取得胜利，在克劳斯从北面压进时由第16军从南面向前推进。

在德里纳河以东的群山中，天气状况越来越糟，冰冷的大雨在海拔较高的地方变成了大雪。9月14日，弗兰克再次试图占领德里纳河下游的过河点。面对严阵以待的守军，他的部队连续数日伤亡惨重——第21步枪师仅仅两天的伤亡人数就高达2000。第42步兵师主要由克罗地亚人组成，几乎被塞军第2德里纳师打得溃不成军。战场南端的第16军想占领科斯塔耶尼克的制高点，但是没有成功。塞军此刻用重组后的第1集团军在南面发起了反攻。波蒂奥雷克催促克劳斯尽快从萨瓦河过河点前进，分散一部分塞军兵力，甚至突破到德里纳防御工事的后方。克劳斯的部队还没有来得及进攻，就在树木繁茂的地区遭到了猛烈攻击。一时间，奥匈军队似乎将被迫退回到河边，但最后一支后备部队扭转了局面，塞军撤退后躲进了战壕中。他们或许未能捣毁克劳斯的桥头堡，却有效阻止了该桥头堡扩大。

塞军给波蒂奥雷克南翼造成的压力不断增加，9月17日，第6集团军只能开始撤退。与之前奥匈军被迫后撤至德里纳河不同，他们这次没有撤退到河对岸，而是撤退至可以进行防御的地方后便开始掘壕防守。9月18日，塞军再次进攻，以为自己遭遇的只是奥匈后卫部队。激战一天后，他们的进攻被击退。此后数日，进攻照旧，双方损失巨大，均未获胜。第6集团军的损失自9月初渡过德里纳河以来已经超过了2万人，但第16军坚守着战场南端至关重要的古切沃山高地；接二连三的进攻与反攻只是造成尸体堆积如山，双方均无重大建树。9月24日，战斗终于慢慢平息，疲劳与补给短缺让他们付出了代价。巴比月底去采访时描述了整个战场：

> 由于找不到合适的词语，我无法描述德里纳河沿岸、古切沃战场、博拉纳河以及亚洛格达河沿岸尸骨成堆的情景，血流成河……
>
> 来自地狱的子弹如一阵阵飓风，不断动摇着纵横交错的群山，将那里变成死亡王国。横尸遍野，牛马的，士兵的，常常在倒毙很久之后才被发现；有时候，人们不得不与到处游荡的贪婪、饥饿的野猪争夺这些尸体。
>
> 在覆盖这个地区的森林中，每天都有一群群伤员死亡的报告，有时是塞尔维亚人或者奥地利人，有时是既有塞尔维亚人也有奥地利人，或死于饥饿，或死于缺乏医治。

贝尔格莱德周围突然爆发了战斗，塞军在萨瓦河对岸短暂建立了一个桥头堡，塞姆林（今泽蒙）面临着被占领的威胁。海军少将理查德·伍尔夫指挥的奥匈多瑙河舰队的三艘铁甲舰发动攻击，摧毁了塞军的浮桥。

双方都急需休战。虽然波斯尼亚南部的战斗仍在继续，塞尔维亚和黑山联军多次与其奥匈对手交火，但由于双方均缺少炮弹，再加上第一场冬雪，德里纳河以东的战斗被迫暂停。雨水和融雪造成德里纳河河水猛涨，摧毁了用来给奥匈军第5集团军和第6

集团军运送补给的几座简易桥梁。尽管这些部队开始缺衣少粮，但前线的塞军情况更加恶劣。士兵们站在一半是积水的战壕里，面面相觑，尽量节省有限的弹药。时不时地，一方或另一方会在某处发动攻击，但除了更多伤亡外，这些进攻毫无结果。双方一连数周损失不断积累，而前线几乎没有发生任何改变。

　　然而，虽然双方均面临补给短缺的问题，但奥匈帝国的资源使塞尔维亚相形见绌，优势渐渐开始向波蒂奥雷克的部队倾斜，尤其是在重型火炮方面。与敌人相比，奥匈帝国皇家军队在山炮领域占有明显优势。奥匈轻型榴弹炮远比塞尔维亚的老古董重型火炮实用，后者不仅在山区移动困难，而且效果有限。11月6日至9日，位于弗兰克第5集团军右翼的第13军开始取得重要进展。尽管奥匈军队的两翼均未能实现波蒂奥雷克继续寻求的合围，塞军却被迫放弃了自己的防御工事。大雨将所有道路变成了泥淖，限制了双方的行动。塞军第3集团军许多严重缺员的部队抵达新防线后都报告自己已完全不适合参加大型战斗。11月9日，奥匈军第13军和第15军的部分部队终于抵达了洛兹尼察至克鲁帕尼之间的道路，而这本该是他们8月入侵塞尔维亚第一周的最初目标。早期的另一个目标瓦列沃在11月中旬落入波蒂奥雷克手中。塞军冒着一刻不停的雨雪，一直后撤到科卢巴拉河防线。塞军第1集团军司令博约维奇由于身体原因只好让位，取代他的是普特尼克以前的副手吉沃金·米西奇将军。

　　波蒂奥雷克及其参谋部知道塞军的弹药已经快要耗尽，一旦没有足够的炮火支援，他们将无法长久守住科卢巴拉河防线。然而，奥匈帝国的追击部队也需要休息。11月16日天气明显好转时，波蒂奥雷克命令第 5 集团军和第 6 集团军占领科卢巴拉河上的过河点。塞军凭借有限的炮弹进行了殊死抵抗，但还是被迫向利格河防线撤退。11 月 17 日，晴好的天气突然变成了瓢泼大雨，河水猛涨后开始泛滥，奥匈补给线再次中断。

不过，波蒂奥雷克完全有理由保持乐观。他的部队终于突破了塞尔维亚西北角的山区，他在审讯俘虏后得知，塞军的士气正趋于崩溃。11 月 20 日，波蒂奥雷克告知维也纳：

> ［我们］接到可靠报告，塞军士气严重低落，缺衣少食，也缺少炮弹。

奥匈帝国驻保加利亚的武官也发回了令人鼓舞的消息：巴黎已经通知其驻索菲亚大使，法国认为塞尔维亚已是强弩之末。鉴于此，波蒂奥雷克认为自己损兵折将、精疲力竭的部队只需再最后努力一下，就能让可憎的塞尔维亚彻底退出这场战争。

于是，他命令弗兰克的第 5 集团军准备在北面进攻贝尔格莱德，同时命令第 6 集团军向阿兰杰洛瓦茨挺进，既阻止了塞军派军北上支援贝尔格莱德，也切断了任何准备参加贝尔格莱德战斗的塞军的撤退线路。奥匈军队发动进攻后，整条战线都爆发了激战。前线指挥官请求休战，至少等到后勤队伍可以将补给送上来，但是请求没有得到批准。波蒂奥雷克的部下慢慢向前推进，伤亡数字继续攀升。11 月 23 日，波蒂奥雷克认为自己遇到了塞军主力，便催促第 15 军和第 16 军发动进攻；第 15 军随后将转向东北，与朝西南方向挺进的第 5 集团军的南翼（第 13 军）会合。随着天气越来越冷，大雪纷飞，第5集团军终于占领了战场南端的马连山，他们两天前曾让这里血流成河。奥匈军次日又在佐夫卡取得了胜利，第13军俘虏了1300名塞军官兵，缴获了4门火炮。塞军防线的中心似乎在失去控制。在塞军这边，米西奇将军一再请求位于战线南端的他的第1集团军进一步后撤。他坚持说，对于他那些严重缺员的部队而言，前沿防线太长，如果有序撤退，他的部下就能喘口气，这是他们非常需要的。普特尼克起初拒绝了，并且指出第1集团军一旦撤退就会导致另外两个集团军也开始撤退，并最终造成塞军放弃贝尔格莱德，但米西奇毫不让步。他告诉普特尼克，他已经命令自己的部下后撤。普特尼克别无选择，只能撤退。

如果说塞军已经到了奄奄一息的地步的话，波蒂奥雷克部下的情况也好不到哪里去。每个营都只有一个连的兵力，各种补给严重短缺。不过，当身着夏天就一直穿在身上的破旧军装，军靴已经磨破成了皮革碎片的奥匈士兵再次艰难前进时，他们发现塞军已经撤退。11月30日，第6集团军奉命停止前进。波蒂奥雷克现在遇到了一个出乎意料的压力。德军急于确保能与土耳其的铁路联系上，这必然需要占领贝尔格莱德。德国战争部长法金汉甚至主动提出派德军一个师进入塞尔维亚，但康拉德拒绝了。他坚持说，如果需要德军帮助奥匈帝国皇家军队，那只能是在加利西亚，而不是塞尔维亚。不管德军是否会到来，波蒂奥雷克都命令第5集团军向贝尔格莱德挺进。俘虏告诉奥匈军人，塞军已经朝东南撤退，放弃了贝尔格莱德。正当弗兰克的部下冒着冬雪匆匆赶去夺取这份战利品时，他们发现多瑙河另一边的奥匈驻军小部队已经派兵去了贝尔格莱德。奥匈军在12月2日占领了该城。

波蒂奥雷克立刻下达新命令：只留下一些弱旅在贝尔格莱德，第5集团军的其余部队必须再往东行军约20英里，抵达塞门德里亚（今斯梅代雷沃）。这样一来，弗兰克就能击退塞尔维亚第2集团军，然后就能向南进入塞尔维亚主力部队的后方，最后的胜利就有了保障。

对于波蒂奥雷克而言，最让他遗憾的是，虽说在恶劣的天气和不利的地形激战极大地削弱了塞军的作战能力，它却及时得到了支援。来自法国和俄罗斯帝国的弹药终于在塞萨洛尼基卸船，并从那里运往塞尔维亚。波蒂奥雷克知道塞军的军火已经抵达塞萨洛尼基，却轻信一些报告，认为瓦尔达尔河谷上的铁路桥已经被摧毁，切断了铁路线。这些报告没有错，但是在铁路桥被毁之前，运送弹药的列车已经通过。此外，与奥匈军不同，塞军正后撤至自己的故乡，因而并没有受到补给线拉长的影响。塞军在审讯俘虏后也得知，普通奥匈士兵疲惫不堪，衣衫褴褛，缺少各种补给。12月1日，米西奇向部下发布了一份公告：

> 敌军目前处于凄惨的困难处境，我们必须充分利用这次机会，向其所有地方攻击，不给他们片刻的安宁和休息机会，直到将他们摧毁、彻底赶出我们的祖国。我们现在将动用一切力量，鼓足勇气，不畏牺牲，因为最有利的机会已经出现，我们可以战胜入侵我们祖国的敌人。

米西奇没有等上级批准，便于12月2日下令发动进攻。他此时并没有掌握太多奥匈军队的动向的情报，但他碰巧在波蒂奥雷克的侧翼出现缺口时发起了攻击。奥匈军第6集团军仍在南方，而第5集团军正好聚集在贝尔格莱德周围。12月3日，米西奇让手下一个师拖住第6集团军的侧翼，自己再率领其他3个师冲破6英里长的奥匈前沿防线，对奥匈军第16军造成了重大伤亡。同一天晚些时候，相邻的塞军第3集团军也发动了进攻。虽然进展不大，却拖住了本来有可能去援助第16军的奥匈部队。

弗兰克的部下当时正在贝尔格莱德，并且已经获准休息一天。但是，在接到塞军在南面发动总攻的消息后，他匆忙取消了休息的命令。第5集团军加快了为计划中的进攻所进行的准备工作，次日，第8军和第13军发起了强大进攻——但是关键战场仍然在南面。此时处于塞军防线最南侧的是"乌日采军"，这个杂牌军规模也较小，刚刚入侵波斯尼亚南部，根本无法突破奥匈军坚固的防线。不过，米西奇的第5集团军却继续向前推进。他的右翼被奥匈部队的强大反攻击退，但米西奇继续向前进攻，因为他知道自己在其他战线取得的胜利会让奥匈军队取得的任何局部胜利显得微不足道。再往北，塞军第3集团军与奥匈军第13军在泽奇卡周围殊死交战，双方损失巨大，却均未能向前推进。

对于波蒂奥雷克而言，现在一切都取决于处于困境中的第16军能否坚持到弗兰克的第5集团军从北面发起决定性的进攻。他每天发给维也纳的电报几乎没有让人觉得面临着危机。要么是他依然极度充满自信，要么就是他选择不向上级汇报战况的具体细节。弗兰克面临的问题则是他本打算进攻时动用第13军和克劳斯的部队（现在叫联合军），但后者仍在赶往该地区的途中。与此同时，火力优势已经完全转向了塞军这边。塞军相对而言弹药比较充足，炮兵数周以来第一次可以无节制地开炮。第16军被迫后撤，越来越混乱，北面的第15军也被迫让出了其南翼，以保持前沿的完整性。12月5日到6日晚，波蒂奥雷克接到了第16军一些部队传来的好消息，他们似乎顶住了塞军的进攻。他催促克劳斯尽快让联合军投入战斗，并且补充道：

> 联合军的主要目标必须是托波拉地区。敌我之间目前的争斗关键取决于你部的战斗力。

这或许是实情，但联合军的士兵在困难的天气中长途行军后已经极度疲劳，战斗力有限。总之，第16军无法进行抵抗。弹药几乎耗尽，不同部队由于撤退时一片混乱，现在已完全混杂在一起。无论12月5日传递出多么乐观的信息，他们也根本无法继续抵抗塞军第1集团军。结果，波蒂奥雷克极不情愿地命令其撤退至科卢巴拉河之后。命令姗姗来迟，未能避免重大伤亡，塞军第1南部多瑙河师恰好遭遇后撤的奥匈士兵，立刻占据俯瞰通往米奥尼卡道路的位置，猛烈炮轰正吃力向西撤退的长长的奥匈军后勤部队。第16军军长乌尔姆立刻命令剩余的尚能作战的部队占领瓦列沃两边的阵地。

12月7日，第16军终于有了喘息的机会。与第一次世界大战所有前线部队一样，塞军第1集团军也发现虽然取得了局部胜利，但自己的部队也快速超出了补给线范围，只能停下来，等待粮食和弹药运送过来。第16军撤退后，第15军现在面临着越来越大的压力。科卢巴拉河与利格河上的过河点都爆发了一些小规模战斗，奥匈军小部队死守这些过河点，让掉队人员比较安全地过河。

现在是第 5 集团军前来营救的最后机会。弗兰克的士兵不顾疲劳，拼命赶路，但取得一场决定性胜利已经超出了他们的能力范围，尤其是面对刚刚恢复元气的塞军炮兵。12 月 8 日，晚上得到补给之后，米西奇的第 1 集团军重新发动进攻，第 2 集团军同时猛攻拉扎雷瓦茨北面的奥匈军第 13 军。虽然战斗激烈，塞军无法夺回瓦列沃，但是，他们成功在科卢巴拉河对岸建立了一个桥头堡，威胁着要迂回包抄奥匈守军。次日上午，这座小城的争夺战重新开始，奥匈军第 6 集团军到下午显然已经无法再坚守阵地。波蒂奥雷克别无选择，只能允许第 16 军和第 15 军向西撤退。第 13 军在这场战役的大部分时间一直属于第 6 集团军，如今回归第 5 集团军，获准往北向贝尔格莱德地区撤退，并在那里守住一个桥头堡。

12 月 9 日晚，波蒂奥雷克的参谋长伯尔茨少将得出结论，第 6 集团军各部需要数周时间才能恢复战斗力，他们应该全面撤出塞尔维亚。波蒂奥雷克出于完全可以理解的原因，不愿意认同这个结论，但只能接受现实。他现在终于给维也纳发去一份报告，透露了真实的战况：

现在报告，我必须将第 15 军和第 16 军后撤到沙巴茨地区，因为他们已无法在瓦列沃守住科卢巴拉河防线。他们已经连续作战近一个月，由于缺乏兵力补充，再加上抵达瓦列沃以东地区后缺少弹药补给，其进攻能力已严重下降，需要休整三周。

由于前一天的报告还充满着自信，这份电报让军事委员会主任鲍尔弗拉斯和维也纳的其他人大为震惊。第15军残部和第16军残部成功从塞尔维亚追军那里逃脱后，终于在12月12日过河进入斯雷姆。

所有目光现在都转向了贝尔格莱德。第5集团军在12月11日晚些时候开始面临越来越大的压力，塞军当天发动的进攻差一点突破奥匈防线，第2集团军和第3集团军如今都聚集在奥匈军的这个"桥头堡"周围，次日的战斗更是不计其数。弗兰克的部队艰难地后撤至一条新的防线。12月13日，塞军继续给他以压力，奥匈军全线遭遇挫折。突然接到一连串失利的报告之后，奥匈统帅部紧急致电波蒂奥雷克，催促他避免第5军被击败。在第6军几乎完全溃败之后，奥匈军队已经几乎没有能力守住斯雷姆。波蒂奥雷克将电报转交给了弗兰克，并且补充说万一第5集团军无法再守住贝尔格莱德，可以允许其放弃贝尔格莱德，越过萨瓦河安全撤退。弗兰克虽然答复将竭尽全力，但他的答复电报未能及时发出。次日，随着周边再次爆发激战，波蒂奥雷克与弗兰克直接通了电话，要求对方说清楚战况。两人就贝尔格莱德无法守住达成一致意见，于是下达命令撤退。

12月14日晚些时候，双方因疲劳休战后，弗兰克的第5集团军撤退到了河对岸。后卫部队在多瑙河舰队的炮火掩护下，通过浮桥后将其拆毁，并且炸毁了所有永久性桥梁。塞尔维亚战役就此结束。

双方伤亡都极为惨重。奥匈帝国在塞尔维亚战线投入的兵力约为45万，其中阵亡、受伤或沦为俘虏的超过22.4万人。塞尔维亚的损失为17万人，占其总兵力的比例却比奥匈军队高得多。战役结束时，两军中均暴发了伤寒，死亡人数进一步攀升。那年冬天因病去世的人包括第6集团军第15军军长米凯尔·冯·阿佩尔将军。此外，塞尔维亚大部分地区成了一片废墟，成千上万的平民在那年冬天因疾病、饥饿和冻伤而死去。

奥匈军队遭受的这场灾难必然会引起调查。卡尔大公被任命负责调查，波蒂奥雷克拒绝将任何责任推到下属身上。他坚称责任全在他一个人。12月底，波蒂奥雷克被要求辞职。在为萨拉热窝事件复仇未果之后，他几乎绝望到了想自杀的地步。他欣然同意辞职并获准退伍。他一直活到了1931年，临终时最珍贵的财产是弗朗茨·斐迪南遇刺后躺过的长沙发。第5集团军司令弗兰克被解职。波蒂奥雷克的第6集团军被解散，8月份曾经指挥过第4军的特尔斯扬斯基接替弗兰克，出任第5集团军司令。巴尔干战区的总指挥权移交给了尤金·冯·哈布斯堡－洛特林根大公。这位大公和平时期曾是第14军军长，1911年退伍，名义上是身体欠佳，但有消息说他与弗朗茨·斐迪南不和。战争伊始，他主动提出为国效力，却只得到了一个负责后勤的小职位。他现在开始指挥塞尔维亚边境受到重创的奥匈帝国皇家军队。

波蒂奥雷克所犯的错误不计其数。他在军事动员尚未完成之前就选择发动进攻，并且为最初入侵塞尔维亚选择了完全不合适的地形。最初的入侵导致奥匈军队的三条进攻线无法相互支援。

即便在被迫颜面扫尽地撤退之后，波蒂奥雷克仍然攻击相同地方，让士兵们在德里纳河东面的群山中浴血奋战数周。人们普遍认为铁路对于运送部队补给至关重要，俄罗斯人为了不让德军入侵其领土，甚至修建了不同轨距的铁路，尽管这种铁路系统给俄军的动员和集中带来了不便。然而，波蒂奥雷克的战线没有沿铁路线向前推进，结果他的部下在成功击退塞军后，不可避免地因补给问题吃尽苦头。波蒂奥雷克企图将最初入侵塞尔维亚时的失败责任推到康拉德身上，并且提到第2集团军在关键时刻撤出塞尔维亚战线。这虽然在战术层面上有一定道理，但是波蒂奥雷克早就知道第2集团军将被调往加利西亚，而他依然制订妨碍该调遣的计划，这是极端的不负责任。

在塞尔维亚这边，他们为惊心动魄的胜利付出了沉重的代价。由于伤亡人数太大，塞军普通士兵几乎全是新兵，其中许多人不到20岁。物资成本同样巨大，但塞尔维亚已经做到了它认为必须做的事：它坚持到了年底，而此时俄罗斯人已经自信地预测将取得战争的胜利。的确，英国人、法国人、俄罗斯人和德国人全都认为自己会在圣诞节前凯旋。现实却完全不同。

第十二章

泥与血：
波兰的秋天

COLLISION OF
EMPIRES
the war on the eastern
front in 1914

鲁登道夫离开东普鲁士去接受新职务时，他本应出任新成立的第 9 集团军的参谋长，理查德·冯·舒伯特将军为司令。然而，部分原因在于鲁登道夫的建议，原定的计划有了重大改变。舒伯特将出任兵力大为缩减的第 8 集团军司令，而兴登堡将带上第 8 集团军的大部，与鲁登道夫一起前往西里西亚，指挥第 9 集团军。不仅如此，兴登堡还将全面负责第 8 集团军。鲁登道夫于 9 月 16 日一早抵达布雷斯劳（今弗罗茨瓦夫）后接到了消息，第 9 集团军将包括第 11 军、第 17 军、第 20 军和禁卫军预备军，外加第 35 预备师以及冯·布雷多伯爵的地方防卫军作为补充。兴登堡次日抵达，与鲁登道夫协商后动身前往新桑德兹（今新松奇），与康拉德·冯·赫岑多夫以及奥匈统帅部会面。

德军其他地方的指挥结构也发生了变化。西线的第一次马恩河战役就其本身而言，只是法军取得的一场战术小胜利，但它有着巨大的战略意义，即终结了德军在法国快速取得胜利的希望，而德军本来希望在快速取胜后将部队调往东线。随着计划与希望成为泡影，小毛奇因压力过大而崩溃，被解职。他被派到柏林当参谋，但健康状况持续恶化，于 1916 年 6 月去世。

对小毛奇的看法两极分化。他在许多方面运气不佳，尤其是他的名字自然会引起人们将他与他那位声名显赫的叔父相比较，而这对他非常不利。他刻意否决了只与俄罗斯帝国交战的计划，理由是法国必然会在西面出兵干预。他因此承担了德国同时与法国和俄罗斯帝国交战的罪责。还有人批评他没有严密控制横扫比利时的多个集团军，造成德军战线中出现缺口，在第一次马恩河战役中被法国人利用。鉴于当时的技术，以及那场战役中军队调动的规模，很难想象有人能保持克制，再说严密控制部队与德军的战术正好相悖。他在马恩河战役进入最高潮时致信妻子，信中写道：

> 我一想到［战争］常常会不寒而栗，我觉得我应该为这可怕的战况负责，可我已经竭尽全力了。

接替小毛奇出任总参谋长一职的是法金汉，时任战争部长。他兼任这两个职务，直到阿道夫·维尔德·冯·霍恩伯恩1915年初接替他的战争部长一职。法金汉现在必须为德国继续作战制订一个计划，尤其是在速战速决的战略失败之后。特别是，他必须应对两条战线同时交战的严峻现实，而这正是施里芬计划当初竭力要避免的。

鲁登道夫穿过比较富裕的西里西亚乡村进入加利西亚时，这两个地区的对比给他留下了深刻印象：

> 上西里西亚有着高雅的文化，我之前就有所耳闻。我在

加利西亚看到了欧洲最缺乏治理的土地，也目睹了波兰的经济状况。波兰的犹太人尤为落后……这不仅是这些人的过错，也是他们管理者的过错。

将东欧犹太人视为特别卑贱民族的不只有鲁登道夫。马肯森率军参加贡宾嫩战役之前曾短暂进入波兰，他也有相似看法。反犹太主义当时在欧洲非常流行，尤其是德国和俄罗斯帝国，尽管有数千名犹太人在这两个国家的军队中忠心耿耿地效力。这显然影响到了德军在第二次世界大战期间对待犹太人的态度，但我们不要忘记，随萨姆索洛夫的集团军进入东普鲁士的英国武官艾尔弗雷德·诺克斯也有类似看法。这些看法在现代人的眼里值得批判，但在当时并不出格，并且代表着人们的普遍看法。

鲁登道夫在新桑德兹第一次见到康拉德。他显然很喜欢康拉德这个人，但他对奥匈统帅部的评价非常敏锐：

康拉德将军曾经对我们和平时期的训练评价不高。他现在承认他愿意接受我们的原则。特别是，他说，他不能过于看重培养人的士气。这位奥匈帝国与皇家军队总参谋长的理论一套又一套，却对兵役之事一窍不通。最高层的指挥多余武断，压制了任何独立行动的热情。

诸位参谋训练有素，但军官人数过多。

康拉德向来对下属的独立行动持反对态度。他一方面承认老毛奇提出的交出战场上的决策权确实有益，另一方面又坚持不惜一切代价进攻，甚至明令规定在战术上必须严格执行命令，以确保任何下属在行使名义上的行动独立权时完全按可预测的方式进行。他战前在奥匈帝国皇家军队中德高望重的地位也使得所有年轻军官都试图仿效他，一丝不苟地遵循他的教诲，结果扼杀了任何真正的创新。德军指挥官在和平时期军演中的态度有时看似混乱、矛盾，却至少能让大家展示不同理论，并在之后对这些理论进行点评。在奥匈帝国，对康拉德教条的盲从造成了只有一种战术盛行。

还有一个因素造成了奥匈帝国皇家军队期望值与现实之间巨大的差异：以和平时期军演为基础制订的计划最多只能维持数日。指挥官们会在这些演习中把士兵逼到极限，但这种极限只能维持很短时间，尤其是考虑到战时补给困难的情况。也没有人理会这样的事实：长途行军后已经疲惫不堪的士兵不大可能承受激战中身心两方面的压力。康拉德非但不承认战前的这些评估不准确，反而一再责备下属未能按照过于乐观的时间表执行行动。

不管对康拉德的评价如何，鲁登道夫与这位奥匈帝国总参谋长成了亲密的私人朋友。两个人讨论了当前局势，以及俄军再次进攻克拉科的可能性，这又会增加俄军对西里西亚发动攻势的可能性。另一种可能便是俄军向南发动攻势，穿过摩拉维亚山口（喀尔巴阡山脉中的一个山口），直接通往奥地利本土。几个西伯利亚师正在华沙周围集结，它们很可能向西南挺进，支援西南战线部队向西发动的攻势。康拉德和鲁登道夫一致认为，要想阻止俄军，奥匈帝国皇家军队必须将其北翼延伸到维斯图拉河以北，德军第9集团军随后将占领维斯图拉河两岸的阵地。同时，康拉德的部队将在加利西亚发动反攻。俄军如果想守住他们在加利西亚得到的所有战果，就会面临在维斯图拉河以西受挫并最终在华沙被打败的风险。如果俄军派出军队去包围波兰，那么南面的奥匈军队就可以扭转前几周的败局。

到9月底，第9集团军已经集结到位；除了之前划分过来的军队，它又得到了第8骑兵师。第11军被部署在克拉科北面，集团军大部（包括马肯森的第17军）被部署在卡托维兹西北方向。骑兵师由布雷多的地方防卫师做后盾，被部署在最左翼。此外，将第9集团军右翼与奥匈军队连接在一起的是雷穆斯·冯·沃伊尔施指挥的地方防卫军。这位68岁的老兵参加过对奥地利和法兰西的战争，当奥匈军队在8月份发动攻势时，他率领他的两个地方防卫师穿过波兰，一路上几乎没有遇到抵抗，直至维斯图拉河，与丹克尔第1集团军的左翼连成一片。当俄军击退丹克尔时，他在顶住俄军的推进上发挥了重要作用。奥匈军撤退时，沃伊尔施及其手下与德军统帅部失去了联系；鲁登道夫和兴登堡甚至接到消息，说整个军团被全歼，军长阵亡。现在，有了一个老古董榴弹炮营的增援，沃伊尔施再次准备发动进攻。

德军第9集团军于9月28日开始向前推进，首先是先头部队，大部队两天后出发。德军没有遇到太多抵抗。在它的右翼，缺兵少将的丹克尔第1集团军越过维斯图拉河，同步前进。德军遇到的主要障碍却是糟糕的道路，这些道路在恶劣的天气中变成了一条条泥浆河。第35步兵师在9月30日傍晚抵达普热德布日，但这座波兰小镇没有给德军步兵留下一个好印象，他们形容其为"一个臭气熏天的粪堆"。5天后，这个师抵达拉多姆，不出意外在这里第一次遇到了较大规模的抵抗。不过，德军重型火炮刚刚发声，俄军步兵就撤出阵地，放弃了该镇。德军继续行军穿过泥泞的乡间，马肯森在日记中写道：

> 这里的乡间丑陋不堪，在这可憎的雨水天气中，遍遍的村庄和百姓显得更加不讨人喜欢。俄罗斯在各个方面都是一个落后、丑陋的国家。城镇也破败成了污秽与混乱之地。即便是像拉多姆这样重要的小城，除了城里住着数不清的犹太人外，街道的景象在德国根本不可能存在。这个国家的道路破烂到了难以言表的地步，给大家的印象是政府还不习惯有所作为来改善交通。就连大区之间几条所谓的砾石道路也疏于管理。在这方面，我们的战争行动明显受到严重影响。

当时的德国人常常无法区别波兰与俄罗斯，但我们应该记住，波兰已经一个多世纪没有国家身份了。仅仅数天前，俄军发布了一个公告，其内容清晰地表明了对波兰的态度：

> 波兰人民！实现你们先辈的梦想的机会就在眼前。波兰作为一个国家已经四分五裂了150年，但它的灵魂没有灭亡，它依然希望能目睹波兰人民复兴的那一刻，目睹与伟大的俄罗斯兄弟和好的那一刻……那些肢解波兰人民的边境线将彻底消除……［波兰］将在俄罗斯沙皇的权杖之下统一。波兰将重生，拥有宗教、语言和自理的自由。

这份公告掩盖了俄罗斯是分裂波兰的主要推手这一事实，就连让波兰获得重生的这种承诺也明显带有让波兰仍然隶属于俄罗斯的条款。不出所料，这份公告根本没有起到煽动德国和奥匈帝国领土上的波兰人起义叛乱的效果。巴黎的一些波兰人团体试图要俄罗斯方面澄清"自理"的意思——该公告的一个译文使用了"自治"——这只反映了俄罗斯当局对波兰的矛盾看法。许多人坚决反对波兰独立这个概念，尤其是因为他们担心波兰一旦获得某种程度上的自治，波罗的海等地区必然会提出类似要求。

10月的大雨继续倾盆而下，德军逼近了维斯图拉河谷，第9集团军将司令部设在了凯尔采。兴登堡和鲁登道夫颇感失望，俄军象征性地抵抗后便撤退到了维斯图拉河对岸。一路行军过来却没有作战，德军面临着下一步做什么的问题。强行渡过维斯图拉河只会造成交通线进一步拉长，却不一定能让俄军投入战斗。德军最终决定让第9集团军大部确保伊凡格勒以北的维斯图拉河安全，等到奥匈军队取得进展之后再在河上建桥。

俄军没有抵抗的原因在于他们不想在一个自己兵力有限的地区作战。俄军似乎还没有想好如何利用好自己在加利西亚的胜利。普热梅希尔要塞仍然让围困它的俄军一筹莫展，伊万诺夫制订计划，用预备师替代围城的部队，这样就能将更有经验的部队向西派往克拉科。或者，他建议将大部队集中在维斯图拉河两岸，深入到波兰中部，俄军在那里既可以往南向克拉科挺进——因而向维也纳挺进——也可以往西北向柏林挺进。统帅部知道鲁茨基的西北战线根本无法保护这种攻势的北翼，对此并不热心。但随着北面局势稳定下来，俄罗斯帝国在西线的盟国又给它施加了新的压力。俄罗斯帝国驻法国大使发电报给外长谢尔盖·萨佐诺夫，报告说巴黎民众对俄罗斯的战争努力批评建议越来越多，俄罗斯帝国最好对德国发动更大攻势才能平息这些议论。随着深入波兰境内的信心大增，两条战线的总司令都在9月28日接到命令，要求他们准备发动大规模进攻。鲁茨基的西北战线将从华沙向波兰中部的卡利什方向进攻，伊万诺夫的西南战线将在维斯图拉河沿岸聚集至少10个军，进行支援性进攻。与此同时，伊万诺夫已经建议自己的部下大撤退，集结后应对奥匈德联军在加利西亚发动的进攻。只要这次进攻离开了桑河周围的林地，西南战线就会全力反攻。没有证据证明同盟国计划发动这样的大规模进攻，于是尼古拉大公直截了当地驳回了伊万诺夫的计划，反而命令他按照原来的命令将部队集中在维斯图拉河沿岸。这与伊万诺夫最初的建议并不矛盾，于是他现在命令自己的大部——第2集团军、第4集团军、第9集团军和第5集团军——沿维斯图拉河集结。两个集团军将留在加利西亚，迪米特里耶夫的第3集团军和布鲁西洛夫的第8集团军，由后者统一指挥。如果奥匈军队发动进攻，俄军这两个集团军必然会后撤，但这将被视为无可避免的灾祸。布鲁西洛夫将没有足够兵力守住所有已经占领的地区，尤其是他们处在漫长补给线的尽头，这条补给线不仅穿过加利西亚大部，而且穿过之前数周遭到战斗破坏的地带。为了新的作战重点——越过维斯图拉河并最终大规模深入德国腹地，俄军值得做出这种牺牲。人们的观点是，一旦由至少4个集团军构成的"俄罗斯压路机"集结完毕，任何东西都无法阻挡它。

将普勒韦的第5集团军从加利西亚重新部署到华沙周围是一

件非常费力的事，这实际上等于让整个集团军离开前线数周。即便伊万诺夫想发动进攻，在缺少了普勒韦集团军的情况下，留在加利西亚的俄军兵力太弱，无法发动大规模攻势。不过，布鲁西洛夫还是派出一支骑兵去乌兹索克山口探个虚实，这是穿过喀尔巴阡山脉的三条主要道路之一。9 月最后一周，双方继续在这个地区交战，俄军最终撤了回去。

就在鲁登道夫和兴登堡计划并执行在波兰南部发动攻势的时候，康拉德却在费劲地琢磨俄军究竟想干什么。骑兵部队成功起到了他们本该起到的作用——俄军骑兵成功掩护俄军避开了奥匈军的侦察——这在第一次世界大战期间大概是第一次。康拉德直到 9 月 27 日晚些时候才第一次得到可靠情报，奥匈军截获的一份电报显示，俄军第 9 集团军正向东撤退。奥匈军队休息几天后恢复了元气，兵力也得到了补充。同样，康拉德也再次开始对进攻战的优点深信不疑，并且开始思考各种可能性。如果俄军在加利西亚往西朝西里西亚方向挺进，他们的侧翼就会暴露在外，受到攻击——奥匈军队从南面发动反击，兴登堡和鲁登道夫从北面发动反击。如果他们攻击德军，奥匈军队就会攻击他们的侧翼。如果他们转向南面，试图强行通过喀尔巴阡山脉山口进入匈牙利，那他们的西翼与后卫就会受到攻击。

由于补充了新兵，康拉德手下几个师恢复到了接近满编的状况，但这无法掩盖他们损失了大量经验丰富的军官和士官这一事实，当初撤退时的可怕状况也让奥匈军队大伤元气。一些营地还霍乱肆虐，第 2 集团军第 4 军在 9 月最后两周共有 2000 多人感染了霍乱，其中三分之二的人未能熬过去。尽管如此，丹克尔的部队还是在 10 月 1 日向维斯图拉河对岸挺进，在没有遭遇大规模抵抗的情况下抵达了博戈里亚。在维斯图拉河以南，康拉德的军队发现俄军已经在奥匈军队发动攻势之前开始撤退。康拉德立刻想到是否有可能发动大规模进攻，向前推进至卢布林，甚至伦贝格。除了派丹克尔的第 1 集团军在维斯图拉河任何一边发动攻势外，其他奥匈部队也将发动进攻。只要能锁住留在加利西亚的俄军，第 1 集团军就能攻击其西翼，第 2 集团军则可以攻击其东翼。如果一切顺利，如果这两个奥匈集团军行动迅速，就有可能实现对俄军的包围，足以与兴登堡在坦嫩贝格取得的胜利相提并论，从而彻底改写奥匈军在 8 月的灾难性败绩。

鉴于俄军即便在没有遭遇敌军抵抗的情况下行军穿过该地区时也会困难重重，这样的梦想可谓乐观过度。双方很快便遇到了重重困难。10 月初，俄军有了大动作，他们按照统帅部的计划费力地重新部署军队。在这个地区，大雨导致河水猛涨，尤其是桑河，急流常常冲垮军队架起的临时桥梁。俄军两条战线不愿意相互配合，这又造成了更多问题。第 5 集团军刚刚开始抵达华沙东南面的新驻地，它必须依赖西北战线提供补给。鲁茨基拒绝将补给优先分配给第 5 集团军，更愿意将所有资源分配给自己的部下。结果，普勒韦的 4 个步兵军和 3 个骑兵师吃尽千辛万苦从南面一路行军过来后早已精疲力竭，根本无法作战。丹尼洛夫后来总结了这种缺乏合作与协作背后的根本原因：

> 长久以来，我们为西面边境一旦爆发战争而制订的各
> 种计划都将野战军分成两条大战线——德国战线和奥地利战

线——并在许多方面各自为战。这种划分必然导致总司令权力减少，导致他在军事行动方面的影响力下降；另一方面，这又给了战线指挥官很大的独立性，造成他们的行为不仅最终会危害到军事行动的统一性，甚至会影响到战争的结果。战线指挥官虽然听从总司令的指令，却享有太大的权力。考虑到每条战线巨大的规模以及战线上部队的数量之多，总司令的指令显然无法包含如此广阔的战场以及各种协作问题。事实上，这种将西面边境分成两条战线的做法与打两场不同战争（一场对德国，一场对奥地利）的理念密不可分。这种理念拒绝将两场战争视为一场战争，对付同盟国这一个整体……和平时期也曾有人尝试修正这种将野战军分成两条战线的理念，但均未成功，主要是因为这种理念已经在军事领导者的心中根深蒂固。到了战争时期，要改革高层指挥系统体系难上加难，因为那样会取消一些重要的职能岗位，而且会导致军事行动以及后勤安排的指挥权过于集中在总司令的手中。

丹尼洛夫的评论虽然有几分道理，却没有指出俄罗斯帝国的军界并没有执行这种集中式指挥体系的专业知识。还有地理带来的问题——辽阔的普利佩特沼泽有效地将俄罗斯西部边境分成了两个区域，几乎不可避免地造成完全独立的军事行动安排。这些地理因素的制约还造成补给线位于两个不同的行政区域内，直接导致第5集团军所面临的需要从另一个指挥系统中得到补给的难题。

维斯图拉河以西最重要的战斗发生在奥帕图夫附近。俄军一个步兵和骑兵混合编队来到了德军和奥匈军的结合部,最初一场小的战斗结束之后,俄军的芬兰籍指挥官卡尔·古斯塔夫·曼纳海姆命令骑兵撤退到维斯图拉河对岸。遗憾的是,他未能通知步兵指挥官德尔萨勒将军说他正撤退;总之,他的火炮在过河时严重毁坏了桥梁,造成步兵几乎无法跟进。大约一半俄军士兵成功逃到了其他几个过河点,如桑多梅日;其余俄军士兵约7000人不是阵亡就是沦为俘虏。

丹克尔信心大增,随即催促部下向前推进。他的第1军和陆军中将威贝尔指挥的混合军正在维斯图拉河左岸活动,他命令他们向桑多梅日挺进。同时,他的另外两个军将在河的右岸追击后撤的俄军,尽快抵达桑河上的过河点,最好是赶在俄军尚未全部撤退到河对岸之前。第5军将从这里继续沿维斯图拉河前进,去支援攻打桑多梅日,而第10军将为转向东南做好准备。由于天气恶劣,再加上俄军顽强抵抗,威贝尔的骑兵与第1军的步兵联合行动,直到10月6日一早才攻占桑多梅日。此时,俄军已经有序撤退到了河对岸。奥匈军第5军在河对岸也未能取得胜利,它在这里遭遇了严阵以待的俄军第14军。第5军虽然能够继续向前推进,却无法阻止俄军撤出桑多梅日。

丹克尔的部下沿维斯图拉河两岸向前推进,大约比北面的邻军领先两天的路程。康拉德调动了所有后备力量来保护暴露在外的东翼,并命令丹克尔集中兵力清理桑河与维斯图拉河的交汇处。虽然历经几场恶战,但俄军并未企图阻止丹克尔。10月8日,他的部下已经连续数周沿着泥泞的道路在困难重重的地带行军,如今筋疲力尽，来到了桑河下游的岸边。后撤的俄军已经摧毁了所有桥梁。

向前推进的奥匈部队并非只有丹克尔的第1集团军。在新司令约瑟夫·斐迪南大公的指挥下，第4集团军10月4日开始前往热舒夫。次日晚，先头部队已经离热舒夫不到10英里。他们几乎没有遇到俄军抵抗，但俄军第5集团军的突然消失影响了康拉德的计划。奥匈统帅部知道俄军这支部队正沿着泥泞的道路前往华沙，因而时刻担心俄军突然发动反攻，尤其是攻击丹克尔第1集团军暴露出来的东南翼。于是，约瑟夫·斐迪南大公将整整一个军留在他自己的北翼之后，准备随时支援需要它的地方。这必然削弱了第4集团军的战斗力，降低了阻止俄军撤退的成功率。

在第4集团军的南翼，博罗埃维奇率领第3集团军直接前往普热梅希尔。他以为会遇到俄军顽强抵抗，便命令自己的集团军紧紧抱成一团，这其实拖延了推进的速度。虽然预料中的抵抗并没有出现，第3集团军的前进速度依然很慢；部队太多，前进的线路又太少，并且大雨使每一条道路都成了几乎难以通行的泥浆。在博罗埃维奇的右翼，奥匈军第2集团军也在前进，并开始超越第3集团军。为了赶上第2集团军，博罗埃维奇命令各部队派出"别动队"[1]前进。尽管也有几次遭遇俄军骑兵，俄军似乎并没有企图阻止奥匈军队的挺进。

10月7日晚些时候，奥匈军没有交战就重新占领了热舒夫。约瑟夫·斐迪南大公最终得出结论，认为俄军不打算死守阵地，

---

1 flying columns，译为"别动队"，指离开主力单独执行特殊任务的部队，亦称"分遣队"。

于是他下令快速行军至桑河河畔的拉迪姆诺。这将有效地从北面孤立普热梅希尔。康拉德的部队唯一遇到的大规模抵抗来自南面，伯姆－埃尔莫利的第2集团军在那里努力把布鲁西洛夫的部队赶出乌兹索克山口。在喀尔巴阡山脉中，整个地区持续不断的大雨变成了大雪，加重了双方士兵的痛苦。一名匈牙利骑兵帕尔·凯莱门在日记中写道：

山口只有一栋建筑完好无损，那是一家小客栈……主客厅里架设了一台野战电报机；骑兵军的参谋们住在隔壁房间里。晚上11点，我进来后向司令部报告，告诉他们目前没有进展。然后，我就躺在一楼的床垫上，盖上了羊毛毯。

寒风从破旧的屋顶呼啸而过，吹得窗户嘎嘎作响。外面一片漆黑。屋里唯一的亮光来自一根蜡烛摇曳的火苗。电报机一直在工作，传送次日上午的进攻命令。过道和阁楼上躺着一排排掉队的士兵——有的体弱多病，有的受了轻伤。他们早晨都会继续撤退。

我当时疲惫不堪，半睡半醒，周围的草袋子上躺着几名军官。屋子附近几个冻得瑟瑟发抖的士兵用旁边马厩里的木头点燃了一堆火，但是在黑夜中闪烁的火焰也吸引来了更多士兵。

一名中士进屋，请求将一个战友带进暖和的屋里：他已经快失去知觉了，如果留在寒冷的屋外，肯定会死去。他们将他放在门旁的干草上，他蜷缩着身子，时不时地露出眼白，脑袋低垂在肩膀上。他的外套上有几个弹孔，衣边在某个营地烤焦了。他的双手冻得僵硬，肮脏、蓬乱的胡子遮住了他那憔悴、痛苦的脸庞……

天亮时，士兵们为继续行军做着准备，他们的动静惊醒了我，我头昏脑胀，糊里糊涂地打量着这个寒酸的住处。灰蓝色的晨光透过布满霜花的窗户照了进来，也照亮了屋里每个角落。只有昨晚被抬进来的士兵仍然躺在那里，低着头，脸对着墙。

后面房间的门开了，一名副官——勋瑙－格拉茨费尔德亲王走了进来。他身穿睡衣，刚刚刮过胡须，抽着一根长长的土耳其烟斗，将烟吐进酸腐的空气中。

他看到那名士兵一动不动地躺在角落里，便朝他走去，突然又惊恐地后退了几步。他怒气冲冲地命令立刻将那人的尸体弄出去，因为那名士兵显然死于霍乱。然后，他怒不可遏地回到了后面的房间。随后，两个士兵拖出一个便携式橡胶浴盆，上面绘有贵族盾形纹章图案，里面装满了热水。

在一个社会极度分化的时代，这名贵族副官对待那名死亡士兵的态度并非罕见，而且他坚决要求将霍乱病人的尸体弄出去也没有错，但是奥匈帝国皇家军队似乎在这方面存在着特别大的问题。尽管康拉德战前在著作中提到过官兵同吃同住对于建立战友之情非常重要，但是没有人尝试在官兵之间建立这种友情。加利西亚最初几战伤亡惨重，这又带来了另一个问题。许多经验丰富的军官都会多种语言，如今以他们构成的核心已不复存在，而补充来的军官常常不会说士兵们的语言，也没有意愿在战争期间去学一门新语言。随着战争的持续，士兵们多次评说军中不同阶层之间存在的鸿沟，尤其在几乎完全见不到高级军官和一线参谋的情况下。其他军队的指挥官们大部分时间也都没有前往战斗第一线，这让那些费力执行一些往往完全不切实际的计划的人怨气冲天。随着战靴和军装逐渐破旧，补给又很少能跟上部队的行动，俄军和奥匈军的一线士兵在忍受着泥泞和寒冷之苦，而他们的指挥官——大多数下级军官之上的军官——却在后方霸占着舒适的食宿条件。大多数士兵从未在这种条件下训练过，而他们的苦难又因为周围失去那么多熟悉的脸庞而变得更为巨大。新兵的处境更为艰难，他们经常是匆忙训练后就被送往了完全陌生的环境中。

勋瑙-格拉茨费尔德亲王或许瞧不起士兵，不关心他们的死活，但其他军官也在为领导阶层的琐事而痛苦挣扎。接替迪米特里耶夫出任布鲁西洛夫第8集团军第13军军长的奥尔洛夫将军便是一个例子：

> 他很有智慧，对自己这一行了如指掌，机智、勤奋；但是他的手下却恨他，不信任他。从战役一开始，我就一直听到有人抱怨，说他根本不适合当军长，说他手下的士兵苦不堪言。我试图亲自查清楚这一切的背后究竟是怎么回事，结果发现他的军官们不喜欢他，是因为他吝于奖赏，很少与军官交流，军官们认为，他瞧不起他们。士兵们不喜欢他，是因为他很少和他们打招呼，从不去厨房转悠，也不品尝伙食，从不为他们所做的事感谢他们，似乎完全忽视他们的存在。实际上，他非常关心军官和士兵，总是竭尽所能以最小的流

血代价取得战果，并且经常就改善伙食和装备给我提出令我最开心的建议；但他又太清高，不愿意让手下的人知道这些，要么就是他不知道如何告诉他们。我认识其他一些指挥官，他们根本不操心这些事，却深受官兵们热爱，还被称作"父亲"。我提醒奥尔洛夫将军要注意他的这一弱点，但我的话被他当成了耳旁风；他不懂如何赢得手下人的喜爱。

即便是在喀尔巴阡山脉的山口，俄军刚一面临被包围的威胁就开始撤退。奥匈军队从四面八方向桑河逼近。10月8日，连绵不断的大雨终于停了。约瑟夫·斐迪南的第4集团军继续在热舒夫两侧向前推进，前面是第3集团军的后卫。他感觉到自己的北翼所面对的敌军较弱，便催促第2军和第14军在3个骑兵师的支援下攻击俄军右翼。与此同时，博罗埃维奇将从南面朝雅罗斯瓦夫方向进攻，希望包围后撤的俄军。但是迪米特里耶夫无意让自己的集团军落入这样的陷阱，开始尽快撤退。第14军的先头部队追上了俄军第13步兵师，将正在斯塔勒米亚斯托和莱扎伊斯克强渡桑河的俄军逮个正着。大约1300名俄军官兵沦为俘虏，但这是包围圈内唯一的重大胜利。再往南，第17军于10月11日抵达并占领了雅罗斯瓦夫。泥泞的道路让士兵们疲惫不堪，再加上他们已经开始缺少补给，奥匈军队在河边停住了脚步。自开始发动攻势以来，康拉德的军队已经俘虏了约5000名俄军士兵，但值得注意的是，他们的战利品记录中只有6门火炮。俄军已经在困难条件中非常高效地完成了撤退。

现在关注的目光转向了普热梅希尔。10月5日，围困普热梅希尔的俄军指挥官谢尔巴科夫将军集结了大约 7 个步兵师，开始发动进攻，企图赶在奥匈军队抵达该地区之前占领要塞。主攻目标是防御工事的东南部分，在塞德里斯卡村附近，10 月 7 日一早，俄军试图向这些工事发起猛攻。这部分的外围防御工事其实最坚固，但谢尔巴科夫刻意选择攻击这里，因为他认为一旦占领最坚固的防御工事，就能造成驻军士气崩溃。攻击这个关键地区的先头部队是隶属于俄军第 12 军的第 19 步兵师。俄军尽管伤亡较大，还是占领了奥匈军的一些阵地，导致驻军将有限的预备军派往该地区。谢尔巴科夫和布鲁西洛夫料到了这一点，已经准备让第 12 军其他部队从第 19 步兵师的南北两面发动攻击，充分利用周边其他地方的薄弱情况。随着奥匈军队从南面和西面逼近这座城市，这两位俄军指挥官停下来思考是否能够继续。他们同时认为还需要五六天才能攻破要塞，而阻止奥匈军队那么久的可能性不大。不管怎样，双方交战只会让俄军削弱战斗力，无法守住普热梅希尔。俄军无奈地取消了进攻，受到重创的第 19 步兵师后撤到了起点。

博罗埃维奇原打算让自己的第 3 集团军沿桑河两岸一路行军至被围困的普热梅希尔，但俄军撤退时摧毁了桥梁，两岸的部队很难进行协调。不管怎样，对他的部队而言，最佳的道路位于北岸，他指示第 3 军和第 9 军沿这条道路前进。俄军只进行了有限的抵抗，博罗埃维奇很快就发现俄军并不打算反对解除围困。10 月 9 日中午，第 12 军的一个骑兵巡逻队抵达并进入了普热梅希尔。第 3 集团军大约 3 天后抵达该城市，围困随即结束。

再往东，伯姆－埃尔莫利的第 2 集团军也在继续从喀尔巴阡山脉向前推进。特尔斯扬斯基将军指挥的第 2 集团军的右翼前进至旧桑博尔（今斯塔利桑比尔），在图尔卡镇周围遭遇大批掘壕防守的俄军步兵。10 月 8 日，奥匈士兵冒着大雪费力地冲上俄军防守的山坡。视线非常有限，极大地降低了双方炮火的效力。虽然特尔斯扬斯基集团军的主力部队第 38 步兵师成功占领了图尔卡以南的制高点，他的侧翼部队原以为不会遇到抵抗，却无法向前进行有效推进。第 38 步兵师孤军奋战，只好后撤，整个集团军重组后次日再发起进攻。与此同时，第 1 骑兵师奉命绕过俄守军的西侧，旨在切断图尔卡往北的唯一一条好的道路。但是，正如之前已经出现过的情况，科尔尼洛夫指挥的俄军没有等待被包围就趁黑撤了回去。

再往北，俄军现在已经到了维斯图拉河两岸的新驻地。第 4 集团军与第 14 军、第 17 军和禁卫军一起防守桑河下游以及维斯图拉河防线。在它的北面，一直到伊凡格勒，是俄军第 9 集团军，包括第 16 军、掷弹兵军和第 3 高加索军。防线的下一个军团应该是第 5 集团军，但它那些疲劳过度的部队仍集结在卢布林周围。俄军第 2 集团军已恢复了战斗力，包括第 1 军、第 27 军和第 2 西伯利亚军，离华沙最近。10 月 10 日，他们奉命发动总攻。俄军第 4 集团军将在维斯图拉河对面建立一个桥头堡，而第 2 军和第 23 军临时防守原本应该由第 5 集团军防守的区域，将在更北面执行相似任务。第 5 集团军随后将被部署在这第二个桥头堡中。就在第 2 集团军和诺维科夫将军的骑兵师防守北翼时，俄军大部将向西挺进。

德军已经试探性地进攻过伊凡格勒以西的俄军防御工事，但并没有真正企图猛攻这些防御工事，而是选择从远处对它们进行炮轰。10月9日晚些时候，俄军掷弹兵军和第16军开始过河，来到伊凡格勒南面的河左岸。俄军的这两次尝试在德军顽强的抵抗面前均告失败，损失惨重。在普瓦维过河点，德军炮火紧跟后撤的俄掷弹兵军，炮轰了两座临时桥梁和对面的镇子。这一行动的意义在于从南面通往伊凡格勒的铁路干线正好穿镇而过。这条铁路现在只有夜晚才能使用，而即便是夜晚，火车发出的响声仍然会引来德军的炮轰。结果，第5集团军重新部署的过程被拖得更久。

俄军已经在河对岸的伊凡格勒建立了一个桥头堡，第3高加索军在10月12日过河来到了左岸。它虽然得到了第17军一些部队的支援，却无法在桥头堡最北端的科杰尼采击退德军。再往北，尽管第23军成功渡过了维斯图拉河，它却未能与防守南面通往华沙的道路的俄军第2集团军连成一片，因为德军本身也在向华沙挺进。同一天，伊万诺夫在海乌姆见到了尼古拉大公。伊万诺夫抱怨说，第2集团军未能按计划推进，结果造成第23军和第17军处境危险。尼古拉的答复是催促伊万诺夫竭尽所能，让第5集团军尽快到位。一旦做到这一步，第2集团军和第5集团军就能联合向前推进，目标是攻击德军防线的北翼。两个人随后讨论起了维斯图拉河左岸的部队的指挥安排。尼古拉大公建议应该让伊万诺夫的参谋长阿列克谢耶夫指挥第2集团军，甚至指挥河对岸所有参与作战的俄军部队。伊万诺夫说他可以接受这种安排，条件是丹尼洛夫接替阿列克谢耶夫出任参谋长一职。尼古拉大公不愿意丹尼洛夫离开目前所担任的总军需官职务，便将这件事放到了一旁。阿列克谢耶夫和丹尼洛夫当时都在场参加会议，但这两个人都没有被邀请参与讨论，这很能说明俄军指挥权分配的实情。

尼古拉大公仍然忙于指挥足以像压路机那样碾过波兰的军队。西南战线总司令伊万诺夫责怪西北战线的第 2 集团军指挥不当导致了目前的问题，这似乎促使尼古拉大公打定了主意。由于两套体系之间缺乏合作，涉及两条战线的军事行动面临着极大的失败风险。10 月 13 日，尼古拉大公下达命令，将应该为进攻波兰提供主要力量的第 2 集团军和第 5 集团军交由西北战线指挥。西南战线的角色也有所改变；它不再旁观主要行动，而是要向维斯图拉河对面发动强大攻势，尽量多牵制一些德军和奥匈军队。

俄军新攻势的准确开始时间取决于德军的行动。10 月 8 日，马肯森接到第 9 集团军司令部的指示，他必须转向北面，越过皮利察河直接向华沙挺进。由于料到俄军的抵抗很弱，得到第 20 军和地方防卫军补充后的第 17 军将在 10 月 11 日进攻波兰。德军希望马肯森攻占华沙之后不仅能获得一个重要的政治目的，而且他将确保第 9 集团军北翼的安全。考虑到俄军通往东普鲁士南部边境的补给线都要穿过华沙地区，切断这些补给线也将保护德国领土免遭入侵。马肯森非常清楚自己所承担的任务多么艰巨，他在 10 月 9 日的日记中写道：

> 我刚接受了一个艰巨的新任务，危在旦夕的东西太多，交给我的这次行动任务能否成功在很大程度上要靠运气。

次日，马肯森的部队第一次遭遇了大规模抵抗。第35步兵师在古拉卡尔瓦里亚附近第一次遇到了西伯利亚部队。相邻的第36步兵师一路鏖战，通过了戈洛耶克，而布雷多的地方防卫师在战线最西端取得了当天最大的战果，俘虏了2000多名俄军士兵，缴获了6门火炮。在其他地方，德军离华沙不到15英里，看似有可能取得一场重大胜利。不过，德军战线的右翼，也就是离维斯图拉河最近的地方，仍然面临巨大压力。尽管第35步兵师从古拉卡尔瓦里亚向北压进，德军现在还是发现俄军在该区域集结。于是，马肯森赶紧从第20军抽调增援部队，赶往这个区域。

10月11日，形势急转直下。德军从战场上阵亡的一名俄军参谋的身上发现多项命令，透露了俄军在维斯图拉河沿岸聚集的详情。德军第一次意识到自己正面临着至少4个俄军集团军，而且俄军打算从北面攻击德军防线。现在必须从完全不同的角度来看待整个战役。很显然，这些俄国集团军是从加利西亚调遣到该区域的，因此康拉德的军队才得以快速、轻松地向前推进。兴登堡和鲁登道夫现在必须尽量拖住俄军多一点的兵力，让奥匈帝国皇家军队在对付南面较弱的俄军过程中取得一场胜利。

马肯森起初继续向华沙挺进，但主要是动用更靠西的部队。在东翼，第20军抵达后准备掩护马肯森的行动。10月11日晚，马肯森在给妻子的信中自豪地写道，他和他的部下正坚守战场最重要的部分。当他朝华沙方向进攻时，俄军颇感意外。第5集团军一拖再拖，始终未能到达指定地点，结果造成俄军在10月18日前无法大举进攻波兰，而德军离华沙南郊不到6英里。这引发了一定程度的恐慌，难民、掉队的士兵和伤员如潮水般涌进华沙城。第 20 军对面的俄军在 10 月 12 日撤到了维斯图拉河对岸。虽然前沿战线相对安静，马肯森还是注意到对面的俄军在不断集结。他起初不愿意放弃前几天夺取的地盘。特劳戈特·冯·索伯茨威格是一名参谋，当时是第 9 集团军的总军需官。他后来写道：

> 我每天都去第 17 军在华沙附近的阵地，我相信即便想尽一切办法来提高他们的战斗力，他们都无法顶住人数上如此占优势的敌军。现在缺少必要的后备部队。马肯森将军大声向我诉苦，面对人数绝对占优势的俄军，他可能不得不撤退。这位德高望重的将军满怀深情地说，他部下那些勇敢的西普鲁士士兵需要下很大的决心才会撤退，而且前面付出的代价会因此变得毫无价值。

马肯森本人后来描述了当时的情况，语气稍有不同：

> 当总司令明确由我自己决定是坚守阵地还是撤退时，我认为我最重要的任务是从整个战役最大利益的角度来采取行动。因此我的回答是：我会坚守阵地。俄军在华沙周围聚集得越多，这一决定的重要性也就越大。但是我无法否认，面对俄军每天不断增加的人数，我有了一种责任感，而这种责任感又给我带来了越来越大的精神压力。

这番话当中有多少是事后的理性分析，又有多少是当时真实的分析，我们很难说。有一点可以肯定，马肯森不想撤退，原因正如索伯茨威格所述，也正如他后来从战略角度做出的决定所证明的那样。同样，尽管鲁登道夫和兴登堡后来请求马肯森尽量多坚守一段时间，但马肯森及其部队早已做出决定，一定死守阵地。

虽然兵力在不断增加，俄军在 10 月 14 日和 15 日仍然只向马肯森的阵地进行越来越猛烈的炮轰，真正的进攻 10 月 16 日才在整条战线开始。考虑到整体战略计划——德军将尽量多拖住俄军兵力，让康拉德的军队在南面取得一场决定性的胜利——鲁登道夫告诉马肯森，奥匈军不太可能迅速在加利西亚取胜。鲁登道夫已经建议康拉德让早已位于维斯图拉河左岸的奥匈军第 1 集团军大部集中兵力支援华沙城外的马肯森。康拉德拒绝了，并且说他不想看到自己的前沿防线被打破。他倾向于将第 1 集团军的阵地向北延伸，让德军也将其兵力向北转移。兴登堡认为这样的兵力调动时间太长，已经下令准备向西南大撤退。德军撤退时将摧毁所有道路和铁路，以限制俄军追击的能力。为了给大撤退留出足够的准备时间，马肯森被告知他的部队必须再坚守两天：

> 传令官带着总司令的命令到来，问冯·马肯森将军能否坚持到 10 月 18 日。马肯森听后闷闷不乐，但仍回答说："我将坚守到 10 月 19 日！"那场面令人难忘。

次日，马肯森的防线面临更大的压力。康拉德虽然不愿意让第 1 集团军北上，但还是同意派第 7 骑兵师前去支援马肯森。这些骑兵及时赶到，与绕过马肯森西翼的大批俄军骑兵交上了火，但是未能完全阻止他们。与此同时，维斯图拉河对岸的俄军也对马肯森的另一个侧翼发动了越来越猛烈的进攻。最后，姗姗来迟的第5集团军的第19军越过维斯图拉河，俄军进一步扩大了其桥头堡。

随着骑兵在他防线之外的西面作战，同时来自东面的压力越来越大，马肯森面临着被包围的危险。10月18日，一支德军和奥匈军骑兵联队成功将整个防线向西延伸，但大量俄军显然已经绕过了德军防线。几次尝试击退俄军第19军未果之后，双方士兵浴血奋战，倒在了血泊和雨水中。一连数周的大雨过后，维斯图拉河河水暴涨，冲垮了河上唯一的浮桥。俄军第19军依赖这座浮桥获得补给，浮桥被冲垮，至少让俄军无法向马肯森所面对的敌军增派兵力。

在维斯图拉河沿岸的其他地方，伊万诺夫试图让"俄罗斯压路机"渡过维斯图拉河，却没有成功。第4集团军继续增援伊凡格勒的桥头堡，但数次尝试之后依然无法向西推进。就维斯图拉河以西的兵力而言，俄军只是在华沙集结了大量部队，虽然这个区域的俄军人数在不断增加，却未能发动压倒性的攻势。第2集团军司令谢尔盖·谢德曼似乎仍然担心他对面的德军准备再次进攻华沙，因而让部队留在防守阵地中。10月19日一整天，马肯森的部下虽然能够守住阵地，但在天黑时，绕过西翼的俄军转向东南，威胁到了他的交通线。虽然马肯森下令执行他之前为撤退而准备的指令，但这几乎为时已晚。尼古拉大公已经厌倦了谢德曼的借口，坚决要求他在10月20日发动大规模进攻。

在遥远的南面，康拉德曾希望穿过加利西亚，进攻伦贝格，目的是将他在晚夏初秋遭受的所有挫折一扫而空。10月10日，他命令第 3 集团军和第 4 集团军占领桑河上的过河点。伯姆－埃尔莫利的第 2 集团军将保护所有挺进部队的东翼。但是与奥匈帝国许多地方的情况一样，雄心和计划与现实之间的差距巨大。尽管康拉德的军队在进攻时如他所希望的那样全力以赴、充满激情，却未能在 8 月取得重大突破。现在，失去了最佳的军官，到处都是新兵，奥匈军各师在潮湿的大地上踽踽而行，努力去执行指挥官们的命令。无论在什么地方，只要遇到俄军抵抗，奥匈军的进攻就会停滞不前。在切洛夫（今基列夫）两边，第 2 集团军的第 8 军和第 12 军在 10 月 11 日和 12 日激战了两天却没有进展。奥匈军官们一次次将士兵们聚集起来，企图按照康拉德学说的传统与敌人近距离交战，却遭到了俄军防守火力的杀戮。由于俄军许多部队已经被调遣到维斯图拉河两岸，加利西亚的俄军兵力大量减少，康拉德军队所面对的俄军似乎毫不费力就顶住了奥匈军的进攻。这种交战方式凸显了俄军的长处——快速掘壕固守，并且有能力忍受困苦、顽强防守。

在桑河沿线，康拉德的军队试图建立几个有战略意义的桥头堡，但均未成功。就连追击后撤的俄军这种短距离攻击都将奥匈军的补给线拉长到了断裂的地步，尤其是考虑到那么多军队在道路上来回行军，所有道路已破烂不堪，还有几乎一刻不停的大雨。俄军火炮几乎封锁了所有主要过河点，约瑟夫·斐迪南大公希望短暂休整能提高取胜的概率，便将原定于 10 月 13 日越过桑河的大规模进攻时间后推了一天。尽管如此，结果仍然没有改变。在靠近维斯图拉河的地方，第 1 集团军企图在桑河下游强行过河。整个地区已经变成了一片沼泽，士兵们冒着俄军远程火炮的轰炸，艰难地将架桥设备运向前方。第10军第24步兵师的一些队伍成功渡河，却因无法得到增援，只好撤了回来。终于，在10月12日，康拉德命令第1集团军取消所有渡河计划。

奥匈统帅部的参谋们现在终于有了对面俄军的详细情报。尽管36个奥匈师在数量上大于俄军在加利西亚的26个师，俄军却有着作为守军的优势。此外，奥匈帝国皇家军队传统上的火炮劣势也造成俄军的火炮数量实际上多于康拉德的军队。由于无法强行推进桑河战线，康拉德只能转向最东南方，催促伯姆－埃尔莫利再次攻击俄军防线的南翼。伯姆－埃尔莫利答复道，再次发动大规模进攻"会造成部队攻击力完全耗尽"。但是这场战役的全部意义在于德军尽可能多地牵制住维斯图拉河沿岸的俄军，让奥匈军在南面彻底打败俄军。这意味着康拉德的军队无论付出什么代价都必须设法做到。不仅如此，德军正要求康拉德向维斯图拉河左岸派出增援部队。于是，康拉德在10月11日同意将第1集团军的第5军派往奥扎鲁夫。丹克尔第1集团军的其余部队不会强行渡过桑河，反而要等到第4集团军全部过了河再行动。

布鲁西洛夫正面临来自伊万诺夫的压力，伊万诺夫要求他重新发动进攻。伊万诺夫认为这种进攻将阻止奥匈帝国皇家军队增援维斯图拉河战线。布鲁西洛夫深知自己的部下撤退时早已疲惫不堪，而之前的军事行动破坏了地形，于是他回答说自己的集团军无法发动进攻。伦贝格周围的铁路在8月份的交战中严重受损，仍然处于混乱状态中。尽管布鲁西洛夫一再要求紧急解决这个问题——他的整个指挥系统都依赖这个交通枢纽来运送补给，但伊万诺夫手下负责铁路运送的总军需官无法或者不愿意提供帮助。布鲁西洛夫非常恼火，指派自己集团军中负责铁路事务的亚历山大·多布雷申处理好这乱糟糟的局面。后来他写道，他无权过问伦贝格地区的事务，而西南战线的总军需官又对布鲁西洛夫介入铁路问题并请求解决该问题置若罔闻。

当初围困普热梅希尔的俄军主要是二线士兵，现在他们被编进了新成立的第 11 集团军，司令是安德烈·尼古拉耶维奇·谢利瓦诺夫将军。他参加过日俄战争，战功并不卓越，但他在战后镇压国内骚乱的过程中指挥得力、精力充沛。布鲁西洛夫对他评价不高，后来还形容他死板、缺乏灵活性。他指挥第 11 集团军时，布鲁西洛夫视察过他的指挥部。迪米特里耶夫的第 3 集团军当时正坚守桑河防线，但请求第 7 军增援。这样一来，布鲁西洛夫自己的第 8 集团军由于要坚守普热梅希尔南面的阵地，兵力有所削弱，而奥匈军队在这个地区最有可能获胜，再往前就是一马平川。布鲁西洛夫气急之下一再请求增援，他担心自己的集团军会在伦贝格以西被包围后覆没。伊万诺夫的答复却是命令后勤部队准备撤离伦贝格，第 8 集团军将不会有增援。布鲁西洛夫觉得这种答复莫名其妙，但这个决定的背后其实有一定道理。关键之战即将在维斯图拉河沿岸打响，如果俄军能获胜，加利西亚将只是一个客串节目。的确，奥匈军队在这个地区的胜利只会将康拉德的军队吸引到东面，当"俄罗斯压路机"开始一路碾压过波兰，直至摩拉维亚山口时，奥匈军将会鞭长莫及，无法赶过来参战。虽然明显受到冷落，多布雷申似乎还是成功化解了伦贝格周围的部分补给问题，弹药和新兵开始抵达前线。与当时大多数军队的指挥官一样，布鲁西洛夫对新兵糟糕的体质和训练水平感到惊诧。

10月13日，伯姆-埃尔莫利位于战线最南端的部队企图将俄军赶往北面。第7军从喀尔巴阡山麓的营地出发，由两个师向前推进，希望占领足够空间后再部署全部兵力；士兵们在遇到猛烈炮轰后止住了脚步。在15英里宽的前线其他地方，奥匈军队发动进攻，遭受重大损失后要么被迫寻找掩体，要么在偶尔成功突破俄军阵地后被俄军的反攻击退。次日，伯姆-埃尔莫利视察第7军时目睹了一次进攻被俄军的顽强防守化解的情况。他看出第7军无法独自完成任务，便命令停止进攻，由相邻的第4军发动攻势。但是，第4军也未能取得进展。只有第3军在更靠近普热梅希尔的地方突破了俄军阵地；它运气不错，攻击了新组建的俄军第11集团军的一个战斗力较弱的二线师。俄军步兵放弃阵地，混乱后撤，但奥匈军队随后进入了茂密的林地，失去了方向，未能扩大战果。布鲁西洛夫赶紧派后备部队前往该地区，骑兵师的一些军官将溃败的步兵重新聚集到一起。俄军骑兵与步兵联合发动了一次反攻，重新夺回了失去的阵地。整条战线没有发生任何变化。

在斯特里耶，奥匈军第2集团军取得了罕见的胜利，将俄军赶往了米科瓦约夫方向。布鲁西洛夫已经没有了后备部队，但仍然命令第58步兵师从第11集团军位于桑河边的阵地赶往受到威胁的区域。第71步兵师的几个团正从斯特里耶撤退，他们聚集在第58步兵师周围，等待着第58步兵师坐火车赶往米科瓦约夫。俄军快速组织反攻，不仅阻止米科瓦约夫落入敌军之手，甚至还重新夺回了斯特里耶。10月14日，布鲁西洛夫将局部反攻扩大成向南面的一次总攻。有一点值得注意，康拉德的部队只要一遇到俄军防守，他们的进攻就会迅速停滞不前。相比之下，当布鲁西洛夫命令他的部下进攻时，奥匈军队的防守很快就会接近崩溃。激战第一天，伯姆－埃尔莫利的多个师被迫放弃了阵地，10月15日，切洛夫周围的阵地面临越来越大的压力。第2集团军的指挥官们只有投入最后的后备军队才能阻止俄军的进攻。这天结束时，形势逐渐明朗，除非博罗埃维奇率领他的第3集团军从东南面发动进攻，伯姆－埃尔莫利才会被迫撤退。

10月16日，第7军面临巨大压力。隶属于博罗埃维奇集团军的第3军及时发动反攻，暂时扭转了局面。为了改善战场关键部分的协调情况，康拉德下令将第7军交由第3集团军指挥。第3军和第7军奉命在10月17日再次发动反攻，但几乎与奥匈军在1914年的情况一模一样，俄军的炮火和步枪火力迅速击退了他们。奥匈帝国皇家军队向来炮兵薄弱，现在又因为炮弹不足更加处于劣势，天黑时主动权又转回到俄军手中。在战场的最东翼，布满山冈的地形让双方陷入了混乱状态，都在确定敌军的具体位置。俄军第4步枪旅利用奥匈防线中的一个缺口，攻击第4军一个师的侧翼，迫使卡尔·特尔斯扬斯基将军指挥的全军放弃从侧翼攻击俄军阵地的打算。

由于第2集团军和第3集团军均无法取得决定性的胜利，康拉德只能将希望寄托在约瑟夫·斐迪南的第4集团军身上。从10月14日起，奥匈军第17军、第2军和第14军都试图强行渡过桑河。第14军第一天成功在热舒夫附近建立了一个桥头堡，第8步兵师驾船过河时遭到猛烈攻击，伤亡巨大。这个桥头堡本身也不停地遭到俄军火炮和机枪的攻击，奥匈军每次试图给右岸的部队增援均告失败。约瑟夫·斐迪南取胜心切，命令第17军再次袭击雅罗斯瓦夫，并于10月15日建立了一个桥头堡。他现在要求博罗埃维奇用他的第9军发动进攻，从南面支援第17军。第9军军长建议他的部队应该北上，通过第17军的桥头堡过河，但博罗埃维奇坚决要求第9军自行过河。这背后的部分原因在于第9军去往雅罗斯瓦夫之后，第3集团军的战线会因拉得太长而面临危险。

10月17日晚些时候，桑河东岸热舒夫的第8步兵师残部奉命撤退。这个师在三天时间里损失了2000多人。第9军按时尝试渡过桑河，但是在极为有限的火炮支援下，渡河行动再次失败，而且损失惨重。约瑟夫·斐迪南想给雅罗斯瓦夫幸存的桥头堡增援，但他的部下尽管能够击退俄军的反攻，却无法扩大自己的立足点。第11军还没有来得及发动进攻进行支援，俄军第8军就在更南面发动了进攻，给博罗埃维奇第3集团军的防线施加了巨大压力。第11军最终于10月18日开始进攻，但付出巨大代价后收效甚微。

面对桑河沿岸以及普热梅希尔东南部的失利，康拉德将注意力转向了别处。他一直不太乐意将奥匈军大部转移到华沙地区，担心这些部队会因此变成由德军军官指挥。他仍然决心以自己的方式赢得一场决定性的胜利，这背后可能有许多原因。首先是一种强烈的感觉，让奥匈军队听从德军指挥将是对奥匈帝国威信的重大打击。正如康拉德对他的副官孔德曼中校所说，德军让他感到极度失望，首先是德军未能如他们所承诺的那样在法国速战速决，其次是德军未能在联合攻击华沙凸角行动中提供北面的一半。他一直将奥匈军队的胜利视为恢复奥匈帝国公信力的重要一步，并且可以借此解决他眼中的帝国衰落问题。康拉德这种思想的另一个因素在于德军未能减少俄军在维斯图拉河西岸伊凡格勒的立足点。德军确实在这方面没有竭尽全力，但奥匈军队在该地区的联络官弗莱施曼上尉故意强调甚至夸大了德军的失败。

康拉德现在建议让丹克尔第1集团军大部渡过维斯图拉河，集中兵力对付俄军桥头堡的南翼。他辩称，俄军显然想在那里过河，丹克尔可以在他们完全过河之前袭击他们，并趁乱清除这个桥头堡，给俄军造成重大损失。康拉德的新计划明确要求要等到俄军大部开始过河时再发动反攻。鲁登道夫对这个建议不太热心。同盟国最多只能取得一个战术上的胜利，而且策略过于冒险，居然允许俄军先头部队顺利过河。他和兴登堡仍然更倾向于集中奥匈帝国和德国的兵力进攻华沙。德国皇帝威廉最后致函奥匈帝国皇帝弗朗茨·约瑟夫，敦促奥匈军队同意德国集中兵力进攻华沙的建议。年迈的奥匈帝国皇帝命令弗雷德里克竭尽所能。弗雷德里克深受康拉德影响，决定不同意德军的计划。

考虑到奥匈军队过去数周毫无建树，康拉德的计划反映了他对奥匈帝国皇家军队发动进攻的能力依然深信不疑。另一方面，考虑到他的军队在试图强行推进桑河战线时损失惨重，康拉德可能认为俄军同样遭受了巨大损失。在其他地方，康拉德的军队处境堪忧。成功抵挡住奥匈军队的进攻之后，布鲁西洛夫现在开始发动进攻。第79骑兵师10月22日重新夺回了斯特里耶。由于一些部下被分给了博罗埃维奇的第3集团军，其余部队又正经历伤亡、疾病和补给短缺的折磨，伯姆－埃尔莫利请求增援，但没有结果。总而言之，无论他的请求多么有道理，康拉德已经派不出增援部队给他。

现在轮到第4集团军感受俄军的压力了。在付出血的代价却依然未能占领桑河上的过河点之后，约瑟夫·斐迪南留下第17军坚守它在雅罗斯瓦夫的桥头堡，同时让第2军守住北面的桑河防线。第2军防守的防线外有一支步兵和骑兵混合部队防守桑河，直至第14军防区。第6军留在前线后面，充当后备部队。约瑟夫·斐迪南面对的是迪米特里耶夫的第3集团军，包括第21军、第11军、第9军和第10军。他命令各军准备作战小组，用来占领桑河上的各个过河点。第一次袭击发生在10月17日，而此时约瑟夫·斐迪南的军队正有放弃占领一个过河点的想法。俄军在此后数日继续发动袭击；约瑟夫·斐迪南的军队试图摧毁俄军的桥头堡，但没有成功。对于奥匈统帅部而言，战局如此发展绝不是好事，因为俄军在加利西亚施加的压力加大后，奥匈军队将无法把第1集团军全部派往维斯图拉河西岸。康拉德无比恼怒，给第3集团军司令部发去了一份电报：

> 敌军面对第4集团军却依然可以在四个地方过河，对此，除了允许他们过河之后再打算消灭他们外，很难再有别的解释。将敌人赶回到河边不够，必须消灭他们，这正是第4集团军接下来的任务，而且第4集团军为此有自己的10个师可以调用……到10月20日，桑河左岸绝不能再有任何敌军。

到 10 月 20 日晚，约瑟夫·斐迪南非但没有能消灭所有俄军桥头堡，反而报告说当天又出现了第五个俄军桥头堡。另一个坏消息是第 36 步兵团的几个营在拉迪姆诺向俄军投诚；这些士兵来自捷克，显然不想为奥匈帝国卖命。人们一直担心奥匈帝国皇家军队中斯拉夫部队的忠诚度，而这份报告再加上 9 月份发生的几起类似小事件，让人们更加担心弗朗茨·约瑟夫的帝国脆弱的统一正面临越来越大的压力。尽管如此，另外一些本可能会表现出有限忠诚度的部队，比如在第 17 军中作战的捷克和加利西亚的士兵，却因模范式表现而不在此列。

康拉德虽然下达了命令，俄军几个桥头堡仍然顶住了奥匈军的攻击。奥匈帝国皇家军队遭受的损失，尤其是大批军官阵亡，开始越发影响事态的发展。第 17 军许多营的营长只是中尉，而担任连长的则是训练不足的士官。不过，俄军的情况也差不多。虽然在奥匈军莫名其妙落败的地方取得了胜利，但迪米特里耶夫手下几个团也受到重创，无法扩大战果。不过，他们只要出现在桑河西岸，就能阻止奥匈军派兵往北去伊凡格勒，或者去东南支援伯姆 – 埃尔莫利。

在维斯图拉河西岸，康拉德开始落实在伊凡格勒伏击过河俄军的计划。10 月 20 日晚些时候，德军和奥匈军放弃了阵地，向西撤退，企图引诱俄军进入他们心中的屠场。再往北，马肯森已经开始从华沙外的阵地后撤；俄军第 2 集团军小心翼翼地尾随其后。俄军统帅部接到同盟国军队撤退的侦察报告后，尼古拉大公催促两条战线的总司令牢牢把握战机。他想确保赶在敌人逃脱之前发动全面进攻，并且要赶在西线德军增援部队到达之前。第 4 集团军司令埃弗特根本不需要催促，他已经利用了奥匈军和德军撤离科杰尼采的良机。在他的南面，第9集团军催促士兵赶紧进入伊凡格勒桥头堡，准备在不同地点渡过维斯图拉河，最南端的过河点甚至定在桑多梅日。

丹克尔计划在10月22日攻击俄军。21日晚，他接到报告，只有俄军侦察队冒险到来，因此反击无法取得所希望的效果。不过，炮兵总长普哈洛按计划率领第5军的3个营攻击俄军伊凡格勒桥头堡的南翼，起初进展顺利，但是接近中午时，他接到消息，俄军已经在他的东翼后面建立了一个桥头堡。奥匈军匆忙向该区域派出后备部队，但第5军大部与第1军一道，继续向伊凡格勒挺进。他们通过西面的拉多姆与维斯图拉河畔的古拉普沃斯卡之间的道路后不久，就遇到了正向南行军的俄军。一场大战就此爆发。

这是一场遭遇战，因此反应速度至关重要。俄禁卫军在通过维斯图拉河时耽误了一下，俄军防线在查尔诺拉斯出现了一个很宽的缺口。第33步兵师和第14步兵师的一些部队想利用这一点，于是他们快速击穿俄军虚弱的阵地，长驱直入抵达波利奇纳，结果在这里遇到了俄禁卫军的先头部队。面对越来越猛烈的俄军抵抗，奥匈军的攻势逐渐趋缓。同样，第1军向西挺进时也在遭遇猛烈防御火力后放慢了步伐。只有在奥匈军挺进队伍最西端的耶德尼亚，一切在按计划进行。他们对这个村庄发动了一次快速突袭，将俄军第3高加索军赶回到了俄军第17军正匆匆奔赴前线的道路上。奥匈军第1集团军第1军军长基希巴赫将军催促德禁卫军预备军与他们联手发动攻击，这样就能将俄军逼退到河边，在那里将其歼灭。他们大失所望，德禁卫军预备军军长马克斯·冯·加尔维茨将军回答说俄军正从北面过来，他无法集结全军发动一次强大攻击，利用现有小部队突袭毫无意义。夜幕降临时，战斗停了下来。

次日，丹克尔仍然坚信自己能够取得大捷。普哈洛从自己的东翼抽取了一些兵力，增援向北挺进的主力部队，目的是击破他前进路线上的俄军坚固防线。在他的西面，奥匈军希望能赶在乱成一团的第3高加索军和第17军重新组织好之前消灭他们。不过，俄军也有自己的计划。奥匈军的攻击的确出乎他们的意料，但是，尽管有伤亡，位于防线最西端的这两个军整体未受影响。俄禁卫军其余部队现在已经抵达，填补了普哈洛的第5军前一天利用过的缺口。与此同时，俄军第25军全军从诺沃－亚历山德里亚（今普瓦维）新建的浮桥渡过了维斯图拉河，正对着丹克尔第1集团军的东翼。掷弹兵军和第16军仍在过河，但俄军已经有了兵力上的优势，而且仍有士兵不断到来。康拉德准备在俄军渡河过程中将其消灭的计划本身就是一个冒险，他的部下现在面对着俄军第4集团军和第9集团军的联合兵力。

在这期间，德军方面有了重大人事调整。已经退役的卡尔·利兹曼在战争开始时复出，现在被委任为第3禁卫军步兵师师长，隶属于加尔维茨的禁卫军预备军；它的前任师长是汉茨·弗里茨·冯·博宁。利兹曼将加尔维茨视为自己的老战友，但他注意到加尔维茨在欢迎他时并不是太热情——他在回忆录中推测，加尔维茨或许希望新师长能比64岁的利兹曼年轻。加尔维茨根本用不着担心：利兹曼很快将证明自己是东线最杰出的指挥官之一。

10 月 22 日，利兹曼在军部受到略显冷淡的欢迎之后，借了一匹马去他的师部，因为道路泥泞不堪，任何其他交通工具都无法完成这段 12 英里长的路程。这段旅行并不舒服：

> 借来的这匹老马极其讨厌，而我已经多年没有骑过马……一路小跑对我而言是一次可怕的磨难。而且，这匹马在湿地上滑了一跤，马脖子直接撞到了我的嘴上，鲜血从我的脸上直流而下。真可谓出师不利。

他抵达师部后，即将卸任的原师长送给他一个礼物——三匹好马。利兹曼写道，这几匹战马陪伴他经历了整个战争，驮着他平安驰骋在无数战场上，没有再发生过 10 月 22 日旅程中的不幸之事。

对于最近的战况以及下一步行动，德军与奥匈军的看法截然不同。德禁卫军预备军未能攻击俄军在伊凡格勒桥头堡西端的部队，这一做法引起了奥匈方面极大的怨恨，而德军又是无奈又是恼怒地获悉奥匈帝国皇家军队进展非常有限。兴登堡告诉丹克尔，除非丹克尔可以派兵支援，否则德军将无法继续留在华沙城外。丹克尔回答说，他只有在成功结束伊凡格勒周围的战斗之后才能派兵支援。这种成功的可能性其实每时每刻都在减少。俄军又在维斯图拉河畔的卡齐米日建立了一个新桥头堡，就在丹克尔的东翼之后。

利兹曼出任师长之后的第二天，想从西面进攻科杰尼采。天黑时，第 3 禁卫军步兵师已经成功向科杰尼采挺进了大约 6 英里，而且是穿过不断阻碍他们前进步伐的沼泽林地。对面的俄军想坚守阵地，但每次一遇到严重威胁便撤出了阵地。双方伤亡巨大，利兹曼的一个营仅剩下两个连。天黑时，德军发现利兹曼一个旅的前沿防线中出现了一个危险的缺口。利兹曼派年轻的副官冯·肖洛特上尉从缺口一边的团去寻找另一边的团：

> 肖洛特带上禁卫军燧发枪团的冯·帕切尔贝少尉作为助手，出发去寻找莱尔团。他骑马进入一个烈火中的村庄时，看到一队士兵正穿过村庄，刺刀反射着火光。他以为自己找到了莱尔团，便策马过去，大声求见将军。这队士兵听到他的喊声后停下了脚步，肖洛特此时注意到这队士兵戴着俄军军帽。形势很微妙，这两名军官孤立无援，一边是房屋，另一边是敌人的一道刺刀墙。唯一的办法就是孤注一掷的胆识。肖洛特拔出战刀，和帕切尔贝一起冲进队伍，用俄语冲他们喊道："缴枪不杀！"一些俄军士兵放下了武器，另一些士兵则在犹豫。有一个俄军士兵想举枪射击，但面对肖洛特的战刀和凶狠的表情，他也扔掉了步枪。简直难以相信，帕切尔贝带队，肖洛特押后，一队俄军士兵就这样被带离了战场。

这两名英勇无畏的德军军官俘虏了正在逃跑的两名俄军军官和120名士兵，甚至与莱尔团建立了联系，成功堵上了德军防线中的缺口。

10月24日，丹克尔铁了心要清除威胁其侧翼的俄军几个小桥头堡。他在袭击古拉普沃斯卡时起初进展顺利，但是像往常一样，进攻的步兵在遇到严阵以待的守军之后便停滞不前，而且伤亡惨重。随着时间的流逝，越来越多俄军在古拉普沃斯卡成功渡河，主要是俄军第14军的部队，因此俄军的前线开始从河边前移，迫使丹克尔手下疲惫不堪、严重缺员的部队后撤到出发点。

俄军终于在10月25日发动全面进攻，有效利用林地地形，没有让奥匈军队确定他们的准确位置。丹克尔似乎暂时守住了防线，而且即将有增援部队到来——隶属于他这个集团军的第10军终于渡过了维斯图拉河，正往北而来——他仍然相信可以给俄军以致命打击，尤其是如果德禁卫军预备军能够与他联手的话。从俄军的角度来看，这一天的交战或许未能取得决定性胜利，却也不算太糟。曾经随同萨姆索洛夫的第2集团军入侵东普鲁士的阿尔弗雷德·诺克斯现在又与第14军和第25军在一起。他对俄军的看法比较复杂：

> 10月25日，凭借［从伊凡格勒带来的］攻城火炮以及维斯图拉河右岸重型野战炮的火力支援，也凭借该军右翼第1禁卫师的胜利，俄军取得了进展。白刃战持续不断，奥匈军损失惨重。俄军两个军四天俘虏了5000名奥匈军士兵。第70步兵师……在开阔地带发动猛烈攻击。该师在23日至25日的三天战斗中损失了2700名士兵和47名军官。它的指挥官10日晚上去了战壕，告诉士兵他们后方诺沃 - 亚历山德里亚的桥梁已经被烧毁！他亲自带领他们出击，而亲力亲为正是预备师所需要的……

> 所有这一切带来的士气变化便是奥匈军损兵折将之后被

击退，真的，但是他们也成功逃脱了。让这样的机会溜走不免让人对能真正取得决定性胜利失去信心。

与东普鲁上的情况相同，快速推进显然不是俄军的作战方式，但他们具有顽强的防守能力以及良好的作战技术，这造成了丹克尔的几个师在试图摧毁伊凡格勒俄军桥头堡的过程中落败。像1914年欧洲所有军队一样，俄军也发现，哪怕是匆忙准备的阵地，敌军都必须付出沉重代价才能占领。万一阵地被突破，他们也常常能利用局部反击夺回防线。第176步兵团团长费尔特克勒上校后来回忆道：

> 团部一如既往只是个破烂不堪的小屋，这次就在前线背后。我极度需要呼吸新鲜空气，于是一夜辗转反侧之后，天一亮就起身走到了外面。我的身边跟着扬斯上尉，寒冷的秋雾笼罩着我们。我突然听到了步兵的枪声。从枪声传来的方向判断，俄军无疑已经突破了我们左边地方防卫师的防线。我们必须快速应对。我召集团部所有人，包括文职人员和勤务兵，然后与刚刚抵达的后备军排合在一起，派他们去前锋线，后来又派出半个排。在团副官瑞布里希中尉以及传令官门德少尉的得力指挥下，这些快速集结的士兵前去应对俄军。这一果断行动抵挡住了俄军的骚扰。

尽管伊凡格勒周围的战斗格外血腥，决定整个战役结果的战斗却发生在别处。正如正面袭击几乎总以失败告终一样，有效攻击暴露在外的侧翼依然是关键。兴登堡和鲁登道夫担心第9集团军的西翼会遭到攻击，只能要求它继续向西南撤退；这反过来又将丹克尔的西翼暴露在外，尤其是在加尔维茨10月26日率领禁卫军预备军朝西南方向撤退之后。在维斯图拉河西岸战场的另一端，已经在卡齐米日渡过维斯图拉河的俄军开始给丹克尔的右翼施加越来越大的压力。在这种情况下，继续攻击伊凡格勒的俄军桥头堡已经毫无意义。就算丹克尔真的能获胜，他也会遇到两翼背后出现俄军的风险。有消息传来，俄军已经渡过维斯图拉河，又建立了一个桥头堡。这个消息击碎了奥匈军进攻获胜仅存的一点希望。

当天晚上，第5军已经被迫撤退，而第1军虽然尚未受到太大压力，但是在两翼暴露的情况下也无法继续留在原处。一天后，丹克尔在致妻子的信中写道：

> 这对士气是个沉重打击。我也是用尽了所有合乎逻辑的说法才说服自己撤退。尽管面临所有压力，我还是又坚守了一天，希望局势能有所转变，但此时一切都已毫无意义。德军早已撤退，我们只能跟着。

德军和奥匈军指挥官都想强调一点：他们都是因为盟军未能完成既定目标而迫不得已撤退。鲁登道夫强调，德军已经拖住了尽可能多的俄军，目的就是给康拉德的军队最佳的取胜机会，而开始撤退后，德军防线东端的禁卫军预备军又因为丹克尔后撤的部队未能进行任何有效抵抗而一再受损。第1集团军虽然俘虏了约1.2万名俄军士兵，却损失了4万多人，而且未能清除俄军在维斯图拉河对岸建立的任何桥头堡。奥匈军撤退时丢下了许多伤员，既没有时间也没有办法转移他们。诺克斯随一支俄军部队进入兹沃伦：

> 这地方伤寒肆虐，教堂里到处是奥匈军伤员——几乎是清一色的马扎尔人，不会说德语。我见到一名医院助理，当我依次试着用德语、法语和俄语和他交谈时，他一脸茫然，但他会说英语，去过美国……这些可怜的人已经两三天没有吃东西；教堂里的气味令人恐惧。这些可怜的人三个月前一定非常健康，现在却远离故土，被拖至异国他乡，被迫站起来挨敌人的枪子，最终又遭自己人遗弃，缺胳膊少腿，活活饿死。这就是战争！

德军在穿过波兰撤退的过程中实施了无情的焦土政策。仅仅数周前在德军向前推进时修复的桥梁、道路和铁路——有些甚至是新建的——现在全部被毁。鲁登道夫和兴登堡下达这样的命令有两个目的。第一，这可以极大地削弱俄军追击他们的能力。第二，这将最终完全终止俄军的推进：

> 经验已经告诉我们，现代军队从铁路线一端出发，可以移动约120千米。如果真是这样，而我们又如我所希望的那样成功摧毁了铁路，我们就可以料到俄军大部队会在抵达我国边境之前停止前进，我们甚至都不必用武力。

结果，即便俄军有此意图，也根本无法如马肯森和弗朗索瓦在东普鲁士战胜连年坎普夫集团军之后那样费尽全力地追击。冬天寒冷的天气以及破烂不堪的道路确保了德军能够毫发无损地安全撤退。不过，俄军还是在10月30日抵达了罗兹，只是如鲁登道夫所料，拉长的补给线给俄军带来了重大影响。

撤退也给德军带来了重大影响。泥泞的道路在德军挺进时已经严重受损，如今更是破烂不堪。利兹曼的部队也尝到了苦头：

> 第3禁卫军步兵师最初沿着非常糟糕的道路后撤，所有士兵都得全力以赴。车辆经常陷在泥浆中，只能靠大家费力将它们拉出来。数百匹战马精疲力竭之后倒毙在路旁。让我惊奇的是那些高效、不知疲倦的先锋。半个连走在全师前面，修整道路，让我们勉强可以通过；另外半个连走在我们后面，负责摧毁所有桥梁和选定的道路。这些家伙真了不起，一刻不停地忙碌着，总是兴高采烈。

在加利西亚和波兰，奥匈军队无法守住他们夺回的领土。他们防线的最东翼遭到俄军侧翼攻击后被迫后撤；伯姆－埃尔莫利集结足够兵力发动反攻，希望以此稳定局面，他的集团军却时刻面临着被赶回喀尔巴阡山脉的危险。10月26日，博罗埃维奇最后一次试图掌握主动权，命令他的第3集团军全线发动进攻。由于炮弹短缺，最初的炮轰效果非常有限。许多士兵感染了霍乱，他们爬出战壕，向俄军阵地冲去。数千人阵亡，一无所获。约瑟夫·斐迪南的第4集团军也调动所有部队，准备清除掉俄军越过桑河建立的桥头堡，虽然有所进展，但付出的代价令人无法接受。更糟糕的是，一些捷克士兵似乎没有进行抵抗就向俄军投诚。到10月26日晚，光科里特克的第17军就报告说，自月初以来，他们已经损失了1万多人，既有阵亡的，也有死于疾病的。

尽管奥匈军队遭受挫折的报告不断传来，伯姆－埃尔莫利和布鲁西洛夫之间的进攻与反攻却丝毫没有减弱的迹象。10月31日，持续交战了4天之后，第2集团军成功将俄军赶回到了喀尔巴阡山麓的特尔佐夫，一时间似乎伯姆－埃尔莫利终于攻击到了俄军的侧翼。正当他想扩大战果时，他的军队却在11月1日遇到了另一条俄军防线；俄军前一天受挫后，只是后撤到了新阵地中。

康拉德非常重视防线东南端的战斗，但是与其他地方的战况相比，这里的战斗已显得无足轻重。尼古拉大公的"压路机"现在终于碾过了波兰，第2集团军、第5集团军、第4集团军和第9集团军自北向南依次排开。为了保护这支大军的南翼，伊万诺夫命令来自爱沙尼亚家庭的德裔军官奥托·冯·克鲁森施滕用3个步兵师和1个哥萨克师组建一个新兵团，从下游渡过桑河，攻击奥匈军第4集团军的侧翼，为迪米特里耶夫部队的挺进扫平道路。正当该新兵团尚在部署过程中时，迪米特里耶夫命令在其右边的第21军扩大它在尼斯科的桥头堡。10月29日晚些时候，俄军攻击了奥匈军第14军，并占领了拉夸维策。俄军第11军和第9军发动的进一步进攻延续到了此后两天，迫使约瑟夫·斐迪南取消了从他的前线调军给困境中的第1集团军的计划。当迪米特里耶夫的第 21 军和克鲁森施滕的兵团准备发动大规模攻击时，奥匈军截获了一份电报，得知了这些安排。于是，另一支后备部队——第 39 匈牙利地方防卫军步兵师——被派给了第 14 军，并立刻被部署到前线，让受到重创的第 3 步兵师后撤。这支后备队伍刚刚抵达就陷入了俄军的大规模进攻中，疲惫不堪的第 3 步兵师只能发动反攻，守住前沿。但是，当克鲁森施滕的兵团企图在桑河下游的布兰德维察强行渡河时，它遭遇到了卢德维希·福比尼少将指挥的第 8 步兵师。福比尼已经知道了截获的俄军电报内容，他的部下迅速粉碎了这次渡河行动。

康拉德终于接受根本无法在最后一刻反败为胜这一事实，现在关心的是自己的军队应该撤退到哪条防线。如果无法守住桑河防线，普热梅希尔就必然会再次被围。他因此不愿意让丹克尔的第 1 集团军撤退到桑河河口以南，因为这样会暴露约瑟夫·斐迪南第 4 集团军的左翼。然而，丹克尔应该撤退到哪条防线至少部分取决于兴登堡和鲁登道夫计划撤退到什么地方。早在 10 月 28 日，德军的这两位指挥官就已经讨论过一个建议，奥匈军队当时尚未在攻击伊凡格勒桥头堡过程中失败。他们决定利用德国一流的铁路网络将第 9 集团军的至少 2 个军运往北面。这 2 个军将在托恩周围集结，从那里攻击俄军的北翼。康拉德和奥匈统帅部基本不知道这些计划，只能催促兴登堡停止继续北撤，好让奥匈军守住桑河防线。第 10 军终于抵达第 1 集团军后方之后，被派去对付从多个桥头堡对丹克尔东翼造成威胁的俄军。但是丹克尔对于自己能否完成兴登堡或者康拉德的计划深表怀疑。他在 10 月 28 日告诉康拉德，自己的几个师已经减员到了只剩下七八千人，弹药严重短缺。他的集团军只有 11 个师，要想在长达 54 英里的前线顶住强大的俄军，可能性不大。他说，这样的防线最多只能坚守两三天。他催促康拉德允许他与德军联合撤退，守住克拉科的北面道路。康拉德回答说，这样的撤退会迫使维斯图拉河右岸的部队后撤到喀尔巴阡山脉，而这正是他希望避免的。他已经接受了普热梅希尔将再次被围困的可能性，并且已经命令要塞补足给养。他还给西线的法金汉发去了一份紧急电报，请求后者迅速将部队调往东线。

法金汉仍然决心在西线取得决定性胜利，自 10 月 20 日起，德军第 4 集团军和第 6 集团军就一直在伊普尔攻击英法防线。德军虽然伤亡惨重，却非常接近取得突破，有可能实现对英法防线的侧翼包围。在这种情况下，将大量兵力调往波兰绝不是法金汉愿意考虑的事。他给康拉德的回电很简短：他已经准备好与奥匈帝国的同仁讨论这些事，但他希望康拉德去柏林。至于增援，他命令调三个骑兵师归兴登堡指挥。在目前的情况中，康拉德根本无法去柏林，在终于得知兴登堡和鲁登道夫派出部队从托伦发动攻击之后，他做出了让步，将部队撤回到杜纳耶茨——比亚瓦防线。他们月初就是从那里出发的。他要求兴登堡不要再从奥匈军第 1 集团军左翼撤军。兴登堡万般无奈地同意了，除了早已指定的禁卫军预备军外，他让第 20 军暂时坚守凯尔采与诺沃拉多姆斯科之间的防线。

留在康拉德军中的另一支部队是沃伊尔施的地方防卫军。该军 11 月 2 日撤退到琴斯托霍瓦时，这位年迈的军长思考着自己与部下从战争之初穿过该镇一路西行到现在这几周内发生的事情：

> 就这样，我铁青着脸骑马进入琴斯托霍瓦，这次是自东向西，11周前我高高兴兴地从西面进入同一个小镇。军部所在地换了41处，军部所有人员实际行军745英里。士兵们行军的里程自然更长，而且他们没有住处，只能露天过夜。我这次还有什么没有经历过！我的地方防卫军发生了改变——他们的勇气与自信没有丝毫改变，在这方面没有谁比我的士兵更强，而军官和其他人员有所改变。塔尔玛夫卡，维斯图拉河畔的战斗，还有拉瓦战役，在那些年迈的核心军官身上留下了令人伤心的弹孔。

俄军推进到奥帕图夫卡河附近时，鲁登道夫预言成真，俄军因补给问题停下了脚步。德军撤退时已经摧毁了铁路线。诺克斯写道：

> 拉多姆与潘切夫之间的铁路彻底被毁。所有供水设施，每座桥梁旁、每一段河堤旁的饮水点都被每隔几码放置的炸药炸毁。

尼古拉知道德军撤退的速度快于他的军队的追击速度，也知道兴登堡和鲁登道夫有可能重复之前的做法，通过铁路重新部署军队，于是命令第4集团军和第9集团军强行突破奥帕图夫卡河防线。奥匈军队再次截获了通知第4集团军和第9集团军的电报，但这次电报加了密。丹克尔提醒康拉德，他的集团军面临西面遭到侧翼攻击的危险，如果他的部下无法坚守阵地，他们将被迫撤退到克拉科以东约30英里处维斯图拉河畔的什丘钦。这样一来，克拉科就会暴露在外，于是丹克尔接到命令，要不惜一切代价避免被钉在维斯图拉河边。然而，俄军致命一击落下来时，受到最大影响的却是丹克尔军离维斯图拉河最近的右翼，第10军在这里被俄禁卫军击退。第10军匆忙撤退后，又将丹克尔军中路第5军的右翼暴露了出来，它现在遭到了俄军第25军的猛烈攻击。虽然左边第1军的前线保持着安静，但俄军显然正在这里集结，准备发动进攻。于是，丹克尔不愿意冒险让早已严重减员的部队再遭受重大损失，并下令向尼达河撤退。

在维斯图拉河的另一边，康拉德的军队已经成功击退了俄军，只是付出的代价太高。现在，随着俄军从左岸渡河进入奥匈军的后方，康拉德别无选择，只能命令大撤退。10月即将过去，这场战争似乎对同盟国越来越不利。尽管血流成河，西线似乎正朝着陷入僵局的方向发展。奥匈军队仍在战场上与德军第8集团军和第9集团军并肩作战，但俄军重新部署并得到补给只是时间问题。然后，他们就能越过喀尔巴阡山脉进入匈牙利，或者占领克拉科后威胁奥地利和西里西亚。东普鲁士将变得无人问津。

与康拉德一样，鲁登道夫被召回柏林，并在10月底见到了法金汉：

> 我在柏林仿佛进入了另一个世界。自战争开始以来，我一直精神极度紧张，这与柏林的人群形成了巨大的反差。那

里人人追求挥霍与放纵，那里没有人关心我们困难重重的战局。这给我的印象很差，我感觉自己像个外国人。回到［切恩斯托绍］，重新回到战友们当中时，我如释重负。

法金汉告诉鲁登道夫，伊普尔的战斗仍然有望取得一场决定性的胜利。11月1日，柏林宣布批准兴登堡为东线总司令，兴登堡的身旁仍然是鲁登道夫。为了让兴登堡将精力集中在整个战线上，马肯森晋升为第9集团军司令。威廉皇帝同时给弗朗茨·约瑟夫皇帝发去了一份电报，请求维斯图拉河左岸的所有部队——也就是说兴登堡的部队和丹克尔的第1集团军——听从一个联合指挥部的调遣。弗朗茨·约瑟夫在听取了康拉德的意见后拒绝了这一请求，在给柏林的答复中称，将保证丹克尔的集团军与相邻德军之间有最密切的合作，没有必要进行任何指挥权的变更。看样子康拉德仍然对德军心存怨恨。为了让德军可以在法国赢得一场决定性的胜利，他将俄军大部引进加利西亚，并且为此牺牲了数万人，结果却发现德军无法兑现诺言。波兰境内的最新战况也令人非常失望，奥匈统帅部深信丹克尔的部队在伊凡格勒城外失利与他们自己的短处无关，完全是德禁卫军预备军不合作造成的结果。

但是，如果说德国的军方高层坚决要强行指挥东线战场的话，柏林的其他人有不同的解决办法。据奥地利官方战争史记载，柏林外交部次官阿瑟·齐默尔曼向奥匈帝国驻柏林大使戈特弗里德·霍恩洛厄建议，可以通过外交手段解决这个问题。或许可以任命弗雷德里克大公为东线总司令，鲁登道夫为他的参谋长。康拉德可以指挥奥匈军队，兴登堡或另一名德军将军可以指挥德军。11月4日，康拉德在新桑德兹的司令部中接到一份电报，里面简单介绍了这种安排，他反应冷淡。他坚持说，这种安排会让鲁登道夫掌握所有行动的决定权，而他本人只能无奈辞职。弗朗茨·约瑟夫与弗雷德里克大公沟通后向康拉德保证，他对总参谋长依然充满信心。法金汉、兴登堡或鲁登道夫显然对齐默尔曼的建议一无所知，该建议随即悄悄地石沉大海。

令人惊讶的是，康拉德直到11月3日才得知兴登堡将一些部队调往北面的计划。他向来对进攻战情有独钟，于是立刻建议从南面发动一次与之相配的进攻。这是乐观主义战胜现实的典型例子，因为他手下所有部队在各方面都严重不足——伤亡惨重，弹药和食品短缺，士兵健康状况堪忧，士气低落。俄军虽然追击德军的速度很慢，却成功给丹克尔的第1集团军施加了更大压力。到11月5日，丹克尔向奥匈统帅部报告，他预料次日将受到猛烈攻击，俄军会阻止他向西撤退，也会阻止他与左边的部队建立联系。就在此时，康拉德派驻在兴登堡处的联络官报告说，德禁卫军预备军将奉命向西里西亚边境撤退，而康拉德曾希望这支德军能够保护奥匈军第1集团军的左翼。在这种情况下，如果让第1集团军受到猛烈攻击，丹克尔就会面临被赶回到维斯图拉河边的风险，俄军则可以长驱直入前往克拉科。于是，康拉德命令丹克尔立刻向克拉科撤退。这个决定有可能造成丹克尔集团军与维斯图拉河右岸的奥匈部队之间出现一个缺口，于是他们奉命向西撤退。第2集团军将向喀尔巴阡山脉撤退，它的4个师和第3集团军的一些部队将从那里通过铁路被运往西面，与德军连成一片，确保第9集团军大部被重新部署在托恩周围。留下来守卫喀尔巴阡山脉山口的部队将听从第3集团军指挥。现在只能放弃10月份所有的战果，靠一条新防线熬过冬季。这条新防线沿喀尔巴阡山脉展开，直至克拉科。

在喀尔巴阡山麓，伯姆－埃尔莫利的几个师慢慢撤离了他们付出巨大代价后占领的地区。匈牙利骑兵帕尔·凯莱门在图尔卡附近参加了东翼的交战。11月4日黎明前，他和轻骑兵战友牵着马，与最后一批撤离的部队行走在冰冻的路面上：

> 路上有一些被遗弃的辎重车，马匹与押运员均不见踪影。我们刚从旁边经过，我就感觉到左膝盖被重重打了一下，我的马也受到了惊吓。我以为是在黑暗中撞到了什么东西上。我摸了一下膝盖，然后本能地将戴着手套的手凑到眼前。手套湿漉漉、热乎乎的，我随即感到钻心的剧痛。
>
> 莫戈尔骑着马，就在我身旁，我告诉他我可能中弹了。他立刻离开队列，看到我的马也受了伤，在腰部，伤势很轻。但是我和马都还能继续前进。再说，周围也没有地方可以躺下。这个地区没有救护站。如果去前线寻找步兵的救护站，那会比往前走危险得多，因为前线正在激烈交战……
>
> 太阳从东方升起，将灿烂的光芒洒向大地。晴朗的天空和深绿色的松林映衬出白雪皑皑的山脉。我感觉到大腿发肿……我脸色苍白，一只僵硬的手紧握着缰绳。我的坐骑很聪明，很通情达理，稳稳地穿行在雪堆之间。我们终于抵达了山口的南端，山脉挡住了狂风，道路不再布满冰雪。太阳

照亮了眼前的山谷，一片壮丽的景色。我们第一次看到了远处村子边缘的房屋。

我们在市场上遇到了瓦斯，他关心地问我们为什么来得这么晚……晚上，村小学被匆匆改成了救护站，瓦斯和莫戈尔一边一个陪伴着我，我骑马来到了学校门口。

我的视线开始模糊。我无法下马，左膝盖已经僵硬。卫生兵扶我下了马鞍，莫戈尔把马牵走。他们小心翼翼地把我放到地上，左膝盖碰到地上时，可以听到汇集在马鞍上的鲜血汩汩流淌的响声。我无法站立。像所有年轻人一样，瓦斯漫不经心地将化妆镜举到我眼前，我在镜子中看到了一张陌生、蜡黄的老脸。

第3集团军和第4集团军也开始撤离桑河，俄军在后面慢吞吞地追赶。科里特克知道迪米特里耶夫的部队缺少补给，便决定最后一次，至少用一场局部胜利来结束这场战役，于是将自己第17军的部队集合在一起，发动联合攻击。11月4日，他的军队突袭了俄军，在多个地点将他们赶回到了桑河边。他们俘虏了约2000名俄军士兵。此外，他们还缴获了24门俄国火炮，但科里特克的手下没有办法将火炮拖走，只能将其损坏，聊以自慰。次日，第17军和相邻的第9军撤退时再也没有遇到任何骚扰。

奥匈军撤退带来的一个必然后果便是普热梅希尔将再次被围困。11月4日，军方为了减少对城中有限补给的需求，命令平民撤离。经历过第一次围困的海伦娜·雅博翁斯卡目睹了整个过程：

这天早晨，宪兵和警察纷纷到来，命令大家立刻收拾东西。我们几乎只来得及将几件衣服装进包裹，牵着孩子的手，将财产背在背上后就跑。他们用步枪枪托残忍地推搡我们，根本不让我们休息。他们甚至将病人拖下床，包括一个怀抱5天大婴儿的妇女。他们催促一个老瘸子，他身上只裹了一条披肩，没有厚衣服，仿佛他只是一头猪……孩子们与家人分离。每个人都变得无情无义。一位母亲带着两个孩子登上了火车，可列车开动的时候，她3岁大的孩子却落在了车站。她想跳下车，但已经来不及了。

海伦娜·雅博翁斯卡与其他平民一起离开了这座城市，坐马车去了离要塞不到5英里的奥尔扎尼，却发现这座镇子已经因为战争而满目疮痍。有谣言说到处都有哥萨克巡逻队，她只好回到了普热梅希尔。11月10日，她得知要塞已再次被围。

德军和奥匈军队在10月份的战役并未取得持久战果。伤亡巨大，这两个国家损失了近9万士兵；与之相比，俄军的损失约为7万人。兴登堡和康拉德进攻时没有任何明确的目标或目的，而当俄军未能在维斯图拉河以西坚守和作战时，这场战役逐渐变成了寻找某种形式的决定性胜利的尝试，不管这种胜利是占领华沙、摧毁伊凡格勒的桥头堡，还是攻击布鲁西洛夫集团军的东翼。俄军也好不到哪里去。考虑到条件那么困难，他们将兵力重新部署在维斯图拉河沿岸是个了不起的成就，而且"俄罗斯压路机"终于出笼，却没有任何明确的方向。仅仅让"压路机"开动起来，其本身就被视为一个终结；然而，由于缺乏可以实现的目标，这些集结的军队只是在波兰平原上横冲直撞。尽管尼古拉大公催促前线指挥官果断进攻和挺进，他却发现自己在苦苦应对兵分两路带来的后果，越来越担心来自东普鲁士和西普鲁士的威胁。鲁茨基本能地过于谨慎，让俄军苦不堪言；他时常在德军兵力可以忽略不计时高估德军带给他的危险，认为德军会从西北打击他。当尼古拉大公试图用自己向德国本土推进的欲望来化解对德军反攻的担心时，俄统帅部下达的详细命令又常常自相矛盾，先是催促他们越过波兰向西里西亚推进，随后又越来越担心他们的侧翼。11月第一个星期结束时，伊万诺夫写道：

> 坦率地说，根本无法在统帅部的命令中发现一个准确的任务或者固定的目标。

这或许有一点不公平。伊万诺夫曾向尼古拉大公保证，桑河沿岸的奥匈军已经到了穷途末路，但奇怪的是俄军未能突破。他现在必须应对统帅部急躁的要求，尽快结束加利西亚战役。但是，由于两翼都可能会暴露在外，而且已经到了补给线的尽头，又穿过严重毁坏的地带向前推进，"俄罗斯压路机"在11月初停了下来。双方均停下来喘口气，为圣诞节前结束战争制订最后一战的计划。

第十三章

罗兹

COLLISION OF
EMPIRES
the war on the eastern
front in 1914

兴登堡、鲁登道夫或康拉德都愿意看到东线德军更加强大，不过现在至少有了预备军。像其他国家一样，战争爆发之后，德国平民的爱国主义情绪高涨，大量不在兵役范围内的男人主动报名参军。1914年秋，这些人被编成了新的部队，构成了6个预备军，番号从第22军直至第27军，每个军都有两三个步兵师。他们的作战能力比不上正规军，机枪、骑兵和火炮的配置也少于正规军，还缺乏正规军那样的训练和实战经验。尽管如此，对于一支原本准备速战速决如今却面临持久战的军队而言，他们仍然是有用的资源。

战争爆发时，第25预备军有名无实，直到第49后备步兵师和第50后备步兵师形成之后才正式接纳新兵。这两个步兵师共有26个步兵营，约3.2万人；与之形成对比的是，马肯森的第17军动员时就有约4万人。第25预备军在赖因哈德·弗赖赫尔·冯·谢菲尔－伯亚德尔中将的率领下，奉命去东普鲁士补充弗朗索瓦的第9集团军。谢菲尔已于1913年退役，之前曾任禁卫军参谋长和德国总参谋部的总军需官。人们普遍认为他能力超群、不屈不挠。

其他部队则是由德国东部边境的要塞驻军临时拼凑而成。鲁登道夫虽然很欢迎这些新组建的团和师，却对他们的作战能力不抱幻想，因为这些师的大量兵力来自战时后备军编队：

> 这些师团后来有了与正规军一样的番号，但这无法改变它们的性质。对他们提出的作战与行军要求应该不同于由年轻士兵构成的部队，但是在目前这种紧急状态中，我们无法进行区别对待。这些士兵的表现出乎我们的意料；他们为保卫祖国和自己的家园、妇女、儿童竭尽全力。

其中两个这样的师在贾乌多沃地区组建而成，最初合在一起被称作扎斯特罗军，后更名为第17预备军。托恩的驻军（第35预备师）在补充多个营的地方防卫军之后组建了冯·迪科胡特军。同样，在德军向维斯图拉河挺进时，波森驻军已经作为弗洛梅尔军的一部分被部署在了兴登堡集团军的左翼。这个军的地方防卫军部队没有行军炊具，军官们认为他们的早期目标之一就是从俄军手中夺取一些行军炊具，很快便愉快地成功了。最终，整个波森军组建完成，之后组建成功的是布雷斯劳军。

有了这些部队之后，就可以在德国东部边境设立一道防线——尽管该防线比较薄弱。马肯森的第9集团军通过铁路从目前守护西里西亚的驻地被调往托恩，而伯姆-埃尔莫利的第2集团军则开始抵达并接替它。在这条防线的对面，俄军越过波兰后终于停下来喘口气。俄军统帅部很清楚，需要在德军后撤至边境之前与德军打一场决定性的战斗。一旦到了德国的土地上，俄军就会处于补给线的末端，中间还隔着满目疮痍的波兰，因此俄军将很难取得一场决定性的胜利。然而，德军迅速撤退，俄军无法以相同的速度追击，再加上俄军的损耗，这一切造成了尼古拉大公的"压路机"停滞不前。前几个月的交战已经让俄军遭受重创，许多部队失去了久经沙场的军官。轻武器，尤其是火炮的弹药消耗远远高于战前估计，也远远超出了俄罗斯帝国工业的制造能力。虽然已经与外国公司签订了合同，但按期交货的可能性不大。英国与法国的公司正全力以赴，为自己的军队提供弹药，而且英法两国已经在俄军意识到自己遇到问题之前就给美国公司下了大量订单。即便外国制造商按期完成订单，将所订物资运抵俄罗斯帝国也是一个巨大的问题。俄罗斯传统上都通过德国或波罗的海进行大部分贸易，目前这两条路线均已关闭。摩尔曼斯克与阿奇安吉尔这两座城市在第二次世界大战中将变得异常重要，但从这两座城市通往别处的铁路在当时运量非常有限，了不起的西伯利亚大铁路也一样。西方公司无法交货，它们开出的价格一路飙升，这些随着战争的继续都引起了西方列强对俄罗斯帝国越来越强烈的怀疑。但造成弹药短缺的其他因素完全在于俄军本身。在战争前几个月中，俄军炮兵高级指挥官坚持将足够的弹药运往前线，但这些炮弹要么被浪费了，要么被各单位指挥官囤积了起来。几乎从战争一开始，前线指挥官们就痛苦地发现弹药消耗远高于预期。俄军估计自战争开始以来他们已经用完了整整一年的弹药产量，尽管大量弹药的确存放在"炮兵连队"中，通常是边境要塞，现在要么已大量减少，要么被要塞中的炮兵扣留了下来，因为炮兵们担心到了需要的时候将没有足够的库存炮弹，以致无法守住要塞。

到11月的第2周，在已经确定将进攻西里西亚的集团军中，炮兵部队的弹药只够维持4天战斗。

另一个严重短缺的是步枪。随着战争的继续，俄罗斯帝国的动员规模以及俄军遭受的伤亡，都远远大于预期。的确，在整个战争期间，俄罗斯帝国一直在竭尽全力生产足够的枪支，来装备所有军队。最终，为了减轻武器短缺问题，俄罗斯帝国的兵工厂奉命生产与缴获的奥地利武器相匹配的子弹和子弹匣。俄军向波兰平民发出告示，他们只要向俄军上交找到的任何武器，都能从俄军那里拿到钱。但是俄罗斯帝国的低效率再次出现问题，虽然俄军发出了公告，资金却迟迟没有到位，因而俄军无法为上交的武器付钱。结果，波兰人很快就对这个方案失去了兴趣。

与此同时，这场战争的规模正在扩大。土耳其在1912—1913年的巴尔干战争中落败之后，与德国建立了密切关系。德国向土耳其派出了一个规模较大的军事使团，由利曼·冯·桑德斯负责，弗里德里希·布龙萨特·冯·谢伦多夫担任他的参谋，帮助土耳其军队及其战争计划进行现代化改造。桑德斯的角色远远超出了军事使团团长的范围，尤其是在他出任伊斯坦布尔的土耳其第1军军长之后。这一安排导致了外交抗议，特别是俄罗斯帝国。德国外交人员试图要求桑德斯接受另一支部队的指挥官一职，以此来化解危机，但遭到了他的拒绝。他的理由是，既然要他担任军事使团的团长，那么他就必须待在伊斯坦布尔，他指挥的部队也必须在土耳其首都——而这正是俄罗斯帝国反对的依据。威廉皇帝晋升桑德斯为将军之后，这件事才得到解决。德国军官在土耳其担任比德国高一级的职务比较正常，结果他现在级别太高，不能再当军长，只能出任土耳其军队的总长。

桑德斯与谢伦多夫经常对立，却共同对土耳其军队进行了有效的现代化改造。谢伦多夫是土耳其后来迫害亚美尼亚基督徒事件中的关键人物，而他1919年对这件事的评论为第二次世界大战中发生的事埋下了可怕的伏笔：

> 离开祖国的亚美尼亚人与犹太人一样，就像一只寄生虫，吸食他所定居国家的福利。这也带来了仇恨，正是这种针对他的中世纪式的仇恨使他成为不受欢迎的人，并导致他遭到杀戮。

桑德斯和谢伦多夫促成了德土两国于8月2日草拟的一份秘密协定，要求土耳其在德国与俄罗斯帝国交战时向俄罗斯宣战。但是，土耳其苏丹没有在这份协定上签字，因此这份文件的合法性存在问题。反正土耳其在8月份也没有做好参战的准备，德国使团便为土耳其军队制订了针对俄罗斯（在安纳托利亚和高加索地区）和针对英国（在埃及）的计划。德国人相信同盟国将快速取得胜利，因此并没有要求土耳其执行秘密协定。虽然修改后的战争计划9月初就已经完成，亲德国的将军们也一再游说，苏丹仍然想保持中立。土耳其8月开始动员，但在此后数周内一直进行得非常混乱。最后，在10月29日，土耳其军官率领一支舰队——包括两艘德国旧战舰"戈本"号和"布雷斯劳"号——赶到了俄罗斯的黑海港口诺沃西比尔斯克。接下来的30分钟炮轰造成了大面积的破坏。俄罗斯帝国11月2日向土耳其宣战，数日后英国和法国也向土耳其宣战。

这给俄军带来了严重后果。尽管尼古拉大公有理由为目前这场战役的结果感到满意——奥匈军队再次被赶回到了喀尔巴阡山脉中，克拉科似乎已是俄军囊中之物，俄军大部队已经接近德国边境——他必须为土耳其有可能进攻俄罗斯留出余地。因此，他急于尽快取得一场胜利。如果能实现这一目标，就有可能以牺牲土耳其得到大量收获，甚至有可能占领伊斯坦布尔——这是俄罗斯长久以来的目标。英国和法国以前坚决反对俄罗斯企图占领博斯普鲁斯海峡，但如果俄罗斯帝国能够战胜德国，西方列强肯定不会再阻挠俄罗斯占领黑海口的野心。

俄军军营内对于下一步行动出现了分歧。所有人都同意需要趁着土耳其人尚未给俄罗斯南部边境施加重大压力时对其进行快速打击。前线指挥官们自然渴望能确保自己在他们所希望的这场战争的决定性战役中有出色表现。鲁茨基希望指挥对西里西亚和瓦尔塔河谷的攻击，动用第2集团军、第5集团军和第4集团军，同时让第10集团军和第1集团军征服东普鲁士。西南战线的伊万诺夫和阿列克谢耶夫想让奥匈帝国彻底退出这场战争，因此建议用第5集团军、第4集团军和第9集团军进攻克拉科。

尼古拉大公这次选择支持鲁茨基。第4集团军将调往西北战线，从西南面进攻西里西亚，并直接往西越过瓦尔塔河。第10集团军将坚守马祖里湖区对面的防线，而连年坎普夫的第1集团军将被部署在它的左翼，威胁通往东普鲁士的南面道路。在南面，第8集团军将试图强行通过喀尔巴阡山脉的山口，第11集团军将围困普热梅希尔，而第3集团军将向克拉科挺进。新进攻将在

11 月 14 日开始，俄军希望到那时，西南战线将完成它在加利西亚的行动。但是与维斯图拉河沿岸的交战情况相同，后勤问题对这一时间安排造成了影响，第 4 集团军报告由于食品短缺，将推迟至少一星期才能发动进攻。埃弗特坚持说，铁路遭到了敌军的严重破坏，如果没有补给，他的部下将无法向前推进。尼古拉命令用机动车将补给运往前线。即便他知道缺少这种车辆，知道路况非常差，他也只能对这些情况视而不见。

德军无论如何也不打算等俄军先行一步，但他们集中大量兵力的努力给东线指挥安排带来了出人意料的结果。穿过波兰快速撤退既没有影响第 9 集团军的士气，也没有影响其司令员的名声。这是俄军从挺进过程中缴获的信件中发现的。兴登堡和鲁登道夫认为保卫西里西亚的最佳办法是从西北面攻击俄军。为了实现这个目标，马肯森的第 9 集团军将第 9 军、第 17 军、第 20 军以及第 3 禁卫军步兵师调往了托恩地区，并将在那里得到第 1 集团军的兵力增援。弗朗索瓦调拨给马肯森的一支部队是第 1 预备军，另一支部队是第 25 预备军。鲁登道夫要求弗朗索瓦调拨给马肯森集团军的是他的老部下第 1 军，但是弗朗索瓦向来我行我素，决定留下自己的老部下，将新到的（装备较差的）预备军派过去。考虑到弗朗索瓦在坦嫩贝格战役之前与期间一系列违抗命令的行为，他这次违抗军令的行为过了头就不足为奇了。兴登堡撤销了他第 8 集团军司令的职务，由坦嫩贝格战役中第 1 预备军军长奥托·冯·贝洛接替他，坦嫩贝格战役中第 3 预备步兵师师长库尔特·冯·摩根接替冯·贝洛的职务。另外 5 个增援的骑兵师则从西线赶来。

据估计，需要 800 列火车才能将马肯森的所有部队运送到位。与每次的情况相同，国家铁路再次接受了挑战，每天发出 80 列火车。冯·沃伊尔施将军留下来指挥将马肯森的部队与克拉科附近奥匈部队连成一片的德军。康拉德虽然对加入进攻俄军的行动表现出了极大的热情，但鲁登道夫后来写道，直到这次行动开始前一天，大家才清楚奥匈军队将不参加这次作战。尽管西线还会有更多部队到来，但鲁登道夫和兴登堡均认为他们不能再等下去，因为俄军有可能察觉马肯森部队重新部署的情况，然后会将大量兵力调往该地区，造成马肯森无法取得进攻胜利，或者他们会开始越过瓦尔塔河，向西里西亚发动攻势。

俄军这边，主要的难题是处理德军焦土政策带来的后果。总军需官尤里·尼克弗洛维奇·丹尼洛夫亲自负责改善补给状况，确保每个地方都有补给站。在接到面包运抵前线时经常发霉的报告后，他命令每个军建立专门的烘烤点。弹药和武器更新仍然存在问题。鲁茨基知道这样的补给非常有限，但面对来自尼古拉大公的压力，他仍然不愿意为了让大量补给运到前线而推迟行动开始的时间。有一点让俄军指挥系统中的各级指挥官更加无奈：对于即将开始的行动，没有任何清晰说明。无论是鲁茨基还是尼古拉大公，既没有给出行动开始日期，也没有说明准确目的，因此无法评估储备的弹药和粮食是否足以满足下一场战斗之需。结果，由于无法确定他们应该将部队集结在何处来准备发动进攻，各位司令和军长只好一致将大多数部队部署在防线上。与之相比，兴登堡和鲁登道夫不顾一切地减少防线上的部队，以集结足够兵力进攻罗兹。马肯森的手下集结了总共 15 个步兵师和 5 个骑兵师，他们的对面大约有 24 个俄军步兵师和 8 个骑兵师。尼古拉大公一直拖延到很晚才命令鲁茨基开始为进攻西里西亚和瓦尔塔河谷集结部队，但鲁茨基过于谨慎，几乎没有执行命令。

11 月 10 日，就在俄军仍然为计划中的进攻犹豫不决时，马肯森召集各位军长开了最后一次会议。德军的行动计划很简单，从托恩地区向东南方向进攻，以切断罗兹与华沙之间的交通线。这样就能让罗兹成为一座孤城，德军就可以歼灭困在城内的俄军。谢德曼的第 2 集团军将在罗兹周围集结，德军侦察员准确地辨别出最北面的敌军就是俄军第 2 军，靠近列奇察小镇，位于俄军第 23 军东北方向，并且与之有一定距离。连年坎普夫的第 1 集团军位于第 2 军以东，沿维斯图拉河防线分布，直至弗沃茨瓦韦克。整个集团军分布在维斯图拉河两岸，部队移动时过河点很少，这给他带来了不便。不过，本该坚守这部分防线的第 5 西伯利亚军有许多部队仍未部署到位，德军因而有机会趁其防守薄弱时发动进攻：

> 一切取决于快速发动有力攻击，第一天就果断地行军抵达目标处。无论在什么地方遇到敌人，立刻对其发动攻击，不要在黄昏时停止攻击，而要重新开始进攻。如果遇到防御工事，只留下一些必要的队伍，用大部队去包围它们。

兴登堡和鲁登道夫保持着老毛奇关于指挥权移交学说的优良传统，只给马肯森下达了大致指示，具体的部署全部由马肯森自己安排。他的两个骑兵师已经出发前往库特诺，可以赶到俄军第 2 军的侧翼。次日,第 9 集团军的其余部队出发,第一个目标是趁第 5 西伯利亚军尚未沿维斯图拉河部署时对其进行打击。为了实现这个目标,第 1 预备军和第 25 预备军奉命将俄军困在阵地中,第 20 军则行军至卢布拉涅茨,从那里攻击第 5 西伯利亚军的侧翼。马肯森集团军的另外两支部队——第 17 军和第 11 军——将朝科宁方向行军。为了加强第 25 预备军的力量,马肯森从托恩驻军中抽调了几个机枪小组,分配给第 25 预备军,并且给它派去了大量已经在东线积累了丰富经验的军官和士官。

由于俄军仍然自弗沃茨瓦韦克向西部署,德军第 17 军和第 11 军的兵力调度几乎没有遇到抵抗。但是,两个预备军的先头部队立刻遭遇了第 5 西伯利亚军的抵抗。德军骑兵与第 20 军精诚合作,在卢布拉涅茨周围袭击了俄军。马肯森现在命令这两个骑兵师直接向东挺进,以确保俄军不会填补连年坎普夫的第 1 集团军与谢德曼的第 2 集团军之间的缺口。

连年坎普夫的侦察兵终于发现第 5 西伯利亚军面临的威胁,他请求获准调动第 6 西伯利亚军去支援其左翼。统帅部拒绝了,但连年坎普夫还是开始将架桥设备运到这个地区,全军因此可以按需在维斯图拉河两岸行动。第 5 西伯利亚军已经在 11 月 10 日开始挖掘防御工事,但由于铁锹不够,德军进攻时,挖掘工作进展有限,尤其是军长列昂尼德·西多林对于应该优先在什么地方修筑防御工事闪烁其词。结果,防御工事没有一处完成。面对敌众我寡的局面,俄军第 5 西伯利亚军只好撤退。

11 月 12 日,俄军加强了抵抗。尽管德军两个预备军在进攻俄守军时取得进展,但攻击弗沃茨瓦韦克阵地南翼的尝试受阻严重。随着时间的流逝，德军人数以及火炮上的优势开始显露，西多林的部队损失惨重，1000多名官兵沦为俘虏，只好向东南方向撤退。第5西伯利亚军与更靠近罗兹的第2军之间出现了一个大缺口，11月13日，马肯森的部队进入了开阔地带。德军截获的俄军无线电通信内容显示，俄军依然不清楚究竟发生了什么。他们知道西多林的部队已经被击退，但西北战线总军需官米哈伊尔·邦奇-布鲁耶维奇将军错误地认为进攻的德军或许只有两个师，并且将德军的胜利归咎为第5西伯利亚军由二线（因而较差）师团构成。第2军奉命向东北移动，第4西伯利亚军奉命前去支援第5西伯利亚军，但无线电通信证实，俄军将继续执行进攻西里西亚的计划，从11月14日开始。北翼将由连年坎普夫的第1集团军保护，防线沿维斯图拉河延伸。马肯森毫不犹豫地利用这一情况，命令全集团军在11月14日发动全面进攻。第11军将攻击俄军第23军的北翼，由于第2军已经前去防守连年坎普夫集团军的缺口，北翼完全暴露在外。第17军和第20军试图包围并歼灭俄军第2军，第1预备军和骑兵合成一个军，由冯·里希特霍芬指挥（他那同名同姓的侄儿已经在战争伊始率领骑兵发动过突袭，并且将成为名噪一时的王牌飞行员），将伏击并拦截第6西伯利亚军，防止其防线向西延伸。

11月14日爆发了激烈交战，俄军对德军兵力的幻想已经完全破灭。俄军第23军遭到了德军第11军的突袭，在几乎持续了一天一夜的战斗中被迫后退。俄军第2军遭到奉命将其击退的德军两个军的猛烈攻击，但是在第5西伯利亚军残部的帮助下成功守住了大部分阵地。马肯森接到的报告显示德军的胜利远小于实际情况。不过，他的老部下至少取得了局部胜利。一名军官后来描述了 11 月 14 日晚些时候的进攻情形：

> 在侧翼像往常一样安排了卫兵之后，全营下午 6 点 30 分沿着通往普涅沃的道路出发。由于轻松解决掉了俄军前哨，我们比较粗心，没有考虑会遇到猛烈抵抗，但这种幻觉很快便烟消云散。8 连遇到了前方约 300 米处俄军死守的战壕，并在那里遭到了重机枪和步枪射击。俄军在慌乱之中射击偏高，否则外来的这个连恐怕一个人也活不下来。幸运的是，路旁有一条宽沟，全连立刻躲了进去。我趴在地上，周围是 8 连。我看到 8 连不顾俄军战壕一刻不停的火力，在沟中形成作战阵势。一个个分队依次跳出沟，其余两队随即进入我们左边，几挺机枪不久也开始射击。鉴于俄军与我们在兵力上存在差距，根本无法交火，但俄军战壕的猛烈火力减弱了一点。从晚上 7 点至 10 点，我们营被困在这种不对称的交火中，没有火炮支援。最后，第一批炮弹从我们头顶飞过，落在了俄军战壕中。我们的火炮快速射出的炮弹和弹片也击中了俄军后方阵地，这在平坦的地形中清晰可见。面对炮火以及步兵的支援，俄军只坚持了很短时间便开始撤退，先是一个两个，然后是一队一队，最后是集体撤退。我们的机枪和步枪猛烈射击，弹片在俄军中横飞，撤退很快就变成了乱哄哄的逃跑。2 营第一个冲出战壕，他们俘虏了数百人，缴获了机枪和其他军事装备。
>
> 2 营尤其是 8 连损失较大……我们一路追击，［11 月 15

日］晚上 8 点 30 分抵达马塞夫。除了作战，我们这些天身体过于疲劳，各连队已经两天没吃［热东西］没睡了。

第 6 西伯利亚军试图向西移动，防守第 1 集团军与第 2 集团军之间的缺口，此时正好在维斯图拉河右岸，却在过河时遇到了大问题。只有一条渡船在河上运行，很快就坏了；河上虽然建了一座浮桥，但也在火炮过河时毁坏。一些部队过河之后，被一点一点地派往西面。摩根的第 1 预备军忙碌了整整一天，顶住了多次进攻，却从未受到严重威胁。丹尼洛夫对俄军指挥系统很有看法：

> 我们每个军的战斗营在数量上都多于德军，双方兵力旗鼓相当。但是在机动战中，更灵活的一方比对手更有优势；这正是德军能够集结部队而我们被打散的原因。德军火炮数量多于我们；他们预备师的作战素质也高于我们的预备师——第 5 西伯利亚军和第 6 西伯利亚军就是用预备师组建的。但是最重要的因素还在于发动进攻的德军始终由一个人指挥，而我们的军团来自相邻集团军，缺乏直接合作……必须说，即便违背直觉，也要死板地遵守命令，这种倾向令人遗憾地在我军中根深蒂固，因此，我不能过于责怪西北前线总司令。但如果所有参战的军团临时都归鲁茨基将军本人或者某位集团军司令指挥，或者归前线某位军长指挥，我们的情况或许会好得多。这样会确保行动一致，而行动一致在军事行动中必不可少；还能防止每个军向自己的集团军后撤，

以致极大地提高敌军突破［集团军之间］缝隙的能力。

11月15日，德军第17军和第20军击退了本该防守第1集团军与第2集团军之间缝隙的俄军。这天结束时，阿列克谢·丘林将军的第2军几乎完全瓦解，混乱地逃往库特诺，并穿过库特诺继续逃窜，数千人在这个过程中沦为俘虏。里希特霍芬的骑兵拼命追击，黄昏时占领了库特诺，又俘虏了1500名俄军官兵，其中许多人都是前几天战斗中的伤员。参加战斗的人当中有一名拉脱维亚军官，名叫约阿基姆·瓦采季斯，他后来被任命为苏联红军的第一任总司令。次日，德军骑兵主动出击，袭击了库特诺以东地区，俘虏了更多俄军官兵。他们惊喜地发现，俘虏当中还有科尔夫男爵——俄罗斯帝国驻华沙的文职总督。

虽然遇到挫折，鲁茨基依然相信攻击第1集团军与第2集团军之间缝隙的德军只是几支后备部队。他还是决心执行他所建议并得到尼古拉大公认可的进攻行动。他认为进攻的德军只是"预备军乌合之众"，不值一提。虽然俄军情报已经识别出了该地区德军所有主要部队，但他对这些情报置之不理，只是不耐烦地命令第5西伯利亚军和第6西伯利亚军以及第2军立刻摧毁德军。西多林冷酷地命令他受到重创的几个师向前推进；德军第1预备军粉碎了俄军的进攻，并击退了幸存者，又俘虏了5000名俄军官兵。11月16日，德军挺进到了布楚拉河对岸，连年坎普夫认为无论鲁茨基下达什么样的命令将阵线向西延伸，与第2集团军连成一片，他的首要任务都是防止德军向华沙挺进。但是马肯森根本不打算向东进攻到那样远的地方；他的目的是占领布楚拉河一线,然后转向南面或者西南面,进入威胁德军的俄军后方。他当天晚上在致家人的信中写道,无论是前线还是他的司令部,一切进展顺利:

> 我很好,作为集团军司令,一切进展得特别顺利。西普鲁士、波森和西里西亚不必再担心会受到俄罗斯帝国的入侵。在这些决定成败的日子里,上帝与我们同在。

11月16日一早,俄军下达命令,暂时放弃进攻西里西亚的计划,也放弃越过瓦尔塔河进攻波森的计划。谢德曼第2集团军的一些部队——第5集团军和第1集团军——尚未参加罗兹与维斯图拉河之间的战斗,现在奉命后撤至罗兹。第5集团军将与谢德曼的左翼连成一片,并且还将派它的第5军前往罗兹与华沙正中间的斯凯尔涅维采,充当后备部队。就连这一调动也遇到了阻碍;最终第5军只有一个师被派往东北。我们不清楚是谁下达了这些命令。丹尼洛夫暗示下达命令的是鲁茨基,但是第1军参谋长费奥德利·诺维茨基在回忆这场战斗时记录道,下达撤退命令的是谢德曼。他与第2集团军司令部核实了这道命令的真实性,结果得知德军已经穿插到东北面深处,而且速度至关重要。后勤部队堵塞了道路,但第1军和第4军还是设法在两天不到的时间里撤退了约30英里,并立刻奉命部署在罗兹东北。与丹尼洛夫的暗示相反,鲁茨基似乎不知道谢德曼的第2集团军已经撤往罗兹,尼古拉大公和俄军统帅部也被蒙在鼓里。尼古拉大公给鲁茨基发去了一份电报,怒气冲冲地说"对贵部一些高级指挥官的布置极度恼火"。鲁茨基回应说撤退是个错误，"此后的一切都由这个错误引起，详情不值得细说，令人沮丧"。

德军的无线电站继续截获俄军的通信，战争到了这个阶段，他们已经能够像俄军一样快速地破译俄军的通信内容。俄军这次的混乱状况给人呈现了一幅非常误导人的画面。最初截获的电文应该来自第2集团军，显示它即将撤离罗兹，而第二份电文来自尼古拉大公，命令部队留在原处。鲁登道夫深信打败俄军的时机已经成熟，便催促马肯森进攻罗兹，从东面切断该城市与外部的联系，孤立并歼灭集结在那里的敌军；第20军占领了斯特雷库夫，为这场攻势开了一个头。与此同时，鲁茨基和尼古拉大公仍在试图弄明白发生的一切，但是两人均同意发动进攻，以此来抵消德军迄今取得的胜利。连年坎普夫的第1集团军在东北，受到重创的第5西伯利亚军和第4西伯利亚军以及第2军在东部，其余部队则在西南集中在罗兹周围。

德军突袭罗兹的任务分配给了谢菲尔的第25预备军。由于它的一个步兵旅被派往了别处，它现在得到了利兹曼的第3禁卫军步兵师的增援。这些部队将行军至罗兹正东面约12英里处的布札希尼。利兹曼当然巴不得见到这样的行动，因为他的师已经不再属于禁卫军预备军；他与军长加尔维茨共事并不愉快。他年轻时曾在禁卫军中当过军官，因此看到手下行军去前线时，他为他们的态度感到自豪：

我们一定要参加这场关键之战，于是每天平均强行军30英里，并且穿过了"黑土"地带。地面吃透了雨水后非常潮湿，火炮与其他车辆会一直陷到车轴那里，经过大家合力拉出来之后才重新上路。从日出至日落，我们历经千辛万苦一直在行军，但士兵们的士气真是了不起！他们又在前进了！这些天来，我已经永远爱上了这些杰出的士兵。

俄军和奥匈军高级将领的回忆录中根本看不到这样的评价，这充分说明了东线不同国家之间存在的军队文化差异。

正当德军向罗兹以东挺进时，普勒韦命令他的第19军与第5军一起向斯凯尔涅维采行军。俄军在恶劣天气中达到了他们在更好条件中都很难达到的速度，两天内走了约40英里。

11月18日，谢菲尔在遭遇轻微抵抗后挺进至布扎希尼，在第6骑兵师的支援下，奉命从这里向南推进至贝德科，在他的西面，第20军和第27军包围了罗兹守军。双方在罗兹城郊区周围激战了一天，德军没有料到会遭遇如此顽强的抵抗，因此感到有些意外。俄军第1军其实已经接到命令，要求其从罗兹赶往布扎希尼；如果俄军第1军执行了该命令，德军第25预备军攻占罗兹的任务很可能会更加艰巨。但是，俄军第1军军长杜什科维奇上了年纪，而且在日俄战争中胸口受伤，必须经常躺在床上。他的参谋长诺维茨基认为如果执行命令，全军的北翼就会暴露在外，于是杜什科维奇听从了他的意见。结果，俄军第1军留在了原来的驻地，位于罗兹东北。谢菲尔的部队也面临着一场恶战。第3禁卫军师的一些部队激战之后占领了布扎希尼西南2英里处的马尔切夫，随后又击退了俄军发动的三次疯狂反攻。夜晚天气越来越冷，利兹曼的部下一路艰难跋涉来到战场后早已疲惫不堪，只好充分利用找到的一切能遮风挡雨的东西，并且安慰自己：他们虽然在马尔切夫有伤亡，但俄军的伤亡更大。不过，寒冷的天气也并非一无是处。布札希尼以北到处是山冈，但是部队往南推进后便进入了较为平坦的地区，这里港汊密布，还有一片沼泽草地。由于每天晚上有霜冻，这些草地会结冰，士兵们移动起来反而更方便。

连年坎普夫的集团军遭受损失后兵力有所减少，但现在途经华沙抵达的增援部队几乎全都归了他。尽管这样，统帅部不断催促他，连年坎普夫仍然无意攻击马肯森的部队，反而一再声称他必须守护通往华沙的道路。南面的伊万诺夫也不断罗列自己所面临的困难，以此来搪塞催促他进攻的命令。他坚持说，克拉科周围的奥匈守军难以战胜，大量敌军聚集在喀尔巴阡山脉沿线也意味着他南面的部队无法按照之前的计划进攻克拉科。谢德曼的第2集团军聚集在罗兹周围之后，唯一带有强烈作战意图的俄军似乎只有普勒韦的第5集团军，它拦截了向南挺进、企图切断俄军从罗兹向东交通线的德军。短暂交战之后，普勒韦终止了德军第25预备军的前进步伐，也让德军完全包围罗兹城的计划就此终结。与此同时，普勒韦集团军的一些部队抵挡住了地方防卫军，粉碎了它从罗兹西南方向包围该城的企图。

德军前几天一直掌控着战局，迫使俄军只能苦苦应对。随着战斗即将于11月19日在罗兹进入高潮，数不清的现实问题开始出现。波兰境内的俄军在数量上远远大于德军，即便是在罗兹附近，马肯森试图包围的俄军也远大于他自身的部队。俄军第5集团军攻击了罗兹西北的德军防线，击退了德军。在罗兹北面的其他地方，德军试图击退俄军，但遇到坚决抵抗后均未成功。不过，这种环境中的防御战并非总是这么简单：

> 主要由于天气原因，被动防御的条件非常困难。波兰11
> 月中旬通常会在早晨出现严重霜冻，给防御带来很大困难，
> 因为很难用早已破损的挖壕工具修筑战壕和掩体，而河流和
> 沼泽结冰后将为德军进入［防线中的］任何缺口提供极大方
> 便。我们也没有天然掩体。

战场这部分最重要的进展出现在朔尔茨将军第20军防守的
南端，也就是罗兹东北面。第72步兵旅试图攻击对面俄军的南翼，
贸然向南挺进后与朔尔茨的其余部队失去了联系。它虽然仍与更
南面的第25预备军有联系，却无法与自己的军部沟通，而俄军
立刻进入了这个缺口。

在罗兹以东，利兹曼的第3禁卫军师转向西面，冒着大雪前
往罗兹城，但现场指挥官们已经清晰地看到，他们不可能有太大
进展。遗憾的是，马肯森的司令部设在了离前线约90英里的霍
恩萨尔扎，只能依赖越来越支离破碎的各种报告。他原打算前往
伦捷察，但有人建议说鉴于波兰基础设施的落后状况，那里的通
信条件可能比这里更糟糕，于是他选择留在了原地，尤其是因为
罗兹周围的真实战况已经逐渐趋于明朗。德军截获了普勒韦发给
谢德曼的一份电报，普勒韦在电报中告诉后者，已经穿插到罗兹
以东的德军南端将在11月21日受到猛烈攻击，连年坎普夫也将
发动进攻。但是马肯森仍然决心坚持到底。尽管他面对的俄军具
有数量上的优势，他相信自己的部队作战能力更强。为了实现这

一目标，第 20 预备军和第 25 预备军将从侧翼攻击罗兹周围的俄国守军，给俄军以沉重打击。

利兹曼的禁卫军陷入了越来越艰苦的战斗中；尽管地面无比坚硬，俄军还是继续展现出他们掘壕死守的实力：

> 德顿（罗兹正东方约 6 英里）的战斗非常激烈。夜晚，俄军坚定地躲在村中，尤其是躲在一个庄园中，用机枪精准地射击进攻者。
>
> 我们停下了脚步，整个进攻看似将以失败告终。这时，莱尔团团长弗赖赫尔·冯·洪堡上校以及几位营长冲到了最前方，率领大家发起冲锋。上校身负重伤，后来被抬了回来。到晚上 9 点，我们旅占领了庄园及周围建筑，俘虏了 1000 多名俄军官兵，缴获了 6 挺机枪。

罗兹周围的力量平衡越来越向俄军倾斜，但德军暂时仍然有可能成功占领罗兹，消灭谢德曼的第 2 集团军。德军在罗兹周围施加的压力未能在 11 月 20 日取得任何效果，第 20 军扇面的缺口依然存在。对于朔尔茨而言，更糟糕的是连年坎普夫的第 1 集团军次日终于开始向前推进。俄军在洛维茨集结了一支部队，由弗拉基米尔·斯柳沙伦科将军指挥，包括他的第 2 军第 43 步兵旅、根宁斯的第 6 西伯利亚步兵师以及另外 3 个旅。这支部队现在开始从东北方向慢慢向罗兹挺进，企图填补第 1 集团军和第 2 集团军之间长达 30 英里的缺口，从而对德军第 20 军的后方造成威胁。这支部队虽然人数上占优势，但重型火炮较弱，几乎完全缺乏正常的军一级通信、医护和其他保障，大大降低了其长期作战的能力。

只有德军第19龙骑兵团在抵挡斯柳沙伦科的部队，但俄军根深蒂固的谨慎以及德军的抵抗限制了俄军的推进。不过，德军阵地面临的威胁必须得到解决，唯一的办法就是削弱罗兹对面的俄军。这个威胁太大，朔尔茨只好将自己的南翼后撤，这样一来他的全军面向西南、正南和正东，构成一条弧线。这不可避免地进一步扩大了第20军大部与第72步兵旅之间的缺口。谢菲尔的部队继续尝试从东面和东南面突破罗兹的俄军防线，得到第72步兵旅增援后的第3禁卫军师取得了有限的胜利，但是德军凸角周围其他地方也面临着压力，德军因而未能通过重新部署来扩大战果。

马肯森越来越难确定战场上的真实情况。由于天气多变，日照时间有限，空中侦察受限制，而且经常提供自相矛盾的报告。斯柳沙伦科手下的洛维茨部队从东北面发动的攻势似乎暂时受到了抑制。朔尔茨报告说，"考虑到敌军显然缺少充满活力的领导，进攻斯特雷库夫以及该镇以南的敌军并没有引起我们的重视"。的确，摩根的第1预备军原本应该进攻洛维茨，彻底消除来自那个方向的威胁。尽管前一天有获胜的报告，摩根却无法抵达该镇。当天傍晚，马肯森在日记中写道：

> 今天也未能取得想要的决定性胜利。敌军的抵抗过于顽强，这是一个勇敢的敌手在为自己的生存而战，因此也是意料中的事。但是对我们有利的决定性胜利即将到来。

或许是为了主动出击，德军派出一名军官，高举谈判旗，越过了前线。他带了一封信给俄军，要求他们投降。诺维茨基命令将这名德军军官当作俘虏来对待，因为俄军押送该军官过来时没有严格执行蒙住他的眼睛等严格规定。他后来写道，德军这样的要求可以理解：

坦率地说，我必须承认，11 月 21 日晚的情形非常严峻，我们的前景一片黑暗，许多人内心都觉得德军这一重大建议并非没有道理。但为了保持士气，我们尽量隐瞒德军的建议，甚至不让司令部知道……

我们感受到了巨大的压力，觉得一旦出现最糟糕的情况，我们将承担集团军遭遇厄运的责任。在这种情况下，我们本该得到司令部的鼎力支持，然而实际情况正好相反——我们焦躁不安，对我们接到的命令心存疑虑，任何暂时性的小失利（无论其多么无法避免）都会受到申饬。到了最后，由于担心我们隐瞒情报，上面居然派集团军行动处长维雅洛夫来监督我们。我个人很高兴有这么一个客人，因为他很友善，对我们的努力也没有不满。他深受司令部信任，因此可以证明我们确实已经竭尽全力。

俄军总军需官丹尼洛夫认为德军的投降要求有诈。他在战后所写的著作中认为该军官只是无意中闯进了俄军阵地，然后为了避免沦为俘虏，假称自己是谈判使者。

11 月 22 日，摩根向马肯森报告，他的第 1 预备军已经无力继续下去：

> 第 1 预备军一直在战斗。鉴于其极度疲劳以及遭受重大伤亡的现状，它很难再坚持下去。与之前一样，洛维茨仍然是我们的目标；无法保证一定能实现这一目标。

斯柳沙伦科的"洛维茨联队"在连年坎普夫和统帅部的催促下，开始更加主动地向前推进。联队分成三个纵队，往北前进至比拉维，往南前进至斯特雷库夫。第 6 西伯利亚步兵师是抵达的最后一支部队，正在尽快赶上。朔尔茨已经派出第 20 军的一些部队前去支援处于困境中的第 19 龙骑兵团，现在又向斯特雷库夫派出一个临时拼凑的旅，由莱富尔少将指挥。与此同时，谢菲尔将第 9 骑兵师的三个中队派往布札希尼，那里下午遭到猛烈攻击，攻击主力主要是在洛维茨联军南翼活动的哥萨克骑兵。第 3 禁卫军步兵师的野战总医院就位于该镇，里面有近 700 名伤员。其中一名伤员是冯·威茨曼少尉，他将尚能战斗的伤员组织成一个小组，成功顶住了俄军的先头部队，让野战医院向南转移。威茨曼与拼凑在一起的士兵掩护医院撤离，甚至还俘虏了 2 名俄军军官和 80 名士兵。

洛维茨联队大部继续向斯特雷库夫及北面区域挺进，根宁斯的第 6 西伯利亚步兵师则奉命支援布札希尼的哥萨克奇兵。第 6 西伯利亚师由于不清楚自己的纵队应该走哪些道路，也由于德军摧毁了桥梁，前进的速度很慢，天黑后才抵达目的地。他们试图占领布札希尼，却被谢菲尔派出的以骑兵为主的一小股德军击退。天一亮，俄军再次进攻，而且这次有了火炮支援。中午，德军开始撤退，匆忙之中留下了约 600 名俄军俘虏以及自己的几个人。

布札希尼落入俄军手中后，德军第 25 军实际上已经被切断了退路。一次原本打算在罗兹孤立大批俄军的行动已经变成了一场俄军孤立了大批德军的战役。马肯森接到前线报告，洛维茨联队的指挥无疑很不得力，他根据自己之前在坦嫩贝格以及马祖里湖区战斗的经验，认为俄军这种行动没有成功过。但是现在，到了下午两三点钟，朔尔茨只能将其左翼继续往后撤，以面对步步逼近的俄军。德军曾计划占领罗兹后歼灭俄军第 2 集团军，但是执行该计划的任何希望现在都已破灭。的确，如果俄军能够歼灭罗兹以东的德国孤军，整场战役就会在德军的灾难中结束。

马肯森给第 25 预备军发去电报，要求谢菲尔晚上中断与俄军的战斗，目的是次日攻击布札希尼。里希特霍芬的骑兵军将保护谢菲尔的后方。第 25 预备军及其附属部队的处境非常严峻。与北面的德军部队失去联系后，士兵们已经几乎弹尽粮绝；天气恶劣，大雪纷飞，而且此时这两支部队的士兵尚未领到冬装。谢菲尔此时大约有 3000 名伤员，还有之前俘虏的约 1 万名俄军官兵，他不想留下伤员和俘虏。11 月 22 日晚些时候，气温降到了零下 10 摄氏度，官兵们只能勉强依靠冰冷且有限的口粮充饥；至少严重霜冻能确保地面仍然结冰。黎明前，迷雾笼罩着战场，第 25 预备军得以悄悄中断了与俄军的交战。

洛维茨联军占领斯特雷库夫之后继续向西推进，迫使德军第 17 军从罗兹西北的阵地分出一些部队去比亚瓦，以保护其后方。

在这种情况下，我们可以理解一点：兴登堡司令部的第一参谋长霍夫曼与马肯森通了电话，建议第9集团军可以撤往伦捷察。但是马肯森决心坚持到底，至少坚持到谢菲尔成功突围。兴登堡随即询问第9集团军是否真的能守住阵地，马肯森的答复果断且直截了当：

> 集团军司令部仍然满怀希望，并且认为如果东线司令部能够考虑其根据现场观察结果得出的看法，司令部将感激不尽。集团军司令部将承担一切责任。如果根据目前局势给集团军司令部下达强制命令，而不考虑士兵们付出的超凡努力，那将是非常遗憾的事。

利兹曼和谢菲尔当时均对马肯森在没有前线最新情报的情况下从远方的司令部做决定很有批评意见；不过，马肯森仍然比兴登堡或鲁登道夫更了解情况。

负责西北战线后勤的丹尼洛夫将军（也叫"红色丹尼洛夫"，以区分"黑色丹尼洛夫"，即总军需官尤里·尼克弗洛维奇·丹尼洛夫）命令安排列车运送2万多名德军俘虏。谢菲尔军队投降已经在一些俄国圈子里被视为既成事实，而兴登堡之所以担心第9集团军其余部队的安全也是因为截获了丹尼洛夫关于即将俘虏大批德军的电报。然而即便是在已经占上风的时刻，俄军高级将领依然未能展现出足够的决心和自信。向来过于谨慎的鲁茨基向统帅部诉苦，说第2集团军和第5集团军在罗兹周围遭受重大损失，士兵们过于疲劳，而且更多德军部队正从遥远的西线运送过来——尽管这些部队数周后才能抵达。德军第 1 预备军虽然没有成功抵达洛维茨，但德军只要在这里取胜，就会切断进攻罗兹的俄军部队的交通线。于是，鲁茨基请求批准他将洛维茨联队撤往洛维茨，这实际上等于放弃俄军歼灭德军第 25 预备军的机会。统帅部接到这个请求时，总军需官丹尼洛夫将军大为震惊：

> 我走进电报室，听到了休斯电报机特有的嗒嗒声；我将永远不会忘记。我时刻准备接收突如其来的重要消息，因此看了一眼电报纸上的开头几段话，立刻惊呆了，仿佛一道深渊将聚集在冰冷、呆滞的电线一端的几个人分割了开来……在我的面前，电报机冷冰冰地打出了鲁茨基将军的电文："第 6 西伯利亚军几次尝试进攻均告失败……第 5 西伯利亚军完全无法发动进攻……损失已经接近有效兵力的 70%……德军新补充的兵力攻击普勒韦集团军的左翼和后方……德军从皮亚特克向洛维茨进攻……"
>
> 这是第 2 集团军和第 5 集团军后撤的信号，后果不堪设想。鲁茨基将军想在 11 月 24 日开始撤退——"不然就来不及了。"他报告说。
>
> 时至今日（1927 年某日），我仍然无法完全理解这个决定背后的动机，我次日竭尽全力来避免出现这种结果。我通过电报联系了西北战线的总军需官，结果发现鲁茨基将军满脑子想的都是新包围圈的事，这次是洛维茨方向，而且是谣传的西线过来的新敌军。这位将军已经对部下的作战能力完全失去了信心；他现在备受折磨，因为在洛维茨周围行动的

兵团（第 5 西伯利亚军和第 6 西伯利亚军）依靠不上……他的撤退将打开通往华沙的道路……

　　我答复［西北战线的总军需官］道，保护洛维茨地区的最佳办法或许就是用第 5 西伯利亚军和第 6 西伯利亚军发动猛烈进攻，因为根据我们对该地区双方兵力的计算，这两个军的人数至少是敌军的两倍；每次顶不住的几乎总是将领们，而不是士兵。因此，必须让一个意志坚强的人去带兵，并且发动进攻……此外，第 2 集团军的士气似乎已经恢复，看似不再那么低落。谢德曼将军已经致电大公："士兵们精神状态良好，正在英勇作战。这场困难的行动执行得非常勇敢，我对取胜充满信心。"

　　高估包围圈内德军的人数没有用。实际上，谢菲尔身边只有不到 11000 名作战人员，而俄军估计的德军人数从 2 万人直至 4 万人不等。当俄军统帅部向鲁茨基做出愤怒反应时，苏霍姆利诺夫从彼得格勒为自己的门徒出面干预，并且警告说如果没有及时撤退，有可能会重蹈 1905 年奉天战役的覆辙。普勒韦的军队正从西南对德军进行合围，因此他反对鲁茨基的撤退计划；连年坎普夫同样反对撤退，并且命令撤销斯柳沙伦科的职务，派彼得·舒瓦洛夫去接替他。但是，鲁茨基在撤退这件事情上毫不退让，还推翻了舒瓦洛夫出任洛维茨联军指挥官的决定，改派他的亲信瓦西里耶夫将军接替这一职务。连年坎普夫大发雷霆，驱车去格罗诺的第 2 军军部，亲自下达命令，继续进攻。从当时俄军高级将领的态度来看，这被视为鲁莽、不负责任的举动——与之相比，德国将军们经常去看望军长。在洛维茨联军指挥部一片混乱的期间，部队只能原地待命。一些部队已经抵达罗兹郊外，在自己的指挥系统出现混乱的情况下，他们只能听从谢德曼第2集团军的指挥。联军的其他部队（主要是第6西伯利亚师）在布札希尼以南沿铁路路堤建立阵地。这条以铁路构成的防线位置并不太好，因为俄军炮兵将无法支援所有守军，有些区域人员配备较少，而且没有足够重视侧翼的安全。与此同时，第43步兵师奉鲁茨基的命令向洛维茨撤退。

包围圈中的谢菲尔已经将自己的部队组织成了三个纵队。利兹曼的第3禁卫军步兵师将组成左边的纵队，离罗兹最近；第49预备师组成中路纵队；第50预备师则在右边保护东翼。后方的里希特霍芬的骑兵作为后卫部队主动出击，打出了德军骑兵自战争开始以来最有效的战斗。他们向北前进时，主力纵队在布札希尼遭遇了俄军第6西伯利亚师的先锋。俄军完全在糊里糊涂地行动；这个师没有该地区的地图，只能向当地人问路。谢菲尔中路纵队的先锋陷入越来越激烈的战斗中，直到援军到来，迫使俄军后撤。得到增援的德军先锋追击时又遭遇了俄军第17龙骑兵团勇敢的反攻。第49预备师师长冯·温克尔将军亲自组织所有人，击退了俄军骑兵；战斗结束时，阵亡官兵中就有这位将军。战斗持续了一天，德军先锋在弹药不足的情况下被击败。夜幕降临，第6西伯利亚师后撤，躲进了布札希尼周围的阵地中。

稍微西面一点，利兹曼的第3禁卫军师往北出发，略晚于谢菲尔的其他部队。这个师前几天分成了三个部分，利兹曼担心撤退命令没有抵达所有部队，尤其是偏西北方向冯·弗里德堡少将指挥的步兵旅。此外，禁卫军与第 25 预备军之间的通信断断续续了一天，现在完全中断。全师的战斗力只剩下大约 4000 支步枪，利兹曼一直等到后卫部队赶到，由于耽搁了一下，他们突然遭到俄军从罗兹郊外发起的攻击。炮弹落在后勤部队的辎重车上，押运员纷纷越过开阔地带向东跑，躲避炮火。第 3 禁卫军师击退俄军后开始向北前进。这无意间与谢菲尔要求它构成德军西面纵队的计划不谋而合，他进入了加沃科夫附近的林地，多次突破一群群俄军步兵的阵地：

> 然后，我们——我和各位参谋——骑马进入林地。有半个排的步兵陪伴着我们，师部军法官也在其中充当步兵。我们头顶上，俄军炮弹呼啸而过；我们脚下，身负重伤的西伯利亚士兵躺在地上呻吟。不断出现掉队的敌军士兵，尤其是林木较为茂密的地方。突然，我身旁的弗赖赫尔·冯·克拉内中尉从枪套中拔出毛瑟手枪，大喊一声"把他们交给我！"——他那双敏锐的眼睛看到我们前面的灌木丛中有灰色的西伯利亚毡帽。大约十多个西伯利亚人爬了出来，放下武器，举起双手，向这名年轻军官投降。

利兹曼不清楚第 25 预备军其余部队具体的计划，决定趁着夜色继续前进，打算在黎明前抵达布札希尼。他根据从谢菲尔那里收到的最后几份电报，正确地估计到第 25 预备军的主要撤退线路仍然会穿过该镇。一些过度疲劳的掉队者在夜晚脱离了队伍，其他人只要一停下脚步就会倒在雪地上睡着，但是在凌晨前，利兹曼的部下抵达了加沃科夫：

> 过去一段时间，我们连夜作战，再加上饥饿与严寒，我
> 们所有人吃尽了苦头。我们精疲力竭，在翻耕过的冰冻田野
> 中蹒跚而行，摔倒后爬起来继续前进。我们的热情和信心从
> 未减少。我们感觉自己正取得胜利。
>
> 我们抵达并包围了加沃科夫村。俄军正在睡觉，结果
> 一个个被拖出屋，成了俘虏。我们随后冒着冬夜的严寒继
> 续前进。

再往南，俄军试图突破里希特霍芬的骑兵保护圈，却被轻易
击退。普勒韦的部队似乎担心谢菲尔有可能集中兵力攻击西面，
尝试冲出包围圈，然后绕过罗兹向南而去。在缺乏上级明确指示
的情况下，普勒韦的部队将这天的大部分时间花在了防止被包围
上。连年坎普夫和马肯森均未得到这些战况的清晰情报，俄军高
级将领们也没有得到。结果，布扎希尼南面发生战斗的消息本该
让俄军第5集团军意识到谢菲尔正朝北而不是朝西前进，却没有
传出去。

11月24日，马肯森收到了一些战况报告，但是没有一份报
告令人鼓舞。谢菲尔发来了无线电报，告诉马肯森他的部队已经
被包围，估计俄军有两个师在阻挡他们通过布扎希尼突围；他们
已经弹尽粮绝。截获的俄军无线电通信内容显示，诺维科夫的骑
兵军正准备攻击谢菲尔的后方，俄军已经准备了多达60列火车
来拉走预料中的俘虏。为了帮助包围圈中的部队，马肯森命令摩

根向布札希尼派出他的第1预备军的一些部队。摩根知道自己的部下一直在通往洛维茨的道路上作战，如今已极度疲劳，因此他回答说他怀疑这样的行动是否能成功；再说，他的军团整个前线现在正遭到攻击，他也几乎没有多余的部队。

利兹曼的师黎明前抵达了布札希尼：

> 攻击将是压倒性的，而且会很突然，直接攻击该镇的西部。我们枪没上膛就出发了。
>
> 我们用刺刀制服了一名俄军哨兵，没有打一枪就进了镇。由于这个胜利，我们顿时来了精神；我们穿过漆黑的街道前进。掷弹兵和燧发枪兵踢开左右两边的屋门，将睡梦中的俄军士兵拉了出来。那些试图反抗的人也被悄悄制服……但是市场那边爆发了激烈战斗。俄军终于醒来，从门窗后面开火。我们消灭了他们，并且迅速拿下了市场周围的房屋。

俄洛维茨联队指挥官瓦西里耶夫差一点沦为俘虏。第3禁卫师的行军路线经过了阻击谢菲尔中路纵队的俄军的侧翼，这些俄军与东面过来的部队一起，不到一小时就发动了反攻。当第3禁卫师发现又有步兵纵队从西北逼近时，已经弹尽粮绝的士兵们肯定认为自己就要完蛋了。他们惊喜地看到这个纵队其实是失踪的弗里德堡旅。全师在同一个地点会合之后，迅速击退了俄军的反攻。

与此同时，俄军第5集团军终于知道德军已经撤出前线，于是将情况报告给了司令部。鉴于洛维茨联队（大部分都是鲁茨基的部下）混乱的指挥状况，这是鲁茨基接到的第一份真实的战况报告，我们对此可以理解。他一改之前的谨慎态度，立刻下令向后撤的德军发动全面进攻，并且告诉部下被围的敌军已四处分散，正想从多个点突围。这种武断的看法根本没有任何证据，连年坎普夫仍然担心德军威胁洛维茨。于是，尽管他之前对洛维茨联队的进攻表现出了短暂的热情，但他现在不愿意听从鲁茨基的命令，匆匆派兵与布札希尼的军队连成一片。只有普勒韦似乎完全明白所发生的一切，但他的部队远在南面，无法赶到布札希尼参战。

参与作战的俄军部队普遍指挥混乱。我们只需对前几天一些主要事件进行简短总结，就能看到鲁茨基在几个极端之间摇摆不定。11 月 22 日，他催促部下准备攻击德军，却没有具体说明在何处发动进攻。次日晚上，他取消了原定的进攻计划，但数小时内又下达了新命令，主要是进攻罗兹以北。同一天，这些命令又有所扩大，包括向布札希尼的第 6 西伯利亚步兵师增援，然而数小时内这道命令又被推迟。谢德曼的部下在防守罗兹周边地区过程中损失惨重，巴不得有理由不必发动进攻，只有普勒韦似乎决心有所行动——但正如上文所述，里希特霍芬的骑兵表现出的咄咄态势令他的许多部下望而生畏，对他的催促置之不理，反而采用了防御阵势。

在布札希尼，利兹曼及其手下可以听到南面有交战声。第 49 后备步兵师在第 3 禁卫师一些部队的支援下，已经开始攻击加沃科夫附近的铁路路堤——加沃科夫现在重新回到了俄军手中。根宁斯的第 6 西伯利亚步兵师成了阻止德军突围的唯一一支俄军主要部队。瓦西里耶夫已经命令手下其余部队在该地区集结，但只有一个团听从他的调遣。马肯森为了支援突围，指挥第20军和第1预备军的一些部队攻击构成包围圈的俄军，这分散了许多现场指挥官的注意力。他们指挥士兵进入可以抵挡德军从北面发动攻势的阵地中，而不是防范包围圈内的德军突围。虽然这些举措并非没有道理，一些部队（比如俄军第43步兵师）在这关键的一天无缘无故地留在原处按兵不动，全然不顾瓦西里耶夫的命令。拦截谢菲尔撤退路线的第6西伯利亚步兵师最多只有一个团的兵力，而且几乎群龙无首。师长根宁斯已经完全精神崩溃，战场上唯一坚定的指挥官是该师第6炮兵旅旅长泽林斯基将军。对于俄军而言，遗憾的是军中不同派系之间的钩心斗角，泽林斯基作为炮兵对步兵战术和配置情况知之甚少，他的火炮与步兵之间的协作自然也很糟糕。

不过，俄军士兵作战非常英勇。俄军猛烈的火力迅速终止了德军的进攻，从西面逼近的俄军士兵威胁着第49预备师的侧翼。这些士兵其实是第63步兵师的一个营，并没有参与战斗；他们接近战场后停下脚步，然后莫名其妙地向西后撤。泽林斯基的火炮给德军攻击波后面的辎重车辆纵队造成了巨大损失，大队俄军俘虏被俄军炮兵误认为是德军士兵，也遭到了炮火袭击，伤亡惨重。德军进攻停滞不前时，两名勇敢的传令兵骑自行车来到第25预备军军部，报告利兹曼已经成功占领布札希尼。但形势依然严峻，冯·蒂森豪森少将在前师长阵亡后出任第49预备师师长，他在给谢菲尔的信中写道：

毫无疑问：如果我们熬不过今天，我们要么会战死疆场，要么会被送往西伯利亚。

稍微东面一点，汉斯·冯·德尔·戈尔茨将军已经命令他的第50后备步兵师向布扎希尼推进。他只遇到了少量抵抗，这多少有些出乎他的意料。他听到左边有激战的动静，并命令手下过去支援——第49后备步兵师在那里发动的进攻陷入了僵局。正当德军攻击俄守军的侧翼时，利兹曼赶过来与戈尔茨会合，这两个人注视着第50后备步兵师的炮火迅速摧毁俄军火炮，然后再转而炮轰俄军战壕。到中午，俄军在铁路路堤旁的所有阵地均落入德军之手。德军又俘虏了800名俄军官兵，缴获了8门火炮。一天前德军第49后备步兵师的先锋溃败时失去的几门德国火炮也被重新夺回。第3禁卫师的一些部队将最后的炮弹射向了南面，俄军第6西伯利亚步兵师从此退出了历史舞台。瓦西里耶夫登上一列装甲火车，冒着德军的炮火逃离了战场，根宁斯则在自己的师团溃败时完全崩溃。泽林斯基逃离战场后向北而去，沦为了德军的俘虏。傍晚，所有德军在布扎希尼会合。里希特霍芬的骑兵继续出色地完成殿后任务，在成功抵挡住诺维科夫指挥的俄军骑兵的追击之后，当天晚些时候也赶到了布扎希尼。

谢菲尔指挥的包围圈就此结束。德军第20军从北面施加压力，第2预备军也集结了足够兵力在俄军后方攻击斯特雷库夫。俄军第2军军长阿列克谢·丘林尚未从部下在过去一周中受到的重创中恢复过来，一看到德军构成的威胁就宣布他守不住斯特雷库夫，甚至要求根宁斯和溃不成军的第6西伯利亚步兵师残部来支援他。丘林的参谋长请求他坚守阵地，指出一场大捷正从俄军指缝中流失，但是没有用。

在罗兹，第1军参谋长诺维茨基一直在高效地指挥该军，却在11月24日突然接到命令，要求其尽早进攻布扎希尼。诺维茨基意识到这样的行动将会在他的部队与相邻的第2西伯利亚军之间打开一个缺口，因此要求谢德曼的司令部证实该命令，并且就如何保护侧翼下达指示。由于没有得到答复，他让部队原地待命，而这些部队已经遭到德军第20军的攻击——这是德军帮助第25预备军的计划的一部分。诺维茨基后来得知，普勒韦气急败坏，给谢德曼发去了详细建议，准确地指出应该派哪些部队去攻击布扎希尼或者攻击德军第25预备军。但是，第2集团军司令部对这份电报置之不理，直到次日，但此时已为时太晚。不过，谢德曼确实有错，诺维茨基拒绝主动行动也对俄军的全面失败负有责任。

面对完全凭空想象出来的威胁，丘林放弃了斯特雷库夫，让谢菲尔与第20军连成一片。除了伤员之外，获胜的第25预备军带回了12000多名俄军俘虏，其中许多都是在突围期间抓住的，并且缴获了64门俄军火炮。63岁的谢菲尔将军72小时没有合过眼，几乎每一个关键时刻都亲临现场，鼓励并带领士兵们成功突围。利兹曼也常常去前线，与步枪手们在一起，鼓励他们不顾疲倦、饥饿和寒冷，一定要冲出包围圈。加尔维茨或许怀疑过任命一个60多岁的人做师长是否正确，他的这种怀疑如今已显然证明是错的。也许唯一的污点是德军让俄军俘虏拖拉许多后方部队的辎重车以及缴获的俄军火炮。

11月25日，德军突围成功后，谢德曼按照普勒韦的建议下达命令，向布札希尼发动进攻。诺维茨基去罗兹见集团军司令，指出这种行动为时已晚：

> 我走进他的办公室时，他已经穿戴整齐，准备出发。他说他要紧急赶往帕比亚尼采去见普勒韦，并警告我要简明扼要。我报告了战况，然后真诚地恳求谢德曼放弃攻打布札希尼的计划，因为那不会有好结果；我们只会集中兵力去攻打一座空城。谢德曼看似很沮丧，彬彬有礼地耐心听我说完，然后说他虽然相信我说的一切，但他无法改变计划，因为普勒韦已经铁了心要发动进攻。谢德曼补充说，普勒韦相信布札希尼的德军中有两个德国王子——约阿希姆和奥斯卡（威廉皇帝之子），我们要不惜一切代价抓住他们。

鉴于这两个王子当时分别为 16 岁和 14 岁，任何对德皇家庭生活稍微有所了解的人都会认为这种说法荒唐可笑。虽然上面不断给他的军团施加压力，诺维茨基还是很难集结足够兵力发动有意义的进攻。他接到了谢德曼司令部接二连三打来的电话，焦急地询问为什么进攻还没有开始。他劝告第 2 集团军参谋长，司令部的参谋们不应该下达无法执行的命令，而应该让上司知道真实情况。参谋长告诉他，普勒韦希望不惜一切代价发动进攻——必须抓获那两个德国王子。

他们终于发动攻势时，第 1 军的士兵们几乎没有遭遇抵抗——谢菲尔以及手下已经向北撤退。然而，俄军的推进速度依然很慢，一停下脚步就立刻寻找藏身之处。诺维茨基试图催促他们加快步伐，但军长杜什科维奇显然更关心如何为即将到来的夜晚找到一个暖和的住处。反正也没有什么可做的。德军已经撤离，战斗已经结束。

1930 年，诺维茨基在评价德军在罗兹的表现时总结了这次战斗，他认为德军具有一些优点，而这些优点更加凸显了俄军的弱点：

最近有一种倾向，贬低德军的表现，并试图证明他们不像我们当时所想的那样有能力……但我认为任何人只要保持客观公正，在研究德军在罗兹战斗中的表现时，都会情不自禁地流露出惊讶之情，我甚至可以说钦佩之情。德国人说他们不仅光荣地突围，而且在战斗中表现出了极大的决心，没有给敌人留下任何战利品，甚至还缴获了大量战利品；与我们相比，他们展现了高超的领导能力，作战部队与后方部队也都异常勇猛。对于德国人的这些说法，我本人深信不疑。

至于德军的优点，首先是他们将领的巨大道德勇气，他们毫不犹豫地承担责任；其次是各级指挥官对整个战局的理解与主动出击的精神，导致了他们行动的一致性；最后是对目标的清晰阐述，以及他们为达到目的始终不渝的坚持精神。

利兹曼对于身陷包围圈中的德军取胜的原因也发表了自己的看法：

我经常问自己，我的第 3 禁卫军步兵师的胜利应该归功于谁，我得出的结论是，上帝的垂青，士兵们的素质、出色的训练，尤其是他们崇高的道德力量，所有这一切带来了良好的结果。对祖国永远不变的热爱、强烈的荣誉感、英勇的自我牺牲、钢铁般的纪律、出色的战友之情、决不动摇的获胜意志，这一切构成了当时德军各级官兵的道德力量。正是由于这种精神，胜利才在我们身处绝境时偏向了我们。

对双方伤亡人数的估计有些偏颇。1914 年，《纽约时报》报道德军损失多达 16 万人，俄军为 12 万人，但这篇报道明显带有偏袒俄军的色彩。这个估计似乎包含了俄军期望抓获的德军俘虏人数，并且低估了俄军损失。德军的首要目标是防止俄军入侵德国领土，因此在这一点上是个胜利。不过，行动过程中出现了能够给谢德曼第 2 集团军以致命打击的机会，在围歼俄军的过程中，德军第 25 预备军陷入了俄军的包围之中。俄军声称自己获胜，因为他们认为自己成功击退了德军对华沙的进攻，但马肯森从来没有这个打算。洛维茨联军包围德军第 25 预备军并非任何清晰计划的一部分——这支快速集结的部队进攻罗兹完全是为了减少谢德曼周围的压力。俄军包围了谢菲尔的部队后，缺乏协调，缺乏消灭德军的决心。似乎只有普勒韦清楚消灭被围德军的重要性，但就连他的部队在追击过程中也拖拉迟缓，让里希特霍芬的骑兵将他们挡在了咫尺之外。

德军第 25 预备军成功突围有几个原因：俄军第 1 集团军、第 2 集团军和第 5 集团军之间缺乏协调；洛维茨联队极度混乱的指挥；鲁茨基在根深蒂固的谨慎与几乎冲动地下令全面进攻之间摇摆不定。谢菲尔在遭到包围后迅速且果断的反应也起到了重大作用，与俄军第2集团军在坦嫩贝格战役最后阶段中完全缺乏协调一致的指挥形成了鲜明对比。早在诺维茨基极不情愿地承认被围的德军所展现出的技术与优点之前，德军高层就已经这样做了。马肯森、谢菲尔和利兹曼因为在这场战斗中的杰出表现，均荣获了大铁十字勋章。利兹曼还因为赫赫战功得到了"布扎希尼之狮"的绰号。

甚至在战争结束之前，这场战斗就已经演变成了一个神话。俄罗斯人将它视为证明沙皇军队一无是处的一个典型事例，而且有一定的道理。在法国北部和比利时西部陷入血腥僵局，而且这种战况主宰着这场战争之时，德国人急于庆祝任何胜利；与坦嫩贝格战役已经演变成一种狂热崇拜一样，罗兹的故事迅速从神奇的逃脱灾难变成了一场了不起的胜利。但是这场战斗最深远的意义在于它对两军的心理影响。在19世纪美国南北战争期间，罗伯特·E.李的北弗吉尼亚军在一系列战斗中的杰出表现让联邦将军们充满了敬畏，导致他们一再无法充分利用战术和战斗中的优势。到罗兹战役结束时，俄军在战前就对德军持有的态度同样也充满了敬畏。德军在坦嫩贝格和马祖里战役之后早已视俄军为手下败将，如今更是越来越蔑视他们。

第十四章

首个圣诞节

COLLISION OF
EMPIRES
the war on the eastern
front in 1914

秋去冬来，所有在西线取得决定性胜利的希望都在伊普尔的泥浆和杀戮中化作了泡影。德军虽然将英国远征军逼到了极限，却未能取得他们迫切需要的突破。他们如果想实现战前的战略，即先取得西线胜利，然后集中兵力转向东线，就必须取得难以实现的突破。法金汉虽然坚信最终只能在西线取得这场战争的胜利，现在也必须考虑向东线调派部队，哪怕只是防止俄军利用数量上的优势带来同盟国阵营的崩溃。甚至在罗兹战斗打响之前，除了第 25 预备军外，还有几个骑兵师就已经调往了东线，之后又有其他部队陆续被派往东线。第 2 军、第 13 军、第 3 预备军和第 24 预备军全都登上了前往波兰的火车，它们将在那里被部署到战线中。此外，第 1 步兵师终于从第 8 集团军调入了马肯森的麾下。

德军在罗兹周围的战斗中伤亡很大，利兹曼 11 月 25 日视察一个团时，发现这个团只剩下四个兵力不足的连队。他写道：

团长是舒伦伯格伯爵，他和五名军官当时正站在大路上。我请他将所有军官集合在一起，我要感谢他们在过去几天中取得的胜利。但是他们已经"集合"了；他们告诉我，除了这五名军官以及陪同德利乌斯上尉和忙于其他事务的几名军官外，其他军官或已阵亡，或已受伤。我心中十分难受。

在罗兹那惊心动魄的数日战斗中，位于南面阵地中的德军和奥匈军保卫着西里西亚和波森，但他们也遭到了俄军断断续续的攻击，只是俄军力量弱于预期。他们击退了俄军的所有进攻，但是当德国皇帝视察沃伊尔施的地方防卫军时，前线的战斗仍然很激烈，威廉皇帝无法去战壕看望士兵。这是沃伊尔施引以为荣的一天。他在军部集合了军中 500 多名军官，都是各个连和各个营的代表，让他们与威廉皇帝共进午餐：

> 下午 1 点，城堡的大厅中摆好了桌子，皇帝陛下与离他最近的人聊天，态度和蔼可亲。最高司令在这里不是皇帝，而是回到战友当中的一名战友。

尽管雄心勃勃，充满期望，到了战争的这个阶段，威廉皇帝已经在德军制定决策的过程中被边缘化。考虑到他的性格，这种结果并不令人感到意外：

> ［他］天赋很高，领悟力强，有时非常聪明，热衷于一切现代的东西——技术、工业、科学，但他同时也很肤浅、轻率、浮躁、心神不定，缺乏庄重，缺乏做成事情所需的意志或决心，缺乏冷静、平衡和界限，甚至对于现实和真实存在的问题，他也缺乏驾驭能力，几乎不会从经验中吸取教训，

只会一味追求赞扬和成功——正如俾斯麦对他早年生活的评价，他希望每天都过生日——浪漫、多愁善感、夸张做作、缺乏信心、傲慢，自信心和出风头的欲望无限膨胀，不成熟的候补军官，时刻将军官们的脏话挂在嘴边上，厚颜无耻地想扮演最高司令的角色。

威廉现在已经沦落到了名义领袖的地步，只要法金汉司令部里有人愿意听他说话，或者愿意给他一点时间，他就会可怜巴巴地对人家感激不尽。不过他在前线依然很受欢迎，这次更是利用视察机会将沃伊尔施提升为上将。

虽然他的部下没有直接参加罗兹周围的战斗，沃伊尔施还是竭尽所能减轻马肯森的压力。空中侦察显示地方防卫军防区的北部出现了俄军第3高加索军，当俄军这支部队出现北上增援罗兹周围俄军的迹象时，沃伊尔施立刻率领第1禁卫军预备师以及现在由他指挥的奥匈军第27步兵师对其发动了猛烈攻击。俄军最终被迫让第3高加索军留在原处。伯姆－埃尔莫利的第2集团军也奉命发动进攻，用它的第4军直接攻击俄军第4集团军与第5集团军之间的缝隙，目的是充分利用俄军前线的薄弱状态，因为俄军正匆匆朝北赶往罗兹。第4军军长特尔斯扬斯基将军起初以为自己面对的只有一个步兵师和三个骑兵师，但侦察兵很快便发现还有俄军掷弹兵军和第19军。鉴于此，特尔斯扬斯基请求尽快增援。康拉德拒绝了，尤其是因为他手头没有多余部队。12月初进攻开始时，俄军的抵抗并不像想象中那么顽强，这让伯姆－埃尔莫利松了口气；他的部下与德军第24预备军联合行动，最初进展顺利。

由于未能在罗兹以东围歼谢菲尔的部队，尼古拉大公非常失望，于11月29日召集前线指挥官去谢德尔采开会。经过四个月的交战，俄军状态堪忧。惨重的伤亡带来了严重后果，而弹药以及其他物资的消耗远远超出了预测。尤其令人担心的是战术层面上的各级军官都难以得到补充；与欧洲各地的军队一样，俄军发现军官们与众不同的军装和武器不可避免地吸引了狙击手的注意。虽然统帅部已经逐渐习惯了收到鲁茨基近乎绝望的电报，西南战线传来的消息同样不容乐观。伊万诺夫报告说，虽然他的部队将奥匈帝国皇家军队赶回了喀尔巴阡山脉中，但他的损失非常严重，多个团只剩下正常兵力的一半。由兵站负责训练新兵的系统未能输送计划中的大量士兵，更不用说输送士兵来补充损失的大量步兵，而且即便这些新兵真的到来，缺少步枪也将成为巨大的困难。的确，武器短缺造成了几个步枪旅无法扩充成步枪师。

他们随即讨论下一步行动。丹尼洛夫主张再次进攻东普鲁士；他认为只有在沿维斯图拉河下游建立起整个战线的北翼，才有可能挺进至德国的心脏。俄军知道德军第1步兵师等部队已经从东普鲁士调往马肯森的第9集团军，丹尼洛夫感到从两端攻击东普鲁士的时机已经成熟，一支部队重走萨姆索洛夫8月份失败时走过的路线，另一支部队攻击马祖里湖区德军阵地的北翼。换言之，俄军将重复8月的两次进攻，只是这次将同时发动进攻。唯一的新意在于以贾乌多沃为中心创建第三支强大部队，直接进入维斯图拉河下游去保护这次行动的西翼。

两位战线总司令都没有对这个计划表现出太大热情。鲁茨基一再说自己的部队太弱，无法考虑这种攻势，尤其是德军增援部队即将从西线抵达。这次会议结束时没有就未来行动达成任何具体意见，只有尼古拉大公同意在波兰境内后撤至一条更容易防守、更短的防线，留出一些部队充当预备军。这些后备部队可以支援被选定发动下一次进攻的任何一条战线。

这次会议屈指可数的几个具体结果之一便是撤销帕维尔·连年坎普夫的职务。迄今为止他在整个战争中的表现一直是大家攻击的对象，鲁茨基坚决认为第1集团军的糟糕表现在很大程度上导致了俄军在罗兹的损失。实际情况是连年坎普夫发现自己的部队被分散部署在维斯图拉河两岸，没有足够的桥梁将这两部分联合在一起。不过，他还是东拼西凑组建了洛维茨联队，并将其派往罗兹，结果却引起鲁茨基心慌意乱，命令他们立刻撤退。他被撤职在许多方面只是苏霍姆利诺夫阵营的鲁茨基之流与其敌对阵营之间争斗的延续，因为敌对阵营中有大量连年坎普夫这样的来自波罗的海地区的德裔后代。除了表现不佳、军事上处置失当外，连年坎普夫还是大量含沙射影攻击的对象，说他利用职务之便为自己敛财，但这种说法没有任何证据。同样，还有人暗示他并非全心全意地效忠沙皇，但这种说法与其说有任何真凭实据，还不如说是依据他的血统。接替他出任第1集团军司令的是曾任第5集团军某军军长的亚历山大·伊凡诺维奇·李维诺夫。

虽然伊万诺夫在会议上说他认为再次发动进攻取胜的可能性不大，伊万诺夫还是在次日改变了调子。他给统帅部发去电报，告诉他们他与第3集团军司令拉德科·迪米特里耶夫讨论过，两个人都认为进攻克拉科是明显可以做到的。统帅部答复说，尽管如此，北面的第1集团军、第2集团军和第5集团军仍然会撤往各地选定的驻地；不过，这些集团军的南翼仍然会以彼得库夫为中心，足以让西南战线避免出现后撤情况。当然，第5集团军的南翼与第4集团军相连，将面临较大压力，而这里正是伯姆－埃尔莫利的攻击点。

纯属巧合，12月1日，前线另一边也召开了一次相似的会议，地点在波森市。除了兴登堡和鲁登道夫外，威廉皇帝和新任总参谋长法金汉也出席了会议。与他们的俄军对手一样，与会者也未能得出任何明确的结论。法金汉仍然坚信胜利只能来自西线——如果能战胜法国的话；整个东线战争届时会变得无关紧要。鲁登道夫反驳说，只有东线还有足够周旋的空间，而西线已经陷入了僵局，只剩下前线的浴血战斗。总之，他说，东线得到增援至关重要，可以防止奥匈帝国被彻底淘汰出局。但是这个观点还有一层意思。当初德军越过比利时和法国顺利推进时，德国人的思绪就转向了战后欧洲版图的重新划分上，贝特曼－霍尔韦格总理手下的一名官员库尔特·利兹勒起草了一份文件，文件的名称也很恰当——"9月计划"。该文件勾勒了一个由德国主导的帝国的创建蓝图，从西线新得到的领土——比如卢森堡——一直延伸到波罗的海地区乃至乌克兰。这种重新划分版图来建立所谓"中欧"的激进想法自然需要一场对俄罗斯帝国的决定性胜利，而法金汉现在建议德国的战争目标应该仅限于战胜法国，然后通过谈判终止东线战争。这显然会导致放弃创建中欧的企图。

尽管"9月计划"从未被当作德国的政策而受到采纳，但是可以理解，这个计划打动了在东线作战的德军将领。他们毕竟在战术和交战层面上取得过重大胜利，只是由于奥匈帝国皇家军队的多次失利以及东线德军兵力削弱，这些胜利才未能持久。总之，兴登堡和鲁登道夫不愿意看到自己的战场变得微不足道，需要在别处赢得这场真正的战争之后靠外交家们来解决问题。波森会议最终没有任何结果，与俄军在谢德尔采的会议一样。法金汉与东线指挥官们分手后，双方都没有被对方的观点说服。

德军得到的增援部队被用来在整个前线发动攻击，但几乎没有任何战术上的收获。与第一次世界大战经常出现的情况相似，最初的收获很快就会在一系列的反攻中化为乌有。一个典型的例子是第176步兵团的一些部队企图歼灭林中俄军的尝试。主要由刚补充的新兵组成的一个排在一名有经验的士官带领下，接受了这项任务。团里的一名中尉后来记录了这一事件：

> 将这样的任务分配给不熟悉当地情况的士兵是否慎重，我无法说。总之，维佐雷克（排里的士官）毫不犹豫地带着排里的人去执行命令。他急于参加战斗，显然在黑暗中就出发去执行任务；我一连数日都不知道这个排的命运，为此感到非常担心。没有人能够向我报告这个排在哪里，直到我们后来占领阵地时，才看到这场悲剧的惨状。他们前进时，维佐雷克遇到了安托尼夫下来的水车用水流；他当时看到俄军阵地就在前面，便下令袭击。水面的冰太薄，承受不住重量，结果全排人都被困在水中。维佐雷克命令道："孩子们，开枪，不然我们全完了。"俄军机枪开始射击，全排人无一幸免。12月6日，我将见习士官维佐雷克和他的23名士兵埋在了

一个大坟墓中。全连在坟墓旁列队行礼，尽管战争已经让我们变得非常坚强，但是在那一刻，大家都流下了伤心的泪水。维佐雷克这样的士官在普鲁士军队中有成千上万，他们爱部下，在危险和有需要时会为部下竭尽全力，但是也要求部下竭尽全力。交给他的每一项任务，他都毫不犹豫地执行。我将永远不会忘记我亲爱的维佐雷克，我和他并肩度过了战争最初几个月艰难的每一天。

由于这起事件中没有德军幸存者，维佐雷克说的最后几句话或许只是连长在描述中的想象。不过，欧洲各地成千上万的人都体验过维佐雷克的战友们在失去他之后的痛苦。所有军队都感受过部队损失所带来的痛苦，不仅因为伤亡的人数前所未有，而且因为伤亡人数在久经沙场的军官和士官中最多，没有了他们，几乎无法重建部队编制。

12月5日晚些时候，德军无线电截获组给兴登堡和鲁登道夫带来了求之不得的消息：俄军正准备撤离罗兹。这个消息也转给了奥匈军指挥部，伯姆－埃尔莫利立刻命令部下发动进攻，希望这里的俄军前线兵力也有所削弱。他失望地看到，这里的进攻几乎没有任何进展。不过，北面的情况有所不同。12月6日是马肯森的65岁生日，他命令部队向罗兹挺进。他想避免伤亡较大的巷战，因此当通信员黄昏前过来报告罗兹已经落入德军手中时，他如释重负。最先进入罗兹的部队包括卡尔·利兹曼第3禁卫军步兵师的一个分队，许多德国人都认为这再恰当不过，因为利兹曼和他的步兵在前几周的战斗中发挥了重要作用。后来，德国的另一届政府向利兹曼在战斗中发挥的作用表达了敬意：纳粹在1940年4月将罗兹重新命名为利兹曼市；为了纪念利兹曼的绰号"布札希尼之狮"，他为了确保第25预备军的撤退路线而行军一夜占领的这座城市，被重新命名为"雄狮之城"。罗兹和布札希尼于1945年恢复了原来的波兰名称。

撤离罗兹的俄军根本不会知道，他们的这次撤退标志着俄军在这场战争中的表现巅峰已过。他们从此将再也无法威胁德国的中心地区。

随着增援部队不断从西线到来，鲁登道夫急于充分利用他所看到的俄军弱点，追击西北战线撤退的俄军，希望在年底前一路追击至华沙。马肯森却没有这么狂热，他非常正确地认定俄军只是后撤到一条更容易防守的战线上，但鲁登道夫的意愿占了上风。从西线抵达的大多是新兵，在西线也只是补充在佛兰德斯艰苦的正面攻击中阵亡的士兵，但是在抵达东线后的前10天中，他们发现自己在波兰北部陷入了与西线相似的正面攻击。鲁登道夫虽然声称只有东线还存在周旋空间，现在却发现鲁茨基的几个集团军已经后撤到了布楚拉河与劳卡河防线。他们占据了精心修筑的防御工事，继续迫使马肯森重复他指责法金汉在西线所犯的相同错误。

俄军在以这两条河构筑防线的过程中，疏散了村中的大多数平民。这一举措虽然拯救了他们的性命，却也让他们变得一贫如洗，无法带走微不足道的家产和家畜。一个个村庄清空之后就变成了一个个微型要塞，相互之间通过交通战壕相连。德军虽然对其进行了猛烈炮轰，却几乎无法压制俄守军，每次进攻最后都变成了稀稀拉拉的射击。一名参加战斗的士兵写道：

> 每次消灭掉一些守军，新的守军就会冒出来，仿佛直接从地下钻出来一样。

在斯凯尔涅维采附近，德军发动一波又一波进攻之后，劳卡河一条支流中几乎堆满了阵亡士兵的尸体。与之前德军进攻时可以比较轻松地突破俄军的防线相比，除了一些局部小胜利外，德军几乎没有任何进展。马肯森准备了两拨人马，在12月中旬向华沙方向挺进，但由于天气恶劣，炮弹短缺，以及俄军顽强的防守，这两次进攻均未有所突破。

与俄军在一起的英国观察员描述了一些战斗经过：

> 布楚拉河沿岸的一些战斗——我在这里刻意用了复数，因为这些战斗持续了两个月——在某些方面可以与伊瑟河沿岸的战斗相比。我于1914年12月22日首次看到了实际交战场面。德军当时正向索哈切夫和波利莫夫发动大规模进攻。
>
> 他们在波利莫夫取得了一些局部胜利。我后来在美国报纸上看到，德军声称取得大捷，甚至为了庆祝这场胜利，给中小学生放了一天假。这对孩子们而言是件好事，对俄军也没有坏处。
>
> 不过，为了对敌军进行公正评价，我们必须承认他们面对最恶劣的条件却表现出了最大的勇气。整营整营的德军一次次涉过劳卡河冰冷的河水，挣扎到对岸，大雪覆盖的战壕

扫射出的子弹立刻消灭了那些幸运地通过河流的士兵。

这些行动中白天的交战结束得很早，大多数进攻会持续到晚上。当然，双方白天也会断断续续地相互炮轰或者射击，但只有在夜色的掩护下，士兵们才会集结起来，发动声名狼藉的大规模进攻。俄军常常会让大批德军抵达他们这边的河岸时，才从三面将他们包围，要么消灭他们，要么俘虏他们。

这期间，由于道路状况太差，德军未能将重型火炮推上来。大多数重型火炮都是奥地利产品，而非德国所造。最后，在波利莫夫指挥的冯·摩根成功将两门著名的30.5厘米口径的奥地利火炮运到前线，开始为占领莫格里农场而战。

这些巨大的炮弹起初让俄军惊慌失措，但过了一段时间后，他们像对待小型炮弹一样，不再关注这些巨型炮弹。30.5厘米的炮弹经常会炸出一个11英尺深、40英亩大小的弹坑。它们很少击中战壕，可一旦真的击中，战壕便会与里面的士兵一起消失，完全被泥土覆盖，而士兵们被挖出来后常常只是受一点轻伤。不过，他们有时会有脑震荡，虽然没有明显外伤，却往往需要两个月才能痊愈。严寒让德军士兵吃尽了苦头。俄军在一次反攻中俘虏了40名德军士兵，他们被带进了古佐夫，后面的马车上装着两挺机枪。让我感兴趣的不是战利品，而是那些俘虏。他们只有一半的人穿着大衣，而且这种大衣的布料很薄，质量很差，面对俄罗斯刮来的寒风，其保暖作用与纸差不多。

俄方声称德军损失（包括俘虏）超过10万人。但是在付出沉重代价却几乎一无所获之后，德军放弃了进攻，结束了有些人所称的第二次华沙战役。与西线情况很相似，双方静下心来进入战壕战阶段。

在波兰南部与加利西亚，奥匈军队在撤退，但俄军的追击行动可以说是拖拉迟缓。布鲁西洛夫的第8集团军将奥匈军第3集团军牵制在了喀尔巴阡山脉中，甚至成功占领了几个山口，为入侵匈牙利创造了条件。在布鲁西洛夫的北面，迪米特里耶夫的第3集团军慢慢包围了他的主要目标克拉科。正当他准备发动进攻时，他的前线司令伊万诺夫却越来越为两侧感到担心。如果鲁茨基在波兰中部后撤，迪米特里耶夫北面的第9集团军和第4集团军的北翼就会暴露在外。同样，随着布鲁西洛夫的军队分散在喀尔巴阡山脉沿线，人们就必须担心其南翼。他的部队已经穿过山脉，正向巴特菲尔德（今巴尔代约夫）逼近，嵌入了约瑟夫·斐迪南第4集团军与博罗埃维奇的第3集团军之间。这不仅可以防止这两个奥匈集团军配合作战，而且分散了奥匈军的兵力。就其本身而言，这样的渗透还不足以给奥匈帝国施加太大压力，却吸引奥匈军队远离更重要的南面及克拉科前面的地区，因为迪米特里耶夫已经在那里停滞不前。

康拉德也意识到有可能攻击迪米特里耶夫的第3集团军的南翼，便决定将这当作进攻的下一个计划。他要求鲁登道夫派德军进入该区域，而且除了他自己的部下外，他手头还有德军第47步兵师可以调遣。第47步兵师与第4集团军的第14军同属陆军中将罗特指挥，现在被派去威胁迪米特里耶夫军位于查波夫卡的南翼。部队集结的过程非常缓慢，因为唯一可用的铁路还是单线，运力有限。不过，到12月初，进攻部队的大部还是集结到位。

博罗埃维奇的第3集团军分散在喀尔巴阡山脉沿线，已经筋疲力尽。博罗埃维奇通知各军军长，他打算越过山脉撤回到卡绍（今科希策），那里已经设立了补给站。康拉德从博罗埃维奇的一位军长那里得知这一情况后，立刻询问究竟是什么计划。博罗埃维奇答复说，他只会在绝对必要时才打算撤退，并随时准备在俄军出现后撤迹象时发动反攻。从康拉德的角度来看，这远远不够。他希望第3集团军给布鲁西洛夫的军队施压，防止它向西移动，只有发动局部进攻才能施加这种压力。博罗埃维奇极不情愿地同意不再按计划撤退，但同时声明，一旦在发动新的进攻时遭遇强大敌军，他的部队将缺乏抵抗能力。不过他同意，他只要一集结到足够兵力，就会立刻攻击巴特菲尔德的俄军。康拉德的答复没有任何商量余地：

> 第4集团军的行动意味着绝对不能让俄军第8集团军向西和西北移动。为了防止[俄军]在第3集团军面前悄悄集结，必须通过近距离交战拖住敌军，敌军只要企图撤退，就立刻对其发动进攻。批准在第3集团军西翼[即在巴特菲尔德周围]集中兵力。

康拉德下达了新命令，要求尽早向新桑德兹方向发起进攻，博罗埃维奇有一点恼怒，要求康拉德详细说明：究竟是要他先进攻巴特菲尔德，然后再向新桑德兹挺进，还是要他完全放弃进攻巴特菲尔德的计划？康拉德明白博罗埃维奇需要通过占领巴特菲尔德来确保自己西翼的安全，但他同时也急于尽早向约瑟夫·斐迪南的第 4 集团军提供一切帮助。他一如既往地命令博罗埃维奇同时追求两个目标。然而，进攻巴特菲尔德的决定一直推迟到 12 月 7 日才做出。但第 3 集团军为准备发动进攻而进行的部队调动——尤其是第 38 匈牙利地方防卫军步兵师——严重滞后，博罗埃维奇告诉奥匈统帅部，至少要到 12 月 8 日才能开始进攻巴特菲尔德。康拉德不顾部队调动有多么困难，要求不得迟于 12 月 8 日发动进攻。塞尔维亚战役峰回路转的消息逐渐传了过来，波蒂奥雷克的部队正面临塞尔维亚军的大举反攻，并将最终溃败，因此大家担心奥匈军如果再吃一些败仗，就会改变意大利、保加利亚和罗马尼亚对奥匈帝国的看法。康拉德为此急于确保一场胜利。并非只有奥匈统帅部为国家政治担心。第 3 集团军司令部的一些决定似乎也受到了政治压力的影响；匈牙利总理蒂萨一直与博罗埃维奇保持着联系，要求他防止俄军再次进入匈牙利领土，并要求他将这视为首要任务。

12 月 3 日，德军第 47 预备步兵师仍在前往查波夫卡周围集结点的途中，罗特的其他部队却已经开始向前挺进，很快便抵达了利马诺瓦。罗特在这里派出一个骑兵小分队，让他们沿着通往新桑德兹的道路进行试探，同时让他的 3 个步兵师——西面的第 13 步枪师、中间的第 3 步兵师和东面的第 8 步兵师——转向北面，威胁俄军第 9 军的南翼。俄军第 9 军及其北面的第 10 军很晚才将后备部队派往南翼。次日一整天，奥匈军的进攻遭遇了越来越猛烈的抵抗。

罗特和康拉德均不知道，俄军其他部队正赶往这个关键地区。

布鲁西洛夫已经将第8军和第24军派往新桑德兹。这正是康拉德所担心的，除非博罗埃维奇能够牵制布鲁西洛夫的部队，让他们留在更南方。俄军第8军的先头部队现在已经进了城。奥匈方面最初估计城里的俄军只有几个营，这个数字后来攀升到至少一个师。罗特意识到，如果有一支强大的俄军部队从城里向外进攻，就会攻击他的侧翼，就像他试图攻击迪米特里耶夫的侧翼一样。但是约瑟夫·斐迪南认为派出部队去抵挡的只是一个小威胁，罗特的主要任务是向北挺进。

12月5日，面对顽强的抵抗，这项任务停滞不前。就连德军第47步兵师终于在关键地区集结后，取得的进展也非常有限；与俄军一样，奥匈军高估了德军在他们自己失败的地方获胜的能力。最终，他们得知了该地区俄军真实兵力的详情。截获的无线电通信不仅确认了俄军第8军在新桑德兹，而且显示俄军第10军和第21军正在逼近。这两个军最初部署在维斯图拉河以北，现在正匆匆过河赶往南面，支援迪米特里耶夫的南翼。不能再忽视来自新桑德兹的威胁。康拉德命令充当克拉科部分驻军的第45步枪师前往利马诺瓦以东地区。此外，相对较弱的第39地方防卫军步兵师也与第6军军部单位一起被派往暴露在外的侧翼。但就在罗特付出双倍努力之时，俄军开始撤退。迪米特里耶夫越来越清楚，他派往克拉科的两个军正越来越暴露在外，已经开始向东撤退。俄军第9军继续抵挡罗特，当然付出了相当大的代价；在它的北面，俄军第11军开始逐步后撤。

第47后备步兵师已经被部署在罗特北上大军的东翼，德军与防御新桑德兹的奥匈军之间出现了约9英里宽的缺口。俄军第8军现在开始在该地区活跃起来。尽管截获的无线电通信显示俄军第8军出现在该地区，但奥匈军仍然无法肯定它是否真的在该地区。他们的空中侦察一再因天气太差而中断，因而未能发现足够的兵力调动来证实有这样的大部队存在。随着奥匈军第10骑兵师不断报告面临来自新桑德兹的威胁，罗特要求加快将第45步枪师调往该地区。奥匈军参谋部竭尽全力，利用曾造成德军第47预备师部署推迟的同一条铁路来运送部队。

为了防止俄军后撤至安全地带，罗特将部队调往东翼；这样一来，俄军撤退造成的前线不断缩短也对他很有利。12月7日，随着俄军第8军的第14步兵师和15步兵师开始从新桑德兹发动进攻，战斗重心随即发生重大改变。尽管俄军在人数和火炮配置上均优于对面的奥匈军，但随着奥匈部队后撤一小段距离，进入罗特前几天精心修筑的防御工事中，俄军的攻势迅速失去了威力。挡住俄军第15步兵师前进道路的一个作战单位是一群波兰志愿兵，组织者是约瑟夫·毕苏斯基，他将在波兰独立运动中起到关键作用。毕苏斯基出生在一个败落的波兰贵族家庭，很早就反对俄罗斯帝国的统治，尤其是每天强制推行的"俄罗斯化运动"，年轻时被发配至西伯利亚，数年后于1892年返回祖国。他因出版反俄文学作品再次被捕，成功逃脱后（他假装有精神疾病，然后从被带去就诊的医院逃走），他组建了一个反俄准军事组织。这引起了奥匈帝国的注意，1906年毕苏斯基为自己的活动接受维也纳的资金；他袭击过多个俄罗斯目标，包括运送税金的列车，因而得到了更多来自维也纳的资金。战争开始时，他率领自己的队伍全力支持奥匈帝国。他相信同盟国如果能战胜俄罗斯帝国，法国和英国再战胜同盟国，波兰就能迎来最佳的独立机会。他已与西方列强举行过秘密会谈，向它们保证他的部下永远不会与它们为敌，只会对付俄军。这支队伍数日后将正式组建成波兰军团第1旅，毕苏斯基现在走在队伍最前面，参加了新桑德兹城外与俄军第8军的作战。

激战持续了数日，北起拉帕诺夫，南至利马诺瓦，前线没有发生什么变化。双方伤亡不可避免地都很惨重，先是越过冰冻的地面发动正面攻击，随后便是同样惨烈的反击。罗特估计自开始进攻以来，自己的部下俘虏了约1万名俄军官兵，但是他部下的战斗力也在下降。12月10日，奥匈军第3步兵师依据空中侦察以及截获的无线电通信，错误地认为俄军在撤退，在黎明时向俄军阵地发动了大规模进攻。奥匈军最初取得了一些胜利，但俄军随即用第10军和第21军大部集中兵力发起反攻。尽管得到相邻第8步兵师和第30步兵师的支援，以及德军第47后备步兵师突破俄军侧翼，但早晨取得的战果迅速化为乌有。双方沿斯特拉多姆卡河建立了一条新的防线，这里位于拉帕诺夫以北5英里，几乎正是两个集团军当天的起始点。再往南，陆军中将奥尔兹率他的第6军赶到，稳住了罗特面向新桑德兹的侧翼。尽管布鲁西洛夫一再催促，俄军第8军进攻时几乎没有任何进展。

在漫长东线的最南端，博罗埃维奇于12月7日开始发动进攻。自撤退以来，第3集团军一直在想方设法补充兵力，不仅恢复了遭受重创的部队，甚至还临时组建了一些新的部队。其中一些部队远不达预期；例如第56步兵师在集团军东端行动，以各种单位的残部和战时后备军重新组建而成，几乎没有正规军官。士兵们的武器也是五花八门，有什么就用什么，结果他们使用至少三种步枪，而且所有后勤服务都严重不足。奥匈军第3集团军与它对面的俄军第8集团军均从前线抽调了一些部队，派往新桑德兹。结果，博罗埃维奇的进攻部队发现，在喀尔巴阡山脉前线，自己对面的敌人只有俄军第12军的两个师。俄军东面防线的一部分现在由第11集团军负责，它必须减少围困普热梅希尔的兵力来提供所需的士兵。不过，关键区域还在更西面，12月8日，由于进攻巴特菲尔德的行动仍在拖延，奥匈统帅部催促博罗埃维奇加快进度。博罗埃维奇越来越意识到自己没有对付巴特菲尔德和新桑德兹两个目标所需的资源，于是集中兵力，由陆军中将祖尔梅指挥，攻打巴特菲尔德，同时命令他们朝新桑德兹方向发动袭击。

巴特菲尔德的俄军不愿意坐以待毙，早已开始撤退。祖尔梅没有受到俄军骚扰，随即率军向新桑德兹挺进，12月9日晚，先头部队距离目标不到12英里。由于无法决定究竟是先向前推进还是先重新占领巴特菲尔德，祖尔梅浪费了约一天的时间，而俄军利用这一天巩固了自己在新桑德兹以南的防御工事。康拉德给第3集团军发去了一份电报，责备博罗埃维奇及其下属未能牵制住俄军，反而给了他们时间和空间来重新部署部队。这种责备忽视了一个事实，博罗埃维奇曾经问过巴特菲尔德和新桑德兹之间优先考虑哪一个，但康拉德本人当时没有做出决定。博罗埃维奇知道自己的部队经过之前数周交战，已经过度疲劳、虚弱，无法取得更大胜利，但仍然选择将上司的指责转给了手下各位军长，同时还勉励他们在接下来几天将功补过。

12月10日，祖尔梅率领第38地方防卫军步兵师沿着通往新桑德兹的道路向前推进，总兵力只有严重缺员的 8 个营。在距离新桑德兹市中心约 4 英里的纳沃约瓦，他们遇到了俄军第 3 步枪旅、第 10 骑兵师以及第 13 步兵师一些部队的顽强抵抗，停下了脚步。由于是山岭地带，没有合适的道路，他们想从侧翼攻击俄军，但均告失败。同样，派去攻打巴特菲尔德的部队也沿着通往新桑德兹的道路匆匆前进，但是尽管在恶劣的天气中强行军，他们依然未能在 12 月 10 日增援祖尔梅的进攻部队。不过，俄军在新桑德兹周围集结后，其他地方出现了缺口。奥匈军第 9 军在从巴特菲尔德向北行军的过程中几乎没有遇到抵抗。

罗特的兵力不断增加，现在已经达到了 9 个步兵师和 3 个骑兵师这样令人咋舌的数量。前几周的损失，以及 12 月的激战，已经将这些部队的兵力减少到了只有满编时的很少一部分，大多数步兵师现在只有区区 3000 人。尽管战斗力下降，罗特的部队继续抵抗俄军第 8 军从新桑德兹向利马诺瓦的进攻。12 月 11 日，祖尔梅再次试图抵达新桑德兹，却发现俄军第 24 军第 48 步兵师发动的强大反攻对自己阵地的侧翼构成了威胁。随着增援部队的到来，祖尔梅派他们去占领左边（也就是新桑德兹南面）的制高点。然而，由于路况太差、天气恶劣、俄军殊死抵抗以及冬季白天太短，他们依然未能占领新桑德兹。来自奥匈统帅部的鼓励和批评都未能让前线指挥员的情绪转好。

由于博罗埃维奇的部队在前线各处发动攻击，俄军面临无情的压力。如果奥匈军第 9 军越过其交通线从巴特菲尔德向北挺进，俄军第 24 军将无法参与新桑德兹的战斗，而俄军第 8 军由于未能突破奥匈防线前往利马诺瓦，聚集在新桑德兹的部队的处境越来越危险。于是，伊万诺夫决定撤退。第8军将向扎克利琴撤退，第24军在它的东面，第12军则继续向东南方向延伸防线。12月12日，祖尔梅疲惫不堪的部下终于占领了新桑德兹。罗特敦促奥尔兹追击后撤的俄军第8军，但前几天的损失以及恶劣的天气，造成这种追击显得力不从心。俄军严重损兵折将，弹药严重短缺，在撤退至新阵地时，为交战暂停而松了口气。

奥匈军队将利马诺瓦－拉帕诺夫战役视为一个伟大的胜利。俄军被迫从威胁克拉科的阵地后撤，他们穿过喀尔巴阡山脉入侵匈牙利的企图也被根除。罗特荣获了指挥官级玛丽娅·特蕾莎军事十字勋章，名字中也多了"冯·利马诺瓦－拉帕诺夫"的尊称。康拉德为这场胜利感到非常自豪，尤其是在遭受那么多灾难性的失败之后。鲁登道夫当时以及在回忆录中均夸大了罗兹战役的重要意义，声称德军不是侥幸避免了一场灾难，而是赢得了一场重大胜利。同样，康拉德和其他奥匈军官或许也夸大了这场12月之战的价值。康拉德将功劳归到自己头上也许很不合适，因为他在这场战斗期间的干预不是危害极大（比如在巴特菲尔德和新桑德兹事情上的混乱），就是毫无效果（比如不断催促博罗埃维奇的第3集团军）。从某种意义上说，夸大敌人的表现对俄军也有利。现实是，尽管迪米特里耶夫乐观地断言仍然有望夺取克拉科，这种胜利大概已经超出了他部队的能力范围。总之，如果迪米特里耶夫成功穿插至克拉科，鲁茨基集团军在北面撤退后，会将西南战线的北翼完全暴露在德军的全面反攻面前。因此，将这场战斗的结果归咎于敌人的表现有助于避免有人质问俄军的期望是否过于乐观。不出所料，由于撤退至更容易防守的阵地是他个人的主张和欲望，鲁茨基次年从自己遥远的西北战线司令部致信给一位加拿大政治家，热情洋溢地夸奖奥匈帝国皇家军队的表现：

> 从战略的角度来看，利马诺瓦－拉帕诺夫战役是一个杰作，计划缜密，执行出神入化，迫使我们放弃针对克拉科的进一步行动，也阻止了我们越过喀尔巴阡山脉。利马诺瓦－拉帕诺夫战役是尼古拉大公的部队在加利西亚遭遇的第一场重大失败。由于奥地利人在喀尔巴阡山脉战斗中的表现不尽如人意，利马诺瓦－拉帕诺夫战役的结果因此更让我们感到意外，他们带着十足冲劲的进攻完全出乎我们的意料，击中了我们整个战线最危险的阵地。

在整条战线上，士兵们逐渐习惯了面对严峻的现实：这场战争圣诞节前结束不了。只有在喀尔巴阡山脉的一些山口和山麓还有激烈交战。在东面前线，普热梅希尔的驻军仍在坚守，时不时地发动有限的突袭，试探俄军的包围圈。俄军也没有尝试猛攻这座要塞；上一次包围普热梅希尔期间，俄军数次进攻无果，只好安静下来，让时间和饥饿消磨驻军。对于要塞里的士兵而言，圣诞节并没有给他们带来多少欢乐。约瑟夫·托曼是要塞里的军医，每天苦苦忙于治疗得了伤寒、流感和其他传染病的士兵，这些疾病在人满为患的要塞中肆虐，他在平安夜的思绪不仅反映了要塞中战友们的心情，也反映了欧洲各条战线上成千上万士兵的心声：

> 今天是平安夜，而我却独自在这里，在一个到处是敌军

的国度。我今天辗转反侧，疲惫的心灵不时被幽灵般无处不在的梦境和甜蜜幻觉所困扰。我们小时候都会无比兴奋地盼望平安夜到来。我们总是和亲爱的母亲共度平安夜，但是她今天只能独自为远在战场上的 3 个儿子流泪。

艾尔瑟今年出生。我和米兹尔去年夏天还说过，一起过第一个圣诞节会多么美好，可我们当时还无法决定去哪里过圣诞节。战争为我们做出了决定。今天家中会是什么样的情景？我想知道。树上的灯泡还像往年那样明亮吗？维多利亚嬷嬷〔普热梅希尔的一名护士〕带我去看了圣诞树，上面撒了一层白土，挂了几支小蜡烛。可怜的官兵们会开心的。我什么也不想看到，什么也不想听到——我待在家中看书，以此忘掉一切，但是我做不到。我两次感觉到热泪顺着我的脸颊流下来。战争和战争中的苦难已经让我变得坚强，可我今天为什么这样伤感？我们每年都会流泪，但今天流的是痛苦的泪水。

次日，要塞派出去的巡逻兵在无人区发现了三棵圣诞树，是俄军巡逻兵留在那里的。其中一棵树上钉着一张纸条，祝要塞里的人圣诞快乐，希望和平尽早到来。与西线一些地方的情况相同，圣诞节这一天没有炮声。

第十五章

失望与幻想

COLLISION OF
EMPIRES
the war on the eastern
front in 1914

德国、奥匈帝国、俄罗斯帝国这些东欧强国的军队带着恐惧与期待参战，它们谁也没有料到结果会远远超出它们的预料。

俄罗斯人多年来一直害怕德军的威力及其动员的速度。俄罗斯人虽然采取了许多措施，改进自己在这些方面的表现——而且花费了大量法国资金——俄军大多数高级将领肯定知道仍然存在严重不足。最高统帅部面临着巨大压力，被要求尽快采取行动。这种压力大多来自法国人，他们急于看到俄军大举进入德国，分散德军在西线的兵力，但是俄军统帅部本身也急于赶在德军战胜法国、转向东线战场之前击败德军。毕竟，在德军大部困在法国之时，俄罗斯肯定有机会在东线取得较大胜利。因此，俄军匆忙参战并非完全没有私心。

不过，人们当时都在期待，俄军一旦进入战场，即便所有其他优势都未能发挥，它还是能凭借人数战胜对手。尼古拉大公最终成功让他的"压路机"开动了起来，一路行军穿过波兰之后，却遭遇了德军在撤退过程中采取的"焦土政策"，使得俄军在面对反攻时停滞不前。而更重要的是，过于依赖铁路终点站来保障补给让俄军受到了制约。俄军在某些方面证明自己最适应 1914 年的战争形势。他们 12 月份在波兰中部与德军交战过程中展现出天生的防御能力，他们挖掘战壕并且将临时阵地变成出色防御工事的速度，以及他们不断补充大量士兵的能力，都非常适合一场防御火力至关重要的战争。遗憾的是，俄军的将领在快速吸取教训方面远逊于其他国家的将领。战前广泛推崇的进攻战学说让数万名俄军士兵在无意义的进攻中失去生命。

奥匈帝国军队或许对进攻战最为狂热。康拉德就这个问题写过大量著作，他坚决主张只要体力上做得到，就必须保持进攻，但这给奥匈帝国皇家军队造成了巨大伤亡。他不顾加利西亚的一次次失利，不断寻找机会，在一切可能的地方发动进攻。即便在他已经注意到一旦掌握技术，防御战也有着巨大潜力之时，他也几乎无法改变策略。这给他的军队带来了可怕的后果。到这一年年底，奥匈军队在加利西亚和波兰损失了 99.5 万名官兵，或阵亡，或受伤，或生病，或沦为俘虏。奥匈军在一败涂地的塞尔维亚战役中又损失了 27.4 万人。尽管许多伤病员最终会重返前线，整个部队却已今非昔比。野战部队减员到了只有正常编制的 50% 多一点；和平时期的军官有 44% 阵亡，随之而去的还有无法补充的专业技术人员。与当时所有军队的情况一样，军官的伤亡率高于其他战斗人员——在奥匈帝国皇家军队中，军官的伤亡率高出一倍。

除了带来短暂的统一外，在三大强国中，奥匈帝国从战争中得到的东西或许最少。因此，康拉德想通过武力解决巴尔干问题，而他的意愿又成了将整个欧洲拖入战争的主要因素，这一点特别具有讽刺意味。

德国的计划与军事准备在很大程度上源自它自身的忧虑，忧虑自己被一心想要为1870—1871年普法战争复仇的法国与俄罗斯帝国围困。对俄军改良装备的预测长期持续，而且总是令人不安；除非德国能够在不远的将来战胜其中一个强大的敌人，否则德国会毫无办法。这种忧虑在小毛奇的思想中占主导地位。德国最大的忧虑是在两条战线同时作战，因此才希望先给法国人致命打击，然后再转向东线。当德军未能实现这一目标时，统帅部发现自己面临的正是它希望不惜一切代价避免的噩梦。小毛奇无法应对自己的失败造成的后果，只能转由法金汉去为德国寻找一条继续战争的途径。

回顾过去这几个月，认为自己取得的胜利已经超出了期望值的国家，或许只有塞尔维亚。与奥匈帝国皇家军队相比，塞军在人数上处于绝对劣势，但它以巨大的决心和自我牺牲的精神，拯救了自己的国家。成千上万的塞尔维亚士兵为此竭尽全力，却在这年冬天死于各种传染病，尤其是肆虐这个国家的伤寒流行病。人们希望，只要塞尔维亚与奥匈帝国的战争能够持续足够长的时间，俄罗斯就能过来支援塞尔维亚。随着它的军事资源在与波蒂奥雷克的部队激战之后消耗殆尽，塞尔维亚只能将目光转向北方，想知道还要多久俄军在其他地方施加的压力才能结束这场战争并且带来令人满意的结果。

三个强国都以为这场战争很快就会结束，谁也没有为持久战做好准备。欧洲各地的军队都在苦苦应对前所未有的伤亡情况，以及同样前所未有的弹药消耗。这些国家的工业中心地带需要加速生产许多月才能满足战时所需。与此同时，前线将士只能竭尽所能苦苦应对，只是俄罗斯仍然面临着让德军撤离西线的强大压力。丹尼洛夫后来回忆道：

> 大约在同一时间（1914 年圣诞节），我们驻巴黎的武官已经将我们的现状和我们做的决定告知了法国总参谋部，他用电报将若弗尔将军的答复传给了我们。法国最高统帅希望，如果我们因为缺少弹药而无法在波兰重新发动进攻，那么"我们依然可以在加利西亚坚守，考虑到那里的地形特点，也许不需要那么多火炮"。

这最多只是一厢情愿。现实情况是，任何战斗都会受到火炮火力的巨大影响，与地形无关。

经过 5 个月的交战之后，一些参战部队开始出现各种压力。奥匈军队中紧张的民族问题时不时地冒出来，在失去了大量经验丰富的军官之后，接替他们的军官又不一定与士兵们说同一种语言，结果情况变得更糟。有报告说一些斯拉夫部队投诚，虽然数量不多，却也让人看到了奥匈帝国内惊人、压抑的社会等级。一边是前线官兵，另一边是非作战参谋，这两者之间的界限越来越成为人们反感的根源。撤离伦贝格之后，康拉德在 1914 年几乎从未到过前线，更愿意和位于克拉科与维也纳之间特申（今切申）的奥匈统帅部待在一起。他的司令部设在一所学校内，他在这里研究地图，催促手下将军们重新发动进攻。去那里拜访过他的人可以从他消瘦的脸庞以及一只眼睛无意识的肌肉抽搐中看到他承受的压力；有些人知道他仍然为儿子在伦贝格以北的战斗中阵亡而悲痛。在大多数为奥匈帝国而战的人心目中，他一直是个遥远又陌生的人。到圣诞节时，前线许多士兵已经失去了最初的爱国主义热情，早已开始流露出令人担忧的厌战情绪。正是由于意识到这一点，博罗埃维奇才不愿意在12月让部队执行康拉德的反攻命令。然而，考虑到奥匈帝国的政治脆弱性，它的军队依然表现出了惊人的承受力，承受住了9月在加利西亚的溃败、10月在维斯图拉河谷的挫折和12月在塞尔维亚的灾难性败绩，继续战斗到了严冬。然而，奥匈军的高级将领们却未能从迄今为止的战况中吸取任何教训，结果白白浪费了这种承受力，这确实是个悲剧。虽然我们可以理解，战术和作战理念已经根深蒂固，需要数月乃至数年才能改变。但令人惊讶的是，守卫喀尔巴阡山脉的奥匈士兵仍然没有拿到冬装，而灾难性的塞尔维亚战役已经清晰表明这种军装必不可少。

俄军一直为自己的士兵能在遇到艰难险阻时坚忍不拔而自豪。虽然大多数官兵可能的确如此，但有些军官丝毫没有吃苦的能力。阿尔弗雷德·诺克斯早在11月份就写道：

> 一名军官休病假回来后说，彼得格勒到处都是疗养的军官，他们没有被立刻送回到各自的部队，其中多人试图加入流动机枪连等"中看不中用"的单位，不再返回前线。

俄军将领缺乏主动性和合作精神，这也给诺克斯留下了很坏的印象。在施塔卢珀嫩战役期间，俄军将来自不同军团的相邻师自发密切配合视作了不起的成就，而不是将其视为本该发生的事。当第6西伯利亚步兵师试图在布札希尼击退谢菲尔的部队时，罗兹城内的俄军根本不愿意在没有接到具体命令的情况下提供支援：

> 在［11月］18日至25日［罗兹战役］的8天中，德军和俄军统帅部以及集团军指挥部大多数时间都笼罩在"战争迷雾"中。在这种情况下，军长、师长、团长在和平时期接受过无私合作训练的一方会有不可估量的优势。如果放在相同情况中，任何一位德军军长都会毫不犹豫地派兵去支援处在困境中的第6西伯利亚步兵师，正如第1军军长在11月23日晚上所做的一样。

与俄军对德军的看法相同，德军对俄军的看法也充分反映了这两个军队在一些方面存在区别：

> 俄军步兵行军能力出众。我们审讯俘虏后得知，在补给不足的情况下，即使路况糟糕，他们一天可以行军36英里。但是，俄军步兵不像德军有那么多阻碍。必须承认，俄军步兵随时能修建阵地的能力与他们的行军能力一样出众。他们在这方面是行家。俄军特别擅长防守林地。可他们的枪法普遍不好。
>
> 不过，俄军步兵有一个方面表现极差——发动进攻。他们天生笨拙，训练不足，绝不是熟练的步枪兵。他们会用大部队开始进攻，但前进数百米后几乎立刻会崩溃，而且伤亡巨大。当然，在知道这些缺点之后，为了避开我们数量占优

势的武器的火力，他们会在夜晚进攻；但这些也由于德军步兵和炮兵的警惕性和火力几乎全部失败。

在防御方面，俄军很坚决，而且能够承受最惨重的损失……

俄军缺乏取胜的道德意志。由于军官指挥无方，他们只是在上级的威胁下执行命令，而不是以其他人为榜样。数以千计的俘虏缺乏热情，也不爱国。大多数人为当俘虏而高兴。

最有希望快速获胜的军队（尤其是在西线），自然是德军，但是德军现在面临着最差的结果——两条战线的持久战。尽管如此，在波兰交战的三大强国中，德军结束战斗时或许状态最好。虽然东普鲁士的东南角依然被俄军占领，俄军对面的德军士兵可以自豪地说，他们取得了每一场重大战斗的胜利，包括坦嫩贝格压倒性的胜利，马祖里湖区的胜利虽说不是决定性的却也是很了不起的，唯一的例外是12月对波兰中部发动的攻势。马肯森和沃伊尔施率领手下穿过波兰后再回来（沃伊尔施的部队更是来回走了两遍），撤退并没有影响士气，士兵们仍然对将领们坚信不疑。马肯森和利兹曼多次提到高级将领与普通士兵之间的相互信任，这似乎是深深扎根于德军中的民族精神。威廉皇帝致信告知库尔特·冯·摩根，他荣获德国最高荣誉，同时在信中也提及了摩根的部队发挥的作用：

我非常高兴得知您在波兰取得的大捷，以及您在面对数量占优势的敌人时取得的伟大胜利，特此向您颁发大铁十字勋章。请代我向您勇敢、杰出的士兵们表达来自皇家的感谢和喝彩。

德军军官将自己的胜利归功于士兵们的付出，这在德军中几乎一直是传统。只需让士兵们知道这一点，就足以鼓舞士气、保持很高的信任度。

很早就投入战斗的预备军士兵，以及在罗兹作战的那些训练不足的志愿兵，表现得非常出色，展现出了与正规军一样的精神和决心。虽然弗朗索瓦拒绝让久经沙场的第1军参与罗兹战役，第25预备军的表现可以与任何部队相媲美。具有讽刺意味的是，让弗朗索瓦遭到解职的违抗军令的行为或许对这场战役没有任何影响。就连这些从未指望过会参加旷日持久战斗的地方防卫军也表现出了巨大的决心与果断。与之相比，奥地利的皇家地方防卫军和匈牙利的地方防卫军远没有正规部队那么顽强。这不只是因为装备较差——德军预备士兵的装备同样较差。奥匈预备军表现较差的一些原因在于正规军官和士官人数少于德军，但另一些原因或许在于期望值。沃伊尔施和其他率领预备军进入战场的德军指挥官会尽可能表扬部下，保持士气，这种方式是奥匈军或俄军指挥官无法效仿的。摩根写道，作为军长，他的职责要求他与前线保持较大距离，他认为这根本没有必要，但他补充道：

虽然无法与士兵们亲密接触，高级指挥员们必须尽可能地了解士兵们的动向，只有这样才能知道下级指挥员与士兵们的情绪。

俄军或奥匈军军长们很少提及这种情绪。至少在战争这个阶段，德军军官与士兵之间的相互信任依然牢不可破。康拉德或许写过大量著作，阐述指挥员尽可能靠近前线的必要性，可是他将司令部设在特申之后，甚至很少去属下的军部。

德军士兵的表现令最高统帅部非常满意，这就使得一些部队可以减少士兵数量，从而建立新的部队：

> 德军士兵与敌军相比所具有的道德和技术上的优势一天比一天明显，这也给解决［两条战线部队不足的］问题提供了一个办法。他们的优势太大，可以接受陆军部部长冯·里斯伯格上校的建议，削减作战部队各师25%的兵力。这不会影响它们的战斗力，反而与敌军相同作战单位全额编制的战斗力相等。这就为用多出来的老兵组建新部队创造了可能性，而且这些老兵已经受过训练、装备齐全，并且能充当领袖。这项计划非常成功，尤其是在所需的炮兵、火炮和其他战争物资到位之后。

俄军参战时对其后备部队的期待值很低，这种态度导致这些部队在补给、装备、优秀军官和士官等方面处于劣势地位。一旦投入战斗，这些预备师经常表现出色，尤其是在防守行动中。但是，每当他们暴露出弱点，俄军将领们会毫不犹豫地批评他们；或者在遭遇挫折时拿他们当替罪羊。对于预备师的表现，俄军在很大程度上有一种必然的感觉。谁也不会对他们有太高期望，考虑到他们战前被冷落了多年，他们如果未能表现得特别出色也是情理之中的事。俄军最可悲的问题在于它的后勤支持。前文已经介绍过，俄军高级将领没有时间去关注琐碎小事，因此战前甚至都没有详细讨论过给一支现代部队提供补给的问题。给这么多士兵提供食品和武器这个现实问题，尤其是在德军摧毁了波兰的基础设施之后，会让世界上组织最完善的后勤部队都不堪重负，远远超出了俄军后勤军官的能力范围。

同样，为俄军训练新兵的体系也完全不足。俄罗斯在刻意模仿西方列强的过程中创建了一系列新兵营，负责在新兵奔赴前线之前对其进行训练，但是与后勤服务一样，这些新兵营战前几乎没有引起人们很多的兴趣。它们成了那些不适合去前线作战的人的家园。这种安排在和平时期或许比较方便，但战争开始后根本不能满足需求，尤其是兵力补充的要求如此巨大，而志愿者的人数远远大于预期。我们也可以同样批评西方列强的新兵营，那里也常常变成超重或伤残军官和士官的舒适岗位，但那里还是会有大量积极向上、经验丰富的教官。但引人注目的是，1914 年最后数月参战的所有军队都为补充的新兵的训练质量感到惊讶和失望。这在一定程度上反映了人们当时的普遍看法，即这场战争不会持续太久，因而谁也没有料到补充的新兵会在战争结束之前做出巨大贡献。体能在东线是特别重要的考虑因素，因为部队经常需要长距离行军，西线的士兵很快就知道了这一点。

一些被寄予厚望、本该在这场战争中发挥重要作用的指挥官在第一个圣诞节到来时已经不见了踪影。俄军西北战线指挥官全部更换。日林斯基在遭解职之前就被普遍认为是出于政治考虑而得到了任命，他在彼得格勒焦虑了数月之后，突然被任命为俄罗斯驻尚蒂伊的军事使团团长。他在法国一直待到1916年，然后被召回国，一年后奉命退休。俄国十月革命之后，他的活动无法确定。他可能加入了白俄部队，或者试图离开俄罗斯。总之，他在1918年被抓后遭处决。

日林斯基在西北战线的两个集团军司令也在圣诞节前离开了岗位。萨姆索洛夫在集团军惨败于坦嫩贝格时饮弹自尽，连年坎普夫在罗兹战役后遭解职。毫无疑问，连年坎普夫要为西北战线1914年的糟糕表现负主要责任。他最初入侵东普鲁士时拖延迟缓，犹豫不决，而他坚决要求将预备师留在后方，又极大地削弱了他的兵力。贡宾嫩战役之后，他未能紧急进入东普鲁士，而这在很大程度上造成了萨姆索洛夫在坦嫩贝格的惨败——第1集团军只需发动任何形式的大规模推进，就会迫使兴登堡和鲁登道夫调遣部队去面对他。具有讽刺意味的是，他在12月终于遭到解职时，理由其实不如8月底充分。鲁茨基是连年坎普夫遭解职的幕后推手，但鲁茨基对于俄军在罗兹的失败负有更大的责任。不过，这两个人来自俄军内部不断钩心斗角的对立阵营，而鲁茨基一定要确保是连年坎普夫而不是他本人承担责任。

连年坎普夫遭解职后徒劳地等待着会有新职位给他，在一直没有新职位出现的情况下，他于1915年10月辞去了军中所有职务。1917年二月革命之后，原来那些说他利用职权谋私利的指控再次冒了出来，而且还有谣言说他因为有波罗的海地区的德国血统，所以对俄罗斯缺乏忠诚。经常有人引用法国驻俄罗斯的武官皮埃尔·德·拉圭歇侯爵的话，暗示连年坎普夫接受了德国人的贿赂，故意造成萨姆索洛夫集团军的毁灭，但是没有任何确凿证据证明拉圭歇真的说过这种话，或者证明连年坎普夫受贿是事实。沙皇1915年接受连年坎普夫的辞呈后，对这件事情的调查就已经停止，结果反而造成有人暗示沙皇此举是在保护自己的私人朋友。1917年初似乎有足够理由重新逮捕连年坎普夫，他被软禁在彼得格勒的彼得保罗要塞中。当年十月革命之后，他被释放，随即去了亚速海滨的塔甘罗格。他想在这里隐姓埋名，并且化名曼杜萨吉斯，声称自己是希腊人。但是，1918年3月，有人认出了他，他被带到乌克兰布尔什维克司令弗拉基米尔·安东诺夫－奥夫谢延科面前。奥夫谢延科提出要连年坎普夫担任红军指挥员，遭到连年坎普夫拒绝后，奥夫谢延科逮捕了他，并且立刻下令处决他。没有任何证据显示连年坎普夫知道如果不与红军合作会招来杀身之祸。

谢尔盖·谢德曼曾在罗兹战役期间指挥重新组建的第2集团军，他也因明显的失败遭解职。他离开了现役部队，不再出任高级指挥官，1922年去世。接替他的是弗拉基米尔·斯米尔诺夫。

德军高级将领也有更换。普里特维茨和小毛奇没有再参与军事事务，两人均死于战争结束之前。赫尔曼·冯·弗朗索瓦由于一再违抗军令而遭到解职，担任预备军官仅仅数周后就于12月24日被任命为新组建的第41预备军军长。这支部队主要由战争爆发后自愿参军的人组成，被派往了西线，但弗朗索瓦次年又回到了东线。

在清除完全不适应战时需求的军官的过程中，所有三个国家的军队也在设法寻找出色的领袖。在俄军中，布鲁西洛夫在俄军行动最南翼表现出众，他的集团军孤军奋战，坚信关键战场在中路。普勒韦在罗兹战役中率领他的第 5 集团军快速行军，避免了谢德曼的集团军遭到围歼，他或许也是这场战役中唯一明白整个局势的俄军高级指挥员。在奥匈帝国与皇家军队中，奥芬贝格指挥有方，却在拉瓦罗斯卡亚失利后遭到解职；他在战后写了大量文章，描述自己受到的不公正待遇。维克托·丹克尔的第 1 集团军同样命运多舛，但他年底仍然在位，名声反而有所提高。维也纳报界大肆歌颂他在克拉希尼克取得的胜利，到圣诞节时他已经在这个严重缺乏英雄的帝国成了民族英雄。爱德华·冯·伯姆 - 埃尔莫利也表现出色，在他的部下万般辛苦地从塞尔维亚前线转移至加利西亚时，他面对时常混乱的状况只能随机应变。他的家庭背景在那个年代也很引人注目。他父亲格奥尔格·伯姆曾是一名中士，1849 年在战场上得到委任，退伍前已晋升为少校。这样一来，他就成了世袭贵族，并且将妻子玛利亚·约瑟法·埃尔莫利的娘家姓氏添加到了自己的名字中。爱德华·冯·伯姆 - 埃尔莫利以低微的家庭出身一路晋升为集团军司令，这在列强的军队中几乎是独一无二的。

维也纳对康拉德的看法不尽相同。他对奥匈帝国皇家军队的发展和训练投下了巨大的阴影，他给太多的军官灌输了自己的理念，以至于 1914 年的众多重大失败没有影响到他的名声。就连奥芬贝格这样的军官都认为，奥匈军的失利在于康拉德的理念没有得到正确应用。许多批评康拉德的人，比如阿尔弗雷德·克劳斯，也持相同看法。在文职官员中，对康拉德以及其他高级将领的评价却没有这样肯定。波希米亚政治家约瑟夫·雷德里奇是康拉德的密友，他在 10 月初写道，维也纳不仅对康拉德而且对所有将军极度不信任。

军中许多人批评康拉德给下级指挥官下达的命令不够详细。奥匈帝国皇家军队在某些方面结局最差。康拉德曾经教导大家，必须避免不假思索地遵守教条式的方法，军官必须根据战场形势采取主动行动。但由于他本人及他的教学产生了巨大的影响，大多数军官只是竭尽所能去执行他教过的方针，根本不顾局部战况。许多参谋书写军令的格式几乎与其曾经参加过的考试相同，以尽量去博得这位受人尊敬的总参谋长的认可。

或许只有德国具有大量能力超群的将领。弗朗索瓦虽然一度在统帅部失宠，但这丝毫没有影响他作为战地指挥官的名声。在战争之初的几场战役中，他的许多同仁——马肯森、贝洛和沃伊尔施——也都证明自己是意志坚定、战术熟练的指挥官。德国如果想在一场有两条战线的战争中生存、繁荣，它就需要这些人的所有本领。德国在兴登堡和鲁登道夫身上终于找到了整体大于部分总和的罕见组合。这两个人如果缺了对方都无法取得如此辉煌的战绩，灵活多变但有时容易动摇的鲁登道夫与无比坚定的兴登堡的组合被证明是德国的无价资产。他们之间的关系比较复杂；或许兴登堡的总结最能说明问题，他写过的一段话也反映了德国军官群体无怨无悔的敬业精神：

有人认为可以将［这两个人之间的］关系与布吕歇尔和格奈森瑙之间的关系相提并论。对于这种比较究竟与真正的历史视角有多大距离，我不会贸然发表看法。正如我所言，我本人担任过参谋长一年，而且我本人的经历也告诉我，参谋长与承担责任的将军之间的关系从理论上说在德军中并非约定俗成。他们共事的方式以及他们的权力相互补充的程度更多与性格有关。因此，他们各自的权力范围并没有明确的界限。如果将军与其参谋长之间的关系正常，双方的军人素质、个人策略以及心态都能轻易调整这些界限。

我本人经常将我与鲁登道夫将军之间的关系比喻为幸福的婚姻。在这种关系中，外人怎能清楚地区分我们各自的优点呢？这些优点就是思想与行动保持一致，一方所说的话经常就是另一方愿望和情感的表达。

我很快就意识到了鲁登道夫将军的价值，我在这之后意识到我的一项主要任务就是尽可能让他充分发挥他的智力，发挥他的超凡工作能力以及永不懈怠的决心，必要时为他清除道路，也就是我们共同愿望和共同目标所指向的道路……

我得让鲁登道夫将军看到我们从小就在德国历史中学到的兄弟般的忠诚……的确，他的工作和决心以及他那伟大的个性都配得上这种忠诚。

人的一个天性就是贬低运气在成功中的作用，在沽名钓誉方面，鲁登道夫和霍夫曼表现得尤为突出。尽管坦嫩贝格的胜利非常了不起，鲁登道夫却只字不提弗朗索瓦的作用，而正是弗朗索瓦违抗第 8 集团军司令部的命令，才带来了德军的巨大胜利。霍夫曼声称将弗朗索瓦军部署在俄军第 2 集团军西翼的最初决定是他下达的，但几乎没有证据显示他在起草这道命令时就已经想到这将是巨大包围圈的前奏。鲁登道夫 1914 年在东线的其他表现要逊色得多。他确实指导了 9 月份对连年坎普夫集团军的无情打击，但他对俄军的反攻反应过度，导致弗朗索瓦在关键时刻分散兵力，极大地缩减了最终胜利的规模。从西里西亚边境向华沙门户的挺进本该有助于提升奥匈军低落的士气，但这场战役的结果没有任何实质性的益处。鲁登道夫 1914 年最后的军事行动——用刚刚从西线抵达的增援部队进攻波兰中部——在战略上毫无意义，除了增加早已高居不下的伤亡人数外没有任何成果。

各方的损失都很严重，远高于任何人的预计。德军虽然也失去了许多训练有素的士兵，但在三国军队中受到的影响最小。不过，正如前文已经提及的，即便在战争刚刚开始的这个阶段，各级指挥员都一再强调所补充的新兵训练严重不足。俄军损失从人数上看令人震惊，但考虑到俄军的动员规模，沙皇的军队很快就恢复了元气。然而，新兵素质太差，这意味着俄军的作战能力削弱了许多，情况远比德军糟糕。但是反过来说，这种影响可能又比德军要小，因为俄军的实力在于顽强防守以及吃苦能力，这些因素不像以创新和随机应变为特征的德军那样依赖经验和训练。奥匈帝国皇家军队失去了它的军中核心，遭受的损失或许远大于其他强国的军队。战争仅仅开始了数月，许多德军便早已将他们的盟军视为一个负担。德军军官越来越将他们与奥匈军队的关系形容为"与僵尸捆绑在了一起"。

当他们重新组织编队并考虑未来的时候，各方面的指挥官都必须回顾前几个月的情况，思考他们还可能做什么其他事情来取得他们全都希望得到的快速胜利。也许最有理由后悔失去机会的强国是俄罗斯。日林斯基没有能力在 8 月强迫他的两个集团军进行密切合作，而这有着深远的后果。即便普里特维茨的集团军逃脱了连年坎普夫和萨姆索洛夫的毁灭性打击，俄军完全能够（或许还应该）迫使其退回到维斯图拉河防线。俄军这两个集团军一旦沿维斯图拉河站稳脚跟，便很难逼迫它们挪窝，而其他俄军集团军在深秋抵达它们南面之后，本该对德军带来巨大压力。但是这种密切合作完全超越了俄罗斯将军的概念。西南战线在越过加利西亚挺进时没有表现出更大的奇特之处，但两条战线之间的竞争导致了东线南部的胜利并没有变为更大的胜利。

康拉德的军队或许在1914年赢得决定性胜利的可能性最小。战争伊始，奥匈军队几乎没有任何可以实现的目标，而考虑到康拉德坚持进攻行动，奥匈帝国皇家军队的实力必然会在沿不同轴线挺进时有所分散，而挺进没有任何具体目标，无法让军队在达到目标之后知道自己应该在什么地方集结。面对要将俄军兵力从德军脆弱边境转移的压力，康拉德催促他的部下走向灾难，正如俄军为了从法国前线转移德军兵力而向坦嫩贝格挺进的灾难一样。只有在塞尔维亚，奥匈军的战役才有可能取得战略上的胜利，但波蒂奥雷克坚持通过最艰难的路线入侵塞尔维亚，而且是两次，结果造成他的部队遭受不必要而且带来严重后果的伤亡。从北面进攻塞尔维亚本该让波蒂奥雷克提前六星期掌控塞尔维亚中部，完全有望在冬天到来之前结束整个战役。

德军从未想过在西线战事结束之前在东线赢得胜利。德军所有计划所依据的都是这样一个概念，即尽可能将俄军限制在东面，直到法国战败后德军可以将部队转移至东线，发动大规模反攻。

坦嫩贝格的大捷迅速演变成一个神话，但德军高级将领已经研究过这种战争演习很多年。不过，兴登堡、鲁登道夫以及他们的下属——的确包括所有德军士兵——有充分理由为自己的胜利感到自豪。除了东普鲁士东南部，到这一年年底，德国的领土没有遭到俄罗斯的任何入侵。一些东线指挥官回顾自己的战术胜利，思索着是否本该取得更大战果。利兹曼思考可以在罗兹取得什么样的战果：

> 兴登堡最大的行动目标——在维斯图拉河拐弯处消灭俄军——没有实现，因为缺乏所需的军队。然而，这些军队本该在场。如果当时的德军总参谋长冯·法金汉中将知道出现了多么千载难逢的机会，可以给俄军致命打击，如果他放弃（在伊普尔）进攻佛兰德斯的计划，立刻派出兵力供兴登堡自由调遣，他本可以让他为此行动可以调配的师团数量增加一倍。马肯森也能够在集团军的侧翼后面留出强大的后备部队，而一旦有了他们的帮助，罗兹的包围行动就会成功，尽管敌人企图发动反攻。

这些看法当然可以被视为事后诸葛亮——当时有几个时刻，似乎伊普尔胜利近在咫尺，只是推测这种胜利的影响是否比罗兹的胜利更伟大会非常有意思。需要特别的勇气才能在战争这么早的阶段让德国放弃击败法国后再进攻俄罗斯的计划，但是由于企图在东线和西线同时取得胜利，德军或许失去了在其中任何一个战场获胜的机会。

虽然明显取得了胜利，德军许多人认为他们本可以取得更多胜利。马克斯·霍夫曼大书特书自己在战争中的作用，明显觉得兴登堡和鲁登道夫分享了本应属于他的荣誉。他的许多著作都是后见之明，根本没有说清楚他当时就如他后来所描述的那样清晰地看到了一切。然而，他似乎的确推动了尽早向东线增援：

> 如果在侧翼攻击俄军的同时……能够有几个军从姆瓦瓦方向，在维斯图拉河另一边朝华沙方向发动攻击，德军会［在罗兹］取得更大胜利。俄军司令部当时会将更强大的兵力从维斯图拉河北岸调往南岸，以试图击退德军第9集团军的进攻。扎斯特罗的战时后备军在第2骑兵师和第4骑兵师的支援下，有可能一直穿插至切哈努夫－普扎斯内什防线。只需派出两三个军就能轻松挺进至华沙和华沙大铁路，后者是俄军的主要交通线。这种行动的结果几乎难以想象。作战部部长塔彭上校当时正好途经波森，我去车厢里见他，差一点给他下跪，恳求他劝说东线总司令，除了已经承诺的增援部队外，至少再给我们派两个军，以便发动从姆瓦瓦至华沙的进攻，但是上校拒绝了。

最受苦的是那些没有国家军队保护他们的人——波兰人。华沙以西的大部分波兰地区已经变成了战场，而且被德军在撤离维斯图拉河谷过程中刻意破坏。波兰人遭到德国人、俄罗斯人和奥匈帝国的人鄙视，只能在破碎的城镇和村子里熬过严冬，同时希望未来更好。

各方都将开始思考未来。对于德军而言，由于法金汉仍然相信只有在西线才能给这场战争带来令人满意的结局，而兴登堡和鲁登道夫则希望能再现 1914 年击败俄军的辉煌胜利，他们之间的协商将会非常困难。法金汉已经在 11 月份告诉总理贝特曼-霍尔韦格，他认为必须拆散与德国作对的强国——英国、法国和俄罗斯。只要它们联合在一起，德国最终将不得不低头认输。他提出的解决方法是再一次"适当地战胜"沙皇的军队，在这基础之上与俄罗斯单独进行和谈。他明确指出，这样的单独和谈可能不符合奥匈帝国的利益，甚至会被视为对盟国的背叛——毕竟德国完全是在俄罗斯帝国动员之后为支持奥匈帝国才参战的。法金汉辩称，一旦与俄罗斯达成和谈，就可以将大量兵力调往西线去对付法国，取得胜利。这样就能孤立英国，如果有必要，还可以用潜艇战饿死英国人，迫使他们同意条款。贝特曼-霍尔韦格承认可以认真考虑与俄罗斯单独和谈的建议，但是怀疑这种可能性：

到目前为止，我尚未看到俄罗斯有任何准备和谈的迹象。依我看，即便兴登堡再取得一场胜利，也不足以让俄罗斯勉强同意和谈。为了这个目标，我们或奥地利可能必须先占领波兰大部。我们可能需要这个手段才能迫使俄罗斯做出赔偿，当然大部分赔偿将落到奥地利身上。奥匈帝国除了要求赔偿外，无疑还将要求塞尔维亚的一部分……

如果失败，整个协约国就会将我们的倡议视为软弱的象征，而这也将摧毁法国国内的任何和平想法。

尽管法金汉做出了最大努力，贝特曼－霍尔韦格还是接受了东线指挥官做出的可能取得一场决定性胜利的保证，选择不听从总参谋长的建议。但是这场争论的各方在对待威廉皇帝的看法上都心照不宣，他越来越被排除在了德国所有决策制定过程之外。

康拉德整个冬季都在向喀尔巴阡山脉沿线各师不断派出增援部队，既有从塞尔维亚前线撤回来的部队，也有新兵。喀尔巴阡山区的战斗一直持续不断。康拉德的儿子欧文在普热梅希尔附近的战斗中受伤，与父亲在特申庆祝圣诞节后又返回了前线；他的离去加重了康拉德的悲观感。奥匈帝国最大的希望似乎是德国能够向东派出足够兵力，给俄罗斯以致命一击。这是否足以弥合奥匈帝国内部的分裂，很值得怀疑。

俄军也在为来年做着准备。虽然吃了很多败仗，他们仍然有理由保持乐观。德军确实是令人敬畏的可怕对手，但沙皇的将军们认为他们了解奥匈帝国皇家军队。只要有足够的火炮和弹药，他们完全有望战胜奥匈帝国，而俄军一旦获胜，德国将无法单独继续战争。然而，正如诺克斯所观察到的，俄军内部不同派系之间的争斗，以及俄军一些根深蒂固的特性，仍然在给俄军的努力拖后腿。俄军试图集中决策权和控制权，结果却造成了军队指挥系统的瘫痪，尤其是因为不同派系对于由谁总负责持有不同看法，经常反对与自己不认同的中央指挥部合作。丹尼洛夫也已经注意到了，俄军高级将领因为担心招致批评而不愿意反映真实情况，结果常常造成问题失控。在战争最初几个月里，欧洲列强均在一定程度上遇到了缺少炮弹的问题，但这个问题在俄军中尤为严重，而且由于高级将领拒绝面对现实而越发严重：

9月25日，若弗尔将军发来电报，询问以当时的弹药消耗速度，英俄政府的资源是否足以维持战争无限期继续下去，如果不能，现有弹药能够维持到哪一天。法国驻彼得格勒的大使以公函形式将这个问题转给了俄罗斯政府。战争部部长苏霍姆利诺夫9月28日答复，无须担心俄军弹药供应问题，战争部已经采取必要措施来提供所需的一切。法国武官同时从非官方渠道获悉，俄罗斯工厂的炮弹产量每个月只有35000枚。遗憾的是他无法得知，当时前线的炮弹消耗率为每天45000枚，而且他认定的俄罗斯动员时的炮弹储备量比实际储量多出了一倍多。

如果苏霍姆利诺夫将军及其参谋部在9月底了解过实情的话，他们就会知道俄军最初的弹药储量只够再用两个月，他们当时就应该立刻采取得力措施，通过向国外订货来解决这个困难。

后来得知，彼得格勒的官员接到了大量警告。9月9日，西南战线给炮兵部发来电报："炮弹已经告罄，必须尽快补充。"10月26日，伊万诺夫发去电报："储备的弹药已经消耗殆尽。如果再不补充，将被迫中断战斗，士兵们将在最困难的情况下撤退。"

我一年后从无可置疑的权威人士那里得知，库兹明·卡拉瓦耶夫将军这位德高望重的老人已经被炮兵部长巨大的责任逼到了精神崩溃的地步。他10月中旬去见苏霍姆利诺夫，流着泪说，由于炮弹短缺，俄罗斯将不得不讲和。苏霍姆利诺夫要他"去见鬼，安静下来"。真是奇怪，居然没有向国外订货！

最后一句话有点误导，因为等到苏霍姆利诺夫愿意向国外订货时，所有公司早已接到了英法两国的订单，正在加班加点地生产。不过，俄罗斯人对这个问题的解决办法在很大程度上就是对其视而不见。同样，当步枪供应不足时，又否认问题和提供虚假保证，然后便是疯狂地从日本和其他地方采购武器。

自斐迪南大公在萨拉热窝遇刺身亡以来，东线和西线在数月中已造成数十万人死亡和残废。在西线，所有参战部队都陷入了阵地战，没有他们在和平时期演练过的那种正面交锋。人们越来越多地意识到，在这场战争中，胜利可能只会以码而不是英里来衡量。东线似乎还有大范围的兵力调动，尤其是因为战线过于辽阔，也没有西线常见的那种军队密集度。在1914年底的伊普尔战役期间，德军将第4集团军和第6集团军以及其他部队，总计13个步兵军，部署在10英里的前线，却只向前推进了4英里。兴登堡和鲁登道夫只有该兵力很小的一部分，却每次都能向前推进数十英里。总能找到一个较弱的区域，那里的守军比较分散。不过，1914年的战斗已经表明，与他们的期待相反，德国、奥匈帝国和俄罗斯帝国的军队均未能给敌人以决定性打击。德军清醒地看到铁路系统给兵力调动带来的制约——任何军队都无法在离铁路尽头超过72英里的地方作战。但是俄军对这个教训要么置之不理，要么认为不相关。士兵们行军来回穿过波兰，毁坏乡村，留下平民想方设法应对破坏，数万战友在穿越波兰时葬身在了战场上。但是尽管伤亡人数巨大，尽管有巨大胜利和失败，易手的土地却很少。俄军控制着加利西亚大部和东普鲁士的一小块领土，但波兰西面的领土落到了德国和奥匈帝国的手中。现在需要看看1915年是否能让列强离战争结束更近一点。

图书在版编目（CIP）数据

东线有战事：1914，一战爆发与帝国崩溃 / （英）普里特·巴塔著；刘彬，刘昱阳译.
— 长沙：湖南人民出版社，2025.7

ISBN 978-7-5561-3539-4

Ⅰ. ①东… Ⅱ. ①普… ②刘… ③刘… Ⅲ. ①第一次世界大战 - 史料 Ⅳ. ① K143

中国国家版本馆 CIP 数据核字（2024）第 093479 号

东线有战事：1914，一战爆发与帝国崩溃

DONGXIAN YOU ZHANSHI:1914，YIZHAN BAOFA YU DIGUO BENGKUI

著　　者：〔英〕普里特·巴塔
译　　者：刘　彬　刘昱阳
出 版 人：张勤繁
统　　筹：黎晓慧
选题策划：长沙经笥文化
产品经理：杨诗文
责任编辑：傅钦伟
责任校对：夏丽芬
责任印制：虩　剑
特邀编辑：吴　静　章　程　杨诗瑶
封面设计：末末美书

出版发行：湖南人民出版社［http://www.hnppp.com］
地　　址：长沙市营盘东路 3 号　　　　　邮　　编：410005
经　　销：湖南省新华书店
印　　刷：长沙超峰印刷有限公司
版　　次：2025 年 7 月第 1 版　　　　　印　　次：2025 年 7 月第 1 次印刷
开　　本：880 mm × 1230 mm　1/32　　印　　张：17.375
字　　数：410 千字
书　　号：ISBN 978-7-5561-3539-4
定　　价：88.00 元

营销电话：0731-82221529（如发现印装质量问题，请与出版社调换）